D1029355

TRAITÉ ÉLÉMENTAIRE DE DROIT CIVIL

LES OBLIGATIONS

TRAITÉ ÉLÉMENTAIRE DE DROIT CIVIL

LES OBLIGATIONS

par

JEAN-LOUIS BAUDOUIN

professeur agrégé à la Faculté de droit

1970

LES PRESSES DE L'UNIVERSITÉ DE MONTRÉAL

C. P. 6128, MONTRÉAL 101, CANADA

SBN 8405 0150 1

DÉPÔT LÉGAL, 3e TRIMESTRE 1970 — BIBLIOTHÈQUE NATIONALE DU QUÉBEC

AVANT-PROPOS

Ce livre fait partie d'un ensemble de volumes qui forme-
ront avant longtemps un Traité complet de droit civil québécois. Il est
destiné avant tout aux étudiants de droit et aux praticiens. Aux premiers,
nous espérons qu'il apportera un exposé systématique et clair des règles
actuelles du droit positif québécois sur les obligations. Aux seconds, nous
croyons qu'il pourra, par sa documentation, représenter une source de
référence utile à la jurisprudence de nos tribunaux.

D'autres ouvrages sont en préparation : un Traité des
successions de monsieur le juge Albert Mayrand, un Traité des libéralités
du professeur Roger Comtois et un Traité des contrats du professeur
Michel Pourcelet. Ces trois volumes devraient paraître dans un avenir
prochain. Les professeurs Germain Brière et Jean Pineau préparent aussi
des travaux destinés à la même collection.

Ces auteurs ont opté pour la formule qu'ils ont cru la
plus utile et la mieux adaptée aux besoins du milieu, tout en tenant compte
du fait que le Code civil est actuellement l'objet d'une révision globale.
S'ils n'ont pas jugé bon d'entreprendre un Traité de grande envergure
comme ceux de Planiol et Ripert et de Baudry-Lacantinerie, ils ont par
ailleurs voulu un texte qui dépasse le Précis de droit civil. Le professeur
Baudouin pour sa part a tenté d'éviter le plus possible dans le texte
lui-même les discussions d'ordre purement théorique que le lecteur trouvera dans les notes. Par contre, il a apporté une attention toute particulière

d'une part à la législation statutaire qui complète ou modifie le Code civil et d'autre part à la jurisprudence qui reste la première source dynamique de droit positif.

L'auteur a intentionnellement suivi, dans la présentation de l'ouvrage, un plan classique, de façon à en faciliter l'accès et à rendre sa consultation plus aisée. C'est dans cette perspective qu'il a cru bon également de réserver pour un second volume l'analyse de la responsabilité délictuelle qui, étant donné son importance, méritait un traitement privilégié.

Nous formulons le vœu que cet ouvrage puisse servir de base à d'autres auteurs sur le même sujet et ainsi permettre un développement de la littérature juridique de droit civil québécois qui a fait si cruellement défaut jusqu'à ces dernières années.

L'ÉDITEUR

L'auteur voudrait remercier le Conseil des Arts du Canada et l'Université de Montréal pour l'aide financière et morale qui a permis la publication de cet ouvrage. Ses remerciements vont également à M. le juge Albert Mayrand, M. le professeur Paul-A. Crépeau, M. le professeur Daniel Jacoby, Me Daniel Manseau, Mlle Nicole Daigneault et bien d'autres personnes grâce à la collaboration desquelles la réalisation de ce volume a été rendue possible.

PLAN

Livre premier
SOURCES DES OBLIGATIONS

Première partie
LE CONTRAT

SOUS-TITRE II — CONDITIONS DE FORME

SOUS-TITRE III — SANCTIONS DES CONDITIONS
DE FORMATION DU CONTRAT

CHAPITRE PREMIER — THÉORIE GÉNÉRALE DES NULLITÉS

I — DISTINCTIONS FONDAMENTALES

A. NULLITÉ ET RÉSOLUTION

B. NULLITÉ ET RÉSILIATION

C. NULLITÉ ET RESCISION

D. NULLITÉ ET INOPPOSABILITÉ

II — NULLITÉ ABSOLUE, NULLITÉ RELATIVE

A. RESSEMBLANCES

B. DIFFÉRENCES

1. Qualités des personnes pouvant invoquer la nullité
2. Prescription de l'action
3. Confirmation du contrat
   a) FORMES

Deuxième partie
LES QUASI-CONTRATS

CHAPITRE PREMIER — NOTIONS GÉNÉRALES

CHAPITRE II — LA GESTION D'AFFAIRES

I — NOTION

II — CONDITIONS

Chapitre III — Le paiement de l'indu

Livre II
EFFETS DES OBLIGATIONS

Première partie
EFFETS GÉNÉRAUX
DES OBLIGATIONS

TITRE PREMIER — LE DROIT DE SURVEILLANCE DU CRÉANCIER

Chapitre premier — L'action oblique

I — Caractères généraux

Deuxième partie
EFFETS SPÉCIAUX
À CERTAINES OBLIGATIONS

TITRE PREMIER — LES OBLIGATIONS À MODALITÉ SIMPLE

CHAPITRE PREMIER — LE TERME

I — NOTION

II — EFFETS

Chapitre II — La condition

Titre II — Les obligations à modalité complexe

Livre III
EXTINCTION ET TRANSMISSION DES OBLIGATIONS

Chapitre premier — La novation

LISTE DES AUTEURS
LES PLUS SOUVENT CITÉS

BAUDOUIN, L., *le Droit civil de la province de Québec,* Montréal, Wilson et Lafleur, 1953.

BILLETTE, E., *la Cause des obligations et prestations,* Montréal, 1933.

BUGNET, M., *Œuvres de Pothier,* 2ᵉ éd., Paris, Cosse et Marchal, 1861.

CAPITANT, H., *De la cause des obligations,* 3ᵉ éd., Paris, Dalloz, 1928.

CARBONNIER, J., *Droit civil,* Paris, P. U. F., 1957.

Code civil du Bas-Canada, Rapport des commissaires à la codification des Lois du Bas-Canada, Québec, Desbarats, 1865, cité comme *Rapport des codificateurs.*

DOMAT, J., *Œuvres complètes,* Paris, Alexis-Gobelet, 1835.

FARIBAULT, L., *Traité de droit civil du Québec,* Montréal, Wilson et Lafleur, 1957 et 1959, t. 7 *bis* et 8 *bis.*

LANGELIER, F., *Cours de droit civil,* Montréal, Wilson et Lafleur, 1907.

MARCEAU, L., *De l'admissibilité des contrats entre époux dans le droit civil de la province de Québec,* Montréal, Wilson et Lafleur, 1960.

MARTY, G. et RAYNAUD, P., *Droit civil,* Paris, Sirey, 1962, t. 2, 1ʳᵉ partie : « Les obligations ».

MAZEAUD, H., L. et J., *Leçons de droit civil,* Paris, Montchrestien, 1955.

MIGNAULT, P. B., *Droit civil canadien,* Montréal, Théoret, 1901.

NADEAU, A., *Traité de droit civil du Québec,* Montréal, Wilson et Lafleur, 1949, t. 8.

OURLIAC, P. et DE MALAFOSSE, J., *Droit romain et ancien droit français. Les obligations,* Paris, P. U. F., 1957.

PERRAULT, A., *Traité de droit commercial,* Montréal, A. Lévesque, 1936.

PLANIOL, M., *Traité élémentaire de droit civil,* 9ᵉ éd., Paris, Librairie générale de droit et de jurisprudence, 1923.

RIPERT, G. et BOULANGER, J., *Traité de droit civil,* Paris, Librairie générale de droit et de jurisprudence, 1957.

ROCH, H. et PARÉ, R., *Traité de droit civil du Québec,* Montréal, Wilson et Lafleur, 1952, t. 13.

ROUTHIER, A., *les Causes de nullité de contrat,* Québec, Charrier et Dugal, 1942.

SIROIS, L. P., *Tutelles et curatelles,* Québec, Imprimerie de l'Action sociale, 1911.

TRUDEL, G., *Traité de droit civil du Québec,* Montréal, Wilson et Lafleur, 1942 et 1946, t. 1 et 7.

Dans le but d'abréger les notes, nous nous sommes borné, pour les ouvrages mentionnés dans cette liste, à ne donner que l'auteur, le titre et la page à laquelle nous nous référons. Par ailleurs, le lecteur trouvera, à la fin de la majorité des chapitres, des bibliographies d'œuvres se rapportant plus précisément au sujet traité.

ABRÉVIATIONS

A. C.	Appeal Cases
Am. J. of Comp. L.	American Journal of Comparative Law
B. G. B.	Code civil allemand
B. R.	Cour du Banc du Roi (de la Reine)
C. B. R.	Canadian Bar Review
C. C.	Code civil
C. C. C.	Canadian Criminal Cases
C. crim.	Code criminel
C. N.	Code Napoléon
C. P. C.	Code de procédure civile
C. S.	Cour supérieure
Ca. By. R.	Canadian Bankruptcy Reports
Ca. By. R. n. s.	Canadian Bankruptcy Reports, new series
Cah. de Dr.	Cahiers de droit
Col. Law Rev.	Columbia Law Review
D. H.	Dalloz hebdomadaire
D. L. R.	Dominion Law Reports
Dom. Tax Cases	Dominion Tax Cases
Ex. C. R.	Exchequer Court Reports
Harv. L. R.	Harvard Law Review
I. L. R.	Insurance Law Reports
Int. and Comp. Law Q.	International and Comparative Law Quarterly
J. C. P.	Jurisclasseur périodique

L. C. J.	Lower Canada Jurist
L. C. R.	Lower Canada Reports
L. N.	Legal News
Loy. L. Rev.	Loyola Law Review
McGill L. J.	McGill Law Journal
M. L. R. C. S.	Montreal Law Reports (Cour supérieure)
M. L. R. B. R.	Montreal Law Reports (Cour du Banc du Roi)
Q. L. R.	Quebec Law Reports
R. C. Ech.	Rapports de la Cour de l'Échiquier
R. C. S.	Rapports de la Cour suprême
R. du B.	Revue du Barreau
R. du D.	Revue du droit
R. du N.	Revue du notariat
R. I. D. C.	Revue internationale de droit comparé
R. J.	Revue de jurisprudence
R. L.	Revue légale
R. L. n. s.	Revue légale, nouvelle série
R. P.	Rapports de pratique
R. S. O.	Revised Statutes of Ontario
R. T. D. C.	Revue trimestrielle de droit civil
S.	Sirey
S. C.	Statuts du Canada
S. Q.	Statuts du Québec
S. R. C.	Statuts révisés du Canada
S. R. Q.	Statuts révisés du Québec
Tul. L. Rev.	Tulane Law Review
Yale L. J.	Yale Law Journal

INTRODUCTION GÉNÉRALE

1 — *Importance de la théorie des obligations* — **La** théorie générale des obligations est l'une des parties les plus importantes du droit civil, car elle contient un certain nombre de principes généraux dont l'application dépasse le simple cadre des obligations (consensualisme, autonomie de la volonté, liberté contractuelle, théorie des nullités, etc.). Elle sert donc de base à la très grande majorité des autres parties du droit civil. C'est ainsi qu'il est impossible de bien comprendre les contrats spéciaux, tel le contrat de vente par exemple, sans connaître parfaitement la théorie générale des obligations, ou encore le régime des nullités en matière de mariage sans avoir étudié au préalable la théorie générale des nullités en matière d'obligation. Elle constitue donc la pierre de touche de l'ensemble du système de droit civil.

2 — *Facteurs d'évolution* — Le droit civil n'est pas une science morte ou stagnante. Il est en fait l'expression morale, sociologique, économique et politique d'un peuple à un moment donné de son évolution historique. Il est donc par vocation perméable à toutes ces influences extérieures et la règle de droit représente la cristallisation législative de tous ces facteurs. Le droit des obligations étant le centre même du droit civil, c'est en grande partie grâce à lui que le reste du droit privé a subi son évolution. Il faut toutefois préciser que l'évolution de cette partie du droit civil est plus lente et peut être moins facilement perceptible. La relative permanence des règles de la théorie des obligations reste un gage de la stabilité de l'ensemble du droit civil. De tout

temps, cependant, la théorie générale des obligations a évolué par rapport à quatre facteurs principaux dont on trouve les traces dans le Code civil. Ce sont : un facteur moral, un facteur économique, un facteur politique et un facteur sociologique.

3 — *Facteur moral* — La morale et le droit ont d'étroits rapports entre eux et la théorie générale des obligations [1] offre à cet égard un champ d'observation particulièrement intéressant, que ce soit dans le domaine contractuel ou délictuel. Si l'on recherche la raison véritable de la force obligatoire du contrat, il est aisé de s'apercevoir que derrière la force judiciaire qui veille à son exécution, on peut retrouver un facteur moral important : le devoir moral (traduit en termes juridiques) de respecter la parole donnée. De plus, il ne peut y avoir de relations contractuelles sans un minimum de bonne foi ou de *fair play*. C'est pourquoi, toujours pour des raisons qui, à l'origine, étaient certainement d'ordre moral, la loi exige une loyauté dans la négociation du contrat (théorie des vices de consentement — art. 991 à 1000 C. C. ; répression de la fraude contractuelle — art. 1032 et s. C. C.), un équilibre des prestations (lésion — art. 1001 à 1013 C. C. et 1040 et s. C. C.), une protection du contractant le plus faible (théorie des incapacités — art. 985 à 987 C. C.), le respect des bonnes mœurs (art. 13 C. C.), etc.

En matière de délit, la situation est identique. Derrière l'article 1053 C. C. qui pose un principe juridique de base, on retrouve en dernière analyse la traduction juridique du devoir moral qu'a chaque individu de ne pas nuire à autrui, avec la conséquence réparatrice qu'entraîne tout devoir : celle d'indemniser le mieux possible la victime pour le dommage ainsi causé.

4 — *Facteur économique* — Sur le plan économique, tout système, qu'il soit capitaliste, communiste, socialiste ou autre, prend pour base l'échange des richesses. C'est le contrat qui, par excellence, sert d'instrument à cet échange, quel que soit le système envisagé. Dans le système dit du libéralisme économique, le législateur laisse aux individus contractants une liberté totale. Au contraire, dans le système dit du dirigisme économique, l'État ne permet aucune initiative contractuelle aux individus mais impose plutôt, dirige et réglemente dans ses moindres détails l'échange des biens. Entre ces deux pôles, il y a place pour un troisième système dit de l'interventionnisme économique. La base de ce système consiste à laisser aux individus un maximum de liberté, tout en permettant à la collectivité d'intervenir dans certains secteurs de l'économie pour réprimer des abus, ou obliger l'individu à contribuer au bien commun par les

---

1. Voir RIPERT, G., *la Règle morale dans les obligations civiles*, 4e éd., Paris, Librairie générale de droit et de jurisprudence, 1949.

contrats qu'il fait. Le Code civil lui-même, tel qu'il était conçu en 1866, reflétait plus particulièrement la première idée. On peut en retrouver des traces encore aujourd'hui, par exemple dans l'apparent absolutisme du principe de la liberté contractuelle qui veut que chacun puisse, dans les limites de l'ordre public et des bonnes mœurs, organiser comme il l'entend son propre régime contractuel. Le principe du libéralisme économique, presque absolu au cours du XIXe siècle, a subi de nombreuses modifications de nos jours. Peu à peu les sociétés modernes favorisèrent non plus le « laisser-faire » mais un interventionnisme modéré de l'État dans le domaine contractuel (réglementation des contrats d'adhésion, lois particulières régissant la propriété, etc.). C'est ainsi que graduellement la société a remplacé un libéralisme contractuel absolu trop dangereux par un libéralisme contrebalancé par un dirigisme dans certains secteurs de l'économie, de manière à garantir une stabilité de l'ordre public économique et à protéger aussi l'économiquement faible.

De même, en matière délictuelle, le législateur a dû intervenir dans certains secteurs de la vie sociale pour permettre à certaines catégories d'individus d'obtenir une compensation pécuniaire au dommage subi qui soit à la fois rapide et peu coûteuse. On retrouve cette idée à la base des lois réglementant la compensation résultant des accidents du travail et des accidents d'automobile [2].

5 — *Facteur politique* — En troisième lieu, le droit des obligations s'inspire nettement du Code Napoléon et a repris chez ce dernier certaines idées « révolutionnaires », notamment celle de l'égalité devant la loi et celle du Code dit « populaire » par opposition aux codes dits « savants », tel le Code allemand de 1900. De plus, le bouleversement des structures politiques et l'influence de certaines idées ont profondément marqué le droit civil des obligations. Il faut noter à cet égard l'impact de plus en plus grand que peuvent avoir sur la politique législative les groupes de pression (*lobbies*).

6 — *Facteur sociologique* — Enfin, on ne saurait ignorer, comme on tend souvent à le faire, l'importance fondamentale de la sociologie sur le droit. L'influence de la sociologie sur la science juridique peut être examinée à un double point de vue. D'une part, il est certain que la règle juridique doit représenter aussi fidèlement que possible la règle sociologique. Il est inévitable que la règle juridique ait un retard sur la règle sociologique, cette dernière étant plus mouvante et le législateur en principe ne devant saisir dans la règle de droit que la normalité de la conscience collective. Les divers amendements ou modifications apportés

2. *Lois des accidents du travail*, S. R. Q., 1964, ch. 159 ; *Loi de l'indemnisation des victimes d'accidents d'automobile*, S. R. Q., 1964, ch. 232.

au droit civil sont la plupart du temps motivés par le besoin social qui
ressent le fossé séparant l'ancienne règle de droit de la réalité sociologique.
D'autre part, sur le plan de la méthode, la sociologie a beaucoup à
apporter au droit civil. L'analyse sociologique des règles juridiques offre
au juriste de nouveaux horizons qui lui permettent de vérifier la valeur
intrinsèque de la norme juridique. Sur ce même plan, les procédés d'enquête constituent une aide extrêmement précieuse au législateur en lui
évitant de tomber dans un juridisme excessif qui freinerait l'évolution du
droit. La sociologie juridique [3] est une science récente dont l'essor pro-
digieux depuis quelques années mérite l'attention de tous les juristes.

7 — *Domaine des obligations* — Avant de définir ce
que l'on entend par obligation, et avant de tenter de classifier les diverses
espèces d'obligations, il convient de rechercher la place exacte qu'occupent
les obligations dans le droit civil. Pour ce faire, il est utile de retracer
la place exacte qu'occupent les obligations dans l'ensemble du patrimoine
de l'individu. Traditionnellement, les droits que peut détenir une personne
juridique sont de deux sortes : les droits extra-patrimoniaux et les droits
patrimoniaux.

8 — *Droits extra-patrimoniaux* — *Les droits extra-
patrimoniaux constituent l'ensemble des droits possédés par une personne
physique, non appréciables en argent, qui lui sont conférés par la loi en
raison de la place qu'occupe cette personne dans la société.* Ils sont en
nombre limité et la plupart d'entre eux se trouvent groupés dans le droit
de la famille (puissance paternelle, mariage, filiation, etc.). Seule une
personne physique, par opposition à une personne morale, peut posséder,
jouir, détenir et exercer des droits extra-patrimoniaux. Étant attachés à
la personne physique même, ils meurent en principe avec elle mais sont
imprescriptibles. Les droits extra-patrimoniaux ne peuvent d'autre part
s'évaluer pécuniairement. Ainsi, la puissance paternelle, le droit au mariage,
n'ont aucune valeur marchande ; ils ne peuvent donc être vendus, transférés, ou acquis à titre gratuit ou à titre onéreux. Ils sont hors commerce.
Leur cession serait contraire à l'ordre public puisque c'est exclusivement
la loi qui les crée et qui détermine leur détenteur [4]. En troisième lieu, ils
ne peuvent être saisis puisqu'ils n'ont pas d'attache matérielle et ne

3. Les ouvrages de sociologie juridique de droit privé sont encore rares. Parmi les
ouvrages généraux, il faut signaler GURVITCH, G., *Éléments de sociologie
juridique*, Paris, Aubier, 1940 ; LÉVY-BRUHL, H., *Aspects sociologiques du
droit*, Paris, Rivière, 1955 ; *Sociologie du droit*, Paris, P.U.F., 1961. Il existe
cependant de nombreuses monographies, telles celles publiées dans la « Petite
bibliothèque de sociologie internationale » sous la direction d'Armand Cuvillier.

4. Voir paragr. 67.

constituent pas des biens économiques. Ils existent donc au même titre pour tous, quelle que soit la situation matérielle de celui qui les détient.

9 — *Droits patrimoniaux* — *Les droits patrimoniaux constituent l'ensemble des droits appréciables en argent, possédés par une personne physique ou morale, et provenant de son activité économique.* Les droits patrimoniaux ont une valeur pécuniaire et donc se trouvent dans le circuit économique. Puisqu'ils ne dépendent plus de la personnalité même de leur possesseur, toute personne peut les détenir, aussi bien une personne physique qu'une personne morale (compagnie, association, etc.). D'autre part, faisant partie du patrimoine de l'individu, ils sont donc prescriptibles et transmissibles, ne meurent plus avec la personne mais lui survivent par son patrimoine.

10 — *Notion de patrimoine* — Le patrimoine peut être défini comme *l'ensemble des biens, des droits et des obligations d'une personne physique ou morale.* Cette notion extrêmement importante forme un ensemble complexe dont la personne physique ou morale a en principe le droit de libre disposition (pour les biens et les droits) et duquel elle est responsable (obligations). Le patrimoine est avant tout une notion économique. Il se transmet et continue à exister même après le décès de son propriétaire. Cependant, il est nécessaire de distinguer à l'intérieur des droits patrimoniaux trois variétés de droits principaux : les droits réels, les droits personnels et les droits intellectuels.

11 — *Droits réels* — *On appelle droits réels les droits patrimoniaux qui s'exercent directement sur une chose ou un objet passif, sans qu'il soit nécessaire de passer par l'intermédiaire d'un individu pour les exercer.* Les droits réels présentent trois caractéristiques principales. D'une part, ils sont définis limitativement par la loi. Le plus connu des droits réels est le droit de propriété (art. 406 C. C.). Le droit de propriété, l'usufruit (art. 443 C. C.), les servitudes (art. 499 C. C.) sont considérés comme les droits réels principaux, l'hypothèque (art. 2016 C. C.) et le gage (art. 1966, 1967 et 1968 C. C.) comme des droits réels accessoires car ils n'ont pour but que de garantir le paiement d'une créance. D'autre part, les droits réels sont opposables à tous, c'est-à-dire universels. Créant un lien de droit direct entre le détenteur du droit et l'objet, ils peuvent être exercés à l'égard de tous, c'est-à-dire en fait que leur exercice est indépendant de la personnalité de celui qui les détient à un moment précis. Enfin, ils emportent le droit de suite et le droit de préférence. Le droit de suite permet au détenteur du droit réel de revendiquer l'objet en quelques mains qu'il puisse passer. Le droit de

préférence lui garantit en revanche d'être préféré aux autres créanciers en cas d'insolvabilité du débiteur sur le prix de vente de l'objet détenu par lui [5].

12 — *Droits personnels* — *On nomme droits personnels les droits patrimoniaux qui ne portent pas directement sur une chose mais qui s'exercent au contraire à l'encontre d'une personne.* Ils comprennent donc tous un « triptyque » : un créancier, un débiteur et un objet. Le lien entre le créancier et le débiteur par rapport à l'objet est ce que l'on appelle *obligation*. Ces droits ne sont pas opposables à tous mais seulement à la personne tenue en vertu du lien personnel et ils n'emportent donc ni droit de préférence ni droit de suite (droits de créance).

13 — *Droits intellectuels* — *Les droits intellectuels sont des droits patrimoniaux qui s'exercent sur une chose abstraite, produit de l'intelligence humaine.* Ils constituent une catégorie à part et sont réglementés par des lois spéciales sur la propriété littéraire et artistique [6].

On voit déjà d'après cette analyse la place occupée par l'obligation dans les droits de l'individu : *l'obligation est un droit patrimonial et personnel.*

I — DÉFINITION DE L'OBLIGATION

14 — *Sens du mot obligation* — Le mot « obligation » peut être pris dans plusieurs sens différents. Dans la langue populaire, être obligé, avoir une obligation, a un sens large : c'est être astreint à faire ou à ne pas faire quelque chose (obligation d'être poli, obligation d'être sociable, obligation d'aider son prochain ou de ne pas lui nuire). Ce n'est pas l'obligation au sens juridique du terme, parce que, d'une part, elle ne s'analyse pas comme un rapport de droit entre deux individus et parce que, d'autre part, la sanction de cette obligation n'est pas juridique mais simplement morale ou sociale [7].

Dans le droit des affaires, le mot « obligation » a un sens très précis. C'est un titre mobilier émis par une collectivité contractant un emprunt financier, généralement à long terme, remboursable avec intérêt sur une certaine période de temps. C'est là un sens juridique mais particulier et technique du mot obligation.

---

5. Art. 1983 et 2016 C. C.
6. *Loi concernant le droit d'auteur,* S. R. C., 1952, ch. 55 ; *Loi concernant les brevets d'invention,* S. R. C., 1952, ch. 203.
7. Voir LE FUR, L., « Les caractères essentiels du droit en comparaison aux autres règles de la vie sociale », (1935) *Archives de philosophie du droit et de sociologie juridique* 7.

Dans la terminologie civiliste, le mot « obligation » a un sens beaucoup plus précis. Les juristes romains la définissaient comme suit : « *Obligatio est vinculum juris quo necessitate astringimur alicujus solvendae rei, secundum nostrae civitatis jura*[8]. »

En modifiant quelque peu cette célèbre définition, on peut dire que *l'obligation est un lien de droit par lequel une personne, appelée débiteur, est tenue envers une autre, appelée créancier, d'exécuter une prestation consistant à donner, à faire, ou à ne pas faire quelque chose sous la menace d'une contrainte légale s'exerçant sur le patrimoine du débiteur.*

Ce lien juridique entre deux personnes, par rapport à une chose, suppose donc comme base : un créancier, un débiteur et un objet. Pour le débiteur, l'obligation est une cause d'appauvrissement de son patrimoine ; vue de son côté strictement, l'obligation est un *debitum,* un *Schuld*[9]. Pour le créancier au contraire, l'obligation est une cause d'enrichissement patrimonial. La faculté d'obtenir cet enrichissement est assortie d'un pouvoir de contrainte que la loi met à sa disposition pour forcer le débiteur à s'exécuter. Du côté du créancier, l'obligation s'analyse avant tout comme un pouvoir de contrainte, une *obligatio,* une *Haftung*[9].

15 — *Évolution historique du pouvoir de contrainte* —
Le pouvoir de contrainte a évolué considérablement depuis l'époque romaine. En ancien droit romain, le lieu obligatif étant strictement personnel, le créancier pouvait, en cas d'inexécution, s'emparer de la personne physique de son débiteur et, selon les époques, le mettre à mort, l'incarcérer ou le vendre comme esclave. Ces mesures de vengeance privée furent peu à peu remplacées par une compensation pécuniaire.

Par la suite, pour des raisons morales et économiques, la société, influencée sans nul doute par les idées chrétiennes, fit le lien entre l'inexécution du contrat et le patrimoine du débiteur. Désormais, le débiteur n'est plus responsable sur sa personne mais sur l'universalité de ses biens. L'emprisonnement pour dettes qui subsista jusqu'au XIXe siècle est aujourd'hui aboli.

En droit moderne, ce n'est donc plus sur la personne physique du débiteur mais sur ses biens que le créancier peut exercer son pouvoir de contrainte.

---

8. Justinien, Institute III-13.
9. La *Schuld* est le *debitum* latin, c'est-à-dire le devoir qu'a le débiteur de satisfaire aux exigences de son contrat en exécutant ses obligations. L'*Haftung* est l'*obligatio* latine, c'est-à-dire la contrainte donnée par la loi et qui permet au créancier d'obtenir l'exécution forcée de la part de son débiteur. MAZEAUD, *Leçons de droit civil,* t. 2, no 9, p. 8 ; CARBONNIER, *Droit civil,* t. 2, no 205, p. 717-718.

Il ne cherche plus tant à se venger qu'à compenser la perte économique encourue par l'inexécution. La loi donne ainsi au créancier un droit de gage général (art. 1980, 1981 C. C.) sur le patrimoine de son débiteur et lui permet de faire saisir et de vendre en justice les biens de ce dernier et d'être payé sur le prix. De plus, l'obligation étant dépersonnalisée, elle ne meurt pas en principe avec le débiteur, mais se transmet à ceux qui recueillent le patrimoine (transmission à cause de mort ou entre vifs). C'est le patrimoine qui est responsable à travers la personne du débiteur.

En résumé donc, l'obligation juridique a un caractère économique et non plus simplement personnel ; elle rend le débiteur responsable sur son patrimoine et le pouvoir de contrainte n'est plus laissé à l'initiative du créancier ; il est créé, réglementé et organisé par le législateur lui-même qui convertit en justice sociale la justice privée de l'ancien droit romain.

II — CLASSIFICATION DES OBLIGATIONS

16 — *Intérêt d'une classification des obligations* — La classification des obligations n'a pas, comme on pourrait le penser, un intérêt purement académique. En effet, du type que l'on attribue à chaque obligation, il est possible de déduire une série d'effets et de conséquences juridiques très importantes. De plus, elle a l'avantage de permettre de se familiariser plus rapidement avec la terminologie juridique.

A. CLASSIFICATION DU CODE CIVIL

17 — *Origine* — La classification des obligations de l'article 983 C. C. est empruntée à Pothier [10]. Tenant compte de la source des obligations, elle a l'avantage d'être classique et de correspondre aux divisions mêmes retenues par le Code civil (contrats, quasi-contrats, délits et quasi-délits et loi seule).

1. OBLIGATIONS CONTRACTUELLES

18 — *Variétés d'obligations contractuelles* — Le contrat est un accord de volonté de deux personnes sur un objet. Cependant, à l'intérieur du cadre contractuel, il faut distinguer entre les divers genres

---

10. BUGNET, *Œuvres de Pothier*, t. 2. nº 2, p. 3.

ou catégories d'obligations qui forment ce même contrat. L'article 1058 C. C., à propos de l'objet des obligations, permet de distinguer trois principales sortes d'obligations contractuelles : l'obligation de faire, l'obligation de ne pas faire et l'obligation de donner. L'exécution de l'obligation de faire pour le débiteur consiste en l'accomplissement d'un acte positif ou d'un service, telle par exemple l'obligation du contrat de louage de service, du contrat de travail ou du contrat d'entreprise.

L'exécution de l'obligation de ne pas faire consiste au contraire en une abstention du débiteur, permanente ou temporaire, limitée dans le temps ou dans l'espace. Enfin, pour l'obligation de donner, tout comme pour l'obligation de faire, c'est un acte positif qui est attendu du débiteur[11]. Dans ce cas, cependant, il s'agit plus pour le débiteur de transférer la propriété, la possession ou la détention d'un bien ou d'une chose que d'accomplir un acte engageant sa personnalité même. C'est ce qui explique que si le vendeur d'un objet peut faire effectuer la livraison par un autre, le peintre, qui s'est engagé à brosser un tableau, ne pourra pas sans contrevenir à son obligation la faire exécuter par un autre.

2. OBLIGATIONS QUASI CONTRACTUELLES

19 — *Sources des obligations quasi contractuelles* — Les quasi-contrats sont des faits juridiques se rapprochant du contrat sans toutefois en présenter toutes les caractéristiques. Deux de ces quasi-contrats sont prévus par le Code civil lui-même[12] (gestion d'affaires, répétition de l'indu), alors qu'un autre[13] (enrichissement sans cause) est une création de la jurisprudence. Ils engendrent des obligations qui ne tirent pas leur origine du consentement mutuel des parties mais d'un acte volontaire unilatéral. Tout comme les contrats cependant, ils peuvent donner naissance à des obligations de donner[14], de faire[15] ou de ne pas faire[16].

---

11. Il faut se garder ici de confondre les deux sens du mot « donner ». Au sens large, donner est transférer un bien, une chose ou un droit. Au contraire, au sens strict, donner est transférer par acte la propriété d'un bien ou d'une chose à titre gratuit, c'est-à-dire sans contrepartie (art. 754 et s. C. C.).

12. Art. 1041 et s. C. C.

13. Voir paragr. 410 et s.

14. Art. 1046 C. C.

15. Art. 1043 C. C.

16. Art. 1043 C. C.

3. OBLIGATIONS DÉLICTUELLES ET QUASI DÉLICTUELLES

20 — *Sources des obligations délictuelles et quasi délic-tuelles* — Ce sont des obligations [17] qui naissent en raison du dommage qu'une personne cause à autrui, par sa faute, en dehors de toute relation contractuelle. On peut regrouper délits et quasi-délits au niveau des concepts car cette distinction, qui nous vient du droit romain et qui est basée sur l'intention de nuire, n'a plus de raison d'être de nos jours, la responsabilité qu'ils engendrent étant identique. Il existe cependant entre eux, au niveau de leur aménagement technique, des différences notables [18].

4. OBLIGATIONS RÉSULTANT DE LA LOI SEULE

21 — *Sources des obligations légales* — L'article 1057 C. C. groupe un certain nombre d'obligations de nature fort diverse que la loi impose en raison de certaines situations juridiques spéciales (droit de voisinage, etc.). Ce dernier groupe est artificiel et revêt peu d'importance.

22 — *Critique de la classification du Code civil* — Cette classification du Code est sujette à critique. D'une part, elle est extrêmement formelle, peut-être en raison de son origine romaine, et oublie d'autres sources d'obligations. D'autre part, elle n'apporte aucun renseignement valable sur la nature, l'objet ou l'effet des obligations. En troisième lieu, elle est superficielle car en dernière analyse c'est la loi qui est la source de toutes les obligations. Enfin, elle est illogique car elle semble accorder la même importance pratique aux quatre sources alors que les contrats et les délits représentent une source beaucoup plus riche que les quasi-contrats par exemple.

B. CLASSIFICATION DES OBLIGATIONS D'APRÈS LEURS EFFETS

23 — *Obligations civiles — obligations naturelles* — L'obligation civile est celle qui est sanctionnée par la loi et dont le créancier peut exiger l'exécution devant les tribunaux. À celle-ci s'oppose la simple obligation morale qui sort du domaine purement juridique et qui n'est pas sanctionnée par le législateur. Le « créancier » d'une obligation morale n'en peut poursuivre l'exécution devant les tribunaux

---

17. Art. 1053 et s. C. C.
18. NADEAU, *Traité de droit civil du Québec*, t. 8, n° 7, p. 5 et s.

car elle n'est susceptible que d'exécution volontaire. Telle est par exemple l'obligation de faire la charité à un pauvre ou d'aider un automobiliste en difficulté.

Entre ces deux opposés se situe un certain nombre d'obligations qui ont plus qu'un simple caractère moral, sans avoir toutefois le plein caractère juridique d'obligations civiles. Elles sont connues sous le nom d'*obligations naturelles*. À la différence de l'obligation civile, l'obligation naturelle ne donne au créancier aucun recours en exécution contre le débiteur [19]. Si cependant le débiteur acquitte ou exécute volontairement l'obligation naturelle, il ne peut par la suite obtenir la restitution ou la répétition de l'objet ou de la somme d'argent payée en invoquant le paiement d'une chose non due [20].

Plusieurs textes du Code civil font une place à l'obligation naturelle [21]. Ainsi le créancier en vertu d'un contrat de jeu et pari n'a aucune action en justice pour recouvrer les deniers dus. Cependant si le débiteur acquitte volontairement sa dette, il n'est pas admis à répéter la somme payée [22]. De même, il est permis de se porter caution de l'exécution d'une obligation naturelle [23]. L'acquittement d'une obligation naturelle est donc considéré comme un véritable paiement et non comme une donation soumise aux formalités d'authenticité requises par la loi [24].

De plus, une jurisprudence constante et bien établie reconnaît que l'obligation naturelle peut servir de cause valable à une obligation civile [25]. Ainsi le billet donné en reconnaissance d'une obligation naturelle constitue une créance civile valable [26].

---

19. *Curé et Marguilliers de l'œuvre et fabrique de la paroisse de St-Zacharie* v. *Morin*, (1968) C. S. 615. [Chaque arrêt est classé deux fois dans la table de jurisprudence : par le nom du demandeur et par le nom du défendeur.]
20. Art. 1048 C. C.
21. Art. 1140, 1927, 1928, 1932 C. C.
22. Art. 1927-1928 C. C. ; ROCH et PARÉ, *Traité de droit civil du Québec*, t. 13, p. 568 et s. ; *Zemelman* v. *Williams*, (1949) C. S. 253.
23. Art. 1932 C. C.
24. Art. 776 C. C. ; *Pesant* v. *Pesant*, (1934) R. C. S. 249.
25. *Drouin* v. *Provencher*, (1883) 9 Q. L. R. 179 ; *Scalan* v. *Smith*, (1894) 6 C. S. 58 ; *Kirouac* v. *Maltais*, (1900) 18 C. S. 158 ; *Legris et Baulne* v. *Chéné*, (1914) 23 B. R. 571 ; *Stephen* v. *Perrault*, (1919) 56 C. S. 54 ; *Dodier* v. *Dodier*, (1934) 56 B. R. 221 ; *Deslauriers Ltée* v. *Sirois*, (1965) C. S. 426.
26. *Lockerby* v. *O'Hara*, (1891) 7 M. L. R. C. S. 35 ; *Bédard* v. *Chaput*, (1899) 15 C. S. 572 ; *Brûlé* v. *Brûlé*, (1904) 26 C. S. 77 ; *Stephen* v. *Perrault*, (1919) 56 C. S. 54 ; *in re Ross-Hutchison* v. *Royal Institution for the Advancement of Learning*, (1930) 68 C. S. 354 ; (1931) 50 B. R. 107 ; (1932) R. C. S. 57 ; *Pesant* v. *Pesant*, (1934) R. C. S. 249 ; *Nault* v. *Pellerin*, (1935) 73 C. S. 320 ;

La nature juridique de l'obligation naturelle a donné lieu à de nombreuses discussions en doctrine[27]. On peut dans un sens large considérer sa reconnaissance par la loi comme la sanction juridique d'un devoir de conscience.

C. CLASSIFICATION DES OBLIGATIONS D'APRÈS LEUR OBJET

24 — *Généralités* — On peut classifier les diverses variétés d'obligations civiles en tenant compte de leur objet. C'est d'ailleurs ce que fait le Code civil dans l'article 1058. Cette classification en obligations de donner, de faire et de ne pas faire est cependant loin d'être satisfaisante.

Si l'on prend pour critère l'objet concret, celui-ci peut être soit une somme d'argent, soit un bien, un objet, une action ou une abstention (*obligations pécuniaires* et *obligations en nature*). Au contraire, si l'on s'élève dans l'échelle d'abstraction et si au-delà de l'objet concret et matériel on recherche la qualité ou l'intensité du devoir imposé au débiteur, on peut établir une distinction entre les *obligations de moyens* et les *obligations de résultat*.

1. OBLIGATIONS PÉCUNIAIRES — OBLIGATIONS EN NATURE

25 — *Contenu de la classification* — Cette classification a l'avantage d'être simple et de s'attacher à la valeur économique de l'obligation[28].

Royal Institution for the Advancement of Learning v. *Lyall and Son Co.*, (1937) 62 B. R. 125 ; *Lafontaine* v. *Vézina*, (1946) C. S. 282 ; *Gagné* v. *Duval*, (1948) 28 Ca. By. R. 43 ; *Pelletier* v. *Cloutier*, (1959) C. S. 131 ; *Bellevue Acceptance Co.* v. *Lessard*, (1960) C. S. 681 ; *Langlois* v. *Demers*, (1961) C. S. 567 ; *St-Jean* v. *St-Jean*, (1962) C. S. 665 ; *Rouleau* v. *Poulin*, (1965) B. R. 292 et commentaire BOHÉMIER, A., (1965) 25 R. du B. 466.

27. RIPERT, G., *la Règle morale dans les obligations civiles*, p. 387 et s. ; FLOUR, J., « La notion d'obligation naturelle et son rôle en droit civil », *Travaux de l'Association Henri-Capitant*, Montréal, Doucet, 1956, t. 7, p. 813 ; CARON, M., « La notion d'obligation naturelle et son rôle en droit civil », *Travaux de l'Association Henri-Capitant*, p. 885 ; DUVAL, A., « La notion d'obligation naturelle et son rôle en droit civil », *Travaux de l'Association Henri-Capitant*, p. 872 ; PERRAULT, A., « Obligation naturelle, devoir moral ou de conscience », (1942) 2 R. du B. 171 ; BAUDOUIN, *le Droit civil dans la province de Québec*, p. 449-506.

28. CARBONNIER, *Droit civil*, t. 2, n° 87, p. 296 et s.

Dans l'obligation en nature, l'objet de l'obligation est matériel et autre qu'une somme d'argent. La prestation requise peut être de donner un objet quelconque (livrer une chose), de faire un acte déterminé (exécuter un certain travail) ou de ne pas faire un acte précis (ne pas bâtir par exemple). De ce fait découlent quatre caractéristiques juridiques principales : tout d'abord l'exécution spécifique de l'obligation par le débiteur même n'est possible que si elle n'entraîne pas une participation personnelle de ce dernier à l'exécution [29]. D'autre part, en cas de perte de l'objet par cas fortuit ou force majeure, le débiteur n'est pas en principe responsable et se trouve libéré [30]. Troisièmement, l'objet étant à l'abri des fluctuations monétaires, de la dévaluation par exemple, il ne peut être question en principe de révision du contrat. Enfin, en cas d'inexécution fautive de la part du débiteur, des dommages-intérêts compensatoires peuvent être alloués au créancier [31].

Dans l'obligation pécuniaire au contraire, le débiteur s'engage à verser une certaine somme d'argent. Elle est donc toujours une obligation de donner. Telle est par exemple l'obligation de payer le prix de vente ou de rémunérer les services de quelqu'un. On retrouve également quatre caractéristiques importantes qui s'attachent au caractère pécuniaire de l'obligation. Tout d'abord, l'exécution forcée est toujours possible puisque, en cas de résistance du débiteur, la saisie et la vente judiciaire de ses biens garantissent le paiement de la somme due [32]. En second lieu, le débiteur ne peut jamais invoquer le cas fortuit ou la force majeure pour justifier son inexécution et le non-paiement de la somme due [33]. Il n'y a aucune part ici pour la perte de la chose. Troisièmement, l'objet étant pécuniaire, il n'est pas à l'abri des fluctuations économiques et monétaires et il peut donc être question de révision du contrat dans certains cas [34]. Enfin, en cas de retard apporté à l'exécution, le créancier a droit à des dommages-intérêts moratoires de par la loi, sans nécessité de prouver une perte quelconque, à la différence des dommages-intérêts compensatoires [35].

---

29. Voir paragr. 541 et s.
30. Voir paragr. 358 et s.
31. Art. 1070 et s. C. C.
32. Voir paragr. 544.
33. Voir paragr. 358 et s.
34. BOHÉMIER, A. et FOX, F., « De l'effet des changements de circonstances sur les contrats dans le droit civil québécois », (1963) 12 *Thémis* 77.
35. Art. 1077 C. C.

2. *OBLIGATIONS DE MOYENS — OBLIGATIONS DE RÉSULTAT*

26 — *Contenu de la classification* — Il s'agit là d'une classification relativement récente. Elle fut proposée par Demogue [36] mais développée par Henri Mazeaud [37] et André Tunc [38]. On trouve parfois la même distinction sous un vocable différent : obligations de prudence et diligence ou obligations relatives (moyens) et obligations déterminées ou obligations absolues (résultat) [39].

On appelle obligation de résultat *l'obligation pour la satisfaction de laquelle le débiteur est tenu de fournir au créancier un résultat précis fixé à l'avance.* Telle est par exemple l'obligation du vendeur ou celle du transporteur de livrer la marchandise [40].

On appelle au contraire obligation de moyens *l'obligation pour la satisfaction de laquelle le débiteur n'est tenu que d'employer les meilleurs moyens possibles, d'agir avec prudence et diligence en vue d'obtenir un résultat, mais sans toutefois se porter garant de celui-ci.* Telle est par exemple l'obligation du médecin envers son patient [41], celle du locataire d'une chose [42] d'user de la chose louée, de l'emprunteur [43] et du dépositaire [44] de veiller à la conservation de la chose prêtée ou déposée. On dira de la même façon que l'obligation générale de ne point causer de dommage à autrui (art. 1053 C. C.) est une obligation relative alors que celle imposée au propriétaire de l'immeuble (art. 1055 C. C.) est absolue.

---

36. DEMOGUE, R., *Traité des obligations en général,* Paris, Rousseau, 1925, t. 5, n° 1237, p. 536 et s. ; t. 6, n° 599, p. 644.

37. MAZEAUD, H., « Essai de classification des obligations », (1936) 35 R. T. D. C. 1.

38. TUNC, A., « La distinction des obligations de résultat et des obligations de diligence », J. C. P., 1945, I, 449.

39. *Eaton Co. of Canada* v. *Moore,* (1951) R. C. S. 470 ; *United Stores of Canada* v. *Annan,* (1956) B. R. 12 ; *Magario* v. *Ville de Montréal,* (1956) R. L. n. s. 449 ; *Pauzé-Archambault* v. *Dupuis-Depelteau,* (1959) B. R. 1.

40. Art. 1675 C. C. ; voir CRÉPEAU, P.-A., « Réflexions sur le fondement juridique de la responsabilité civile du transporteur de personnes », (1960) 7 McGill L. J. 225.

41. CRÉPEAU, P.-A., *la Responsabilité civile du médecin et de l'établissement hospitalier,* Montréal, Wilson et Lafleur, 1956 ; « La responsabilité médicale et hospitalière dans la jurisprudence québécoise récente », (1960) 20 R. du B. 433 ; *Nelligan* v. *Clement,* (1939) 67 B. R. 328 ; *X* v. *Mellen,* (1957) B. R. 389 ; *Vézina* v. *Durand,* (1961) C. S. 245 ; *Beausoleil* v. *Communauté des Sœurs de la Charité de la Providence,* (1965) B. R. 37.

42. Art. 1626 C. C.

43. Art. 1766 C. C.

44. Art. 1802 C. C.

Cette classification a une grande importance sur le plan pratique à la fois quant aux conditions de la responsabilité du débiteur et quant à la preuve.

Quant aux conditions de la responsabilité du débiteur, s'il s'agit d'une obligation de moyens, seule la faute dans l'utilisation des moyens peut engager la responsabilité du débiteur. Par exemple, le simple fait pour le médecin de rater une opération chirurgicale n'entraîne pas automatiquement sa responsabilité. De même, le fait qu'un préjudice a été subi ne rend pas l'auteur du dommage responsable s'il a fait preuve de prudence et de diligence (art. 1053 C. C.). Au contraire, s'il s'agit d'une obligation de résultat, le fait que le résultat promis n'a pas été atteint engage en principe la responsabilité du débiteur.

En second lieu, dans le cas d'une obligation de moyens, le créancier doit prouver, pour faire tenir le débiteur responsable, que celui-ci n'a pas exercé une diligence et une prudence raisonnables dans la poursuite du but fixé. L'absence de résultat ne fait donc pas présumer la faute du débiteur et c'est sur le créancier que repose le fardeau de prouver la faute. Au contraire, dans le cas d'une obligation de résultat, la simple constatation de l'absence du résultat ou du préjudice subi suffit à faire présumer en fait la faute du débiteur une fois le fait même de l'inexécution ou la survenance du dommage démontré par le créancier. Dès lors le débiteur, pour dégager sa responsabilité, doit aller au-delà d'une preuve de simple absence de faute, c'est-à-dire démontrer que l'inexécution ou le préjudice subi provient d'un cas fortuit, d'une force majeure ou du fait d'un tiers. Il ne saurait être admis à dégager sa responsabilité en rapportant seulement la preuve d'une absence de faute.

Cette classification à laquelle les tribunaux font appel de plus en plus souvent [45] a le mérite d'être simple et de permettre de mesurer exactement l'intensité du devoir obligationnel du débiteur. On la complète parfois en y ajoutant l'obligation de garantie. Cette dernière est celle à laquelle le débiteur est tenu, d'une manière formelle et stricte, indépendamment des raisons qui motivent l'inexécution.

---

45. CRÉPEAU, P.-A., « Le contenu obligationnel d'un contrat », (1965) 43 C. B. R. 1 ; *Mastracchio* v. *Banque canadienne nationale*, (1959) R. L. n. s. 65 ; (1961) B. R. 1 ; (1962) R. C. S. 53 ; *Roa* v. *Limoges*, (1963) B. R. 924 et commentaire MAYRAND, A., (1964) 24 R. du B. 277.

D. CLASSIFICATION DES OBLIGATIONS D'APRÈS LEUR SOURCE

27 — *Généralités* — Si l'on s'attache enfin à la participation de la volonté dans la création de l'obligation, on peut distinguer entre les obligations naissant de l'acte juridique, du fait juridique et de la loi [46].

1. ACTE JURIDIQUE

28 — *Notion d'acte juridique* — L'acte juridique est toute manifestation de volonté individuelle ayant pour effet de créer, modifier ou éteindre un droit. Il est donc fondé sur un acte de volonté. Dans l'acte juridique, l'individu s'engage, pose un acte de volonté arrêté en prévision des effets juridiques que cette manifestation de volonté va entraîner. C'est dans ce sens que le contrat est un acte juridique. À leur tour, les actes juridiques se décomposent en plusieurs sous-catégories. Ils sont unilatéraux ou bilatéraux, suivant qu'ils sont la manifestation de la volonté d'une ou de plusieurs personnes [47]. Ils sont à titre gratuit ou à titre onéreux suivant que les intéressés recherchent un avantage réciproque ou non [48]. Ils peuvent être entre vifs ou à cause de mort, suivant qu'ils produisent leurs effets du vivant ou après la mort de l'individu [49]. Enfin, ils peuvent être constitutifs ou déclaratifs suivant qu'ils créent une situation juridique nouvelle ou constatent simplement l'existence d'une situation juridique antérieure [50].

2. FAIT JURIDIQUE

29 — *Notion de fait juridique* — Le fait juridique est un événement naturel et matériel qui entraîne des effets juridiques sans

---

46. Certains auteurs ont proposé une classification autre mais dans laquelle on retrouve à la base l'opposition entre l'acte et le fait juridiques. PLANIOL, *Traité élémentaire de droit civil*, t. 2, n° 807, p. 260 (contrat et loi) ; JOSSERAND, L., *Cours de droit civil positif français*, 3e éd., Paris, Sirey, 1939, t. 2, n° 11 et s., p. 8 et s. (actes juridiques, actes illicites, enrichissement sans cause et loi) ; COLIN, A. et CAPITANT, H., *Traité de droit civil*, Paris, Dalloz, 1948, par J. de la Morandière, t. 2, n° 11, p. 9 (contrat, engagement unilatéral, actes illicites, enrichissement injuste, gestion d'affaires).

47. Le contrat de vente par exemple est un acte juridique bilatéral, le testament au contraire est unilatéral.

48. La vente est un acte juridique à titre onéreux, la donation, à titre gratuit.

49. Le testament ne produisant ses effets qu'après le décès est un acte juridique à cause de mort.

50. Tel est le cas de l'acte de partage, art. 746 C. C.

que ces effets aient été recherchés par l'individu. Le fait juridique est non volontaire dans le sens que, s'il y a volonté de la part de l'individu, cette volonté n'a pas pour but essentiel de créer, de modifier ou d'éteindre une situation juridique. Les délits, les quasi-délits, les quasi-contrats sont tous des faits juridiques.

3. LA LOI

30 — *Généralités* — Certaines obligations naissent directement de la loi, sans qu'il y ait intervention quelconque de l'individu, en raison du lien de dépendance de l'individu par rapport à la loi. On en retrouve une énumération non limitative dans l'article 1057 C. C.

31 — *Complémentarité des diverses classifications des obligations* — Ces diverses classifications ont toutes leur importance. Il ne faudrait pas cependant croire qu'elles s'excluent mutuellement les unes les autres. Elles peuvent au contraire se combiner puisque chacune d'elles caractérise l'obligation sur un plan différent. Ainsi par exemple, l'obligation du médecin est à la fois contractuelle, civile, de faire, de moyens, en nature et constitue un acte juridique. Au contraire, l'obligation de ne pas bâtir résultant d'une servitude légale est légale, civile, de ne pas faire, de résultat, en nature et provient de la loi.

BIBLIOGRAPHIE

1) *Généralités*

COMPARATO, F. K., *Essai d'analyse dualiste de l'obligation en droit privé*, Paris, Dalloz, 1964.
RIPERT, G., *la Règle morale dans les obligations civiles,* 4e éd., Paris, Librairie générale de droit et de jurisprudence, 1949.
RIPERT, G., *le Régime démocratique et le droit civil moderne,* 2e éd., Paris, Librairie générale de droit et de jurisprudence, 1948.
RIPERT, G., *les Forces créatrices du droit,* Paris, Librairie générale de droit et de jurisprudence, 1955.
SALEILLES, R., *Essai d'une théorie générale de l'obligation,* Paris, Librairie générale de droit et de jurisprudence, 1890.
SAVATIER, R., *les Métamorphoses économiques et sociales du droit civil d'aujourd'hui,* 2e éd., Paris, Dalloz, 1952.

2) *Obligations naturelles*

BOHÉMIER, A., « Commentaire sur l'affaire *Rouleau* v. *Poulin* », (1969) 25 R. du B. 466.
CARON, M., « La notion d'obligation naturelle et son rôle en droit civil », *Travaux de l'Association Henri-Capitant,* Montréal, Doucet, 1956, t. 7, p. 885.
DEMOGUE, R., « De l'obligation naturelle », (1937-1938) 16 R. du D. 194.
DUVAL, A., « La notion d'obligation naturelle et son rôle en droit civil », *Travaux de l'Association Henri-Capitant,* p. 872.
FARIBAULT, M., « L'obligation naturelle et les règlements de succession », (1943) 3 R. du B. 171.

FLOUR, J., « La notion d'obligation naturelle et son rôle en droit civil », *Travaux de l'Association Henri-Capitant*, p. 813.

GOBERT, M., *Essai sur le rôle de l'obligation naturelle*, Paris, Sirey, 1957.

PERRAULT, A., « Obligation naturelle, devoir moral ou de conscience », (1942) 2 R. du B. 171.

PERRAULT, J., « La notion d'obligation naturelle et son rôle en droit civil », *Travaux de l'Association Henri-Capitant*, p. 860.

RIPERT, G., *la Règle morale dans les obligations civiles*, 4e éd., Paris, Librairie générale de droit et de jurisprudence, 1949.

3) *Obligations de moyens et de résultat*

CRÉPEAU, P.-A., *la Responsabilité civile du médecin et de l'établissement hospitalier*, Montréal, Wilson et Lafleur, 1956.

CRÉPEAU, P.-A., « Le contenu obligationnel d'un contrat », (1965) 43 C. B. R.

FROSSARD, J., *la Distinction des obligations de moyens et des obligations de résultat*, Paris, Librairie générale de droit et de jurisprudence, 1965.

MARTON, G., « Obligations de résultat et obligations de moyens », (1935) 34 R. T. D. C. 499.

MAZEAUD, H., « Essai de classification des obligations », (1936) 35 R. T. D. C. 1.

PACHE, P., *la Distinction des obligations de moyens et des obligations de résultat en droit français et son application en droit suisse*, Lausanne, J. Bron, 1956.

TUNC, A., « La distinction des obligations de résultat et des obligations de diligence », J. C. P., 1945, 1, 449.

Livre premier

SOURCES DES OBLIGATIONS

Première partie

LE CONTRAT

Titre premier

NOTIONS GÉNÉRALES

Chapitre premier

CLASSIFICATION DES CONTRATS

32 — *Généralités* — Les codificateurs n'ont pas jugé à propos de suivre l'exemple du Code Napoléon et de reproduire dans le texte même du Code les diverses classifications usuelles des contrats (contrats nommés et innomés ; contrats synallagmatiques et unilatéraux ; contrats à titre gratuit et à titre onéreux ; contrats commutatifs et aléatoires) [1]. Il est important cependant, avant d'examiner le mécanisme contractuel, de reprendre brièvement non seulement les classifications usuelles mais aussi celles qui se sont développées plus récemment en raison de certains facteurs sociaux et économiques.

I — CONTRATS NOMMÉS ET INNOMÉS

33 — *Contenu et importance de la classification* — Les contrats nommés sont ceux qui sont définis et réglementés par le Code lui-même, tels par exemple la vente, l'échange, le louage, le mandat, le prêt, le dépôt, la société, la transaction, le cautionnement et le nantissement [2]. Les contrats innomés au contraire sont ceux dont la loi ne

---

1. Art. 1102 à 1106 C. N.
2. Art. 1472 et s. C. C. ; art. 1596 et s. C. C. ; art. 1600 et s. C. C. ; art. 1701 et s. C. C. ; art. 1762 et s. C. C. ; art. 1794 et s. C. C. ; art. 1830 et s. C. C. ; art. 1918 et s. C. C. ; art. 1929 et s. C. C. ; art. 1966 et s. C. C.

parle point et qui peuvent être conclus par les parties indépendamment des modèles proposés par la loi en vertu de la complète liberté contractuelle dont elles jouissent. Tels sont par exemple le contrat d'hôtellerie, le contrat médical, etc. La distinction entre contrats nommés et contrats innomés vient de l'ancien droit romain où elle revêtait une importance particulière en raison du fait que seuls les contrats nommés avaient un effet obligatoire [3]. De nos jours, tout contrat, qu'il soit nommé ou innomé, possède cette force obligatoire en raison du principe du consensualisme et de la liberté contractuelle. Si, à notre époque, cette classification n'a plus qu'une importance secondaire, elle conserve malgré tout une certaine utilité.

Les contrats nommés sont plus faciles à interpréter, puisque si les parties n'ont pas tout prévu dans leur contrat, il suffit de se référer alors aux textes du Code pour y trouver les éléments complémentaires. Au contraire, pour les contrats innomés, le juge doit procéder à une recherche beaucoup plus délicate, c'est-à-dire tenter de déterminer quelles étaient les règles que les parties avaient l'intention de suivre au moment de la conclusion du contrat. C'est pourquoi, dans la recherche des règles à appliquer à un contrat innomé, le tribunal cherche souvent à le ramener dans ses éléments à un ou plusieurs contrats nommés *(contrat mixte)* [4]. Certains contrats innomés se trouvent en effet composés d'éléments appartenant à divers contrats nommés. Tel est par exemple le contrat de location d'un objet dans lequel il est stipulé que le prix de location pourra éventuellement servir comme premier dépôt sur un prix de vente de l'objet. Tel est encore le cas du contrat mixte de louage d'ouvrage et de mandat ou de louage d'ouvrage et de service.

II — CONTRATS SYNALLAGMATIQUES ET UNILATÉRAUX

34 — *Contenu et importance de la classification* — Le contrat synallagmatique ou bilatéral est celui qui crée des obligations réciproques à charge de ceux qui y sont parties. L'exemple le plus parfait du contrat synallagmatique est celui du contrat de vente où, entre autres, l'acheteur a l'obligation de payer le prix et le vendeur celle de livrer l'objet.

---

3. OURLIAC et DE MALAFOSSE, *Droit romain et ancien droit français. Les obligations,* n° 13, p. 14 ; GIFFARD, A., *Droit romain et ancien droit français. Les obligations,* Paris, Dalloz, 1958, n° 202 et s., p. 129 et s.

4. *Gravel* v. *Matte,* (1955) C. S. 74 ; *Dufour* v. *Commission hydro-électrique de Québec,* (1964) C. S. 532 ; *Lanthier* v. *Young,* (1967) R. L. n. s. 109.

Le contrat unilatéral, qu'il importe de ne pas confondre avec l'acte unilatéral [5], ne crée au contraire des obligations qu'à la charge d'une seule des parties, sans qu'il y ait réciprocité. On considère traditionnellement le prêt [6], le dépôt [7] et le gage [8] comme des contrats unilatéraux. Le caractère unilatéral ou synallagmatique d'un contrat ne dépend pas de la formation mais des effets de l'engagement. Le contrat unilatéral, comme le contrat synallagmatique, exige la rencontre de deux volontés. La différence réside dans le fait que dans un contrat unilatéral seule une des parties est créancière ou débitrice. Ainsi dans le contrat de prêt une fois formé par la remise de l'objet, la seule obligation qui subsiste est celle de l'emprunteur de restituer l'objet prêté [9]. Il en est de même pour le contrat de dépôt [10]. Il faut se garder cependant de confondre les obligations résultant de la nature même du contrat et celles qui sont imposées par la loi. Le fait par exemple que le prêteur soit tenu de rembourser à l'emprunteur les dépenses pour la conservation de la chose [11] n'a pas pour effet de rendre synallagmatique le contrat de prêt. En effet, la qualification de contrat unilatéral est donnée en tenant compte de l'obligation qu'il engendre au moment de sa conclusion et non en raison de celles qui peuvent survenir par la suite.

Dans le contrat synallagmatique, la réciprocité des obligations des parties entraîne des conséquences pratiques importantes. En premier lieu, les obligations réciproques étant interdépendantes et non simplement juxtaposées, chaque obligation sert de cause à l'autre. C'est ainsi par exemple que l'obligation du vendeur de livrer l'objet vendu a pour cause l'obligation corrélative de l'acheteur de payer le prix et *vice versa* [12].

En second lieu, puisque les obligations sont interdépendantes, si une partie refuse d'exécuter ses obligations, l'autre ne peut être forcée d'exécuter les siennes, puisqu'en principe l'exécution doit être simultanée. C'est l'*exceptio non adimpleti contractus* [13].

En troisième lieu, si l'une des parties a exécuté son obligation et que l'autre refuse toujours d'exécuter la sienne, la première peut demander,

---

5. L'acte unilatéral, tel le testament par exemple, ne demande que la volonté d'une seule personne pour produire des effets juridiques.
6. Art. 1762 C.C.
7. Art. 1794 C.C.
8. Art. 1968 C.C. ; *Marmette* v. *Villeneuve,* (1968) B.R. 841.
9. Art. 1763 C.C.
10. Art. 1804 C.C.
11. Art. 1775 C.C.
12. Voir paragr. 224 et s.
13 Voir paragr. 339 et s.

si elle le désire, la résolution judiciaire du contrat avec effet rétroactif, reprendre la prestation fournie et se trouver libérée de l'obligation corrélative [14].

Enfin, si une force majeure ou un cas fortuit empêche l'exécution d'une des obligations, l'autre partie n'est plus en principe tenue à la sienne (théorie des risques) [15].

III — CONTRATS À TITRE GRATUIT ET À TITRE ONÉREUX

35 — *Contenu et importance de la classification* — Pour reprendre la définition du Code Napoléon (art. 1105), « le contrat à titre gratuit ou de bienfaisance est celui dans lequel l'une des parties procure à l'autre un avantage purement gratuit ». Cette catégorie peut se subdiviser en deux groupes : le contrat à titre gratuit au sens strict par lequel une personne s'appauvrit effectivement telle la donation, et le contrat désintéressé, par lequel une personne ne s'appauvrit pas effectivement mais pose un acte désintéressé. Tel est le cas du dépôt et du prêt à usage qui sont gratuits par nature [16]. La différence se situe réellement au niveau de l'intention des parties. Le contrat à titre gratuit exige une intention libérale qui ne se retrouve pas dans le contrat désintéressé où le contractant accepte seulement de rendre un service pour un temps en général limité.

Dans le contrat à titre onéreux au contraire, chaque contractant reçoit une prestation de l'autre ou tire un bénéfice de l'engagement. On retrouve le contrat à titre onéreux surtout dans les contrats synallagmatiques (vente, louage, etc.), mais on ne doit pas les confondre. Comme les auteurs se plaisent à le souligner, la réciprocité des avantages caractérise les contrats à titre onéreux alors que la réciprocité des obligations caractérise les contrats synallagmatiques [17]. Il peut en effet exister des contrats unilatéraux à titre onéreux, tel le prêt à intérêt [18].

La distinction entre le contrat à titre gratuit et le contrat à titre onéreux est importante car plusieurs conséquences juridiques en découlent directe-

---

14. Art. 1065 C. C., voir paragr. 342 et s.
15. Voir paragr. 354 et s.
16. Art. 1763 et 1795 C. C.
17. Voir MAZEAUD, *Leçons de droit civil*, t. 2, n° 103, p. 83 ; RIPERT et BOU-LANGER, *Traité de droit civil*, t. 2, n° 73, p. 33.
18. Art. 1785 et s. C. C.

ment. D'une part, pour certains contrats, la responsabilité de celui qui s'engage à titre gratuit est appréciée moins sévèrement par les tribunaux que celle du contractant à titre onéreux [19]. D'autre part, l'acte gratuit est vu avec suspicion par le législateur, car il peut servir aisément à masquer une fraude. C'est pourquoi le législateur permet dans certains cas l'annulation des contrats à titre gratuit faits en fraude des créanciers, en accordant de grandes facilités de preuve pour démontrer la fraude [20], et il exige aussi une capacité juridique spéciale pour ces contrats [21]. Enfin, parfois la loi va jusqu'à imposer le respect de certaines formalités au contractant à titre gratuit (acte authentique) [22].

IV — CONTRATS CONSENSUELS, SOLENNELS ET RÉELS

36 — *Contenu et importance de la classification* — Cette classification prend pour base les conditions de forme nécessaires à la validité du contrat. On distingue trois cas possibles. Certains contrats se forment valablement par le simple consentement mutuel des parties et sans qu'aucune forme spéciale ne soit exigée *(contrat consensuel)*. Dans d'autres cas, la loi exige la forme authentique en plus de la rencontre des volontés *(contrat solennel)*. Enfin parfois, la loi exige la remise même de la chose qui fait l'objet du contrat pour que celui-ci soit juridiquement formé *(contrat réel)*.

Le contrat consensuel est donc celui qui est formé par le simple accord de volonté des contractants. C'est l'expression de la règle générale du pouvoir absolu de la volonté de créer par elle seule des actes juridiques. La très grande majorité des contrats dans le droit québécois appartient à cette catégorie.

Le contrat solennel au contraire est celui qui n'est formé que par la constatation de la volonté des parties dans un acte authentique. Tel est par exemple le cas du contrat de mariage, de donation, de constitution d'hypothèque [23]. Ils constituent une exception au principe du consensualisme, exception motivée par le fait qu'ils présentent tous une gravité exceptionnelle. Le législateur a imposé la forme écrite d'une part pour

19. Tel pour le mandat, art. 1710 C. C.
20. Art. 1034, 1035 C. C., voir paragr. 452 et s.
21. Art. 763, 767, 1265 C. C.
22. Art. 776 C. C., voir paragr. 36.
23. Art. 776, 1264, 2040 C. C.

attirer l'attention des contractants sur l'importance de leur engagement et les obliger ainsi à préciser leurs obligations et, d'autre part, pour protéger également les droits des tiers.

Enfin, le contrat réel est celui qui n'est valablement formé que par la remise que fait d'une chose l'une des parties à l'autre. Tels sont par exemple le prêt à usage, le dépôt simple et le don manuel [24].

Dans les contrats réels, l'accord de volonté des parties est une condition nécessaire mais non suffisante à la création du contrat. Au lieu de la rédaction d'un acte authentique, c'est la remise matérielle de l'objet qui rend le contrat parfait. Tant que cette remise n'a pas eu lieu, le contrat est inexistant.

V — CONTRATS COMMUTATIFS ET ALÉATOIRES

37 — *Contenu et importance de la classification* — Un contrat est commutatif lorsque dès le moment de sa conclusion, les parties connaissent exactement l'importance et l'étendue des prestations qu'elles auront à fournir. Au contraire, un contrat est aléatoire lorsque au moment de sa conclusion, les prestations des parties ne sont pas encore déterminées quant à leur étendue ou quant à leur importance. Tel est le cas de la vente moyennant une rente viagère [25], ou du contrat d'assurance. L'étendue des obligations de l'assureur dépendra en effet de l'importance du sinistre. Les contrats commutatifs et aléatoires ne constituent qu'une subdivision des contrats à titre onéreux.

VI — CONTRATS D'EXÉCUTION INSTANTANÉE ET D'EXÉCUTION SUCCESSIVE

38 — *Contenu et importance de la classification* — Le contrat d'exécution instantanée est celui dans lequel les obligations des parties s'exécutent en une seule et même fois. Le contrat d'exécution successive au contraire est celui dans lequel l'exécution des obligations des parties est répartie sur une certaine période de temps ou en un certain nombre de fois comme dans le contrat de société ou de louage de maison. Le locataire doit payer le loyer suivant les termes (chaque semaine, chaque mois, chaque année).

---

24. Art. 1763, 1797 et 776 C. C.
25. Art. 1901 et s. C. C.

Seuls, en principe, les contrats d'exécution successive sont susceptibles de tacite reconduction [26]. D'autre part, l'annulation ou la résolution judiciaire des contrats d'exécution successive en cours d'exécution ne produit pas d'effets rétroactifs. Ce qui a été fait ou exécuté jusqu'à la survenance de la nullité ou de la résolution demeure, les effets du contrat ne cessant que pour l'avenir.

VII — CONTRATS INDIVIDUELS ET COLLECTIFS

39 — *Contenu et importance de la classification* — C'est une classification très récente qui n'est pas dans l'esprit traditionnel du Code civil. Il est inutile d'insister longuement sur cette distinction. Dans le contrat collectif, c'est tout un groupe de personnes qui se trouvent liées par un contrat conclu pour elles par un ou plusieurs représentants. Un exemple courant de contrat collectif est la convention collective de travail [27] où le syndicat engage la totalité de ses membres sans le consentement individuel de chacun de ceux-ci. Le contrat collectif constitue une exception au principe de l'effet relatif des contrats [28].

VIII — CONTRATS DE LIBRE DISCUSSION ET D'ADHÉSION

40 — *Contenu et importance de la classification* — Le contrat de libre discussion, également nommé contrat de gré à gré, est celui pour la conclusion duquel les parties peuvent négocier d'égal à égal. Il est le fruit de concessions mutuelles.

Dans le contrat d'adhésion au contraire, l'une des parties perd cette faculté de libre négociation des conditions de son engagement en se voyant imposer d'avance toutes les conditions du contrat et en ne gardant que le choix, parfois purement théorique, de contracter ou de ne pas contracter. Les contrats d'adhésion ont connu depuis un siècle une extraordi-

---

26. Art. 1609 C.C.
27. *Code du travail*, S. R. Q., 1964, ch. 141, art. 1(e), 40 et s., 80, 81 ; *Loi des décrets des conventions collectives*, S. R. Q., 1964, ch. 143, art. 9, 10, 12, 13 ; *Loi des relations industrielles*, S. R. C., 1952, ch. 152, art. 18.
28. Art. 1028 et s. C. C. ; voir paragr. 306 et s. ; voir également *Loi des chemins de fer de Québec*, S. R. Q., 1964, ch. 290, art. 98 ; *Loi des compagnies du Québec*, S. R. Q., 1964, ch. 271, art. 47, 144 ; *Loi de la commission municipale*, S. R. Q., 1964, ch. 170, art. 13.

naire croissance [29] et de nos jours la très grande majorité des contrats de transport, de fourniture (eau, électricité, gaz, etc.), d'assurance, sont en fait des contrats d'adhésion. La force économique des grandes entreprises ou la détention de monopoles permet à celles-ci de dicter littéralement leur volonté à l'économiquement faible. Le législateur n'est intervenu encore que très timidement pour protéger le public en général par un contrôle qui s'effectue soit sur un plan législatif, soit sur un plan administratif, soit sur un plan judiciaire. Dans le premier cas, le législateur cherche à assurer la santé financière et l'efficacité de gestion de certaines entreprises. Il en est ainsi pour les compagnies d'assurance et de transport. Les garanties demandées, l'inspection et le droit de regard du gouvernement sur leur gestion permettent jusqu'à un certain point de garantir leur solvabilité et la bonne exploitation de l'entreprise [30]. De plus, le législateur oblige parfois l'économiquement fort à informer l'économiquement faible de ses droits [31]. Du point de vue administratif, diverses Régies et Commissions ont un pouvoir de contrôle sur les prix et tarifs de même que sur la sécurité, la qualité des services et les plaintes des usagers [32]. Le Code civil lui-même, par certaines de ses règles conçues dans d'autres buts mais applicables au domaine des contrats d'adhésion, cherche à aider le contractant débiteur défavorisé devant les tribunaux [33]. Il faut avouer toutefois que cette réglementation est encore très incomplète et très insuffisante car elle n'offre qu'une protection indirecte au contractant. On peut même aller jusqu'à contester la liberté même du choix de ne pas contracter puisque, s'il existe un monopole, la liberté du contractant est en fait purement illusoire, puisqu'il a le choix de se priver d'un service essentiel (transport, électricité), mais ne peut s'adresser à quelqu'un d'autre pour obtenir un service identique. Ne sort-on pas véritablement à ce moment-là du domaine contractuel pour tomber dans celui de l'institution ou du statut ?

41 — *Complémentarité des diverses classifications des contrats* — Toutes ces classifications se situent sur des plans différents

---

29. AZARD, P., « Le contrat d'adhésion », (1960) 20 R. du B. 337.

30. *Loi des assurances*, S. R. Q., 1964, ch. 295 ; *Loi sur les compagnies d'assurance canadiennes et britanniques*, S. R. C., 1952, ch. 31.

31. Par exemple l'article 214 de la *Loi des assurances*.

32. *Loi des chemins de fer de Québec*, S. R. Q., 1964, ch. 290 ; *Loi de la Régie des transports*, S. R. Q., 1964, ch. 228 ; *Loi de la Régie des services publics*, S. R. Q., 1964, ch. 229 ; etc. *Loi sur l'aéronautique*, S. R. C., 1952, ch. 2 ; *Loi sur la marine marchande du Canada*, S. R. C., 1952, ch. 29 ; *Loi sur les transports*, S. R. C., 1952, ch. 271 ; *Loi sur les chemins de fer du Canada*, S. R. C., 1952, ch. 234 ; etc.

33. Ainsi les articles 1019 et 1040c C. C.

les uns des autres. Aucune d'elles ne présente un caractère d'exclusivité si bien qu'un contrat en particulier peut appartenir à plusieurs de ces catégories. Le contrat de vente, par exemple, peut être qualifié successivement de contrat nommé, synallagmatique, à titre onéreux, consensuel, commutatif, d'exécution instantanée, individuel et de libre discussion. Il peut également, dans certains cas, être aléatoire, d'exécution successive, collectif et parfois même d'adhésion.

BIBLIOGRAPHIE

AZARD, P., « Le contrat d'adhésion », (1960) 20 R. du B. 337.
DE JUGLART, M., « L'obligation de renseignements dans les contrats », (1945) 43 R. T. D. C. 1.
DEREUX, G., « De le nature juridique des contrats d'adhésion », (1910) 9 R. T. D. C. 503.
FLOUR, J., « Quelques remarques sur l'évolution du formalisme », dans *le Droit privé au milieu du 20e siècle. Mélanges Ripert,* Paris, Librairie générale de droit et de jurisprudence, 1950, t. 1, p. 93.
LEAUTÉ, J., « Les contrats types », (1953) 51 R. T. D. C. 429.
MOREL, R., « Le contrat imposé », dans *le Droit privé au milieu du 20e siècle. Mélanges Ripert,* t. 2, p. 116.
TEDESCHI, G. et HECHT, A., « Les contrats d'adhésion en tant que problème de législation », (1960) R. I. D. C. 574.
WILSON, N., « Freedom of Contract and Adhesion Contracts », (1965) 14 Int. and Comp. Law Q. 172.

Chapitre II

LE RÔLE DE LA VOLONTÉ DANS LE CONTRAT

42 — *Autonomie de la volonté — liberté contractuelle* — Dans l'ordre juridique établi par le droit civil, c'est le contrat qui représente par excellence la manifestation la plus caractérisée de la volonté humaine. Vu sous l'aspect psychologique, le contrat est en effet la rencontre de deux volontés, l'union de deux consentements, l'adhésion de ces consentements à un ordre juridique. La volonté occupe donc une place de choix dans la formation de l'engagement contractuel, car le

contrat permet à l'individu d'assumer certaines obligations volontairement et en connaissance de cause.

Si l'on cherche à déterminer la raison pour laquelle la volonté humaine est source d'obligations, c'est-à-dire le fondement du lien de sujétion contractuelle, c'est le principe philosophique de l'autonomie de la volonté qu'il faut examiner.

Si ensuite, on tente d'étudier les conséquences produites par ce principe sur le plan juridique contractuel, c'est le principe de la liberté contractuelle qui doit retenir l'attention.

I — PRINCIPE PHILOSOPHIQUE DE L'AUTONOMIE DE LA VOLONTÉ

43 — *Généralités* — Le principe de l'autonomie de la volonté n'est exprimé nulle part de façon explicite dans le Code civil. Il est le fruit d'une tradition historique et d'un courant de pensée philosophique ; il a, de plus, de profondes résonances sur le plan économique.

A. HISTORIQUE

44 — *Le droit romain* — Le principe de l'autonomie de la volonté est apparu assez tard dans l'histoire du droit privé moderne. En ancien droit romain, le principe de l'autonomie de la volonté était totalement inconnu. Les juristes romains n'attachaient que peu d'importance à la volonté seule dans la formation des contrats. L'élément qui liait une personne à une autre dans un contrat n'était pas l'acte pur de la volonté humaine mais l'accomplissement d'un certain nombre de rites, de gestes ou d'actes matériels par les contractants (contrat *verbis, litteris, in re*). De plus, le nombre, l'étendue et la forme des contrats étaient prédéterminés. Pour contracter valablement, il fallait respecter les formes imposées par la loi. La validité même de l'engagement dépendait donc de la validité de la formalité utilisée et le contrat tirait sa force obligatoire de l'accomplissement même de cette formalité. Ce n'est qu'assez tard qu'apparurent en droit romain les contrats dits « consensuels » (vente, louage, mandat, société) et innomés [34]. Le formalisme continua à subsister longtemps bien que vidé de sa substance dans certains cas [35].

---

34. OURLIAC et DE MALAFOSSE, *Droit romain et ancien droit français. Les obligations*, nos 24-29, p. 27-33.
35. GIFFARD, A., *Droit romain et ancien droit français. Les obligations*, Paris, Dalloz, 1958, no 230, p. 150 ; no 260, p. 173.

45 — *L'ancien droit français* — Grâce à l'influence de la doctrine chrétienne prônant l'égalité de tous les hommes, les rapports contractuels imprégnés jusqu'alors de formalisme se moralisèrent peu à peu. Le contrat repose désormais sur la notion très large de « foi jurée », de serment, le manquement à l'obligation contractuelle étant considéré ainsi comme une sorte de péché.

Une place plus considérable est donc accordée à la volonté humaine puisque c'est désormais l'intention plus que la forme de contracter qui compte. Le contrat devient presque une affaire de conscience où la forme n'est qu'un accessoire, important, mais accessoire quand même. Cependant, il faut signaler que les canonistes reconnaissent la suprématie de la loi sur la volonté humaine. La volonté humaine ne peut s'exercer que dans le champ laissé libre par la loi ou prédéterminé par elle.

C'est surtout, cependant, avec les philosophes du XVIIᵉ et du XVIIIᵉ siècle que l'on voit peu à peu apparaître le principe philosophique de l'autonomie de la volonté avec toute sa force. Voltaire mais surtout les Encyclopédistes, Diderot et Rousseau, prônent une liberté totale et complète de l'homme ainsi que son égalité devant son semblable. La loi, d'après la théorie du *Contrat social,* n'est que la somme démocratiquement exprimée des volontés individuelles. Elle reste donc le fruit de la volonté de l'ensemble des citoyens, n'existe que parce qu'ils le veulent bien pour l'organisation de leurs rapports. La volonté humaine est donc suprême, l'homme doit être libre vis-à-vis de l'État, qui ne doit pas chercher à entamer sa liberté sauf, à la rigueur, dans l'hypothèse où cette liberté s'exerce dans un sens antisocial.

46 — *Le droit français moderne* — La période de la Révolution française marque l'apogée de la supériorité des droits subjectifs et le triomphe de l'individualisme (liberté, égalité, fraternité). La Déclaration des droits de l'homme et du citoyen de 1789 prône l'égalité de tous devant la loi et la liberté totale des citoyens. Sur le plan contractuel, si l'homme s'oblige, c'est donc parce qu'il le veut bien, c'est par un acte de volonté souveraine, mûri et réfléchi. C'est à ce moment précis dans l'histoire du droit privé que le principe de l'autonomie de la volonté prend toute sa force. D'une part, la source primordiale d'obligation est la volonté individuelle à laquelle on ne peut imposer de restrictions sous peine de diminuer la liberté du sujet de droit. D'autre part, les seules restrictions à la liberté de l'homme ne peuvent venir que de lui-même, lui seul ayant le pouvoir de restreindre sa liberté par acte volontaire. La volonté est donc à la base de l'acte contractuel. Celui qui s'engage envers un autre assume par cet acte de volonté une limite à sa liberté.

47 — *Applications économiques du principe* — Du point de vue économique, le principe de l'autonomie de la volonté se traduit par le régime du « laisser-faire » ou libéralisme économique. Laisser aux hommes la liberté complète de contracter comme ils l'entendent est la meilleure garantie de stabilité sociale et économique parce qu'elle encourage un échange accru des richesses par un système de libre concurrence. Aucune restriction ne doit donc être imposée à l'activité économique de l'individu, la somme de ces activités étant nécessairement équivalente au bien de la société tout entière.

B. CONSÉQUENCES DU PRINCIPE

48 — *Généralités* — Au point de vue juridique, le principe de l'autonomie de la volonté entraîne les trois conséquences suivantes :

1. LE CONTRAT EST SUPÉRIEUR À LA LOI

49 — *Rôle secondaire de la loi* — La loi est considérée comme une entrave à la liberté de l'homme, donc à l'autonomie de sa volonté. Le législateur doit donc autant que possible laisser à l'individu une autonomie complète de contracter ou de ne pas contracter et de contracter aux conditions qu'il désire. Le contrat est, dans cette perspective, la loi que les parties se donnent à elles-mêmes, principe exprimé par l'article 1134 du Code Napoléon qui n'a pas de correspondant dans le Code du Québec. En contractant, les parties déterminent et fixent elles-mêmes la loi qu'elles entendent suivre, et ainsi les effets des obligations contractuelles sont nécessairement ceux qu'ont prévus et désirés les parties. La mission du juge consiste à rechercher l'intention des parties en cas de doute et non à s'en tenir à l'expression formelle de cette intention[36]. Enfin, le juge n'a aucun pouvoir de modifier le contenu du contrat.

La loi n'est qu'un « contrat social » entre tous les individus et représente donc une limite volontairement assumée à l'autonomie de la volonté. En ce sens, le contrat demeure donc antérieur dans le temps[37] et supé-

---

36. C'est indirectement ce qu'exprime l'article 1013 C. C.
37. Cette proposition va à l'encontre de la célèbre loi sociologique de Summer Maine selon laquelle le statut précède le contrat, c'est-à-dire le droit imposé précède le droit volontaire. Cette hypothèse est cependant sérieusement mise en doute de nos jours.

rieur dans les valeurs juridiques à la loi. Donc, en cas de conflit entre le contrat et la loi, c'est en principe le contrat qui doit l'emporter. On retrouve des traces de cette conception dans le droit actuel, notamment à l'article 8 du Code civil qui énonce que les parties sont libres de choisir la loi qu'elles veulent pour régir leurs relations contractuelles.

2. LA SEULE VOLONTÉ CRÉE L'OBLIGATION

50 — *Rôle suprême de la volonté* — Aucune forme ou formalité particulière ne doit être nécessaire, puisque la seule expression psychologique de la volonté humaine, c'est-à-dire le consentement, est suffisante. La volonté peut être exprimée par consentement exprès ou même tacite [38] et les parties peuvent ratifier un contrat nul pour défaut de consentement [39]. De plus, l'engagement unilatéral suffit à obliger. Cette théorie, admise dans certains droits, notamment dans le droit allemand, n'est acceptée, semble-t-il, ni dans le droit français ni dans le droit civil québécois [40].

3. LE CONTRAT LIBREMENT CONSENTI EST TOUJOURS CONFORME À LA JUSTICE ET À L'INTÉRÊT SOCIAL

51 — *Conformité du contrat à la justice et à l'intérêt social* — Le contrat est en premier lieu conforme à la justice parce que si les parties s'engagent, c'est parce qu'elles l'ont voulu. Elles ne pourront donc se plaindre par la suite que les obligations librement acceptées sont trop lourdes ou injustes. Il ne saurait en effet y avoir par définition de contrat injuste puisque toute obligation est voulue par le débiteur et que

38. Tel est le cas par exemple de la tacite reconduction du contrat de louage d'une maison ou habitation. Le défaut de donner avis et le fait de demeurer sur les lieux font présumer la volonté des parties de prolonger le contrat (art. 1609 C. C.).

39. La ratification d'un contrat nul peut résulter soit d'une déclaration expresse de volonté, soit seulement de la conduite même des parties : *Gérard* v. *White*, (1954) C. S. 149 ; *Massé* v. *Rosemont Realty Co. Ltd.*, (1920) 58 C. S. 155 (lésion) ; *Canuel* v. *Belzile*, (1922) 33 B. R. 355 ; *Renzi* v. *Azeman*, (1959) C. S. 170 (lésion) ; *MacGregor* v. *Manley*, (1943) 49 R. L. n. s. 580 (violence en matière de mariage) ; *Tourangeau* v. *Leclerc*, (1963) B. R. 760 (erreur) ; *Péloquin* v. *Gosselin Ltée*, (1954) B. R. 674 ; (1957) R. C. S. 15 ; *Laventure* v. *Vaillancourt*, (1936) 42 R. J. 276.

40. Art. 305 B. G. B. L'engagement unilatéral a pour effet de créer une obligation à la charge de celui qui s'oblige et par le seul effet de sa volonté. Il ne faut pas confondre engagement unilatéral et acte unilatéral (testament par exemple).

sa volonté est souveraine. Sur le plan juridique, cette application du principe de l'autonomie de la volonté exige donc la suppression de la lésion entre majeurs [41], l'interdiction au juge de réviser les obligations naissant du contrat [42] à la demande d'une partie car, par définition, « qui dit contractuel dit juste » (Fouillé).

En deuxième lieu, le contrat est toujours conforme à l'intérêt social. Chacun trouvant en effet par définition son intérêt dans le contrat, et la justice sociale étant la somme des intérêts individuels, le contrat est toujours conforme à la justice et à l'intérêt social. D'autre part, dit-on, ce sont les individus qui, par leur activité économique, sont les meilleurs juges de leur intérêt et non l'État.

C. CRITIQUE DU PRINCIPE

52 — *Généralités* — Le principe de l'autonomie de la volonté a donné lieu à de légitimes critiques parce qu'il a été poussé beaucoup trop loin d'une part et parce que, d'autre part, il ne tenait pas compte de l'aspect social du droit. On peut grouper les diverses critiques de ce principe sous deux têtes de chapitres différents suivant qu'on s'attache au point de vue philosophique ou aux conséquences économiques.

1. CRITIQUE SUR LE PLAN JURIDIQUE

53 — *Supériorité de la loi sur le contrat* — Il est faux tout d'abord de prétendre que le contrat est supérieur et antérieur à la loi. En effet, en dernière analyse, le contrat n'existe que parce que la loi permet son existence. Le contrat est bien une source d'obligations, mais cette source reste dépendante de la loi qui peut la réglementer, l'aménager, la prohiber dans certains cas [43]. De plus, la force obligatoire du contrat

---

41. Le principe de la lésion entre majeurs avait effectivement été supprimé par les codificateurs. Cependant, en 1939 : S. Q., 1939, ch. 95, un amendement à l'article 1056b permettait à la victime d'invoquer lésion pour ne pas se voir opposer les quittances, règlements et déclarations écrites obtenues dans les quinze jours de la date de l'accident. Enfin, en 1964, 12-13 Elis. II, S. Q., ch. 67, les articles 1040a à 1040e inspirés de la législation ontarienne permettaient la rescision pour cause de lésion de certains contrats (prêt notamment).

42. Il peut le faire désormais dans le droit québécois en vertu de l'article 1040c dans certains cas.

43. Par exemple, l'interdiction générale de faire des contrats contraires aux bonnes mœurs ou à l'ordre public, également des interdictions spéciales (art. 1484 C. C. par exemple).

n'existe uniquement qu'en raison de la loi elle-même. C'est le législateur qui, en définitive, donne sa force à la convention par le pouvoir de contrainte judiciaire qu'il met lui-même au service des contractants. Enfin, le législateur gardant le droit de contrôler le but de l'obligation (art. 13 C. C.), la liberté de la volonté humaine se trouve subordonnée à l'intérêt social.

54 — *Limites à la souveraineté de la volonté* — En second lieu, la seule volonté ne suffit pas parfois à créer l'obligation. Accorder en effet un pouvoir absolu au seul acte de volonté présente des dangers d'injustice lorsque l'enjeu contractuel est considérable. Comment, dans certains cas, déterminer l'étendue des obligations consenties ? Comment s'assurer de leur contenu exact ? Comment déterminer si le consentement était libre et si les obligations assumées ont été réellement voulues ? Le législateur, pour des considérations pratiques, d'ordre social, a opéré un retour partiel au formalisme. Certains contrats ont une importance tellement grande en raison des obligations qu'ils contiennent que la loi a voulu, pour protéger soit les contractants eux-mêmes, soit les tiers, que leur volonté soit exprimée en respectant un certain formalisme écrit. Tel est par exemple le contrat de mariage (art. 1264 C. C.), l'acte de donation (art. 776 C. C.), l'acte d'hypothèque (art. 2040 C. C.). C'est à la fois pour attirer l'attention des parties sur la gravité de l'engagement qu'elles prennent (contrat de mariage, donation) et pour permettre à des tiers de connaître la nature des conventions (hypothèque, contrat de vente immobilière) que le législateur impose parfois à peine de nullité l'observation de ces formalités écrites. On voit donc que dans certains cas, il faut, pour la validité de la convention à l'égard des parties ou à l'égard des tiers, que l'acte de volonté soit coulé dans un moule juridique prédéterminé.

55 — *Limites au caractère juste et social du contrat* — Enfin, il est faux de prétendre que le contrat librement consenti est toujours conforme à la justice et à l'intérêt social. Tout d'abord, pour que le contrat soit conforme à la justice, il faut partir d'un postulat qu'ignore la doctrine de l'autonomie de la volonté : l'égalité économique des contractants. Or dans la réalité de tous les jours, on s'aperçoit que les contractants ne sont presque jamais à égalité. Le plus fort dicte souvent sa loi au plus faible. La liberté de discussion du contrat est parfois complètement éliminée (contrats d'adhésion) quand ce n'est pas la liberté de choix du contractant même (monopoles). Laisser aux parties seules le soin de fixer les obligations du contrat est encourager une injustice. L'État doit donc intervenir pour défendre l'intérêt de l'économiquement faible et empêcher que le contrat ne devienne un système d'exploitation

systématique. C'est, semble-t-il, le but de la réforme des articles 1040a à 1040c du Code civil.

De plus, la somme des intérêts individuels n'est pas nécessairement égale à l'intérêt social général. La prétendue loi de compensation des intérêts individuels est inexacte et l'État doit garder le pouvoir de contrôler le jeu des intérêts particuliers qui pourraient porter atteinte à l'intérêt social général. En outre, l'intérêt social est fait de plus en plus de l'harmonisation d'une série d'intérêts de groupements sociaux (syndicats ouvriers et patronaux, entreprises et salariés, fonctionnaires et État, trusts, etc.). Le législateur doit donc orienter et coordonner ces intérêts souvent opposés.

2. CRITIQUE SUR LE PLAN ÉCONOMIQUE

       56 — *Nécessité de l'intervention de l'État* — L'expérience économique a démontré qu'il était faux de prétendre que le libre jeu des activités individuelles constituait le meilleur ordre économique. L'État a sans aucun doute une vocation pour intervenir dans l'ordre contractuel afin de protéger l'intérêt social général [44]. L'État a souvent été obligé de canaliser les activités économiques et de les réorienter vers un but social. Par ailleurs, un libéralisme économique complet conduit rapidement à un déséquilibre économique car les initiatives privées ne s'orientent pas en général dans le secteur des activités les plus utiles, mais dans celui des activités les plus rentables. L'État doit donc intervenir dans le domaine contractuel (interventionnisme économique) afin d'assurer un meilleur équilibre.

       57 — *Position générale du droit québécois* — Il n'y a pas de doute que les codificateurs québécois, tout comme leurs homologues français, ont respecté le principe de l'autonomie de la volonté. Ils ont cependant tempéré les conséquences extrêmes qu'une application rigide de ce principe entraînait, par une série de dispositions tendant à replacer ce principe dans le contexte de l'intérêt social général.

II — PRINCIPE JURIDIQUE DE LA LIBERTÉ CONTRACTUELLE

       58 — *Contenu du principe* — Le principe de la liberté contractuelle est la transposition sur le plan juridique de la doctrine de

---

44. Telles sont, par exemple, les lois combattant les cartels, les monopoles, les lois sur l'indexation des prix, etc.

l'autonomie de la volonté. On peut l'exprimer de la manière suivante : le principe de la liberté contractuelle est le droit que possède chaque individu : *a*) de s'engager par contrat de son plein gré quand il le désire, aux conditions qu'il juge à propos ; *b*) de discuter et de négocier librement les conditions, les effets et l'extinction de ses obligations avec l'autre contractant ; *c*) de modifier les effets de l'obligation et de l'éteindre, d'accord avec son cocontractant, sans que le tribunal ou le juge ne puissent intervenir de plein droit : *d*) de contracter sans observer une forme particulière.

La liberté contractuelle emporte la *liberté d'engagement*[45], la *liberté de discussion,* la *liberté d'extinction* et la *liberté de forme d'expression.* Le principe de la liberté contractuelle s'exerce donc sur deux plans distincts qu'il convient d'examiner séparément, soit sur le plan de la forme et sur le plan du fond.

A. LIBERTÉ CONTRACTUELLE QUANT À LA FORME

59 — *Absence de formalisme* — Le principe selon lequel le contrat n'exige aucune forme spéciale pour devenir source d'obligations est nommé principe du consensualisme. Le consentement seul oblige *(solus consensus obligat),* c'est-à-dire que l'obligation contractuelle naît de la rencontre des deux volontés sans qu'il soit nécessaire à la validité du contrat de l'exprimer à travers une forme préconstituée.

1. ORIGINE HISTORIQUE

60 — *Développement historique du principe* — En droit romain, le principe du consensualisme était presque totalement ignoré, puisque pour pouvoir créer des obligations, le contrat devait obligatoirement être exprimé sous une forme unique pour tous, préconstituée et rituelle : échange de paroles solennelles (contrat *verbis*), inscription selon un certain rite (contrat *litteris*), remise de la chose par certaines formalités (contrat *in re*)[46].

Le pacte nu *(nudum pactum)* fut l'une des premières manifestations du consensualisme romain. Il n'était pas cependant un contrat complet, le

---

45. Il existe cependant certains cas où une personne peut presque être forcée de contracter. Voir *Loi sur la production de la défense,* S. R. C., 1952, ch. 62, art. 23 (1).
46. Voir paragr. 44.

créancier n'ayant pas d'action civile pour en exiger l'exécution[47]. Le développement du véritable consensualisme qui s'affirma nettement au XVIIᵉ siècle est le fruit d'une évolution à laquelle le droit canonique (système de la foi jurée) a apporté une contribution importante[48]. On retrouve d'ailleurs le principe du consensualisme nettement adopté chez les auteurs classiques de l'ancien droit français, notamment chez Domat[49] et Pothier[50].

La liberté totale de forme pour le contrat emporte trois conséquences pratiques. D'abord, l'écrit n'est pas nécessaire en principe et le contrat peut être verbal. L'existence d'un écrit qui peut cependant avoir une importance considérable sur le plan de la preuve n'affecte pas en principe la validité même de l'engagement. Ensuite, les parties peuvent faire tous les contrats qu'elles veulent et non seulement ceux dont la forme est prévue et réglementée par le Code. Enfin, la rencontre des deux volontés est en elle-même suffisante pour opérer le transfert de la propriété d'une chose par contrat. C'est ce qu'exprime l'article 1472 C. C. à propos du contrat de vente en général.

2. LIMITES AU PRINCIPE

61 — *Existence d'un formalisme restreint* — Cependant, une telle liberté se devait d'avoir des limites à la fois dans l'intérêt des contractants eux-mêmes et dans celui des tiers. Les limites imposées au consensualisme dans l'intérêt des contractants sont triples.

Certains contrats ont tout d'abord des conséquences tellement importantes sur le patrimoine des parties que le législateur, pour leur faire connaître l'importance de leur engagement, exige une forme spéciale. Ce sont les contrats solennels (contrat de mariage, donation, constitution d'hypothèque). Ils constituent une exception importante au principe du consensualisme et un retour direct au formalisme puisque la forme est requise *ad solemnitatem,* à peine de nullité absolue.

D'autre part, le législateur a voulu protéger les intérêts des incapables qui doivent passer par l'intermédiaire de leurs représentants légaux pour

---

47. OURLIAC et DE MALAFOSSE, *Droit romain et ancien droit français. Les obligations,* p. 32, p. 71, nº 69.

48. OURLIAC et DE MALAFOSSE, *Droit romain et ancien droit français. Les obligations,* p. 73 et s., nº 72 et s. ; GIFFARD, A., *Droit romain et ancien droit français. Les obligations,* nº 256 et s., p. 170 et s.

49. REMY, J., *Œuvres de Domat,* Paris, Gobelet, 1835, vol. I, p. 122 et 126.

50. BUGNET, *Œuvres de Pothier,* t. 2 : *Obligations,* nᵒˢ 3 et 103 et s.

contracter. Ces derniers doivent à cet égard observer un certain nombre de formalités dont la sanction est une nullité simplement relative[51] (formalités *habilitantes*).

Enfin, si le contrat n'est que verbal, les parties, en cas de contestation, risquent de ne pouvoir faire la preuve de l'existence de l'engagement et de leurs droits. Dans le but d'éviter des contestations inutiles et d'obliger les parties à se préconstituer une preuve, la loi prévoit des formalités de preuve. Il en est ainsi pour tout contrat au-dessus de $50 en matière civile où la loi exige un écrit[52]. Cette exigence ne constitue pas une véritable exception à la liberté des formes puisque le contrat en lui-même reste valide quoique verbal et que les parties peuvent toujours le prouver par l'aveu de l'adversaire (formalités *ad probationem*).

62 — *Formalités de publicité* — De leur côté, les tiers peuvent également avoir intérêt à prendre connaissance du contrat ou du moins à être prévenus de son existence. La loi prévoit à cet effet un mode de publicité (enregistrement)[53] qui permet à ces tiers de se renseigner. Ces formalités sont requises principalement en matière de transactions immobilières et ne constituent pas une véritable exception au principe du consensualisme, puisque le défaut d'enregistrement n'entraîne pas la nullité du contrat mais sa simple inopposabilité aux tiers.

B. LIBERTÉ CONTRACTUELLE QUANT AU FOND

63 — *Principe* — Le principe de la liberté contractuelle quant au fond veut que les parties soient libres de contracter comme elles l'entendent, aux conditions, selon les modalités qu'elles jugent à propos de choisir, et sur l'objet de leur choix. Ce principe est cependant tempéré dans son absolutisme par l'article 13 du Code civil.

1. BONNES MŒURS

64 — *Notion* — Il est impossible de donner une définition précise des bonnes mœurs ; tout au plus peut-on les décrire à travers l'application qu'en a faite la jurisprudence jusqu'à nos jours. Le législateur mentionne les bonnes mœurs dans de nombreuses dispositions du Code

---

51. Art. 297, 298, 301, 302, 303, 1009 et 1110 C. C.
52. Art. 1233 C. C.
53. Art. 2082 et s. C. C.

civil [54] sans toutefois donner quelque indication sur le contenu de cette notion. De plus, la jurisprudence, suivant en cela l'exemple du législateur, semble souvent assimiler les bonnes mœurs et l'ordre public ou du moins employer indifféremment l'une ou l'autre notion dans un même sens. Beaucoup d'auteurs [55] pensent que les bonnes mœurs ne sont en fait qu'une branche de l'ordre public et la tradition jurisprudentielle leur donne apparemment raison.

Il semble que les bonnes mœurs puissent être considérées dans l'ensemble comme les règles de morale, imprégnées de la morale chrétienne traditionnelle.

La notion de bonnes mœurs évolue d'ailleurs à un double point de vue ou plutôt sur un double plan. Dans le temps tout d'abord et ce qui est contraire aux bonnes mœurs aujourd'hui ne le sera pas nécessairement demain ; de même ce qui était contraire aux bonnes mœurs il y a un demi-siècle peut fort bien ne plus l'être aujourd'hui [56]. Dans l'espace d'autre part, puisque la notion de bonnes mœurs est essentiellement territoriale et varie selon chaque pays et même peut-être à l'intérieur d'un même pays selon chaque région (milieu rural ou urbain, industriel ou agricole, etc.).

Enfin, l'appréciation des bonnes mœurs relève du juge et, dans un certain sens, cette notion prend alors un caractère quelque peu subjectif, puisqu'en définitive c'est le magistrat lui-même qui évalue, apprécie et sanctionne la notion de bonnes mœurs d'après ses conceptions.

Quoi qu'il en soit, la notion de bonnes mœurs dépasse le simple cadre contractuel et est une sanction de la moralité de tout acte juridique ; c'est ainsi qu'on la retrouve notamment à propos des testaments et donations [57].

---

54. Notamment aux art. 13, 545, 760, 872, 989, 990, 1080, 1258, 2476, 2493 C. C. Voir aussi : *Loi des maisons de désordre*, S. R. Q., 1964, ch. 46, art. 24.

55. BILLETTE, E., *Donations et testaments*, Montréal, 1933, n° 99, p. 69 ; n° 133, p. 76 ; PERRAULT, A., « Ordre public et bonnes mœurs », (1949) 9 R. du B. 1 ; TRUDEL, *Traité de droit civil du Québec*, t. 1, p. 88 ; *contra* : BAUDOUIN, L., *le Droit civil de la province de Québec*, p. 1276 ; BAUDOUIN, L., « L'ordre public et les bonnes mœurs en droit privé », (1953) 13 R. du B. 381 ; CHALLIES, G., « What Are Public Order and Good Morals », *Travaux de l'Association Henri-Capitant*, Montréal, Doucet, 1956, t. 7, p. 645 ; FONTAINE, P., « L'ordre public et les bonnes mœurs », *Travaux de l'Association Henri-Capitant*, p. 675.

56. Voir *Sutherland* v. *Gariépy*, (1905) 11 R. J. 314 (vente de *la Comédie humaine* de Balzac considérée comme contraire aux bonnes mœurs).

57. Art. 760 C. C. Voir *Klein* v. *Klein*, (1967) C. S. 300.

65 — *Illustrations jurisprudentielles* — La jurisprudence fournit de nombreuses illustrations de ce que les tribunaux considèrent comme des conventions contraires aux bonnes mœurs. Il est à noter cependant que, dans beaucoup de cas, les cours de justice utilisent davantage le mécanisme de la cause immorale (art. 989 C. C.) que l'article 13 C. C. lui-même.

Les contrats contraires à la morale sexuelle [58], les actes incitant à un acte immoral [59] de même que toute convention qui, même indirectement, favorise l'accomplissement d'actes moralement répréhensibles [60] sont considérés comme contraires aux bonnes mœurs. La sanction qui s'attache à ces conventions est la nullité absolue [61].

2. ORDRE PUBLIC

66 — *Notion* — Il est tout aussi difficile de donner une définition précise de l'ordre public car il prend des aspects très variés (ordre public national, international, contractuel, etc.). Il est également difficile de classer les diverses manifestations de l'ordre public. Beaucoup de lois prennent la peine de préciser si leurs dispositions doivent être considérées comme d'ordre public (lois impératives), la plupart du temps en stipulant la nullité de toute convention contraire [62] ; d'autres ne le font pas. Dans un tel cas, c'est au juge qu'il appartient d'apprécier le caractère que le législateur a voulu donner au texte.

On peut tenter de classifier les conceptions de l'ordre public d'après leur origine. Elles sont soit législatives, soit jurisprudentielles.

67 — *Conceptions législative et jurisprudentielle* — La conception législative de l'ordre public comprend toutes les lois qui portent sur l'organisation de l'État [63], les lois administratives [64], les lois

---

58. *Bruneau* v. *Laliberté*, (1901) 19 C. S. 425 (assurance d'une maison de prostitution) ; *Lecker* v. *Balthazar*, (1909) 15 R. J. 1 ; *McKibbin* v. *McCone*, (1899) 16 C. S. 126 ; *Noël* v. *Brunet*, (1915) 48 C. S. 119 (location d'une maison de prostitution).
59. *Webster* v. *Kelly*, (1891) 7 M. L. R. C. S. 25 ; *Hébert* v. *Sauvé*, (1932) 38 R. L. n. s. 410.
60. *Langelier Ltée* v. *Demers*, (1928) 66 C. S. 120 (location d'un piano à une maison de prostitution).
61. Voir paragr. 243 et s.
62. Par exemple les art. 1301, 1338, 1407, 1425a, 1509 C. C.
63. Ainsi les contrats dit d' « influence politique » : *Raymond* v. *Fraser*, (1892) 1 C. S. 103 ; *Lavallée* v. *Turcotte*, (1920) 58 C. S. 373 ; *Pageau* v. *Lebel*, (1958) C. S. 320 ; *Vézina* v. *Ratelle*, (1961) C. S. 489 ; *Cormier* v. *Tremblay*, (1964) C. S. 518. Voir *Loi électorale de Québec*, S. R. Q., 1964, ch. 7, art. 373 et 405 ; *Loi des cités et villes*, S. R. Q., 1964, ch. 193, art. 308 ; *Loi électorale du Canada*, S. R. C., 1960, ch. 39, art. 64.
64. Contrats pour frauder le fisc : *Lessard* v. *Labonté*, (1963) C. S. 247. Voir *Loi de*

d'organisation des corporations professionnelles [65], les lois pénales [66], les lois du travail [67] et aussi les lois créant des droits extra-patrimoniaux, notamment celles concernant le statut familial [68]. Ainsi, les conventions de séparation à l'amiable entre époux sont nulles [69], les conventions de partage, de transfert ou de renonciation de la puissance paternelle [70] et les conventions sur la légitimité des enfants [71]. De même les conventions empêchant le mariage sont considérées comme contraires à l'ordre public [72]. Cependant, une distinction s'impose ici puisque la jurisprudence a reconnu valables certains actes dans lesquels la condition de célibat était imposée, notamment dans le cas des donations entre vifs ou à cause de mort en tenant compte du motif d'inspiration de la clause [73].

D'un autre côté, la jurisprudence a en principe toujours déclaré nulles les conventions contraires aux libertés fondamentales de l'homme : droit au

---

l'exportation de l'énergie électrique, S. R. Q., 1964, ch. 85, art. 4 ; *Loi de l'impôt sur le revenu*, S. R. Q., 1964, ch. 69, art. 137 ; *Loi sur les Indiens*, S. R. C., 1952, ch. 49, art. 28.

65. *Pauzé* v. *Gauvin*, (1953) B. R. 57 ; (1954) 1 R. C. S. 15 ; commentaire PERRAULT, A., (1954) 14 R. du B. 295 ; *Charles* v. *Lauzon*, (1967) R. L. n. s. 170. Voir *Loi des ingénieurs forestiers*, S. R. Q., 1964, ch. 264, art. 13 ; *Loi des ingénieurs*, S. R. Q., 1964, ch. 262, art. 31 ; *Loi des infirmières*, S. R. Q., 1964, ch. 252, art 45 et 59 ; *Loi des courtiers d'assurance*, S. R. Q., 1964, ch. 268, art. 37 ; *Loi des chirurgiens-dentistes*, S. R. Q., 1964, ch. 253, art. 145 ; *Loi des agents de recouvrement*, S. R. Q., 1964, ch. 43, art. 7a ; *Loi des écoles professionnelles privées*, S. R. Q., 1964, ch. 244, art. 10.

66. *United Dominion Promotion Sales Inc.* v. *Shaw*, 119 C. C. C. 380 ; *Gersevitch* v. *Greenberg*, (1957) C. S. 265 ; *Rodier* v. *Genest*, (1961) C. S. 538.

67. Voir *Loi du salaire minimum*, S. R. Q., 1964, ch. 144, art. 24, 25 ; *Loi des accidents du travail*, S. R. Q., 1964, ch. 159, art. 48 ; *Code du travail*, S. R. Q., 1964, ch. 141, art. 50 ; *Loi des décrets des conventions collectives*, S. R. Q., 1964, ch. 143, art. 11, 12, 57 ; *Loi sur le travail des aubains*, S. R. C., 1952, ch. 7, art. 2, 7, 9, 12 et 13 ; *Loi sur l'indemnisation des marins marchands*, S. R. C., 1952, ch. 175, art. 8, 9 et 10.

68. Art. 165 et s. C. C. ; 173 et s. C. C.

69. *Beauchamp* v. *Noël*, (1944) R. L. n. s. 206.

70. *Proulx* v. *Proulx*, (1909) 10 R. P. 13 ; *Yagod* v. *Kavenko*, (1927) 33 R. J. 449 ; *Leroux* v. *Robert*, (1948) R. L. n. s. 513.

71. Art. 218-241 C. C.

72. Voir à ce sujet : MAYRAND, A., « Le célibat contractuel de l'hôtesse de l'air », (1964) 42 C. B. R. 183.

73. *Tessier* v. *Tessier*, (1919) 56 C. S. 266 ; *Corbeil* v. *Corbeil*, (1931) 61 B. R. 205 ; *Brosseau et Lamy* v. *St-Charles*, (1936) 60 B. R. 432. Voir MOREL, A., *les Limites de la liberté testamentaire dans le droit civil de la province de Québec*, Paris, Librairie générale de droit et de jurisprudence, 1960, n° 112 et s., p. 138 et s.

mariage, liberté de travail, liberté de religion, égalité de tous les citoyens [74]. Ainsi par exemple, la jurisprudence considère comme contraires à l'ordre public les conventions ou accords de non-concurrence non limités soit quant au lieu soit quant au temps [75].

68 — *Conclusion* — On voit donc le rôle capital que joue la volonté ou son élément psychologique, le consentement, dans le domaine du contrat. En principe, d'après la théorie de l'autonomie de la volonté et son corollaire, la liberté contractuelle, le consentement peut prendre toutes les formes possibles et porter sur tout ce qui peut faire l'objet du consentement humain. En fait, le législateur et la jurisprudence ont imposé des limites de fond et de forme à cette liberté totale. La sanction de ces limites est la nullité de la convention, nullité qui peut être relative ou absolue.

BIBLIOGRAPHIE

BAUDOUIN, L., « L'ordre public et les bonnes mœurs en droit privé », (1953) 13 R. du B. 381.
BEAULIEU, M.L., « Ordre public et clause pénale », (1958) 18 R. du B. 350.
BIRON, A., « La discrimination raciale dans le commerce », (1954-1955) 5 *Thémis* 193.
BONNECASSE, J., « La notion juridique de bonnes mœurs, sa portée en droit civil français », dans *Etudes de droit civil à la mémoire d'Henri Capitant*, Paris, Dalloz, 1939, p. 91.
CARON, M., « Approches au problème de la liberté contractuelle », (1956-1957) 7 *Thémis* 12.

74. Sur les questions de discrimination raciale voir : *Loew's Montreal Theatre* v. *Reynolds,* (1921) 30 B. R. 459 ; *York Co.* v. *Christie,* (1937) 75 C. S. 136 ; (1938) 65 B. R. 104 ; (1940) R. C. S. 139 ; commentaire BIRON, A., (1954-1955) 5 *Thémis* 193 ; *Whitfield* v. *Canadian Marconi Co.,* (1968) B. R. 92 ; *Morris* v. *Projets Bellevue Ltée,* (1969) 15 McGill L. J. 112 ; COMTOIS, R., « De la prohibition d'aliéner dans les actes à titre onéreux. La clause raciale », (1956-1957) 59 R. du N. 321 ; HURTUBISE, R. et CLOUTIER, J., « Discrimination raciale et famille nombreuse », (1957-1958) 8 *Thémis* 88 ; *Loi de l'hôtellerie,* S. R. Q., 1964, ch. 205, art. 8 ; *Loi sur la discrimination dans l'emploi,* S. R. Q., 1964, ch. 142 ; *Loi canadienne sur les justes méthodes d'emploi,* (1952-1953) 1-2 Elis. II, ch. 19.

75. *Maguire* v. *Northland Drug Co. Ltd.,* (1935) R. C. S. 412 ; *Perreault* v. *Laiterie des producteurs de Joliette Ltée,* (1959) C. S. 45 ; *J.* v. *B.,* (1958) C. S. 587 ; *Standard Electric Time Ltd.* v. *Finagel,* (1965) C. S. 532 ; *Canadian Factors of Canada Co. Ltd.* v. *Cameron,* (1966) B. R. 921 ; commentaire COSSETTE, A., (1966-1967) 69 R. du N. 396 ; *Teinturerie Québec Ltée* v. *Lauzon,* (1967) B. R. 41 ; *Beneficial Finance Co.* v. *Ouellette,* (1967) B. R. 721 ; voir SHEPPARD, C.A., « The Enforcement of Restrictive Covenants in Quebec Law », (1963) 23 R. du B. 311 ; LAWNER, A., « Restraint of Individual Liberty in Contracts of Employment », (1967) 13 McGill L. J.

CHALLIES, G., « Good Morals », (1952-1953) 3 *Thémis* 77.

CHALLIES, G., « What Are Public Order and Good Morals », *Travaux de l'Association Henri-Capitant*, Montréal, Doucet, 1956, t. 7, p. 645.

DUVAL, A., « Le droit de ne pas contracter et la loi des licences de Québec », (1954-1955) 1 Cah. de Dr. 126.

FARJAT, G., *l'Ordre public économique*, Paris, Librairie générale de droit et de jurisprudence, 1963.

FONTAINE, P., « L'ordre public et les bonnes mœurs », dans *Travaux de l'Association Henri-Capitant*, p. 675.

HURTUBISE, R. et CLOUTIER, J., « Discrimination raciale et famille nombreuse », (1957-1958) 8 *Thémis* 88.

JOSSERAND, L., « Le contrat dirigé », D. H. 1933, Chr. 89.

JOSSERAND, L., « Les tendances actuelles de la théorie des contrats », (1937) 36 R. T. D. C.

JULLIOT DE LA MORANDIERE, « L'ordre public en droit privé interne », dans *Etudes de droit civil à la mémoire d'Henri Capitant*, p. 381.

KHALIL, M., *le Dirigisme économique et les contrats*, Paris, Librairie générale de droit et de jurisprudence, 1967.

MALAURIE, P., *Ordre public et contrat*, Reims, Mortot-Braine, 1953.

MAYRAND, A., « L'assurance au profit d'un concubin », (1958-1959) 9 *Thémis* 225.

MAYRAND, A., « Le célibat contractuel de l'hôtesse de l'air », (1964) 42 C. B. R. 183.

MOLOT, M., « The Duty of Business to Serve the Public Analogy to the Innkeeper's Obligations », (1968) 46 C. B. R. 612.

PATRY, R., « Des sanctions de la violation de la règle d'ordre public dans les conventions entre particuliers », (1957-1958) 3 Cah. de Dr. 92.

PERRAULT, A., « Ordre public et bonnes mœurs », (1949) 9 R. du B. 1.

RIEG, A., *la Volonté dans l'acte juridique en droit civil français et allemand*, Paris, Librairie générale de droit et de jurisprudence, 1961.

RIPERT, G., *la Règle morale dans les obligations civiles*, 4e éd., Paris, Librairie générale de droit et de jurisprudence, 1949.

SALEILLES, R., *De la déclaration de volonté*, Paris, Pichon, 1901.

SCOTT, W., « Private Agreements and Public Order », (1940) 18 C. B. R. 159.

TALLON, D., « Considérations sur la notion d'ordre public dans les contrats en droit français et en droit anglais », dans *Mélanges René Savatier*, Paris, Dalloz, 1965, p. 883.

VASSEUR, M., « Un nouvel essor contractuel : les aspects juridiques de l'économie concertée et contractuelle », (1964) 62 R. T. D. C. 5.

Titre II

LA FORMATION DES CONTRATS

69 — *Introduction* — Pour qu'un contrat soit valable au point de vue de la loi civile, il est nécessaire qu'il remplisse un certain nombre de conditions essentielles tant au point de vue du fond qu'au point de vue de la forme. Les conditions de fond sont déterminées par le législateur dans l'article 984 du Code civil. Quant aux conditions de forme, elles sont relativement rares et constituent des cas exceptionnels dispersés à travers le Code (art. 1264, 2040 C. C.), puisque le droit québécois s'inscrit dans la tradition consensualiste d'après laquelle le seul consentement oblige sans qu'en principe l'accomplissement d'une formalité quelconque soit nécessaire à la validité même de l'engagement. La non-observation des conditions imposées pour la formation du contrat entraîne des sanctions civiles : les nullités, qu'il convient également d'examiner dans ce titre.

Sous-titre premier

CONDITIONS DE FOND

70 — *Généralités* — Le contrat étant par excellence un acte volontaire, l'une des premières conditions de fond essentielles à la formation du contrat est la volonté de s'engager. Cette volonté est exprimée par le consentement, c'est-à-dire par l'adhésion à un ordre contractuel.

Cependant, la seule expression du consentement ne satisfait pas les exigences du législateur. Pour pouvoir contracter, il est nécessaire d'avoir la jouissance de ses droits puisque l'on ne peut créer, modifier ou éteindre un droit que l'on ne possède pas. Les personnes qui n'ont pas la jouissance d'un droit *(incapacité de jouissance)* [76] ne peuvent donc valablement contracter même s'il leur est techniquement possible d'exprimer leur consentement. De plus, certaines personnes détentrices de droits n'ont pas, pour des raisons d'âge, de manque de maturité ou de faiblesse d'esprit, une volonté suffisamment éclairée pour pouvoir donner un consentement valable et entier. Dans le but de protéger ces personnes contre elles-mêmes, la loi a créé les *incapacités d'exercice* [77]. Cette catégorie d'incapables peut demander la rescision d'engagements contractuels contraires à ses intérêts. La capacité juridique représente donc la seconde condition de fond essentielle à la formation du contrat.

En troisième lieu, le consentement légalement donné doit porter sur quelque chose de déterminé par les parties. Il est nécessaire que le contrat ait un objet précis et l'existence de celui-ci est également indispensable à sa formation.

Enfin, la volonté de contracter ne saurait être complète sans une raison valable de vouloir l'engagement. Personne en effet n'assume d'obligations sans un « motif » qui le détermine à agir. La cause, c'est-à-dire le pourquoi de l'engagement, est la quatrième condition de fond imposée par le législateur.

Le consentement, la capacité, l'objet et la cause, sont donc les quatre conditions de fond nécessaires à la formation valable d'un contrat (art. 984 C. C.).

---

76. Voir paragr. 180 et s.
77. Voir paragr. 180 et s.

Chapitre premier

LE CONSENTEMENT

71 — *Existence et intégrité du consentement* — Le consentement est la condition la plus importante de la formation du contrat car s'engager c'est consentir par un acte de volonté non équivoque à assumer certaines obligations. Il est indispensable que le consentement existe car on ne saurait admettre qu'une personne se trouve liée par un contrat dont elle ignore l'existence même et qu'elle n'a pas voulu. Mais, en outre, l'expression du consentement doit représenter la volonté réelle du contractant. Il faut que ce dernier puisse donner un consentement libre et éclairé et non déterminé par une erreur (il croit signer un contrat de location et signe en fait un contrat de vente[78]), une fraude (il achète un autobus que son vendeur lui représente frauduleusement comme neuf alors qu'il est usagé et a déjà été réparé plusieurs fois[79]), ou une crainte (on lui extorque une signature sous menaces de poursuites criminelles[80]). On voit donc tout de suite que deux éléments sont nécessaires pour que le consentement soit valablement donné, soit d'une part son existence et d'autre part son intégrité.

I — EXISTENCE DU CONSENTEMENT

72 — *Généralités* — Pour qu'il y ait contrat, il est nécessaire que les contractants soient mutuellement d'accord sur la nature de l'engagement, ses conditions et les obligations qui en découlent. La rencontre des deux volontés se fait ordinairement selon un schéma bien précis (offre-acceptation). Le consentement des parties étant l'expression de leurs volontés, il convient donc de déterminer les critères dont le droit civil tient compte dans la détermination de l'existence de la volonté contractuelle.

A. LA VOLONTÉ, SOURCE D'OBLIGATIONS

73 — *Conflit entre la volonté interne et la volonté externe* — Le droit civil pourrait en premier lieu s'attacher uniquement

78. *Grégoire* v. *Béchard*, (1930) 49 B. R. 27.
79. *Lortie* v. *Bouchard*, (1952) R. C. S. 508.
80. *Gravel* v. *Traders General Insurance Company*, (1964) C. S. 48.

à l'aspect psychologique du consentement. Selon ce système, dès que le contractant veut contracter dans son for intérieur, le consentement contractuel existe, indépendamment de toute manifestation ou signe laissant comprendre ou entendre au monde extérieur cette volonté. Le contrat se trouverait conclu dès l'apparition de la volonté interne, indépendamment de son extériorisation. Admettre ou considérer uniquement le mécanisme psychologique interne du contractant serait se heurter à des difficultés considérables. Comment en effet parvenir à déterminer avec précision si le contractant a véritablement voulu s'engager dans son for intérieur et si oui, à quelles conditions? Il faudrait alors se livrer à une sorte de psychanalyse du contractant et cette recherche pour le monde juridique resterait difficile et incertaine.

Par contre, admettre qu'il n'y a consentement juridique valable que si et seulement si il y a déclaration externe de cette volonté n'est pas sans soulever de graves problèmes. Les mots, les écrits, les gestes mêmes, peuvent dans certains cas trahir la volonté interne et véritable de leur auteur. Sanctionner tel quel le système de la volonté déclarée équivaudrait à admettre qu'une personne signant un contrat sans en comprendre tous les termes se trouverait obligée même à certaines choses qu'elle n'a pas véritablement voulues. On aboutirait alors à faire primer l'expression de la volonté sur la volonté elle-même et à ressusciter ainsi le formalisme, la conclusion de l'engagement dépendant d'une manifestation extérieure de volonté.

Avant d'examiner l'état actuel du droit québécois, il est nécessaire d'envisager les difficultés qu'implique l'adoption globale de l'un ou l'autre de ces deux systèmes suggérés.

1. LE SYSTÈME DE LA VOLONTÉ INTERNE

74 — *Conséquences du système de la volonté interne* — L'adhésion non nuancée au seul aspect psychologique de la volonté comme représentation du consentement juridique emporterait des conséquences importantes sur les effets juridiques du contrat.

En premier lieu, tout conflit entre la volonté interne et l'extériorisation de la volonté devrait nécessairement se résoudre en faveur de la première. Tout vice de consentement, aussi minime soit-il, entraînerait l'annulation du contrat puisque ce dernier ne représenterait plus l'intention exacte des parties. La théorie des vices de consentement (erreur, fraude ou dol, crainte) prendrait donc une très large extension.

En second lieu, la volonté interne étant déterminée par les raisons qui ont poussé la partie à contracter, on devrait accorder une grande importance aux motifs de l'engagement et, dans l'hypothèse où ces motifs se révéleraient inexacts, prévoir l'annulation du contrat. Si par exemple, un individu achetait un tracteur pour cultiver sa terre, il pourrait alors demander la nullité de l'engagement s'il constatait qu'il ne peut utiliser celui-ci sur toute l'étendue de son terrain à cause de la nature du sol[81].

Enfin, lorsqu'il s'agirait pour le tribunal d'interpréter un contrat, celui-là ne devrait pas s'en tenir à la lettre même du contrat mais rechercher la volonté interne des parties au moment de sa conclusion. Le juge devrait donc se replacer au moment de la formation du contrat, retrouver la véritable intention des parties à cette époque et utiliser comme guide toutes les circonstances qui ont entouré la formation de l'engagement. Le fait de mettre un contrat par écrit ne constituerait donc pas une plus grande certitude sur la nature et les effets de l'engagement.

75 — *Critique du système de la volonté interne* — On voit donc clairement les dangers de l'utilisation globale du système de la volonté interne. Le contrat, qui est dans la perspective économique actuelle l'un des moyens primordiaux d'échange des richesses et de circulation des biens, souffrirait d'une extrême fragilité. Il suffirait en effet à l'un des contractants de prouver qu'un seul élément psychologique a été faussé pour pouvoir obtenir l'annulation totale de l'engagement. Ce système protégerait parfaitement les droits de l'individu mais aboutirait à instaurer dans la société une insécurité profonde des rapports contractuels.

2. *LE SYSTÈME DE LA VOLONTÉ DÉCLARÉE*

76 — *Conséquences du système de la volonté déclarée* — D'un autre côté, accorder à la volonté déclarée l'effet de former à elle seule le contrat reviendrait à s'attacher non plus à l'élément psychologique de la volonté mais uniquement à l'expression objective de celle-ci. Ce ne serait donc plus ce que le contractant a *désiré* vouloir mais ce qu'il a *exprimé* vouloir qui aurait de l'importance. Son consentement serait donc par définition fidèlement représenté par l'acte objectif et matériel *(instrumentum)* qui constaterait la volonté interne. Parmi les conséquences juridiques que pourrait entraîner ce système, il faut noter, par comparaison avec le système de la volonté interne, les différences suivantes.

D'une part, le législateur ne devrait accorder que fort peu d'importance à la théorie des vices de consentement puisque, par hypothèse, la volonté

---

81. *Co. Eugène Julien Ltée* v. *Perrault,* (1922) 32 B. R. 318.

déclarée seule compterait et qu'il n'y aurait pas lieu de se demander si au-delà de l'acte matériel elle est la représentation fidèle de l'intention véritable des parties. Cependant, tout vice dans la déclaration de volonté, telle par exemple une erreur dans la rédaction d'un contrat écrit, serait sanctionné par la nullité de l'acte. D'autre part, les motifs qui ont poussé les parties à contracter n'auraient aucune importance à moins que, sous une forme ou sous une autre, ils ne fassent partie intégrante de l'acte de déclaration de volonté. Le juge n'ayant pas à se préoccuper de savoir si les raisons qui ont poussé les parties à adhérer au contrat sont valables ou non aux yeux de la loi, il lui serait impossible, sauf si l'objet matériel du contrat est illégal ou contraire aux bonnes mœurs, de contrôler la moralité ou la légalité des motifs de l'engagement. On éliminerait donc totalement l'idée de cause comme l'a fait le droit allemand (art. 116 et s. B. G. B.).

Enfin, en cas de contestation sur l'interprétation à donner au contrat, le rôle du juge se trouverait simplifié. Sa seule tâche serait de s'en tenir à une interprétation littérale, sans faire entrer en ligne de compte l'intention réelle des parties, même si celle-ci a été trahie dans son expression.

77 — *Critique du système de la volonté déclarée* — Il est aisé de se rendre compte des défauts d'un tel système. Il aboutirait à de graves injustices, les parties pouvant se trouver liées par des obligations qu'elles n'ont pas véritablement désirées. Le système de la volonté externe opère donc un retour au formalisme, la façon d'exprimer sa volonté primant la véritable intention contractuelle.

3. *LE SYSTÈME DU DROIT QUÉBÉCOIS*

78 — *Position du droit québécois* — Le droit québécois, fruit de la tradition consensualiste française, ne pouvait se permettre d'adopter les principes du système de la volonté déclarée et retourner ainsi au formalisme romain que la tradition de l'ancien droit français avait réussi non sans peine à éliminer. Cependant, transposer tel quel le système de la volonté interne comportait de sérieux dangers pour la stabilité sociale de l'acte contractuel. Aussi, le droit québécois, s'il fait sien en principe ce dernier système, y apporte néanmoins des aménagements pratiques indispensables. L'article 1013 C. C. semble exprimer formellement cette adhésion du droit civil québécois au système de la volonté interne lorsqu'il énonce qu'en cas de doute sur la commune intention des parties, l'interprétation doit l'emporter sur le sens littéral des termes utilisés. Cependant le Code civil et la jurisprudence tempèrent l'absolutisme du principe de diverses façons.

79 — *Aménagements du principe de la volonté interne* —
D'une part, le législateur dans l'article 1024 C. C. étend les obligations
contractuelles à des obligations non expressément formulées par les parties.
L'étendue des obligations n'est pas limitée à ce que les parties ont exprimé
dans leur contrat mais aussi à tout ce qui découle de la nature même
de l'engagement, de l'équité, de l'usage et de la loi. Le législateur supplée
donc ainsi d'autorité aux carences possibles du consentement des parties.

D'autre part, pour éviter une trop grande fragilité du contrat, le législateur
limite sévèrement le champ des vices de consentement. Toute erreur,
tout dol ou toute crainte n'entraînent pas *ipso facto* la nullité de l'engagement. Seules les atteintes les plus graves à la liberté du consentement
sont sanctionnées. De même le législateur, tout en admettant la notion
de cause, se garde de la confondre avec les simples motifs et admet
l'erreur sur la cause [82] mais non sur les motifs.

En troisième lieu, la jurisprudence, en principe, tient les parties obligées
à tout ce qui est exprimé dans le contrat même si, dans le cas d'une
convention écrite, l'une des parties n'a pas lu ou pris connaissance de
toutes les clauses de l'engagement [83], sauf erreur ou fraude.

Enfin, la volonté interne étant difficile à déterminer avec précision, pour
éviter la multiplication des litiges le législateur exige indirectement, dans
certains cas, une preuve écrite du contrat [84] et oblige donc les parties
à faire une déclaration externe de volonté. Il faut noter que ces formalités
ne sont pas requises pour la validité même de l'acte mais seulement pour
sa preuve judiciaire. Le défaut de les observer ne rend pas l'engagement
nul mais empêche, sauf aveu de la partie adverse ou dans certains cas
commencement de preuve par écrit [85], de prouver l'engagement par
témoins. Il est à présumer d'ailleurs que pour tout contrat important,
les parties prendront la peine de se préconstituer une preuve de leur
convention.

B. L'ACCORD DES VOLONTÉS

80 — *Généralités* — Tout contrat suppose à la base
un accord de volonté entre les parties sur un même objet. Le contrat

---

82. *Carignan* v. *Boutaric et al.*, (1963) B. R. 222, confirmé par la Cour suprême
le 23 mars 1964.
83. *Paré* v. *Co. Carette*, (1918) 53 C. S. 306 ; *Giroux* v. *Lesieur*, (1926) 41 B. R.
446 ; *National Finance Co.* v. *Nantel*, (1928) 34 R. J. 91.
84. Art. 1233 et s. C. C.
85. Art. 1243 et s. C. C. ; art. 1233 (7) C. C.

naît donc de la rencontre de deux volontés avec l'intention de créer des liens juridiques. Cet accord des volontés, ordinairement, se réalise suivant un schéma logique bien précis : un des futurs contractants fait une offre à l'autre et l'acceptation de cette offre scelle définitivement le contrat.

Dans certains cas, cependant, un certain décalage de temps et de lieu entre l'offre et l'acceptation peut soulever des problèmes particuliers quant à l'époque et au lieu exacts de la formation de l'engagement (contrats conclus entre non-présents [86]).

1. SCHÉMA CLASSIQUE DE L'ACCORD DE VOLONTÉ

81 — *Offre et acceptation* — La rencontre de deux volontés se fait en général toujours au moyen d'une double opération. L'une des parties fait une offre de contracter, c'est-à-dire se déclare prête à s'obliger sur certaines choses et à certaines conditions. Si l'autre partie décide d'accepter l'offre, son acceptation suffit en principe à former un contrat valable et à lier les parties. La rencontre des deux volontés sur les éléments essentiels donne naissance au contrat, sauf naturellement dans l'hypothèse où la loi exige un élément supplémentaire à sa validité, comme par exemple le respect de certaines formalités.

a) L'OFFRE OU POLLICITATION

82 — *Caractères généraux* — L'offre ou pollicitation est un acte extériorisé et unilatéral de volonté par lequel un individu engage un autre à contracter. L'offre peut être expresse, lorsqu'elle résulte d'une déclaration claire de volonté, ou tacite : c'est le cas par exemple du chauffeur de taxi en stationnement. L'offre peut également être déterminée ou générale. Elle est déterminée lorsqu'elle est faite à un individu ou à un groupe d'individus en particulier ; elle est générale lorsqu'elle s'adresse au grand public. Les magasins, les hôtels, les restaurants, les transports en commun, font en principe des offres générales bien que dans certaines circonstances de fait, ces prétendues offres ressemblent plus à des invitations à contracter. Lorsqu'elle est faite *intuitu personae,* l'offrant garde la faculté d'agrément. Il la perd au contraire si l'offre est générale. Ainsi, la personne qui met une annonce dans un journal pour engager un domestique garde la faculté de refuser

---

86. Il est préférable d'employer l'expression « contrats entre non-présents » plutôt que « contrats entre absents », l'absence désignant en droit civil un *état juridique* précis (art. 86 et s. C. C.).

tel ou tel postulant sans justifier les raisons de son refus. Au contraire, dans le cas d'une annonce par un restaurant ou d'une circulaire par un magasin ou un commerçant, l'offrant ne peut pas en principe refuser de servir ou de vendre [87], sauf lorsqu'il a de bonnes raisons de croire que l'acceptant éventuel ne pourra pas tenir ses obligations, par exemple s'il est notoirement insolvable ou lorsque la loi ne l'autorise pas à accepter cette offre (par exemple vente de boisson ou d'armes à feu à un mineur). L'offre peut également être ferme ou sans engagement. Lorsqu'elle est faite sans engagement, l'offrant garde la faculté générale de refuser l'acceptation.

De toutes façons, l'offre doit être spécifique, c'est-à-dire qu'elle doit être suffisamment précise pour permettre une acceptation et doit donc contenir tous les éléments essentiels du contrat proposé [88]. Lorsque l'offre n'est pas spécifique, elle ne constitue plus une véritable offre mais simplement une invitation à entrer en pourparlers pour négocier un contrat, puisqu'elle oblige le futur acceptant à une demande de renseignements [89]. L'offre non spécifique renverse les rôles en ce sens que la véritable offre émane en général de celui à qui l'invitation à contracter était adressée.

83 — *Effets* — L'effet principal de l'offre est évidemment de mener directement à la conclusion du contrat dès qu'il y a acceptation. Elle produit cependant, en faveur de l'acceptant éventuel, un autre effet juridique qui a été progressivement déterminé par la jurisprudence. L'offre oblige en effet le pollicitant en ce que celui-ci ne peut retirer abusivement son offre [90]. Il faut distinguer deux hypothèses à cet égard. Si le pollicitant a lui-même fixé un délai pour l'acceptation, il ne peut en principe rétracter son offre avant l'expiration de ce délai et se trouve donc lié par une acceptation faite dans le temps imparti [91]. Si aucun délai n'a été fixé pour l'acceptation de l'offre, le problème devient plus complexe. On ne peut obliger en effet le pollicitant à maintenir l'offre ouverte perpétuellement, surtout en matières commerciales et, il semble

87. *Duquette* v. *Schering Canada Ltd.*, (1938) 44 R. L. n. s. 422 ; *Duquette* v. *Desnoyers et al.*, (1940) 78 C. S. 529.

88. Voir *Butler* v. *Mechanical Equipment Co. of Canada Ltd. et al.*, (1912) 7 D. L. R. 77 ; *Beaudoin* v. *Rodrigue*, (1952) B. R. 83.

89. *Théberge* v. *Girard*, (1922) 32 B. R. 104 ; *Association pharmaceutique de la province de Québec* v. *Eaton Co.*, (1929) 67 C. S. 521 ; (1931) 50 B. R. 482 ; *National Dock and Dredging Co.* v. *Silver Granite Co. Ltd.*, (1936) 61 B. R. 256 ; *Sternfield* v. *Damar Products of Canada Ltd.*, (1962) C. S. 53.

90. Le problème du retrait de l'offre a des conséquences juridiques très importantes surtout dans le cas d'un contrat conclu entre non-présents. Voir paragr. 88 et s.

91. *Renfrew Flour Mills* v. *Sanschagrin*, (1928) 45 B. R. 29 ; *Beaudry* v. *Randall*, (1962) B. R. 577 ; (1962) R. C. S. 148.

logique de l'admettre, à la retirer tant qu'elle n'a pas été acceptée [92]. D'un autre côté, il est nécessaire de protéger le futur acceptant contre un retrait abusif. En droit français, la jurisprudence oblige le pollicitant à laisser l'offre ouverte pendant un délai raisonnable eu égard au genre de transaction, à la nature de l'offre, aux relations existant entre les parties et aux circonstances de fait particulières à chaque espèce [93]. Il semble que cette solution doive être acceptée par le droit québécois.

D'autre part, on admet que le pollicitant peut retirer son offre faite sans délai avant la signification de l'acceptation [94]. Pour une certaine juris-prudence, le dépôt à la poste de la lettre d'acceptation rend impossible la révocation [95].

De nombreuses explications ont été données pour justifier cette règle. Certains auteurs [96] voient dans l'offre une sorte d'avant-contrat com-prenant l'obligation tacite d'accorder un délai raisonnable pour l'accep-tation. D'autres [97] préconisent la théorie de l'engagement unilatéral de volonté. Il est douteux cependant, dans le droit québécois comme dans le droit français d'ailleurs, que le simple engagement unilatéral puisse créer des obligations. Enfin, pour certains, c'est la théorie de l'abus du droit [98] qui fournirait une explication adéquate. Le retrait abusif de l'offre constituerait un délit ou un quasi-délit donnant droit à réparation. La jurisprudence québécoise sur ce point est peu abondante [99]. Cette dernière explication apparaît la plus logique. En effet, ce n'est pas le retrait de l'offre en tant que tel qu'il faut sanctionner mais le préjudice que subit l'acceptant en raison du retrait de l'offre. Dans un tel cas, tenir l'offrant au respect de sa parole apparaît comme la sanction la plus adéquate de sa conduite.

---

92. *Cité de Québec* v. *Delage,* (1957) C. S. 114 ; *Feldman* v. *Island Land Co.,* (1942) 48 R.J. 465 ; *Maison Rita Inc.* v. *Vigneault,* (1968) C. S. 517.

93. MAZEAUD, *Leçons de droit civil,* t. 2, n° 134, p. 111 ; *Beaugency* v. *Farargy,* (1969) C. S. 496.

94. *Underwood and Son Ltd.* v. *Maguire,* (1897) 6 B. R. 237 ; *Martin* v. *Joly,* (1913) 19 R. L. n. s. ; *Bernard* v. *Kirsch,* (1917) 51 C. S. 135 ; *National Granite* v. *Duguay,* (1933) 71 C. S. 125.

95. *Charlebois* v. *Baril,* (1926) 64 C. S. 421 ; (1927) 43 B. R. 295. Voir paragr. 92.

96. DEMOLOMBE, C., *Cours de Code Napoléon,* 3e éd., Paris, Imprimerie générale, 19 R. L. n. s. ; *Bernard* v. *Kirsch,* (1917) 51 C. S. 135 ; *National Granite* v.

97. COLIN, A. et CAPITANT, H., *Traité de droit civil,* Paris, Dalloz, 1959, t. 2, n° 632, p. 355 et s.

98. MARTY et RAYNAUD, *Droit civil,* t. 2, n° 103, p. 87 ; MAZEAUD, *Leçons de droit civil,* t. 2, n° 135, p. 111.

99. *Clendenning* v. *Cox,* (1914) 45 C. S. 157 ; (1915) 47 C. S. 71 ; *Renfrew Flour Mills* v. *Sanschagrin,* (1928) 45 B. R. 29.

b) L'ACCEPTATION

84 — *Caractères généraux* — Dès qu'il y a acceptation d'une offre portant sur les éléments essentiels de la convention projetée, le contrat se trouve valablement formé[100]. Cette acceptation peut être expresse ou tacite. Elle est expresse lorsqu'elle est faite oralement, par écrit ou par un geste non équivoque, tel par exemple celui d'un enchérisseur. Elle est faite lorsqu'en tenant compte des circonstances, il est évident que la partie a voulu se prévaloir de l'offre[101], à la condition toutefois que l'on ne puisse rien déduire d'autre de sa conduite qu'une acceptation pure et simple. Dans certains cas, la loi encourage l'acceptation tacite. Il en est ainsi dans le cas du renouvellement du contrat de louage de maisons où la simple continuation de l'acceptation du contrat équivaut à tacite reconduction[102]. Dans d'autres cas, la loi prohibe l'acceptation tacite. Ainsi en est-il pour les donations entre vifs[103], exception faite du don manuel.
Quant au silence seul, en principe il ne vaut jamais acceptation. Cependant, accompagné de certaines circonstances précises, il peut être considéré comme suffisant pour former le contrat (relations d'affaires préexistantes, offre sous forme affirmative, etc.)[104].

2. L'ACCORD DE VOLONTÉ DANS LES CONTRATS ENTRE NON-PRÉSENTS

85 — *Position du problème* — La détermination du moment et du lieu de la conclusion du contrat pose peu de problèmes lorsque l'offre et l'acceptation se font simultanément, les deux futurs contractants étant en présence l'un de l'autre. Cependant, le développement du commerce ne permet pas tout le temps la rencontre des contractants et de plus en plus ceux-ci ont recours aux moyens modernes de

---

100. *Dufresne* v. *Dubois*, (1914) 23 B. R. 28 ; *Normandin* v. *Cartier Manufacturing Ltd.*, (1927) 33 R. L. n. s. 459 ; *Allan's Beverages Ltd.* v. *Kobernick*, (1934) 40 R. J. 63 ; *Baron* v. *Bergeron*, (1949) C. S. 365.
101. *Albion Construction Co.* v. *Moreau*, (1956) B. R. 830 ; *Caouette* v. *Patenaude Automobile Ltée*, (1961) C. S. 302.
102. Art. 1609 à 1611 C. C.
103. Art. 776 C. C.
104. *Kearney* v. *Letellier*, (1896) 27 R. C. S. ; *Grace and Co. Ltd.* v. *Perras*, (1921) B. R. 382 ; (1922) 62 R. C. S. 166 ; *Rochon* v. *Bennette*, (1922) 60 C. S. 537 ; *Caron et al.* v. *Perkins Land Electric Ltd.*, (1924) 62 C. S. 482 ; (1925) 39 B. R. 387 ; *Astier, Favrot et Co.* v. *Mendelsohn et al.*, (1925) 63 C. S. 225 ; *Dufresne et Locke Ltée* v. *Steine*, (1925) 39 B. R. 510 ; *Suburban Enterprises Inc.* v. *Prévost*, (1955) B. R. 389 ; *Létourneau* v. *Noiseux*, (1963) C. S. 217 ; *Commissaires d'écoles pour la municipalité scolaire de Montréal-Sud* v. *Lord et al.*, (1965) C. S. 205 ; *Durand* v. *Crédit St-Laurent Inc.*, (1966) C. S. 282.

transmission (poste, télex, télégraphe, téléphone) pour faire connaître les propositions de contrat ou donner leur assentiment aux offres qui leur sont faites.

Les contrats conclus par correspondance entre deux personnes non présentes soulèvent des difficultés particulières qui ont beaucoup préoccupé les juristes. Dans le contrat par lettre ou par télégramme, le lieu où le contrat est formé est-il celui où l'acceptation définitive de l'offre a été faite ou bien celui où le pollicitant reçoit la lettre ou le télégramme d'acceptation ? Dans la convention conclue par téléphone, le lieu de conclusion du contrat est-il celui de l'acceptation ou au contraire celui où l'offre a été faite ?

Si l'on s'attache exclusivement à l'analyse du mécanisme de la rencontre des volontés, on devra conclure qu'il suffit que celui à qui l'offre a été faite veuille l'accepter pour donner vie au contrat *(théorie de l'émission)*. Cependant, encore faut-il que le pollicitant ait manifesté sa volonté d'une manière caractérisée. Certains opteront pour retarder la conclusion du contrat jusqu'au moment où l'acceptant expédiera la lettre ou le télégramme contenant l'acceptation *(théorie de l'expédition)*.

D'un autre côté, l'un et l'autre de ces deux systèmes présentent des inconvénients pour l'offrant, puisqu'un certain délai peut s'écouler entre l'expédition de la lettre ou du télégramme et la connaissance acquise par le pollicitant de cette acceptation. On a donc proposé que le contrat ne soit considéré comme conclu qu'au moment et au lieu où le pollicitant reçoit l'acceptation *(théorie de la réception)* ou en prend effectivement connaissance *(théorie de l'information)*. Le choix entre ces différents systèmes a une importance pratique considérable.

a) LIEU DE LA FORMATION

86 — *Compétence du tribunal en droit interne* — Le lieu de la formation du contrat va décider de la compétence juridictionnelle des tribunaux qui devront être saisis par les parties si quelques contestations surgissent à propos du contrat. Exception faite des contrats d'assurance [105], l'action en matière contractuelle peut être portée devant le tribunal du lieu de la conclusion du contrat [106]. Le tribunal compétent peut donc être soit celui du lieu où l'offre a été faite, si l'on accepte la théorie de la réception ou de l'information, soit au contraire celui du lieu de l'acceptation si l'on se rallie à la théorie de l'émission ou de l'expédition.

---

105. Voir les dispositions spéciales relatives au contrat d'assurance à l'art. 69 C. P. C.
106. Art. 68 (3) C. P. C.

87 — *Conséquences en droit international privé* — Sur le plan du droit international privé, le lieu où le contrat a été fait *(lex loci contractus)* permet non seulement de déterminer la compétence du forum mais aussi parfois la loi applicable au contrat [107].

b) DATE DE LA FORMATION

88 — *Conséquences sur la révocation de l'offre* — La détermination de la date de formation du contrat entraîne une série de conséquences juridiques relatives à la computation des délais de prescription, au transfert des risques, à la capacité juridique des parties, etc. Mais le problème le plus important est naturellement celui de la possibilité de révocation de l'offre.

Pour les tenants de la théorie de l'expédition par exemple, puisque le contrat est formé dès le moment de la mise à la poste de la lettre d'acceptation, le pollicitant peut jusqu'à ce moment révoquer l'offre faite. Au contraire dans le système de la réception, la révocation reste possible jusqu'au moment où la lettre parvient au pollicitant. Une révocation parvenant à l'acceptant après l'expédition de la lettre d'acceptation mais antérieurement à sa réception par le pollicitant reste donc valable dans cette dernière hypothèse, de même qu'une révocation de l'acceptation, antérieure à la réception de la lettre d'acceptation par le pollicitant.

c) SOLUTIONS JURISPRUDENTIELLES

89 — *Généralités* — L'examen de la jurisprudence québécoise sur la question du contrat par correspondance permet de noter une nette évolution.

i) *Offre et acceptation par moyens identiques*

90 — *Théorie jurisprudentielle de l'information* — La théorie de l'information fut admise par une certaine jurisprudence [108] au début de la codification. Selon cette théorie, le contrat n'est parfait qu'à partir de l'instant où l'acceptation de l'offre est connue du pollicitant. Cette théorie de l'information a été notamment appliquée par la juris-

---

107. Art. 8 C. C. ; *Renfrew Flour Mills* v. *Sanschagrin*, (1928) 45 B. R. 29 ; *Association pharmaceutique de la province de Québec* v. *Eaton Co.*, (1931) 50 B. R. 482.
108. *Warren* v. *Kay*, (1856) 6 L. C. R. 492 ; *Clark* v. *Ritchey*, (1863) 9 L. C. J. 234 ; *McFee* v. *Gendron*, (1889) 5 M. L. R. C. S. 337 ; *Underwood and Son Ltd.* v. *Maguire*, (1897) 6 B. R. 237 ; *Beaubien Produce and Milling Co.* v. *Robertson*, (1900) 18 C. S. 429 ; *Hislop* v. *Bernatz*, (1901) 3 R. P. 451 ; *Reeves* v. *McCullock*, (1902) 4 R. P. 285.

prudence dans l'affaire *Underwood* v. *Maguire* [109]. Dans cette affaire, la lettre d'acceptation et la lettre de révocation de l'offre s'étaient croisées. La Cour, s'appuyant sur le texte des articles 787 C. C. et 1029 C. C., et malgré l'opinion dissidente de deux juges, conclut que le retrait de l'offre était valable, le contrat n'étant formé qu'au moment où la lettre d'acceptation avait atteint l'autre partie et était connue d'elle. Une telle solution n'était pas satisfaisante car, pour être logique, il faudrait retarder la conclusion de l'engagement jusqu'au moment de la connaissance acquise par l'acceptant de la réception et de la connaissance de la lettre d'acceptation et ainsi de suite.

91 — *Théorie jurisprudentielle de l'expédition* — Quelques années plus tard, en 1901, la Cour suprême fut saisie du problème dans l'affaire *Magann* v. *Auger* [110]. Elle renversa alors le précédent créé par *Underwood* v. *Maguire* en adoptant la *théorie de l'expédition,* selon laquelle le contrat est parfait dès le moment où l'acceptant met à la poste sa lettre d'acceptation. Cette théorie fut suivie par la suite par l'ensemble de la jurisprudence québécoise [111]. L'arrêt de la Cour suprême ne donne que des raisons bien superficielles pour justifier ce choix dont la principale semble être le souci d'uniformiser sur ce point la règle québécoise et celle du *Common Law.* Ce système de l'expédition revient en quelque sorte à faire de la Poste le mandataire de l'offrant, ce qui apparaît en conformité avec la Loi sur les postes [112].

ii) *Offre et acceptation par moyens différents*

92 — *Théorie jurisprudentielle de la réception* — Dans les deux instances précédemment citées, l'offre et l'acceptation avaient toutes deux été faites par lettres. La jurisprudence québécoise avait

---

109. *Underwood and Son Ltd.* v. *Maguire,* (1897) 6 B. R. 237.
110. *Magann* v. *Auger,* (1902) 31 R. C. S. 186, renversant (1899) 16 C. S. 22.
111. *Ward* v. *Johnston,* (1902) 5 R. P. 123 ; *Schmidt* v. *Crowe,* (1902) 5 R. P. 361 ; *Timosi* v. *Palangio,* (1904) 26 C. S. 70 ; *Borgfield* v. *Banque d'Hochelaga,* (1905) 28 C. S. 344 ; *United Shoe* v. *Caron,* (1905) 11 R. J. 59 ; *Beaudoin* v. *Watterson,* (1910) 19 B. R. 530 ; *Mechanical Equipment Co. of Canada Ltd. et al.* v. *Butler,* (1911) 13 R. P. 410 ; (1913) 22 B. R. 199 ; *Bell* v. *Chase & Co.,* (1916) 22 R. L. n. s. 438 ; *Laferté* v. *Martel,* (1918) 24 R. L. n. s. 267, infirmant (1917) 19 R. P. 249 ; *Hanley* v. *Mahaffy,* (1921) 27 R. J. 272 ; *Grégoire* v. *Labrie,* (1929) 31 R. P. 373 ; *Gagnon* v. *Fonderie de St-Anselme,* (1935) 36 R. P. 40 ; *Larue* v. *Industries du Vêtement Ltée,* (1940) 44 R. P. 57 ; *Poulin* v. *Regent Lumber Co.,* (1951) R. P. 188 ; *Clerk Windows Ltd.* v. *Rubatex Co.,* (1965) R. P. 276.
112. *Loi des postes,* S. R. C., 1952, ch. 212, art. 39 : « Sous réserve des dispositions de la présente loi et des règlements relatifs aux objets non livrables, les objets transmissibles deviennent la propriété de la personne à qui ils sont adressés dès qu'ils sont déposés à un bureau de poste ».

cependant cru pouvoir tirer de l'arrêt de la Cour suprême dans l'affaire *Magann* v. *Auger,* un principe d'application générale. En 1927, une autre instance concernant la formation des contrats par correspondance, l'affaire *Charlebois* v. *Baril*[113], fut évoquée devant la Cour suprême. Dans cette affaire, Charlebois avait fait une offre à Baril d'acheter une propriété lui appartenant et avait remis cette offre à un représentant de Baril. Ce dernier accepta par lettre mise à la poste et reçut quelques jours plus tard une lettre de Charlebois révoquant l'offre d'achat. La Cour supérieure et la Cour d'appel considérèrent toutes deux que le contrat avait été formé dès la mise à la poste de la lettre d'acceptation et donc que la révocation de l'offre était tardive. La Cour suprême cependant renversa la Cour d'appel en établissant le principe que la règle posée par elle-même dans l'affaire *Magann* v. *Auger* ne pouvait s'appliquer que dans l'hypothèse où l'offre et l'acceptation étaient faites par le même moyen. Dans le cas contraire, où offre et acceptation sont faites par des moyens différents, le contrat n'est réputé parfait qu'au moment où l'acceptation est reçue par le pollicitant lui-même ou par son mandataire autorisé *(théorie de la réception).*

Une série d'autres décisions subséquentes[114] sont venues adopter ce principe, en dépit des critiques dont il a fait l'objet parmi les auteurs[115]. Il semble cependant que la jurisprudence n'exige pas la connaissance par l'offrant de l'acceptation. La connaissance de son agent suffit, semble-t-il, et la simple réception matérielle de la lettre d'acceptation crée une présomption de connaissance.

iii) *Contrats par téléphone*

93 — *Solutions jurisprudentielles* — La jurisprudence semble bien fixée sur la question des contrats par téléphone. Le lieu et le moment où le contrat est formé est celui où l'acceptation est faite[116].

93a — *Conclusions* — La jurisprudence en matière de contrat par correspondance reste malgré tout assez confuse. Il semble

---

113. *Baril* v. *Charlebois,* (1928) R. C. S. 88, infirmant (1926) 64 C. S. 421 et (1927) 43 B. R. 295 ; commentaires DEMOGUE, R. et LEPAULE, P., (1928) 26 R. T. D. C. 1014.
114. *Renfrew Flour Mills* v. *Sanschagrin,* (1928) 45 B. R. 29 ; *Allaire* v. *Lamontagne,* (1934) 72 C. S. 69 ; *Premier Trust Co.* v. *Turcotte,* (1938) 64 B. R. 401.
115. Voir notamment VIPOND, E., « Obligations Arising from Contracts », (1945) 5 R. du B. 443, p. 472 et s. ; BAUDOUIN, *le Droit civil de la province de Québec,* p. 663 et s.
116. *Paquet* v. *Balcer,* (1913) 44 C. S. 36 ; *Quebec Fruit and Fish Exchange Ltd.* v. *Sherwin,* (1924) 27 R. P. 62 ; (1925) 27 R. P. 387 ; *Dion* v. *Chalifoux Inc.,* (1949) R. P. 42 ; *contra : Canada Concrete Products Inc.* v. *Municipalité de la ville de Nicolet,* (1953) R. P. 432.

cependant qu'elle maintienne le principe de la non-identité des solutions dans les cas où l'offre et l'acceptation sont faites par le même moyen et dans ceux où elles sont faites par des moyens différents.

Si l'offre et l'acceptation sont faites toutes deux par courrier postal, le contrat est formé dès le moment où la lettre d'acceptation est mise à la poste. La solution est identique lorsque les parties utilisent le télégramme. Par voie de conséquence, toute révocation de l'offre est impossible si elle est postérieure à l'expédition de l'acceptation.

Si l'offre et l'acceptation sont faites au contraire par des moyens différents, tel par exemple une offre par télégramme et une acceptation par lettre, le contrat est censé être formé dès le moment où l'acceptation est communiquée au pollicitant ou à l'un de ses agents autorisés. L'offre peut donc être révoquée jusqu'à la réception de l'acceptation.

C. EXCEPTIONS AU PRINCIPE DE L'ACCORD DES VOLONTÉS

94 — *Généralités* — Il existe certaines circonstances où, en raison du caractère particulier de l'accord de volonté entre les contractants, on a pu mettre en doute l'existence même d'un contrat. Les deux exemples les plus typiques sont le contrat d'adhésion et le « contrat avec soi-même ».

1. LE CONTRAT D'ADHÉSION

95 — *Rôle de la volonté dans le contrat d'adhésion* — Il n'appartient pas ici de revenir sur la définition déjà donnée du contrat d'adhésion [117], mais simplement de préciser brièvement le rôle de la volonté dans ce contrat.

Dans le contrat d'adhésion, le schéma ordinaire de l'accord des volontés n'existe plus. Il n'y a plus de liberté de discussion, de pourparlers, de compromis. La liberté contractuelle est réduite à sa plus simple expression et si le contractant garde encore un choix, ce choix se réduit à celui de contracter ou de ne pas contracter. Il n'est plus libre de discuter les conditions de son engagement.

Dans le contrat d'adhésion, celui qui désire contracter doit accepter automatiquement toutes les clauses et conditions de la convention, puisqu'elles sont unilatéralement fixées par le pollicitant. Il est impossible donc de parler ici de véritable liberté contractuelle.

---

117. Paragr. 40.

2. LE CONTRAT AVEC SOI-MÊME

96 — *Analyse des consentements* — Parfois l'accord des volontés entre les contractants se réalise par l'intervention d'un tiers représentant l'un des contractants ou les deux, soit dans la négociation soit dans la conclusion même de l'engagement. Cette représentation conventionnelle peut d'ailleurs prendre des formes très différentes suivant les pouvoirs confiés au représentant, la latitude et la liberté d'action dont il dispose.

Sur le plan de l'analyse des consentements, rien ne semble s'opposer à la validité d'une participation du représentant au contrat en tant que partie (le représentant se porte acquéreur par exemple du bien qu'il était chargé de vendre) ou d'un double mandat (le représentant est mandataire à la fois de l'acheteur et du vendeur). Il n'y a pas à proprement parler de « contrat avec soi-même ». En effet, il existe bien deux actes différents : dans un premier temps, le représentant agit comme mandataire d'une des parties et dans un second temps, à titre personnel ou comme mandataire de l'autre partie.

97 — *Politique juridique* — Sur le plan de la politique juridique, le « contrat avec soi-même » est cependant vu avec suspicion par le législateur et par la jurisprudence en raison des possibilités de conflits d'intérêts qu'il peut susciter. Le Code civil interdit à l'agent de vendre ou d'acheter pour son propre compte [118], mais permet la double représentation à condition qu'il n'y ait pas conflit d'intérêts entre les deux mandants respectifs [119]. La jurisprudence, à maintes reprises, a admis également la double représentation à condition que, dans son exercice, le mandataire ne soit pas obligé de sacrifier les intérêts d'un des représentés au profit de l'autre [120].

Enfin, la double représentation, de même que le cumul des qualités de représentant et de contractant, est interdite lorsque le représentant agit comme fiduciaire [121].

---

118. Art. 1706 C. C., 1484 C. C. Voir à ce sujet ROCH et PARÉ, *Traité de droit civil du Québec*, t. 13, p. 37 et s. ; p. 110 et s.

119. Art. 1735 C. C.

120. *Lamarre* v. *Clairmont*, (1915) 48 C. S. 461 ; *Gareau* v. *Aubert*, (1917) 23 R. J. 406 ; (1918) 27 B. R. 474 ; *Caron* v. *Fagnan*, (1917) 51 C. S. 543 ; *Cradock Simpson Co.* v. *Sperber*, (1925) 63 C. S. 492 ; *Brouillet* v. *Lepage Ltée*, (1925) 38 B. R. 143 ; *Parnass* v. *Martel*, (1927) 65 C. S. 505.

121. Art. 290, 1484 C. C.

II — INTÉGRITÉ DU CONSENTEMENT

98 — *Vices de consentement* — Le principe du consensualisme exige que le contrat soit formé dès l'échange des consentements. Cependant, le consentement étant l'élément indispensable à la création du lien contractuel, il ne suffit pas qu'il existe ; encore faut-il qu'il soit libre et éclairé, et on doit donc considérer comme non valable tout contrat conclu sous le coup d'une erreur, d'une manœuvre malhonnête ou d'une crainte quelconque. Admettre cette règle trop largement équivaudrait toutefois à instaurer une fragilité du lien d'obligation et à nuire ainsi à la stabilité nécessaire de l'acte contractuel. Le législateur a cherché un juste milieu en secourant le contractant victime d'une erreur, d'un dol ou d'une crainte inspirée par la violence, seulement dans certains cas précis où le degré d'intensité de ces phénomènes affecte sa liberté contractuelle d'une manière sérieuse et caractérisée.

Le Code prévoit quatre vices de consentement : l'erreur (art. 992 C. C.), le dol (art. 993 C. C.), la violence (art. 994 à 999 C. C.) et la lésion (art. 1001 à 1012 C. C.). En théorie cependant, la lésion appartient plus à l'étude de la capacité qu'à celle des vices de consentement *stricto sensu* [122]. De plus, il n'existe en réalité que deux vices de consentement : l'erreur et la crainte. L'erreur attaque l'intelligence du consentement, la crainte, la liberté du consentement. Le « dol » est le fait du contractant ou d'un tiers mais qui provoque l'erreur de l'autre partie. Cependant, le législateur a tenu à réglementer le dol séparément de l'erreur, car le dol, comme la crainte d'ailleurs, constitue en plus un délit civil qui exige donc une sévérité accrue dans les sanctions juridiques qu'il emporte.

A. L'ERREUR

99 — *Généralités* — Il est difficile de donner une définition juridique de l'erreur. L'erreur est « une croyance qui n'est pas conforme à la vérité [123] », « un défaut de concordance entre la volonté interne et la volonté déclarée [124] » qui empêche la parfaite intégrité du consentement donné à un acte juridique. L'admission de l'erreur comme cause de nullité du contrat est cependant soumise à des restrictions, de manière à protéger la stabilité de l'ordre contractuel [125]. Toute erreur n'entraîne

---

122. Voir paragr. 178 et s.
123. MIGNAULT, *Droit civil canadien*, t. 5, p. 211.
124. SALEILLES, R., *De la déclaration de volonté*, Paris, Librairie générale de droit et de jurisprudence, 1901, art. 119, n° 1, p. 12.
125. Voir paragr. 97.

pas l'annulation de la convention mais seulement certains types spécifiques qui ont eu une influence déterminante sur celui-ci.

Pour la commodité de l'exposé, et sans entrer dans la controverse doctrinale qui oppose les auteurs à ce sujet [126], il paraît nécessaire de distinguer deux sortes d'erreur : l'*erreur-obstacle* équivalente pour certains à une absence de consentement véritable et l'*erreur-vice de consentement* proprement dite qui attaque l'élément d'intelligence du consentement donné au contrat.

1. L'ERREUR-OBSTACLE

100 — *Généralités* — L'erreur-obstacle est celle qui se situe au niveau de la formation même du contrat et qui empêche la rencontre des volontés sur un point jugé essentiel à l'existence du contrat. On retient trois types d'erreur-obstacle : l'erreur sur la nature du contrat, sur l'identité de l'objet, sur la cause de l'obligation. Cette erreur est telle qu'elle ne permet pas au contrat de se former véritablement. Les volontés des parties sont sur deux courants de pensées parallèles sans qu'elles puissent se rejoindre. Leurs consentements existent, mais chacun séparément, sans qu'ils s'accordent sur l'un des éléments essentiels du contrat.

101 — *L'erreur sur la nature du contrat* (art. 992 C. C.) — Elle se produit lorsque les parties manquent de s'entendre sur la nature même de la convention qu'elles veulent faire. Ainsi l'une des parties donne son consentement à la conclusion d'un contrat de location, l'autre à celle d'un contrat de vente [127]. Ou encore, l'une des parties croit signer une simple recommandation alors qu'en fait elle signe un contrat de cautionnement [128]. Dans un tel cas, il n'y a pas à proprement parler de contrat, celui-ci n'a pu naître véritablement [129] ; il n'y a simplement qu'apparence de convention.

102 — *L'erreur sur l'identité de l'objet* — Dans ce cas les parties connaissent la nature de leur contrat, mais leur consentement

---

126. Voir à ce sujet : MARTY et RAYNAUD, *Droit civil*, t. 2, n° 126 et s. ; MAZEAUD, *Leçons de droit civil*, t. 2, n° 161 et s., p. 131 et s.

127. *Grégoire* v. *Béchard*, (1930) 49 B. R. 27.

128. *Rawleigh Co.* v. *Dumoulin*, (1925) 39 B. R. 241 ; (1926) R. C. S. 551 ; *Rawleigh Co. Ltd.* v. *Latraverse*, (1924) 36 B. R. 334 ; *Lévesque* v. *Dionne*, (1954) B. R. 83 ; *Watkins Co.* v. *Lefebvre*, (1959) B. R. 758 ; *Lussier v. Courvoisier Chimney Contractors*, (1962) C. S. 561.

129. *Lussier* v. *Courvoisier Chimney Contractors*, (1962) C. S. 561, p. 569.

porte sur un objet différent. Ainsi par exemple, une personne croit acheter tel lot alors qu'on lui en vend un autre [130]. Ou encore une personne s'engage à faire un certain travail alors que son cocontractant croyait l'avoir engagée pour un travail différent.

103 — *L'erreur sur la cause de l'obligation* — Elle existe lorsque les deux parties sont d'accord sur la nature du contrat, sur l'objet, mais non sur la raison pour laquelle elles s'engagent (fausse cause ou cause inexistante, art. 989 C. C.). Ainsi par exemple, une personne qui s'engage à indemniser le voisin pour les carreaux ou vitres brisés par son fils et qui apprend que son fils n'est pas celui qui a causé le dommage peut demander l'annulation du paiement ainsi fait, son engagement étant sans cause.

Dans toutes ces circonstances, l'erreur s'attaque à l'un des éléments essentiels à la formation du contrat. Le contrat n'a pu valablement voir le jour et l'accord des volontés n'est pas réalisé : il y a eu malentendu. La sanction qui s'attache à ce type d'erreur est la nullité absolue. On peut presque même parler d'inexistence, sous réserve toutefois du fait que cette inexistence doit être prononcée par le tribunal.

2. *L'ERREUR-VICE DE CONSENTEMENT*

104 — *Généralités* — L'erreur-vice de consentement n'a pas pour effet de s'opposer à la formation même du contrat. Les parties se sont entendues sur la nature du contrat, sur l'identité de l'objet, mais le consentement a été déterminé par une croyance contraire à la réalité. Ce genre d'erreur rend seulement le contrat annulable à la demande de la partie qui s'est trompée.

Cependant, toute erreur déterminante quelle qu'elle soit ne pouvait être retenue par le législateur comme cause de nullité en raison, d'une part, de la fragilité que cet état de choses eût entraînée dans les relations contractuelles et, d'autre part, du risque d'injustice qu'une annulation de l'engagement pouvait créer à l'égard du cocontractant de bonne foi. Le législateur et la jurisprudence, en partant des textes du Code, se sont efforcés de circonscrire d'une manière précise le domaine de l'erreur-vice de consentement.

---

130. *Forté* v. *Security Trust Ltd.*, (1914) 46 C. S. 201 ; *contra* : *Rose* v. *Pinsonneault et Derome*, (1927) 65 C. S. 287.

a) CAS OÙ L'ERREUR EST CAUSE DE NULLITÉ

105 — *Textes législatifs* — Le Code civil à l'article 992 considère trois cas où l'erreur déterminante du consentement est cause de nullité, soit : l'erreur sur la nature même du contrat [131], l'erreur sur la substance et l'erreur sur la considération principale. Les codificateurs en ne reproduisant pas tel quel le texte correspondant du Code Napoléon (art. 1110) ont voulu apporter au Code québécois un degré de précision plus élevé en la matière [132]. Cependant l'apparente opposition entre l'erreur sur la substance et l'erreur sur la considération principale n'est pas sans soulever certains problèmes juridiques de première importance.

106 — *Erreur sur la substance* — Si l'on s'attache à une interprétation littérale et objective des mots « erreur sur la substance », le contrat devrait être annulé toutes les fois que la substance de l'objet ne serait pas conforme à la croyance du contractant. Celui qui achète un bijou le croyant en or alors qu'il n'est simplement que plaqué d'or serait victime d'une telle erreur. Cependant une conception purement objective de l'erreur sur la substance risquerait de conduire à des solutions contraires à la perspective générale du droit québécois. Celui qui, par exemple, se porte acquéreur d'un meuble parce qu'il le croit antique ne pourrait obtenir la nullité de la vente s'il découvrait par la suite qu'il ne s'agit que d'une copie récente. Il est nécessaire de s'attacher à l'effet de l'erreur sur le consentement et non uniquement à l'élément matériel dont l'objet est composé. C'est pourquoi la jurisprudence québécoise, tout comme la jurisprudence française [133], a été amenée à subjectiviser le concept d'erreur sur la substance en s'attachant non tellement à la substance comme élément objectif, mais à la représentation de la substance dans l'idée du contractant, en d'autres termes à ce que le contractant considérait comme qualité substantielle de l'objet.

L'erreur sur la substance est donc l'erreur qui porte sur les qualités substantielles spécifiques de l'objet que les parties avaient en vue au moment de la conclusion du contrat ou, comme l'écrit Mignault [134], sur le « ... rapport principal sous lequel la chose a été envisagée dans le contrat... ». Ainsi c'est le cas de la personne qui achète un immeuble le croyant en brique et en pierre, alors qu'il n'est simplement construit que d'un revêtement de brique sur du bois [135] ; c'est aussi le cas de celui qui

---

131. Il s'agit là d'une erreur-obstacle, voir paragr. 100.
132. *Rapport des codificateurs*, t. 1, p. 11.
133. MAZEAUD, *Leçons de droit civil*, t. 2, nº 163, p. 135 et s. ; RIPERT et BOULANGER, *Traité de droit civil*, t. 2, nº 154 et s., p. 66 et s. ; MARTY et RAYNAUD, *Droit civil*, t. 2, nº 123, p. 112.
134. MIGNAULT, *Droit civil canadien*, t. 5, p. 213.
135. *Pagnuelo Co.* v. *Choquette*, (1903) 34 R. C. S. 102. Voir également sur une

commet une erreur sur les qualités de la machine qu'il acquiert [136].

Admettre cependant une conception simplement subjective de l'erreur sur la substance reviendrait dans les faits à sanctionner tout contrat à propos duquel une simple erreur de motif a été commise. C'est pourquoi il apparaît utile de ne pas dissocier l'erreur sur la substance de l'erreur sur la considération principale. La considération principale étant le motif déterminant et constituant une barrière à l'admission des motifs simples.

107 — *Erreur sur la considération principale* — Les codificateurs ont compliqué singulièrement le problème de l'erreur en mentionnant que l'erreur sur la considération principale est cause de nullité. La jurisprudence confond la plupart du temps l'erreur sur les qualités substantielles et l'erreur sur la considération principale [137], alors que le texte même de l'article 992 C. C. semble les distinguer nettement. Il est vrai d'affirmer que l'erreur sur les qualités substantielles est toujours une erreur sur la considération principale mais la proposition inverse semble douteuse. Ainsi si un individu achète un meuble uniquement parce qu'il est bon marché, l'erreur sur la valeur, non admise en principe, peut, sous certaines conditions, constituer ici une cause de nullité parce qu'elle a porté sur la considération principale alors qu'il ne saurait être question cependant d'erreur sur les qualités substantielles de l'objet.

L'utilité de maintenir l'erreur sur la considération principale est plus forte lorsqu'il s'agit de la distinguer de l'erreur sur les motifs [138] que s'il s'agit simplement de la comparer ou de l'opposer à l'erreur sur les qualités substantielles. Dans ce sens, on peut prétendre que l'erreur sur la considération principale est en fait l'erreur sur le motif déterminant extériorisé.

108 — *Erreur sur la personne* — L'erreur sur la personne ne représente pas un « cas » spécial d'erreur comparable à l'erreur sur la substance ou à l'erreur sur la considération principale. Elle n'est qu'une application particulière de ces deux dernières espèces.

L'erreur sur la personne est cause de nullité toutes les fois qu'elle porte sur la personne physique ou les qualités du cocontractant, à condition que

vente de semence : *Société coopérative agricole de la Rivière Malbaie* v. *Girard*, (1955) B. R. 542 ; commentaire GONTHIER, C., (1956) 34 C. B. R. 315.

136. *Vandal* v. *White Motors Co.*, (1955) R. L. n. s. 332 ; comparer avec *Co. Frost and Wood* v. *Lacourse*, (1905) 14 B. R. 320. Voir aussi : *Lepage* v. *Lamontagne Commercial Equipment Ltd.*, (1968) C. S. 141.

137. *Quirion* v. *Chantigny*, (1957) C. S. 282 ; *Lévesque* v. *Dulude*, (1957) R. L. n. s. 1 ; *Moquin et Vida Ltée* v. *Suto*, (1958) C. S. 480.

138. Voir paragr. 112.

celles-ci aient été pour le contractant une considération principale de son engagement. Le domaine de l'erreur sur la personne se limite donc aux contrats ou actes juridiques conclus *intuitu personae,* tels le mandat, la société, le prêt dans certains cas, le contrat d'assurance ou le louage de services de même que la donation entre vifs ou testamentaire [139]. En matière de mariage et sous certaines restrictions, l'erreur est également cause de nullité lorsqu'elle porte sur la personnalité du conjoint [140].

b) CAS OÙ L'ERREUR N'EST PAS CAUSE DE NULLITÉ

109 — *Erreur économique ; erreur sur les motifs ; erreur de forme* — L'erreur n'est pas admise comme cause de nullité lorsqu'elle porte sur l'économie du contrat, sur les motifs qui ont poussé la partie à contracter ou lorsqu'elle constitue une simple erreur de forme.

110 — *Erreur sur la qualité non substantielle* — Par opposition à ce qui a déjà été dit [141], l'erreur n'est pas non plus cause de nullité lorsqu'elle porte sur une qualité accessoire et non substantielle de l'objet ou sur la personne du cocontractant dans les contrats où la personnalité de ce dernier n'est pas une considération principale de l'engagement.

111 — *Erreur économique* — L'erreur économique ou erreur sur la valeur n'est pas en principe une cause de nullité sous une double réserve cependant. Dans certains cas précis, la lésion, c'est-à-dire le déséquilibre des prestations contractuelles peut être cause de rescision ou de réduction des obligations contractuelles [142]. Cependant, il n'est apparemment pas obligatoire de prouver l'erreur pour bénéficier de la protection de la loi ; il suffit de prouver, semble-t-il, le simple déséquilibre entre les prestations du contrat [143]. D'autre part, lorsque l'erreur sur la valeur constitue en même temps une erreur sur la considération principale, elle peut à ce titre, semble-t-il, entraîner la nullité de la convention.

112 — *Erreur sur les motifs* — Lorsqu'une personne se décide à contracter, elle le fait en général pour un certain nombre de

---

139. *Russell* v. *Lefrançois,* (1884) 8 R. C. S. 335.
140. *Blenditsky* v. *X,* (1939) 77 C. S. 391 ; *Maguire* v. *Mooney,* (1941) 79 C. S. 172 ; *N.* v. *E.,* (1945) C. S. 109 ; *D.* v. *J.,* (1947) C. S. 143 ; *Weinstock* v. *Blasenstein,* (1965) C. S. 505.
141. Voir paragr. 106 à 108.
142. Voir paragr. 150 et s.
143. Voir paragr. 157.

motifs qui lui sont personnels. La loi devrait théoriquement tenir compte de ces motifs puisqu'une erreur sur l'un d'entre eux peut être déterminante et vicier le consentement du contractant. Cependant, admettre l'erreur sur les motifs serait néfaste aux opérations contractuelles d'une part, injuste vis-à-vis du cocontractant de bonne foi d'autre part, et imposerait au juge une recherche des éléments psychologiques du consentement pratiquement impossible à réaliser, les motifs appartenant au for intérieur. L'erreur sur le simple motif est donc indifférente et n'affecte pas la validité de l'engagement. Il importe cependant de bien préciser la distinction à faire entre ce genre d'erreur et l'erreur sur la considération principale.

D'après la jurisprudence, la considération principale n'est autre que le motif déterminant qui a poussé la partie à contracter. Cependant, les tribunaux exigent, pour reconnaître l'erreur sur le motif déterminant comme cause de nullité, soit la connaissance par le cocontractant de ce motif [144], soit, en raison des circonstances particulières de l'espèce, une présomption de cette connaissance [145], soit enfin l'inclusion de ce motif comme condition du contrat ou au moins son énonciation dans le contrat [146]. L'extériorisation du motif sous l'une de ces formes est indispensable pour l'élever au rang de considération principale. Il faut souligner également que si l'erreur sur le simple motif a été provoquée par le dol, le contrat pourra être annulé en vertu des dispositions de l'article 993 C. C. [147].

113 — *Erreur de forme* — L'erreur purement matérielle (erreurs de calcul, de désignation, erreur d'écriture) ne constitue pas une cause de nullité de l'engagement car elle n'affecte pas la volonté réelle des parties mais seulement la constatation matérielle de celle-ci. Les parties peuvent cependant s'adresser au juge pour obtenir la correction de l'erreur [148].

---

144. *Gagnon* v. *Fournier*, (1927) 42 B. R. 183 ; *Charbonneau* v. *Dumontet*, (1944) C. S. 169 ; *Bellemare* v. *Dionne*, (1961) B. R. 524.

145. *Lévesque* v. *Dulude*, (1957) R. L. n. s. 1.

146. *Dufour* v. *Lapointe*, (1956) C. S. 266 ; voir aussi *Co. Eugène Julien Ltée* v. *Perrault*, (1922) 32 B. R. 318.

147. *Barnard* v. *Riendeau*, (1901) 31 R. C. S. 234.

148. *Greece* v. *Greece*, (1912) 41 C. S. 424 ; *Montpetit* v. *Brault*, (1916) 50 C. S. 512 ; *Landry* v. *Lévesque*, (1966) B. R. 326.

c) CONDITIONS DE L'ERREUR COMME CAUSE DE NULLITÉ

114 — *Généralités* — Pour que l'erreur puisse entraîner l'annulation du contrat, il ne suffit pas qu'elle rentre dans l'une des catégories prévues par le Code et qu'elle ait été déterminante. Elle doit en plus remplir un certain nombre de conditions imposées par la loi et la jurisprudence.

i) *Elle doit être prouvée*

115 — *Preuve de l'erreur* — La partie qui invoque l'erreur pour demander la nullité de l'engagement conclu a la charge de la preuve et doit démontrer à la satisfaction du tribunal qu'en l'espèce il s'agit bien d'une part d'une erreur susceptible d'entraîner la nullité et, d'autre part, que cette erreur a été déterminante, c'est-à-dire qu'elle n'aurait pas contracté si elle avait connu la vérité.

L'erreur étant un fait juridique, tout moyen de preuve est admissible aussi bien la preuve testimoniale que la preuve par présomption de fait. Ainsi, ces moyens de preuve ne vont pas à l'encontre de la prohibition de l'article 1234 C. C. [149].

Pour éviter les fraudes la jurisprudence exige cependant que, si la partie invoque une erreur purement subjective, son témoignage soit corroboré par les circonstances, un écrit ou d'autres témoignages. L'affaire *Dumoulin v. Rawleigh Co.* semble avoir établi ce principe [150] et la jurisprudence contemporaine l'a toujours suivi [151]. L'erreur ne se présumant pas, en cas de doute le juge favorisera la validité du contrat [152].

ii) *Doit-elle être excusable ?*

116 — *Caractère excusable* — L'erreur d'une seule des parties au contrat est suffisante pour entraîner la nullité. Dans certains cas, cette nullité peut être la cause d'un préjudice certain à l'égard du cocontractant de bonne foi qui se voit frustré du bénéfice qu'il escomptait retirer du contrat. Les auteurs français et la jurisprudence française ont, à cet égard, établi le principe que l'erreur ne pouvait être cause de nullité si

149. *Rawleigh Co.* v. *Dumoulin*, (1925) 39 B. R. 241 ; (1926) R. C. S. 551 ; *Simard v. Tremblay*, (1928) 34 R. L. n. s. 178 ; (1929) 46 B. R. 158 ; *Dassylva v. Dassylva*, (1951) B. R. 608.
150. *Rawleigh Co.* v. *Dumoulin*, (1925) 39 B. R. 241 ; (1926) R. C. S. 551.
151. *D'Hondt* v. *Kunin*, (1953) R. L. n. s. 389 ; *Faubert* v. *Poirier*, (1959) R. C. S. 459 infirmant (1956) B. R. 551 ; *Legault* v. *Thellend*, (1964) B. R. 41.
152. *Pucholska* v. *Massé*, (1958) C. S. 197.

elle était grossière et inexcusable[153]. Par contre les auteurs québécois et la majorité de la jurisprudence[154] ne partagent pas cette opinion. La grossièreté ou l'inexcusabilité de l'erreur n'empêche pas l'annulation de la convention mais peut être sanctionnée par des dommages-intérêts[155].

La jurisprudence a toujours eu égard aux circonstances particulières à chaque espèce et a retenu une appréciation *in concreto* de l'erreur. Elle tient compte notamment, comme pour la crainte d'ailleurs, de l'âge, de l'état mental, de l'intelligence, de la position financière ou économique des parties[156].

iii) *Doit-elle être connue du cocontractant ?*

117 — *Connaissance de l'erreur par le cocontractant* — La question qui se pose ici est de savoir s'il est nécessaire pour obtenir la nullité de l'engagement de démontrer que le cocontractant connaissait au moment de la conclusion de l'engagement la qualité que l'autre avait en vue ou la considération principale qui le poussait à donner son accord. En d'autres termes, l'erreur peut-elle être cause de nullité même si elle n'est pas commune mais seulement unilatérale ? Les auteurs[157] et la jurisprudence[158] n'ont pas retenu la connaissance par le cocontractant des raisons de l'erreur comme condition nécessaire à la demande d'annulation. Cependant les arrêts font preuve d'une exigence de preuve accrue dans les cas d'erreur unilatérale[159].

---

153. MAZEAUD, *Leçons de droit civil*, t. 2, n° 171, p. 140 ; RIPERT et BOULAN-GER, *Traité de droit civil*, t. 2, n° 172, p. 73 ; MARTY et RAYNAUD, *Droit civil*, t. 2, n° 129, p. 122.

154. MIGNAULT, *Droit civil canadien*, t. 5, p. 217-218 ; TRUDEL, *Traité de droit civil du Québec*, t. 7, p. 160-161 ; *Rawleigh Co.* v. *Dumoulin*, (1926) R. C. S. 551 ; *Rose* v. *Pinsonneault*, (1927) 65 C. S. 257 ; *Faubert* v. *Poirier*, (1956) B. R. 551 ; (1959) R. C. S. 459 ; *contra* : *Gosselin* v. *Independant Order of Foresters*, (1905) 11 R. J. 259 ; *Similingis* v. *Provincial Fire Insurance Co.*, (1917) 23 R. L. n. s. 323 ; *Tranquil* v. *Gagnon*, (1920) R. L. n. s. 56 ; *Fels* v. *Lippé*, (1926) 64 C. S. 403.

155. *Church* v. *Laframboise*, (1916) 50 C. S. 385 ; *North Montreal Land Centre Ltd.* v. *La Prévoyance*, (1924) 30 R. L. n. s. 256.

156. Voir plus particulièrement : *Rawleigh Co.* v. *Dumoulin*, (1926) R. C. S. 551 ; *Hurtubise* v. *Bétournay*, (1929) 35 R. L. n. s. 74 ; *Faubert* v. *Poirier*, (1956) B. R. 551 ; *Quirion* v. *Chantigny*, (1953) C. S. 282.

157. MIGNAULT, *Droit civil canadien*, t. 5, p. 213-214.

158. *Latour* v. *Breux*, (1919) 56 C. S. 302 ; *Hurtubise* v. *Bétournay*, (1929) 35 R. L. n. s. 74 ; *Moquin et Vida Inc.* v. *Suto*, (1958) C. S. 480 ; *Legault* v. *Thellend*, (1964) B. R. 41.

159. Voir paragr. 115.

iv) *Peut-elle être une erreur de droit ?*

118 — *Erreur de droit* — Il y a erreur de droit lorsque l'ignorance ou la mauvaise interprétation de la loi induit l'une des parties contractantes ou les deux à commettre une erreur sur la qualité substantielle de la chose ou la considération principale [160]. Il importe de ne pas la confondre sur le plan de la définition avec l'erreur d'un fait entraînant une situation juridique différente du réel [161]. La maxime « nul n'est censé ignorer la loi » ne s'applique pas en droit civil mais seulement en matière pénale où elle signifie simplement que nul ne saurait invoquer l'ignorance de la loi répressive comme excuse à l'imputation d'un acte délictuel. La doctrine comme la jurisprudence ne fait aucune différence entre l'erreur de fait et l'erreur de droit comme causes de nullité de contrat [162]. Il existe cependant deux exceptions à ce principe. L'erreur de droit n'est pas cause de nullité dans le contrat de transaction [163] et ne peut suffire à la révocation d'un aveu valablement fait [164].

3. SANCTIONS DE L'ERREUR

119 — *Généralités* — Il existe trois sanctions possibles de l'erreur, soit la nullité absolue, la nullité relative et l'action en diminution de prix *(quanti minoris)* même si une partie non négligeable de la jurisprudence, se basant sur une interprétation littérale de l'article 1000 C. C., écarte cette distinction et ne retient en fait que la nullité relative.

120 — *Nullité absolue* — Il y a *nullité absolue* de l'engagement lorsque l'erreur porte sur l'une des conditions essentielles à la formation même du contrat (nature du contrat, objet, cause) et qu'elle constitue donc une erreur-obstacle. Dans un tel cas, en effet, le contrat n'a pas d'existence juridique, il n'a pu valablement se former. En cas de contestation cependant, la nullité doit être déclarée par le tribunal. Puisqu'il s'agit là d'une nullité absolue, les deux parties peuvent l'invoquer, leur action se prescrit par 30 ans [165] et aucune confirmation

---

160. LAURENT, *Principes de droit civil*, 3e éd., Paris, Marescq, 1878, t. 15, n° 505, p. 578.
161. Par exemple *Carignan* v. *Boutaric*, (1963) B. R. 223.
162. MIGNAULT, *Droit civil canadien*, t. 5, p. 216-217 ; TRUDEL, *Traité de droit civil du Québec*, t. 7, p. 159 ; *Leclerc* v. *Leclerc*, (1897) 6 B. R. 325 ; *Houle* v. *Lévesque*, (1952) C. S. 460.
163. Art. 1921 C. C. ; *Belliard* v. *Lehouillier*, (1956) R. L. n. s. 56 ; *Thibault* v. *Houle*, (1962) R. L. n. s. 485. PAQUET, J.M., « L'erreur dans les transactions », (1959-1960) 10 *Thémis* 54.
164. Art. 1245 C. C.
165. Art. 1242 C. C.

du contrat n'est possible puisque l'on ne saurait confirmer un acte qui est sans valeur juridique aucune. Si les parties après élimination de la cause d'erreur ratifient les termes du contrat précédemment conclu, il y a alors un nouveau contrat qui prend pour date celle de la ratification mais dont les effets ne rétroagissent pas au jour du premier engagement frappé de nullité absolue.

121 — *Nullité relative* — Il y a *nullité relative* par contre lorsque l'erreur a vicié le consentement d'une des parties sans pour autant empêcher la formation de la convention. Cette erreur-vice de consentement donne à l'*errans* une action pour faire déclarer le contrat nul mais non en principe pour obtenir une modification des conditions et des termes du contrat. C'est ainsi qu'une jurisprudence constante[166] a refusé de permettre à la partie qui a commis l'erreur de demander une diminution de ses engagements, tout en conservant la validité du contrat, sauf dans les cas où ce droit est expressément accordé par la loi[167].

L'action en justice se prescrit par 10 ans à partir du jour de la découverte de l'erreur et n'est ouverte qu'à l'*errans*[168]. Enfin la confirmation tacite ou expresse du contrat est possible à partir de la connaissance acquise de l'erreur. Le contrat est alors censé avoir été parfait dès l'instant de sa conclusion et porte pour date le jour de l'engagement initial.

Le tribunal qui prononce la nullité du contrat doit remettre les parties en état. Certaines décisions de jurisprudence ont refusé d'admettre l'action en annulation lorsqu'en raison des circonstances particulières à l'espèce, la remise en état des parties était impossible[169], en invoquant que l'octroi de la nullité sanctionnerait un enrichissement indu d'une des parties aux dépens de l'autre.

122 — *Diminution de prix* — En matière de vente et d'échange, la loi accorde dans certains cas précis un recours supplémentaire aux parties : l'action en diminution ou en supplément de prix[170].

166. *Grant* v. *La Reine*, (1892) 20 R. C. S. 297 ; *Pagnuelo Co.* v. *Choquette*, (1904) 34 R. C. S. 103 ; *Lortie Ltd.* v. *Jacques*, (1923) 35 B. R. 571 ; *Legault* v. *Légaré Auto Supply*, (1924) 30 R. L. n. s. 155 ; *Lachance* v. *Ducharme*, (1930) 48 B. R. 213 ; *Morel* v. *Rousseau*, (1933) 54 B. R. 452 ; *Dufour* v. *Lapointe*, (1956) C. S. 266 ; *Brodeur* v. *Garage Touchette Ltée*, (1960) C. S. 421 ; *Bellemare* v. *Dionne*, (1961) B. R. 524, etc.
167. Art. 1501, 1504, 1526 C. C.
168. Art. 2258 C. C.
169. *Rodden* v. *Sauriol*, (1918) 24 R. L. n. s. 421 ; *Piché* v. *Bertrand*, (1946) C. S. 218 ; *Beaurivage* v. *Chabot*, (1957) C. S. 81 ; voir également *Société coopérative agricole de la Malbaie* v. *Girard*, (1955) B. R. 542 ; commentaire GONTHIER, C., (1956) 34 C. B. R. 316.
170. Art. 1501, 1504, 1526 C. C.

Il s'agit là cependant de recours exceptionnels, particuliers à ces deux contrats et qui ne sauraient être étendus aux autres. L'action en diminution de prix permet à l'acheteur victime de l'erreur d'obtenir un allégement des obligations assumées. Il importe cependant de préciser ici une distinction que la jurisprudence n'a pas manqué de relever. L'action *quanti minoris* n'a pas pour effet d'exclure l'action en annulation lorsque l'erreur commise rencontre toutes les exigences pour l'obtention de ce recours. Inversement, même si l'acheteur peut dans certains cas intenter l'action en diminution de prix, il est concevable qu'il soit privé de l'action en annulation lorsque l'erreur commise n'est pas de celles pour lesquelles le Code prévoit la nullité de l'engagement.

123 — *Conclusion* — La jurisprudence moderne admet désormais que l'allégation de dol dans la demande inclut celle d'erreur [171] ; ainsi le demandeur qui ne parvient pas à établir la fraude peut réussir quand même dans son action en établissant l'erreur, à condition que celle-ci ait les qualités juridiques suffisantes pour être cause de nullité en elle-même et rencontre toutes les exigences de la loi. C'est là une preuve concrète du fait qu'il n'existe qu'un seul et même vice de consentement (l'erreur) et que le dol n'est qu'une erreur provoquée.

B. LE DOL OU LA FRAUDE

124 — *Terminologie* — Le droit québécois ne distingue pas le dol de la fraude [172] au contraire des juristes français pour lesquels le dol constitue un acte malhonnête dans la conclusion du contrat, donc envers le cocontractant, alors que la fraude est le même acte dans l'exécution du contrat, donc envers le cocontractant ou un tiers [173].

1. DÉFINITION

125 — *Rapports du dol et de l'erreur* — On peut définir le dol comme étant *le fait de provoquer volontairement une erreur dans l'esprit d'autrui pour le pousser à contracter*. C'est donc une erreur provoquée, mais puisqu'il y a objectivement une erreur à la base du consentement, on peut se demander si le dol ne fait pas double emploi avec l'erreur proprement dite ; en effet, que l'erreur ait été provoquée ou non, son influence sur le consentement est en fait identique. On sépare cepen-

---

171. *Vandal* v. *White Motors Co. Ltd.*, (1955) R. L. n. s. 332.
172. Art. 993 C. C. ; TRUDEL, *Traité de droit civil du Québec*, t. 7, p. 177.
173. RIPERT et BOULANGER, *Traité de droit civil*, t. 2. nº 178, p. 75.

dant, avec raison, le dol de l'erreur. Le dol a en effet un caractère quasi délictuel et tout en annulant le contrat, le législateur cherche à sanctionner en plus la malhonnêteté de l'auteur du dol. C'est ainsi que s'il y a dol, il n'est pas nécessaire que l'erreur qu'il a engendrée soit l'une de celles que la loi reconnaît (erreur sur les qualités substantielles, erreur sur la considération principale) pour entraîner la nullité. Une erreur provoquée par le dol et portant sur les motifs ou sur une qualité non substantielle suffit en principe à entraîner la nullité de la convention. D'autre part, alors que l'erreur ne peut donner lieu en principe à une action en dommages-intérêts que si elle a été grossière et a causé préjudice [174], le dol peut non seulement justifier l'annulation du contrat mais encore un recours en dommages-intérêts dans tous les cas. La protection de la loi contre le dol est en fait l'affirmation dans le domaine contractuel de la notion de bonne foi.

2. FORMES DE DOL

      126 — *Généralités* — Le dol peut prendre plusieurs formes différentes qui, selon un degré de gravité croissant, sont : la réticence, le mensonge et la manœuvre frauduleuse.

a) LA RÉTICENCE

      127 — *Dol négatif* — La réticence est un dol négatif. Elle consiste à laisser le contractant croire une chose par erreur sans le détromper, ou à s'abstenir de lui révéler un fait qui changerait sa volonté de contracter. C'est donc un mensonge négatif, une déloyauté par dissimulation. Est-elle cependant suffisante pour permettre l'annulation du contrat ? En principe, la simple réticence n'est pas constitutive de dol, car elle entraînerait une trop grande fragilité des rapports contractuels surtout en matières commerciales, avec cependant les exceptions suivantes. D'une part, lorsqu'une partie a commencé à révéler une chose importante à l'autre, elle doit la révéler dans sa totalité et non révéler ce qui lui est favorable seulement. Dans un tel cas en effet, il y a plus qu'une simple réticence, il y a véritablement une manœuvre frauduleuse [175]. D'autre part, dans certains contrats *(uberrimae fidei),* le législateur exige

---

174. Voir paragr. 116.
175. *Letellier* v. *Lafortune,* (1904) 26 C. S. 260 ; *Gosselin Ltée* v. *Péloquin,* (1957) R. C. S. 15. Voir aussi *Gingras* v. *Larose,* (1939) 77 C. S. 394.

la plus entière bonne foi (le contrat d'assurance-vie en est un exemple). La simple réticence peut alors entraîner l'annulation pour dol [176].

b) LE MENSONGE

128 — *Tromperie directe* — Le mensonge est une tromperie directe et positive qui consiste à affirmer au contractant une chose qui n'existe pas dans le but de le forcer à contracter. Il est constitutif de dol et donc cause de nullité du contrat [177], à condition cependant qu'eu égard aux circonstances de la cause, il ait été grave et ait eu une influence déterminante sur la volonté du contractant. Ainsi le médecin qui pour se faire consentir une cession d'immeuble moyennant rente viagère déclare à sa patiente qu'elle a encore de nombreuses années à vivre, alors qu'elle est en fait atteinte d'un mal incurable [178].

c) LES MANŒUVRES FRAUDULEUSES

129 — *Machinations dolosives* — Ce sont « des artifices, des ruses habiles ou grossières en vue de la tromperie... [179] ». Les manœuvres dolosives emportent donc un plan de tromperie, une machination préparée d'avance [180]. C'est la forme du dol qui se rapproche le plus des faux prétextes en droit criminel [181] et de la fraude criminelle ou abus de confiance [182]. Il n'est pas nécessaire cependant que les manœuvres dolosives soient pénalement répréhensibles pour être civilement sanctionnables [183]. L'appréciation du caractère dolosif des manœuvres est une question de fait laissée à l'appréciation du tribunal. Cependant, on a considéré que la promesse d'un fait futur n'est frauduleuse que si son accomplissement dépend du contractant et non d'un tiers [184].

---

176. Art. 2487 C. C. ; *Fleurie* v. *Canadian Woodmen of the World*, (1937) 63 B. R. 409 ; *Berthiaume* v. *Great-West Life Assurance Co.*, (1942) 48 R. J. 16 ; *Legault* v. *Metropolitan Life Insurance Co.*, (1968) C. S. 577.

177. *Hébert* v. *Deslandes*, (1932) 70 C. S. 348 ; *Lortie* v. *Bouchard*, (1952) R. C. S. 508 ; *Les Pétroles Inc.* v. *Tremblay*, (1961) B. R. 856 ; (1963) R. C. S. 120 ; *Cormier* v. *McCartney*, (1962) C. S. 434.

178. *Hébert* v. *Deslandes*, (1932) 70 C. S. 348.

179. RIPERT et BOULANGER, *Traité de droit civil*, t. 2, n° 180, p. 75.

180. *Hardy* v. *Dallaire*, (1925) 63 C. S. 83 ; *Farrell* v. *Lloyd*, (1928) 44 B. R. 508 ; (1929) R. C. S. 313 ; *Lortie* v. *Bouchard*, (1952) R. C. S. 508.

181. Art. 303 et 304 C. crim.

182. Art. 323, 328 et 330 C. crim.

183. *Hardy* v. *Dallaire*, (1925) 63 C. S. 83, p. 89.

184. *Maltais* v. *Gilbert*, (1959) C. S. 440.

130 — *Bon dol* — Cependant, dans certains cas, la jurisprudence tolère une certaine forme de tromperie, ou plutôt certains mensonges atténués, que les juristes romains appelaient le *dolus bonus*. Tel est le cas des exagérations d'un vendeur vantant les qualités de sa marchandise. Il est impossible en effet pour la nécessité des affaires de commerce d'aller jusqu'à protéger la crédulité naïve des acheteurs et on fermera donc les yeux sur les exagérations que le contractant peut soupçonner facilement à condition qu'elles ne soient pas équivalentes à une fraude, c'est-à-dire qu'elles ne s'accompagnent pas de moyens frauduleux ou d'affirmations susceptibles de tromper un contractant prudent. Autrement dit, il y aura dol et non *dolus bonus* lorsqu'un contractant normalement prudent et diligent dans les circonstances de l'espèce n'aurait pas pu soupçonner la tromperie [185].

3. CONDITIONS DU DOL COMME CAUSE DE NULLITÉ

a) LE DOL DOIT ÊTRE DÉTERMINANT

131 — *Dol principal* — *dol incident* — La première condition nécessaire pour que le dol soit cause de nullité de contrat est qu'il ait été déterminant. Celui qui se plaint du dol a donc la charge de démontrer que s'il avait connu la vérité, il n'aurait pas contracté. Le dol déterminant l'adhésion du consentement au contrat est appelé *dol principal,* par opposition à celui qui n'a déterminé que l'acceptation des conditions de l'engagement *(dol incident).* Le dol incident est celui qui a poussé la partie non à s'engager en tant que tel, mais à s'engager à des conditions plus onéreuses que celles dans lesquelles elle l'eût fait si elle eût antérieurement connu la tromperie. Le dol incident ne donne donc pas droit en principe à la nullité de l'engagement mais seulement à des dommages-intérêts. Si l'appréciation du caractère déterminant du dol est une question de fait, les tribunaux utilisent toutefois un critère concret et tiennent compte des circonstances particulières de l'espèce, de la nature du contrat et de la personnalité de la victime du dol [186].

---

185. *Lortie* v. *Bouchard,* (1952) R. C. S. 508, p. 517 ; *Silver* v. *Shuster,* (1954) C. S. 206 ; *Dominion Provisioners Ltd.* v. *Goudreault,* (1963) B. R. 98. Nous ne partageons pas à cet égard l'opinion de TRUDEL, *Traité de droit civil du Québec,* t. 7, p. 181-182, lorsqu'il énonce que pour que les manœuvres soient constitutives de dol, il faut qu'elles aient pour objet des faits passés ou présents et non des faits futurs. La représentation fausse de faits futurs dans certaines circonstances est constitutive de dol : *Bellerose* v. *Bouvier,* (1955) B. R. 175 ; *Les Pétroles Inc.* v. *Tremblay,* (1961) B. R. 856 ; (1963) R. C. S. 120.

186. *Curtis* v. *Rondeau,* (1954) C. S. 54.

b) LE DOL DOIT ÉMANER DU COCONTRACTANT OU ÊTRE CONNU DE LUI

132 — *Origine du dol* — Si l'on considère uniquement l'effet du dol sur le consentement, il est évident qu'on ne devrait pas tenir compte de l'origine du dol pour accorder la nullité. Il suffit en effet que le consentement ait été surpris, que la volonté n'ait pas été libre et éclairée pour justifier l'annulation de l'engagement. Or, en droit québécois, il faut que le dol émane du cocontractant ou soit connu de lui (dol par complicité) pour être cause de nullité. Certains auteurs [187] voient dans l'exigence de l'article 993 C. C. une survivance historique anachronique. Toutefois cette règle peut trouver quelque justification sur le plan pratique. En effet l'annulation pour dol vise à sanctionner avant tout la malhonnêteté du contractant lui-même. C'est pourquoi sous le couvert du dol la loi permet l'annulation de contrats pour cause d'erreur autre que l'erreur sur les qualités substantielles et sur la considération principale. Permettre le recours en nullité alors même que le contractant de bonne foi n'a aucunement participé à la fraude pourrait créer une situation injuste à son égard. De plus dans les cas graves, si l'erreur provoquée par le dol émanant d'un tiers présente les qualités suffisantes, l'annulation pour cause d'erreur reste possible. Enfin, le contractant trompé garde toujours un recours en dommages-intérêts contre le tiers auteur de la fraude [188].

La condition posée par la loi est également remplie lorsque le dol est provoqué par le représentant du cocontractant, même hors la connaissance de ce dernier. Le mandant doit donc supporter l'annulation du contrat conclu par son mandataire si celui-ci a utilisé le dol pour amener l'autre partie à contracter [189].

c) LE DOL DOIT ÊTRE PROUVÉ

133 — *Preuve du dol* — Tout comme la mauvaise foi (art. 2202 C. C.), le dol ne se présume pas. La loi part du principe que la bonne foi des contractants constitue la règle générale et la mauvaise

---

187. RIPERT et BOULANGER, *Traité de droit civil*, t. 2, n° 186, p. 78-79.
188. *Dorion* v. *Crowley*, (1855) 30 L. C. J. 65; *Compagnie d'hôtel St-Roch* v. *Barbeau*, (1915) 48 C. S. 94.
189. *Lighthall* v. *Chrétien*, (1882) 11 R. L. 402 ; *Rodden* v. *Sauriol*, (1918) 24 R. L. n. s. 421 ; *Skelton* v. *Frigon*, (1923) 35 B. R. 11 ; *Accessoires de cuisine Ltée* v. *Pagé*, (1953) R. L. n. s. 208. Voir aussi : *Paquette* v. *Boisvert*, (1958) B. R. 150 ; *contra* : pour dol incident, *Société d'administration générale* v. *Ménard*, (1926) 41 B. R. 204; (1928) R. C. S. 82.

foi, ou le dol, l'exception. La partie qui réclame l'annulation du contrat pour dol doit donc prouver l'existence du dol, le fait qu'il a été déterminant et le fait qu'il a émané du cocontractant ou a été connu de lui. Comme pour l'erreur [190], tout moyen de preuve est admissible pour établir le dol, celui-ci étant un fait juridique [191].

4. SANCTIONS DU DOL

134 — *Généralités* — Le dol donne ouverture à deux sortes de sanction : une action en nullité et une action en dommages-intérêts.

a) ACTION EN NULLITÉ

135 — *Nature de la nullité* — Le dol, tout comme l'erreur-vice de consentement, n'entraîne qu'une nullité relative du contrat avec les conséquences suivantes : seule la victime peut intenter une action en justice ; le contrat est susceptible de ratification expresse ou tacite et enfin l'action en nullité se prescrit par dix ans à compter de la découverte du dol (art. 2258 C. C.). De plus, celui qui a provoqué le dol se voit attacher toutes les conséquences du possesseur de mauvaise foi. Il doit par exemple rendre les fruits (art. 411 C. C.), laisser les améliorations non nécessaires (art. 417 C. C.) et est tenu aux intérêts s'il s'agit d'une somme d'argent (art. 1049 C. C.).

Cependant, même si le délai de prescription semble relativement long, en pratique la victime du dol, comme d'ailleurs celle de l'erreur ou de la violence, a intérêt à intenter son action dans le plus bref délai possible. En effet, l'usage de la chose après la connaissance acquise de la fraude ou le fait de poser des actes relatifs à l'objet, joint au défaut de se plaindre, créent une présomption de confirmation [192]. Par contre, si la

---

190. Paragr. 115 ; *Cormier* v. *McCartney*, (1962) C. S. 434.

191. *Barré* v. *Rainville*, (1947) R. L. n. s. 232 ; *Thérien* v. *Morin*, (1947) R. L. n. s. 118 ; *Dassylva* v. *Dassylva*, (1951) B. R. 608 ; *Paquette* v. *Boisvert*, (1958) B. R. 150.

192. *Nova Scotia Construction Co. Ltd.* v. *Quebec Streams Commission*, (1933) R. C. S. 220 ; *Laventure* v. *Vaillancourt*, (1936) 42 R. J. 276 ; *Gosselin* v. *Péloquin*, (1954) B. R. 674 ; (1957) R. C. S. 15 ; *Tourangeau* v. *Leclerc*, (1963) B. R. 760 ; *Drouin* v. *Loriot*, (1968) R. L. n. s. 117.

réalisation du dol par la partie trompée n'est que graduelle, les tribunaux se montrent moins exigeants [193].

b) ACTION EN DOMMAGES

136 — *Évolution de la jurisprudence* — Le dol, étant un délit, donne ouverture à une action ordinaire en dommages basée sur l'article 1053 C. C. [194]. La question s'est posée cependant de savoir si la victime du dol, au lieu de demander l'annulation de l'engagement, peut se pourvoir en dommages équivalents à une diminution de prix, lorsque dans le cas d'un dol incident, elle démontre qu'elle aurait quand même contracté si elle eût connu le dol, mais à des conditions moins onéreuses. L'évolution de la jurisprudence québécoise sur ce point est très nette. Se basant sur un *obiter dictum* du juge Girouard dans l'affaire *Pagnuelo* v. *Choquette* [195], un très grand nombre d'arrêts refusèrent d'admettre longtemps l'action en diminution de prix [196]. Deux arrêts de 1955, les affaires *Manseau* v. *Collette* et *Bellerose* v. *Bouvier* vinrent cependant critiquer cette jurisprudence et accordèrent l'action en diminution de prix [197]. Depuis ces deux arrêts, la jurisprudence semble accorder sans hésitation l'action *quantis minoris* [198]. Le problème ici est très différent de celui qui se pose à propos de l'erreur. Dans le cas du dol en effet, l'action en dommages basée sur l'article 1053 C. C. procure le même résultat que l'action *quantis minoris* puisque la somme accordée est équivalente en pratique à une diminution des obligations assumées par le contractant trompé. Pour l'erreur, puisqu'il ne saurait en principe être question de recours en dommages, l'action *quantis minoris* ne peut pas être admise en dehors des cas précis prévus par la loi [199].

---

193. *Lortie* v. *Bouchard*, (1952) 1 R. C. S. 508 ; *Les Pétroles Inc.* v. *Tremblay*, (1961) B. R. 856 ; (1963) R. C. S. 120.

194. *Pinkus Construction Inc.* v. *McRobert*, (1968) B. R. 516.

195. *Pagnuelo Co.* v. *Choquette*, (1904) 34 R. C. S. 102, p. 109.

196. *United Shoe Machinery* v. *Brunet*, (1909) A. C. 330 ; *Legault* v. *Légaré Auto Supply*, (1924) 30 R. L. n. s. 155 ; *Lachance* v. *Ducharme*, (1930) 48 B. R. 215 ; *Morel* v. *Rousseau*, (1933) 54 B. R. 452 ; *Nova Scotia Construction Co. Ltd.* v. *Quebec Streams Commission*, (1933) R. C. S. 220 ; *Forest* v. *Roy*, (1948) C. S. 380 ; *Silver* v. *Shuster*, (1954) C. S. 206.

197. *Manseau* v. *Collette*, (1955) C. S. 2 ; *Bellerose* v. *Bouvier*, (1955) B. R. 175.

198. *Mercier* v. *Saucier,* (1960) C. S. 305 ; *Bellemare* v. *Dionne*, (1961) B. R. 524 ; *Feffergard* v. *Weiner*, (1962) R. L. n. s. 513 ; *Roy* v. *Dubreuil*, (1964) R. P. 403.

199. Paragr. 119 et s.

C. LA CRAINTE

1. DÉFINITION ET FORMES

137 — *Terminologie* — Le Code civil règle avec un luxe de détails la question de la violence en y consacrant plus d'articles que pour tous les autres vices de consentement (art. 994 à 1000 C. C.). La violence peut être définie comme le fait d'inspirer à une personne une crainte telle que cette dernière malgré elle donne son consentement au contrat [200].

La crainte, à la différence de l'erreur simple ou l'erreur provoquée par le dol, attaque le consentement non dans son élément d'intelligence, mais dans son élément de volonté. Le contractant, en effet, n'est pas trompé par le contrat ; il en connaît la portée et les conséquences mais il n'adhère pas à celui-là de son plein gré : il y est forcé malgré lui.

La terminologie du Code civil est sujette à critique. Le Code dans l'article 994 C. C. emploie en effet les deux termes « violence » et « crainte » comme équivalents, ce qui constitue une erreur de terminologie juridique. La violence est en effet l'acte matériel qui engendre la crainte dans l'esprit du contractant. Seule donc la crainte vicie le consentement en entravant la liberté de choix. La violence est la cause et la crainte, l'effet. Traditionnellement cependant, les juristes parlent de la violence comme vice de consentement en sous-entendant que la violence répréhensible détermine le consentement. La violence causant la crainte peut être de différentes espèces.

138 — *Contrainte physique et morale* — La violence physique, rare de nos jours en matières contractuelles dans les annales jurisprudentielles, peut prendre des formes variées : menace de mort, de blessures corporelles, de privation de liberté, etc.

Au contraire la violence morale, beaucoup plus subtile, est celle que l'on retrouve le plus fréquemment en jurisprudence [201]. La menace de chantage, de diffamation, de révélations confidentielles, sont les illustrations les plus fréquentes de ce genre de violence.

138 *bis* — *État de nécessité* — Enfin, dans certains cas, la volonté du contractant peut avoir été déterminée par la violence des événements eux-mêmes (état de nécessité). On ne saurait parler à cet égard de violence au sens traditionnel du Code civil. L'état de nécessité

---

200. RIPERT et BOULANGER, *Traité de droit civil*, t. 2, p. 79, n° 190.
201. *Paquette* v. *Bruneau*, (1890) 6 M. L. R. C. S. 96 ; *Vinet* v. *Canadian Light and Power Co.*, (1918) 42 D. L. R. 709.

est celui entraîné par des événements extérieurs à l'homme qui déterminent le contractant à donner son consentement, alors qu'il ne l'eût pas fait dans des circonstances normales ou qu'il l'eût fait, mais à des conditions moins onéreuses. Le contrat dans ce cas n'est techniquement pas nul [202]. Cependant, si le contractant utilise cet état de nécessité pour obtenir un avantage indu, le juge, pour sanctionner son immoralité, peut octroyer une demande en réduction des obligations ou des dommages-intérêts selon les cas [203].

2. CONDITIONS DE LA CRAINTE COMME CAUSE DE NULLITÉ

139 — *Généralités* — Pour être cause de nullité, la crainte doit remplir quatre conditions principales que l'on retrouve énumérées aux articles 994 et 995 C. C.

a) LA CRAINTE DOIT ÊTRE DÉTERMINANTE

140 — *Crainte présente* — La première condition imposée par la loi pour que la crainte soit prise en considération est qu'elle ait été déterminante, c'est-à-dire qu'elle ait ôté au contractant le libre choix de contracter ou au moins l'ait obligé à contracter à des conditions autres que celles qu'il aurait normalement acceptées [204]. Pour éviter d'une part une trop grande fragilité du contrat et pour permettre d'autre part d'apprécier d'une manière plus juste le caractère déterminant de la crainte, le Code civil oblige le juge à tenir compte de deux facteurs objectifs et d'un facteur subjectif. La crainte, énonce-t-il à l'article 995 C. C., doit être une crainte *présente* et *raisonnable* d'un *mal sérieux*.

La crainte, en premier lieu, doit être présente, c'est-à-dire qu'elle doit être actuelle et contemporaine à la formation du contrat, à l'expression de volonté du contractant. Si la crainte doit être présente, il n'est pas nécessaire pourtant que la violence le soit. La violence morale par exemple peut avoir été exercée auparavant, mais la crainte exister encore au moment de la formation de l'engagement.

---

202. BAUDOUIN, J.-L., « L'état de nécessité dans les contrats », (1963) 13 *Thémis* 170. En matière de mariage cependant, l'état de nécessité a été reconnu comme suffisant pour permettre l'annulation : *Seidl* v. *Kostranek*, (1954) C. S. 406 ; *Ovadia* v. *Bassette et Procureur général du Québec*, (1954) C. S. 337.

203. Voir à cet égard les dispositions de la *Loi sur la marine marchande*, S. R. C., 1952, ch. 29, art. 528 et s. concernant le sauvetage maritime.

204. Dans un tel cas, le contractant victime de la violence pourra obtenir une réduction de son engagement sous forme de dommages-intérêts.

141 — *Mal sérieux* — La seconde condition objective est que cette crainte soit celle d'un mal sérieux. La loi veut ici éviter qu'un contrat ne puisse être annulé lorsqu'il n'a été conclu qu'à la suite de simples pressions ; elle exige donc que le mal dont le contractant est menacé ait en lui-même un certain caractère de gravité. Ainsi, alors qu'un mal d'ordre physique (mort, blessures), moral (diffamation, chantage) ou pécuniaire (ruine), peut de prime abord être considéré comme sérieux en soi, la perspective d'un simple inconvénient, d'une contrariété ou d'une difficulté supplémentaire ne saurait être considérée comme telle. Le mal, contrairement à la crainte, est nécessairement futur puisqu'il ne survient que dans l'hypothèse où la partie qui en est menacée refuse de contracter.

142 — *Caractère raisonnable de la crainte* — Enfin, la crainte doit être raisonnable. Le juge est obligé à cet égard de tenir compte de l'âge, du sexe, du caractère et de la condition de la victime, donc de porter une appréciation qui tient compte de la personnalité de la victime. Certaines personnes en effet, de par leur âge par exemple, sont plus réceptives à la crainte que d'autres et sont plus susceptibles d'être influencées par elle [205].

Il semble toutefois exister une contradiction entre l'exigence que la crainte soit celle d'un mal sérieux et la condition subjective que cette même crainte soit raisonnable. On peut concevoir en effet qu'un individu ait une crainte réelle, donc raisonnable, en tenant compte des circonstances, que sa volonté ait donc été déterminée par celle-ci et que pourtant le mal dont il est menacé ne soit pas, lui, objectivement sérieux même s'il le demeure dans l'esprit de cet individu. Cette contradiction est plus apparente que réelle. La loi exige simplement par ce double critère que la crainte ne soit pas purement subjective [206], c'est-à-dire qu'elle ne soit pas le fruit de la seule imagination ou sensibilité de l'individu. La crainte doit être en rapport avec des faits extérieurs. Le mal doit donc être réel et non imaginaire, certain et non imaginatif mais, pour décider si la crainte a été véritablement déterminante du consentement du contractant, le tribunal doit en plus se placer au niveau subjectif et apprécier son influence en tenant compte de la situation personnelle du contractant.

---

205. Voir par exemple : *McFarlane* v. *Dewey*, (1871) 15 L. C. J. 85 ; *Davis* v. *Kerr*, (1889) 5 M. L. R. B. R. 156 ; *Gravel* v. *Traders General Insurance Co.*, (1964) C. S. 48. Voir pour la condition de la victime *La Reine* v. *Melanson*, (1966) Ex. C. R. 995.

206. *C.* v. *L.*, (1950) R. L. n. s. 416 ; *Drouin* v. *Mathieu*, (1953) C. S. 312 ; *Gagnon* v. *Legault*, (1967) B. R. 598.

b) LA CRAINTE DOIT ÊTRE PRODUITE PAR LE COCONTRACTANT OU UN TIERS

143 — *Différence avec le dol* — À la différence du dol, la crainte entraîne la nullité de l'engagement, qu'elle soit produite par la violence du cocontractant ou par celle de toute autre personne étrangère à celui-ci (art. 994 C.C.). Les auteurs expliquent en général cette différence de réglementation entre le dol et la violence par référence à l'origine historique romaine de cette règle. En droit romain en effet, la crainte était dans tous les cas cause de nullité parce que, disait-on, la nullité constituait dans bien des cas le seul remède utile, la victime ne pouvant pas souvent identifier l'auteur de la violence. De plus, alors que le dol n'atteint en général que l'ordre privé, la violence, elle, qu'elle soit physique ou morale, attente à l'ordre public et mérite donc une sanction plus sévère [207].

Sur le plan du seul consentement, la distinction entre l'erreur provoquée par le dol et la crainte provoquée par la violence ne semble pas justifiée. En effet, dans l'un ou l'autre cas, seul le caractère déterminant du vice de consentement devrait normalement entrer en ligne de compte, indépendamment de sa source formelle.

c) LA MENACE EXERCÉE CONTRE LE COCONTRACTANT OU UN PROCHE

144 — *Objet de la violence* — Contrairement au Code français [208], le Code québécois étend la cause de nullité aux menaces exercées contre des étrangers. Lorsque la femme, les enfants ou les parents sont les objets de la menace, il existe une forte présomption de fait que celle-ci a poussé la partie à contracter [209], alors que, quant aux étrangers, le contractant devra faire preuve du lien spécial l'attachant à ces personnes. L'appréciation est laissée au juge.

L'apparente contradiction entre les dispositions des articles 996 et 999 C.C. résulte de la mauvaise rédaction de ce dernier texte qui vise uniquement le cas où, pour donner effet à un contrat conclu sous l'empire de la crainte, la victime est obligée de conclure un autre contrat avec un tiers. Cet autre contrat est valable aux yeux de la loi si ce tiers n'a pas participé

---

207. RIPERT et BOULANGER, *Traité de droit civil*, t. 2, p. 83, nº 196 ; MIGNAULT, *Droit civil canadien*, t. 5, p. 224.

208. Art. 1113 C.N.

209. *Giroux* v. *Vinet*, (1903) 24 C.S. ; *St-Hilaire* v. *Turcotte*, (1926) 40 B.R. 262.

à la violence exercée. Ainsi, si pour satisfaire à la convention conclue sous l'empire de la crainte, la victime fait un emprunt, ce dernier contrat n'est pas nul mais reste juridiquement valable si toutes les conditions nécessaires à sa formation ont été respectées [210].

d) LA MENACE DOIT ÊTRE ILLÉGITIME

145 — *Généralités* — Il n'est pas contraire à l'ordre public contractuel d'utiliser, en vue de forcer une partie à contracter, une contrainte légale ou d'user de violence morale dans l'exercice de ses droits. C'est ce principe que le Code civil illustre à l'article 998 C. C. 998 C. C.

i) *La crainte révérentielle*

146 — *Caractère subjectif* — La seule crainte de déplaire à ses ascendants, d'encourir leur désapprobation ne suffit pas en elle-même à justifier l'annulation du contrat [211]. Il faut voir en cela également une illustration particulière de la règle déjà mentionnée selon laquelle la seule crainte purement subjective n'est pas suffisante pour constituer un véritable vice de consentement. Par contre, s'il y avait plus qu'une simple crainte révérentielle et s'il existait des menaces objectivement suffisantes, on retomberait sous le régime de droit commun.

ii) *La contrainte légale*

147 — *Menace de l'exercice d'un droit* — Le second cas de violence légitime est la contrainte légale, c'est-à-dire la crainte causée dans l'esprit du contractant par la menace de l'exercice légitime d'un droit [212]. Il est normal en effet que le détenteur d'un droit puisse utiliser ce moyen de pression pour faire valoir celui-ci ou pour obtenir un règlement qui lui soit favorable. C'est d'ailleurs le principe même qui préside à la conclusion des transactions [213]. Une telle contrainte peut cependant

---

210. MIGNAULT, *Droit civil canadien*, t. 5, p. 232 ; TRUDEL, *Traité de droit civil du Québec*, t. 7, p. 206.
211. Art. 997 C. C.
212. *Paquette* v. *Bruneau*, (1890) 6 M. L. R. C. S. 96 ; *Robitaille* v. *Price*, (1909) 36 C. S. 385 ; *Giasson* v. *Thibault*, (1935) 73 C. S. 174 ; *Cinq-Mars* v. *Laroche*, (1945) R. L. n. s. 469 ; *Langlois* v. *Demers*, (1961) C. S. 567.
213. *Ste-Marie* v. *Smart*, (1892) 2 C. S. 292 ; *Ewing* v. *Hogue*, (1893) 4 C. S. 494 ; *Robitaille* v. *Price*, (1909) 36 C. S. 385 ; *Drouin* v. *Mathieu*, (1953) C. S. 312.

devenir illégitime dans deux cas. Tout d'abord lorsque le contractant l'utilise d'une façon elle-même illégale, c'est-à-dire lorsque, pour exercer son droit, il profère des menaces qui en elles-mêmes sont illégitimes [214]. En second lieu, lorsque le contractant utilise la menace d'exercer son droit dans un but illégitime. Ainsi en est-il lorsqu'il abuse de ce pouvoir pour obtenir un avantage indu. Il s'agit ici clairement d'un cas d'abus de droit qui sera réprimé par le tribunal comme violence illégitime [215]. Il va sans dire également que la contrainte est illégitime lorsqu'un contractant prétend utiliser un pouvoir de contrainte légale que la loi ne lui donne pas [216].

3. SANCTIONS DE LA VIOLENCE

a) ACTION EN NULLITÉ

148 — *Nature de la nullité* — C'est l'action en nullité qui est la première sanction de la crainte. La nullité, comme dans le cas de l'erreur et du dol, est une nullité relative puisqu'elle est conçue avant tout pour la protection de la victime. Seule donc celle-ci peut l'exercer. L'action en nullité se prescrit par dix ans à compter du jour où la crainte a cessé (art. 2258 C. C.) et le contrat, comme dans le cas de toutes les nullités relatives, est susceptible de confirmation expresse ou tacite. La partie victime de la violence ne peut cependant se plaindre lorsqu'elle a laissé s'écouler un certain temps qui permet de déduire une intention tacite de confirmer son engagement [217]. La charge de la preuve repose sur celui qui invoque la violence soit en demande soit en défense, mais celle-ci étant un fait juridique, tous les moyens de preuve sont admis [218].

---

214. Tel serait le cas par exemple du créancier qui, pour se faire payer par son débiteur, le menace de mort.

215. *McFarlane* v. *Dewey*, (1871) 15 L. C. J. 85 ; *Petit* v. *Martin*, (1898) 14 C. S. 128 ; *St-Hilaire* v. *Turcotte*, (1926) 40 B. R. 262 ; *Gravel* v. *Traders General Insurance Co.*, (1964) C. S. 48 ; *Grover's Chain Stores Ltd.* v. *Sauvageau*, (1967) C. S. 166.

216. *Corporation de Québec* v. *Caron*, (1867) 10 L. C. J. 317 ; *Casavant* v. *Ashby*, (1938) 44 R. L. n. s. 373.

217. *MacGregor* v. *Manley*, (1943) 49 R. L. n. s. 580. Il s'agissait ici toutefois d'une cause de nullité de mariage.

218. Voir NADEAU, A. et DUCHARME, L., *Traité de droit civil du Québec*, Montréal, Wilson et Lafleur, 1965, t. 9, n° 496, p. 395.

b) ACTION EN DOMMAGES-INTÉRÊTS

149 — *Sanction de l'aspect délictuel de la violence* — Celui qui pousse une partie à contracter en utilisant une contrainte illégitime commet un acte contraire à l'ordre contractuel mais aussi un délit lorsque son acte cause préjudice à la victime. La victime a donc contre lui une action en dommages-intérêts basée sur les principes de la responsabilité civile (art. 1053 C. C.) et cela, dans tous les cas. Cette demande en dommages-intérêts peut être prise seule ou jointe à l'action en annulation.

D. LA LÉSION

150 — *Généralités* — Les dispositions du Code civil sur la lésion [219] sont très confuses et parfois même incorrectes. Ces confusions ont d'ailleurs donné lieu à des conflits d'interprétation jurisprudentielle dont certains sont encore loin d'être réglés. L'adoption par le législateur de règles concernant la lésion entre majeurs a de plus quelque peu bouleversé la conception traditionnelle et la lésion [220]. Les auteurs traitent généralement tant en France [221] qu'au Québec [222] la lésion parmi les vices de consentement pour des raisons historiques traditionnelles. En réalité, l'étude de la lésion appartiendrait plus à celle de la capacité et de l'objet du contrat.

1. DÉFINITION ET NATURE

151 — *Sens strict* — Au sens *strict,* dans une conception objective, la lésion n'est autre qu'un déséquilibre dans l'économie du contrat provenant de l'inégalité des prestations réciproques des parties. C'est donc *une erreur économique, présumée et non voulue, sur la valeur de la prestation promise.*

---

219. Art. 1001 à 1012 ; 1040a à 1040e C. C.
220. Art. 1040a à 1040e ajoutés par 12-13 Elis. II, ch. 67.
221. Ainsi MAZEAUD, *Leçons de droit civil,* t. 2, n° 209 et s., p. 165 et s. ; MARTY et RAYNAUD, *Droit civil,* n° 149 et s., p. 137 et s. ; CARBONNIER, *Droit civil,* t. 2, p. 355 et s. ; *contra* : RIPERT et BOULANGER, *Traité de droit civil,* t. 2, n° 256 et s., p. 103 et s.
222. MIGNAULT, *Droit civil canadien,* t. 5, p. 242 et s. ; TRUDEL, *Traité de droit civil du Québec,* t. 7, p. 227 et s. ; BAUDOUIN, *le Droit civil de la province de Québec,* p. 687 et s.

Cette définition correspond à la conception romaine classique [223] même si, à une certaine époque, le droit romain a connu lui aussi une notion purement subjective de la lésion [224]. Dans ce système, le rôle du juge se résume donc à vérifier objectivement l'égalité des prestations. Cette conception est toutefois fort imprécise en fait, un certain élément de subjectivité entrant dans l'appréciation de la valeur de l'objet de la prestation. Ainsi, un collectionneur recherchant un objet particulier pourrait être prêt à payer plusieurs fois la valeur marchande réelle de cet objet.

152 — *Sens large* — Au sens *large,* dans une conception subjective, la lésion est devenue *le préjudice patrimonial qu'un contractant subit en raison d'un acte juridique.* Dans cette conception subjective dégagée peu à peu par la tradition jurisprudentielle, à propos surtout des mineurs et des interdits, le déséquilibre des prestations n'est devenu qu'un moyen parmi d'autres d'établir ce préjudice.

Dans ce système, l'analyse judiciaire est beaucoup plus étendue. Elle consiste, en tenant compte non seulement du contrat lui-même mais aussi de la personnalité du contractant et des circonstances ayant entouré la conclusion et l'exécution de la convention, à déterminer le préjudice subi par ce dernier. La lésion apparaît alors comme le résultat d'un ou de plusieurs actes entraînant un embarras financier ou augmentant directement ou indirectement d'une façon inéquitable le passif du patrimoine du contractant. Cette notion est fort difficile à préciser exactement, car nombre de considérations d'équité entrent en ligne de compte dans son appréciation judiciaire.

153 — *Position du droit québécois* — Alors qu'en France, on note chez la plupart des auteurs un penchant vers la conception de la lésion axée sur une extension de la théorie des vices de consentement, et une tendance, d'autre part, à maintenir la valeur de la conception objective, la doctrine et la jurisprudence québécoises semblent s'être ralliées plus volontiers à une conception de la lésion comme mesure d'équité et avoir admis plus largement le concept subjectif de la lésion [225].

---

223. MONIER, R., *Manuel élémentaire de droit romain,* Paris, Montchrestien, 1954, t. 1, n° 110, p. 139 et s. ; OURLIAC et DE MALAFOSSE, *Droit romain et ancien droit français,* t. 1, n° 113 et s., p. 121 et s.

224. HUVELIN, P., *Cours élémentaire de droit romain,* Paris, Sirey, 1927, t. 1, p. 401 ; t. 2, p. 137 et s. ; DEMOGUE, R., « De la lésion dans les contrats », (1937-1938) 16 R. du D. 5.

225. BAUDOUIN, *le Droit civil de la province de Québec,* p. 690 et s. ; MIGNAULT, *Droit civil canadien,* t. 5, p. 247 ; TRUDEL, *Traité de droit civil du Québec,* t. 7, p. 228 ; *contra* : *Co. du parc St-Louis* v. *Jobidon,* (1917) 52 C. S. 499.

En droit québécois en effet, il existe une véritable superposition des tendances subjective et objective. Tout en reconnaissant comme base la conception objective de déséquilibre économique, les tribunaux la complètent par des critères subjectifs d'appréciation. Une analyse de la jurisprudence civile fait clairement ressortir ce fait. Dans le cas du mineur, les tribunaux ont en effet tenu compte, pour apprécier la lésion, non seulement de l'équilibre des prestations [226], mais encore de l'utilité du contrat [227], du profit matériel que le mineur pouvait espérer en tirer (considérant ainsi comme lésionnaires les contrats de spéculation pure et ceux entraînant des dépenses exagérées) [228], du caractère injuste ou arbitraire de la convention ou de certaines de ses clauses [229]. Il n'est donc pas exagéré de prétendre que les tribunaux québécois se sont peu à peu éloignés de la conception objective stricte pour se livrer à une véritable enquête sur la situation du mineur en prenant en considération les effets produits par le contrat sur sa situation matérielle et financière.

De plus, comme le constatent quelques auteurs [230], une certaine partie de la jurisprudence n'a pas restreint la lésion au seul préjudice matériel, mais y a également inclu le préjudice résultant d'embarras, de soucis, d'ennuis [231]. La seule constatation d'ordre général qui ressort de l'examen de la doctrine et de la jurisprudence est que les tribunaux prennent en considération la condition et la situation de la personne lésée.

Cette conception de la lésion tend de plus en plus à en faire une mesure d'équité visant à la protection de l'incapable ou de l'économiquement faible contre son inexpérience ou la diminution de sa liberté contractuelle provoquée par l'état de nécessité économique. Dans les deux cas, le consentement existe en effet et il est libre (du moins dans la conception traditionnelle de la liberté contractuelle). Le contrat de plus demeure intrinsèquement valable, puisque, dans le cas du mineur, le contrat ne peut

---

226. *Rosemont Realty Co.* v. *Boivin*, (1921) 31 B. R. 40 ; *Aubin* v. *Marceau*, (1932) 70 C. S. 408.

227. *Ouellette* v. *O'Brien*, (1941) 79 C. S. 472 ; *Lepage Automobile Ltée* v. *Couturier*, (1956) C. S. 80 ; *Morin* v. *Dion*, (1957) C. S. 53.

228. *Bernard* v. *Hurteau Co. Ltée*, (1906) 30 C. S. 184 ; *Bernier* v. *Chouinard*, (1917) 23 R. L. n. s. 459 ; *Aubin* v. *McAnnulty Realty Co.*, (1920) 57 C. S. 120 ; *Demers* v. *Meunier Co. Ltée*, (1926) 32 R. L. n. s. 222 ; *Aubin* v. *Marceau*, (1932) 70 C. S. 408.

229. *Rosemont Realty Co.* v. *Boivin*, (1921) 31 B. R. 40 ; *Gérard* v. *White*, (1954) C. S. 149 ; *Grenier Automobile Enrg.* v. *Thauvette*, (1969) C. S. 159.

230. BAUDOUIN, *le Droit civil de la province de Québec*, p. 692-693 ; TRUDEL, *Traité de droit civil du Québec*, t. 7, p. 228.

231. *Bernier* v. *Chouinard*, (1917) 23 R. L. n. s. 459 ; *Aubin* v. *McAnnulty Realty Co.*, (1920) 57 C. S. 120 ; *Moreau* v. *Veilleux*, (1923) 35 B. R. 279.

pas être rescindé s'il est prouvé qu'il a tourné à son profit et dans le cas du majeur-emprunteur, celui-ci doit démontrer l'*abus* commis par le prêteur dans les conditions de l'engagement [232].

Le seul aspect véritable de la lésion qui la rattache à la théorie des vices de consentement est le suivant : le déséquilibre des prestations dans le cas du majeur ou dans le cas de l'incapable, de même que les différents facteurs dégagés par la jurisprudence, font présumer chez l'auteur soit une diminution de la faculté de libre discussion du contrat (donc un consentement déterminé par un état de nécessité économique), soit une faiblesse de volonté. Pour le mineur, la rescision pour lésion vient renforcer la protection que lui donne déjà la loi par l'incapacité d'exercice qu'elle lui impose.

2. CHAMP D'APPLICATION

154 — *Limites législatives* — Le législateur a strictement limité le champ d'application de la lésion d'une double façon. D'une part, il prend soin de préciser les personnes qui peuvent l'invoquer et par surcroît d'autre part, énumère, limitativement semble-t-il, les actes juridiques pour lesquels la rescision peut être demandée. Depuis 1964 [233], la rescision pour lésion, qui jusqu'alors avait été presque exclusivement réservée à certains incapables d'exercice, peut être invoquée, dans certains contrats, par des contractants majeurs et jouissant d'une pleine capacité.

a) LÉSION EN FAVEUR DES MAJEURS

155 — *Historique* — Lors de la promulgation du Code civil, le principe posé par l'article 1012 C.C. était absolu, les codificateurs n'ayant pas jugé bon de suivre l'exemple du droit français qui admettait la lésion en faveur du vendeur majeur lésé de plus des sept douzièmes du prix de vente d'un immeuble et en faveur du cohéritier lésé de plus d'un quart dans le partage [234]. En 1939, le législateur édictait l'article 1056b [235], première exception au principe que les majeurs ne peuvent jamais invoquer la lésion. Les abus criants dans les contrats de prêt et les contrats dits « de financement » motivèrent en 1964 une seconde intervention qui étendait la protection de la loi en faveur de toute personne indûment exploitée par le cocontractant dans ce genre de contrat.

232. Art. 1040c C.C.
233. Voir paragr. 150.
234. Art. 887 et 1674 C.N.
235. 3 Geo. VI, ch. 95, art. 1.

Si le principe posé par l'article 1012 C. C. ne tient plus guère dans son absolutisme, il n'en reste pas moins que cette extension du bénéfice de la lésion aux contractants majeurs reste limitée, la loi civile répugnant à affaiblir trop le principe de la liberté contractuelle et ne cherchant à réprimer que les abus les plus éclatants pour des raisons d'équité sociale.

156 — *Transaction en matière de responsabilité* — Les dispositions de l'article 1056b C. C. permettent à la victime d'un accident ayant entraîné des blessures corporelles de faire rescinder pour cause de lésion les transactions de même que les déclarations écrites faites par elle dans les 15 jours du délit ou quasi-délit. Cette disposition de la loi a pour but d'éviter que la victime sous le coup du choc de l'accident, et donc dont la volonté est présumée affaiblie, ne signe des documents portant préjudice à ses droits [236].

157 — *Prêt d'argent* — Les articles 1040c et s. C. C. permettent au juge d'annuler ou de réduire les obligations monétaires résultant d'un prêt d'argent. Étant donné les dispositions de ces textes, le terme « prêt d'argent » doit être pris dans un sens très large. Il recouvre en effet non seulement le contrat de prêt au sens strict du terme, mais tout contrat ayant pour but d'accorder un crédit (vente à réméré, vente à terme et conditionnelle, promesse de vente ou d'achat).

Il s'agit ici, comme l'ont fait remarquer les auteurs [237], d'une conception extrêmement large de la lésion se fondant uniquement sur l'équité. Les textes du Code qui représentent une traduction d'une loi ontarienne [238] accordent un pouvoir discrétionnaire considérable au juge, puisqu'ils lui permettent non seulement de rescinder le contrat, mais encore de réduire les obligations qui en découlent, c'est-à-dire en fait de « refaire » l'engagement des parties. Ces textes introduisent donc pour la première fois dans le Code civil la possibilité d'une révision judiciaire du contrat, ce qui va directement à l'encontre de la conception traditionnelle de la liberté contractuelle. Même si le plus haut tribunal du pays a jugé qu'il

---

236. *Berti* v. *Auger,* (1944) C.S. 188 ; *Beauchesne* v. *Babineau,* (1945) C.S. 166 ; *Breton* v. *Rousseau,* (1956) C.S. 375 ; *Dufour* v. *Truchon,* (1959) R. L. n.s. 54 ; *Chabot* v. *Canadian International Paper Co.,* (1966) C.S. 11.

237. LAVALLÉE, A., « En marge du bill 48 », (1964) 66 R. du N. 483 ; MAYRAND, A., *Lois nouvelles,* Montréal, Les Presses de l'Université de Montréal, 1965, p. 51 ; MORRIS, W., « De l'équité dans certains contrats », (1965) 25 R. du B. 65 ; TRUDEL, G., *Lésion et contrat,* Montréal, Les Presses de l'Université de Montréal, 1965, p. 107 et s.

238. *The Unconscionable Transactions Relief Act,* (1960) R. S. O., ch. 410. Voir également en législation québécoise : *Loi des pouvoirs spéciaux des corporations,* S. R. Q., 1964, ch. 275, art. 42.

s'agissait là d'une extension de la théorie traditionnelle de la lésion[239], il faut quand même admettre qu'il s'agit beaucoup plus d'une nouvelle conception de la lésion, fondée uniquement sur l'équité dont le juge reste le maître absolu dans des limites fort vagues et fort vastes.

Dans cette perspective large de la lésion fondée sur des notions d'équité, il ne faudrait pas oublier de mentionner toute la série des lois qui, par certaines de leurs dispositions, ont pour but et effet de protéger le contractant contre l'exploitation de son cocontractant[240].

b) LÉSION EN FAVEUR DES MINEURS ET DE CERTAINS INTERDITS

158 — *Généralités* — Le mineur, le mineur émancipé et l'interdit pour prodigalité, ivrognerie ou narcomanie (art. 987 et 334 C. C.) peuvent bénéficier de la rescision pour cause de lésion, au contraire de l'interdit pour démence dont les actes sont en principe frappés de nullité. Cependant, il ne s'agit pas là d'une mesure générale s'étendant à tous les actes de ces incapables. La rescision pour lésion ne peut avoir lieu que dans les cas expressément prévus par la loi.

159 — *Principes généraux* — Le mineur non émancipé et l'interdit de seconde classe sont frappés d'une incapacité d'exercice décrétée par la loi. Cette incapacité est une mesure de protection destinée à pallier leur manque d'expérience de la vie ou leur tendance naturelle à dissiper leurs biens. Le législateur, de façon à ne pas paralyser complètement l'activité de leur patrimoine, leur nomme un représentant (tuteur ou curateur) qui les représente et les assiste dans les actes juridiques, administre et gère leurs biens et agit pour eux dans tous ou dans certains des actes de la vie civile. Dans le cas du mineur principalement, étant donné que l'incapacité d'exercice est établie en sa faveur, s'il transgresse cette incapacité et contracte en son nom propre sans être représenté par son tuteur, la loi ferme les yeux dans certains cas sur cette irrégularité, à condition que les contrats ainsi faits lui aient été profitables. Si par

---

239. *Attorney General for Ontario* v. *Barfried Enterprises Ltd.*, (1963) R. C. S. 570 ; commentaire SHAFFER, H., (1965) 11 McGill L. J. 268, p. 278 et s.

240. *Loi de l'Hydro-Québec*, S. R. Q., 1964, ch. 86, art. 22 ; *Loi de la Régie de l'électricité et du gaz*, S. R. Q., 1964, ch. 87, art. 15 et 29 ; *Loi du salaire minimum*, S. R. Q., 1964, ch. 144, art. 13 et 14 ; *Loi des valeurs mobilières*, S. R. Q., 1964, ch. 274, art. 35g ; *Loi des écoles professionnelles privées*, S. R. Q., 1964, ch. 244, art. 9 ; *Loi de la Régie des transports*, S. R. Q., 1964, ch. 228, art. 2, 18, 19 ; *Loi de la Régie des services publics*, S. R. Q., 1964, ch. 229, art. 2, 17, 18, 19.

contre le mineur a été lésé par ceux-ci, le législateur lui permet d'en demander la *rescision*.

Par opposition, ce même mineur peut demander la *nullité* de l'acte si sa conclusion devait être entourée du respect de certaines formalités jugées essentielles par la loi.

Les pouvoirs du tuteur sont définis strictement par la loi. Il peut agir seul dans certains cas (actes d'administration simple, acceptation des donations) [241], alors que dans d'autres, vu les répercussions économiques graves que certains actes peuvent avoir sur le patrimoine du mineur, la loi oblige le tuteur à respecter certaines formalités et surtout à demander une autorisation judiciaire après avis favorable du conseil de famille (hypothèque, emprunt, aliénation immobilière) [242].

Le principe général gouvernant la lésion est donc le suivant : *le mineur peut demander la rescision d'un contrat lésionnaire qu'il a fait seul, à condition de prouver cette lésion, lorsqu'il aura fait seul un acte que son tuteur pouvait faire seul pour lui et s'il est représenté par son tuteur pour toute espèce d'acte qui n'est pas un acte d'administration* [243].

160 — *Mineur émancipé* — Quant au mineur émancipé [244], il est considéré par la loi comme un semi-incapable, l'émancipation étant en fait une étape préliminaire à la complète cessation de l'incapacité d'exercice lors de la majorité. Le mineur émancipé est assisté d'un curateur dont les pouvoirs sont définis par la loi [245]. Comme pour le mineur ordinaire, certains actes considérés comme sérieux ne peuvent être faits par lui sans l'assistance de son curateur et l'autorisation du juge [246].

Le mineur émancipé peut demander la rescision d'un contrat lésionnaire qu'il a fait seul, mais qui requérait l'assistance de son curateur. Par contre, il ne peut se plaindre des actes qu'il a faits seul lorsque la loi lui donnait la capacité de les faire seul.

161 — *Plan* — Pour bien délimiter le champ d'application exact de la lésion, il est nécessaire de procéder par élimination et d'examiner d'abord tous les cas où l'incapable peut demander la nullité

---

241. Art. 303, 305 C.C., etc.
242. Art. 290a, 297, 301, 302, 306, 307 C.C., etc.
243. Art. 1002 C.C. Cet article emploie d'ailleurs une expression défectueuse, le tuteur n' « assiste » pas le mineur, il le représente. Voir à cet égard *Tellier* v. *Coutu*, (1951) C.S. 148.
244. Art. 314 à 323, 338, 340 C.C.
245. Art. 320, 321, 322, 340 C.C.
246. Art. 321, 322 C.C.

de l'acte sans invoquer la lésion et ensuite tous ceux où au contraire ni l'action en rescision, ni l'action en nullité ne lui sont ouvertes.

i) *Actes entraînant la nullité*

162 — *Actes d'aliénation immobilière* — Le mineur étant un incapable, certains actes considérés comme graves ne peuvent être accomplis sans un contrôle judiciaire qui en garantit la nécessité et sauvegarde ses intérêts. Le défaut de se conformer à ce contrôle emporte la nullité de l'acte sans que le mineur soit obligé de prouver la lésion. Il s'agit donc d'une exception au principe que le mineur est restituable en tant que lésé et non en tant que mineur *(minor non restituitur tamquam minor sed tamquam laesus)*. D'après l'article 1009 C. C., ces actes sont ceux qui emportent aliénation immobilière ou création d'une charge sur un immeuble.

Dans ces deux cas donc, le mineur est admis à demander la nullité de ces actes en prouvant sa minorité et l'inobservation des formalités requises par la loi.

163 — *Interprétation de l'article 1009 C. C.* — Un problème d'interprétation s'est posé à ce propos. L'article 1009 C. C. ne vise que les actes destinés à aliéner ou grever la propriété immobilière, deux actes que le tuteur ne peut faire qu'avec l'autorisation du juge. Or, il existe d'autres actes qui nécessitent l'autorisation judiciaire, tels l'emprunt et la cession ou transport des actions, capitaux ou intérêts dans les compagnies de finance, de commerce et d'industrie [247]. Le problème d'interprétation qui se pose donc est le suivant : doit-on interpréter restrictivement l'article 1009 C. C. et décider que seuls parmi les actes nécessitant l'autorisation judiciaire, l'aliénation et l'hypothèque immobilières entraînent la nullité à l'exclusion des autres ? Au contraire, doit-on interpréter largement l'article 1009 C. C. et décider que les actes d'aliénation ou de charge n'y sont mentionnés qu'à titre d'exemples et que la nullité s'applique à tous les actes nécessitant l'autorisation judiciaire lorsque les formalités requises n'ont pas été observées ?

Certains auteurs [248] préfèrent la première interprétation. Pour eux donc, seuls les actes d'aliénation immobilière et de constitution d'hypothèque faits par le mineur seul ou par le tuteur non autorisé sont nuls ; les autres (emprunt, cession d'actions) sont simplement rescindables pour cause

---

247. Art. 297 C. C.
248. Par exemple, LANGELIER, *Cours de droit civil*, t. 3, p. 402 et s.

de lésion. Par contre Mignault et Trudel [249] se rallient à la seconde interprétation et favorisent la nullité dans tous les cas où le mineur a fait
seul un acte que le tuteur ne pouvait faire sans autorisation et dans tous
les cas où le tuteur ne pouvant agir seul, n'a pas obtenu l'autorisation
nécessaire. La jurisprudence, peu abondante sur cette question, semblerait
opter pour cette dernière interprétation [250].

ii) *Actes valables*

164 — *Capacité restreinte du mineur* — Le Code civil
lui-même et une série de lois spéciales donnent une pleine capacité d'exercice au mineur pour faire certains actes précis. À leur égard, le mineur
est considéré comme un majeur et ne peut donc obtenir la rescision pour
lésion si ce n'est dans les cas où un majeur pourrait la demander. Parmi
ceux-ci on trouve : le droit d'intenter seul une action en recouvrement
de ses gages à partir de l'âge de 14 ans [251], le droit de faire des actes
d'administration [252], le droit d'avoir un compte en banque [253], le droit
d'assurer sa vie dès l'âge de 15 ans [254]. Pour compléter cette énumération,
les articles 1003 à 1008 C. C. prévoient une série d'exceptions d'ordre
général au droit de demander la rescision. Il est possible de les regrouper
en trois catégories distinctes. Le mineur ne peut invoquer la lésion dans
les trois cas suivants : 1) lorsqu'elle résulte d'un événement casuel et
imprévu (art. 1004 C. C.) ; 2) lorsqu'elle résulte de certains contrats
(art. 1005, 1006 et 1008 C. C.) ; 3) lorsqu'elle résulte d'une obligation
légale (art. 1007 C. C.).

---

249. MIGNAULT, *Droit civil canadien*, t. 5, p. 245 et s. ; TRUDEL, *Traité de droit
civil du Québec*, t. 7, p. 251 et s.
250. *Morin* v. *Dion*, (1957) C. S. 53.
251. Art. 304 C. C.
252. Art. 1002 C. C.
253. *Loi des banques*, S. R. C., 1952, ch. 12, art. 95 (1) ; *Loi des banques d'épargne
du Québec*, S. R. C., 1952, ch. 232, art. 28.
254. *Loi des assurances de Québec*, S. R. Q., 1964, ch. 295, art. 219. Il existe un
certain nombre d'autres actes que le mineur peut faire seul. Ainsi s'enrôler
dans l'armée dès l'âge de 18 ans : *Loi de la défense nationale*, S. R. C., 1952,
ch. 184, art. 21 (3) ; faire partie d'un syndicat professionnel dès l'âge de 16
ans : *Loi des syndicats professionnels*, S. R. Q., 1964, ch. 146, art. 7 ; souscrire
des parts sociales dans les caisses d'épargne et de crédit : *Loi des caisses d'épargne et de crédit*, S R. Q., 1964, ch. 293, art. 22 et 23 ; faire partie à certaines conditions de syndicats coopératifs : *Loi des syndicats coopératifs*, S. R. Q., 1964,
ch. 294, art. 14 (3) et 63 ; souscrire des parts dans les associations coopératives :
Loi des associations coopératives, S. R. Q., 1964, ch. 292, art. 19 ; disposer
valablement par testament de ses biens meubles en temps de guerre lorsque engagé dans l'armée : *Loi concernant la succession des militaires*, S. R. Q., 1941, ch.
66, art. 1, etc.

165 — *Événement casuel et imprévu (art. 1004 C. C.)*
— Comme le signale Trudel [255], il s'agit ici non d'une véritable exception, mais bien d'une simple précision aux lois de la lésion. Lorsque le contrat n'est pas lésionnaire mais que le mineur se trouve lésé dans ses intérêts en raison de la survenance, après la conclusion de l'engagement, d'un fait casuel et imprévu, il n'existe aucun lien de causalité directe entre le contrat et la lésion. Le contrat n'a pas en effet été le fait générateur du préjudice subi mais seulement son occasion. Il est donc normal de refuser l'action en rescision. Par contre, si le contrat était lésionnaire en soi, d'après les règles fixées par la jurisprudence au moment de sa conclusion, le mineur peut demander la rescision alors même que la perte a été entraînée par un événement casuel et imprévu, la remise en état des parties étant soumise dans le cas aux règles de l'article 1011 C. C.

166 — *Contrats particuliers (art. 1005, 1006, 1008 C. C.)* — Le mineur ne saurait se plaindre de la lésion résultant de la conclusion de certains contrats spécifiquement mentionnés par le Code civil.

167 — *Contrats commerciaux* — Le mineur commerçant est réputé majeur pour tous les faits relatifs au commerce qu'il exerce [256]. Ainsi, le mineur banquier, artisan ou commerçant, n'est pas restituable pour cause de lésion en raison des engagements pris dans le cours ordinaire de ses affaires, sauf dans les cas où les majeurs eux-mêmes sont restituables [257]. Cette exception est formulée dans le but évident de protéger la sécurité des transactions commerciales d'une part et, d'autre part, de permettre au mineur commerçant de gérer utilement et efficacement son affaire sans être obligé de passer par les formalités lourdes et encombrantes de la loi. Le mineur commerçant peut donc seul faire tous les actes d'un majeur, et donc aussi bien aliéner qu'emprunter ou défendre ou intenter seul une action en justice sans l'intervention de son tuteur ou de son curateur [258].

168 — *Contrat de mariage* — Le contrat de mariage entraînant des obligations très importantes pour le futur et le présent dans les relations entre époux et les relations de ceux-ci avec les tiers,

---

255. TRUDEL, *Traité de droit civil du Québec*, t. 7, p. 240. Voir *Ouellet* v. *Tremblay*, (1957) C. S. 351.
256. Art. 323 C. C. ; *Gosselin* v. *Blouin*, (1951) R. P. 329 ; *Bernier* v. *Baizana*, (1958) R. P. 237 ; voir aussi *Kruse Motors* v. *Beauchamp*, (1960) C. S. 186, commentaire WEBER, S., (1960) 20 R. du B. 399.
257. Art. 1005 C. C.
258. *City Bank* v. *Lafleur*, (1876) 20 L. C. J. 131 ; *Ducharme* v. *Bélair*, (1941) 79 C. S. 244 ; *Dion* v. *Roy*, (1955) C. S. 252.

la loi exige dans le cas du mineur que ce dernier soit assisté de son tuteur et des personnes dont le consentement est nécessaire à la validité du mariage [259]. Lorsque ces formalités ont été remplies, toutes les garanties possibles contre une éventuelle lésion ayant été prises, le mineur ne peut par la suite demander la rescision de ce contrat. En d'autres termes, la règle de l'article 1006 C. C. assimile le mineur à un majeur et lui interdit d'invoquer la lésion lorsque toutes les formalités requises par la loi ont été observées.

Un problème complexe se pose lorsque ces formalités n'ont pas été remplies. Dans ce cas, le contrat est-il absolument nul pour défaut d'observer une formalité essentielle, est-il annulable seulement si le mineur prouve préjudice ou est-il seulement rescindable si le mineur prouve lésion ? L'étude de cette question relève plus de celle des régimes matrimoniaux. Plusieurs auteurs [260] ont abordé ce problème et les solutions jurisprudentielles sont loin d'être fixées sur ce point [261].

Pour certains, les formalités requises à l'article 1267 C. C. sont impératives et le défaut de les observer entraînerait ainsi la nullité absolue du contrat de mariage, nullité pouvant donc être invoquée par toute personne intéressée [262]. Pour d'autres, au contraire, la sanction ne doit être qu'une nullité relative, les formalités imposées par la loi ayant pour but la protection du mineur [263]. Ce second système soulève cependant

---

259. Art. 1006 et 1267 C. C.

260. LANGELIER, *Cours de droit civil*, t. 4, p. 287 et s. ; MIGNAULT, *Droit civil canadien*, t. 6, p. 142 et s. ; SIROIS, L. P., *Tutelles et curatelles*, Québec, Imprimerie de l'Action nationale, 1911, nº 330, p. 262 et s. ; TRUDEL, *Traité de droit civil du Québec*, t. 7, p. 242 et s. ; TURGEON, H., « Le contrat de mariage des mineurs », (1941) 1 R. du B. 157 ; BRIÈRE, G., « La nullité du contrat de mariage », (1957) 4 McGill L. J. 204 ; CARDINAL, J.-G., « Les actes du mineur sont-ils nuls ? », (1959-1960) 62 R. du N. 202, p. 196 ; COMTOIS, R., « Essai sur les donations par contrat de mariage », (1967-1968) 70 R. du N. 445, p. 447 et s.

261. *Dufresne* v. *Dufresne*, (1919) 28 B. R. 318 ; *Audet dit Lapointe* v. *Failles*, (1923) 61 C. S. 92 ; *Turbide* v. *Tremblay*, (1927) 65 C. S. 254 ; *Jacques* v. *Lessard*, (1932) 70 C. S. 154 ; (1932) 52 B. R. 325 ; *Lessard* v. *Nadeau*, (1938) 76 C. S. 296 ; (1939) 66 B. R. 175.

262. FARIBAULT, *Traité de droit civil du Québec*, t. 10, p. 67 ; TURGEON, H., « Le contrat de mariage des mineurs », (1941) 1 R. du B. 157, p. 163 ; *Audet dit Lapointe* v. *Failles*, (1923) 61 C. S. 92 ; *Turbide* v. *Tremblay*, (1927) 65 C. S. 254.

263. MIGNAULT, *Droit civil canadien*, t. 6, p. 142 ; CARDINAL, J.-G., « Les actes du mineur sont-ils nuls ? », (1959-1960) 62 R. du N. 202, p. 208 ; TRUDEL, *Traité de droit civil du Québec*, t. 7, p. 245 ; BRIÈRE, G., « La nullité du contrat de mariage », (1957) 4 McGill L. J. 204, p. 212 ; *semble* : SIROIS, L. P., *Tutelles et curatelles*, Québec, Imprimerie de l'Action nationale, 1911, nº 330,

un problème accessoire. La nullité peut-elle être demandée simplement pour inobservation des formalités prescrites, ou le mineur doit-il en plus prouver la lésion ? La distinction effectuée à cet égard par certains auteurs [264] nous semble tout à fait juste. Le mineur n'aura pas à prouver la lésion pour les actes que son tuteur ne pouvait faire seul sans autorisation judiciaire, au contraire des autres actes suivant les distinctions précédemment établies [265].

169 — *Contrats ratifiés* — Le mineur devenu majeur acquiert une pleine capacité civile, sans perdre toutefois les droits acquis durant sa minorité. Il peut donc valablement ratifier en connaissance de cause les contrats lésionnaires faits par lui durant cette minorité [266]. Cette ratification peut être expresse ou tacite. Expresse, elle doit, pour pouvoir être prouvée en justice, être faite par écrit, contenir la substance de l'obligation, la cause d'annulation et l'intention de la couvrir [267] ; tacite, elle résulte essentiellement de la conduite du mineur devenu majeur, qui, connaissant la lésion, passe un certain temps sans se plaindre ou montre par ses actes son intention de confirmer le contrat [268]. Il faut noter que cette ratification peut porter aussi sur un acte qui serait atteint de nullité relative.

170 — *Obligation légale* — Lorsque la loi impose une obligation générale, il ne saurait être question pour le mineur d'invoquer la lésion pour s'y soustraire. Telle est par exemple l'obligation d'assistance et de secours entre les époux, l'obligation de payer les aliments [269]. Dans le cadre général des obligations légales, tombe l'obligation générale qu'impose la loi à l'article 1053 C. C. de réparer le dommage causé à autrui. L'article 1007 C. C. confirme simplement ce principe. En effet, dans un tel cas, le fondement juridique de l'obligation qu'il assume n'est pas un acte juridique (donc volontairement consenti), mais un fait

---

p. 264 ; COMTOIS, R., « Essai sur les donations par contrat de mariage », (1967-1968) 70 R. du N. 445, p. 455 ; *Brower* v. *Simak,* (1961) C. S. 297.

264. SIROIS, L. P., *Tutelles et curatelles,* Québec, Imprimerie de l'Action nationale, 1911, n° 330, p. 264 ; TRUDEL, *Traité de droit civil du Québec,* t. 7, p. 244 et s.

265. Paragr. 163 et s.

266. Art. 1008 C. C.

267. Art. 1214 C. C.

268. *Davis* v. *Kerr,* (1890) 17 R. C. S. 235 ; *Massé* v. *Rosemont Realty Co. Ltd.,* (1920) 58 C. S. 155 ; *Canuel* v. *Belzile,* (1922) 33 B. R. 355 ; *Gagnon* v. *Mac-Donald,* (1930) 34 R. P. 5 ; *Falardeau* v. *Vallée,* (1942) C. S. 149 ; *Gérard* v. *White,* (1954) C. S. 149 ; *Renzi* v. *Azeman,* (1959) C. S. 170. Voir aussi art. 1235 (2) C. C.

269. Art. 173 C. C.

juridique [270]. Cependant, si, pour remplir l'obligation qui lui est imposée par la loi, le mineur signe une transaction ou un engagement d'indemnisation, celui-ci, comme tout contrat ou acte juridique, est susceptible de rescision pour cause de lésion.

3. SANCTIONS DE LA LÉSION

171 — *Généralités* — La sanction traditionnelle de la lésion est une action qui permet à l'incapable, dans les cas prévus par la loi, d'obtenir la rescision de l'acte par lequel il a été lésé. Il faut ajouter à celle-ci l'action en révision du contrat réservée aux seuls cas de lésion des majeurs.

a) ACTION EN RESCISION

172 — *Généralités* — L'action en rescision est en fait une action en annulation pour cause de lésion. Elle en présente donc toutes les caractéristiques et en possède tous les effets sauf trois exceptions précises motivées par le caractère protectionniste de la loi à l'égard de l'incapable.

i) *Fausse déclaration*

173 — *Dol du mineur* — L'article 1003 C. C. pose une règle exceptionnelle. La déclaration, faite par le mineur au moment de la conclusion du contrat, qu'il est majeur ne l'empêche pas de demander la rescision. Une telle déclaration constitue un mensonge, un dol, donc un délit. D'après le jeu normal de la responsabilité, une telle manœuvre devrait normalement entraîner soit une réparation en dommages-intérêts en faveur du contractant de bonne foi, soit une fin de non-recevoir à l'action *(nemo auditur propriam turpitudinem allegans)*. Dans le cas d'une action en nullité ordinaire, il est certain que les tribunaux tiendraient compte de ce dol et refuseraient la nullité ou accorderaient au moins compensation de la perte subie par le contractant de bonne foi au moyen de dommages-intérêts.

Dans le cas du mineur au contraire, par exception à la règle de l'article 1007 C. C., le dol importe peu et l'action en rescision est reçue alors même que la bonne foi de celui avec qui le mineur a contracté a été surprise [271]. Les auteurs [272] justifient la règle en imputant une négligence

---

270. *Lachapelle* v. *Guay*, (1915) 47 C. S. 346 ; (1915) 21 R. J. 349 ; *Ouellet* v. *Tremblay*, (1957) C. S. 351.

271. *Demers* v. *Meunier Ltée*, (1926) 32 R. L. n. s. 222 ; *Lepage Automobile Ltée* v. *Couturier*, (1956) C. S. 80.

272. TRUDEL, *Traité de droit civil du Québec*, t. 7, p. 239.

au contractant qui ne prend pas les moyens de vérifier l'âge de celui avec qui il traite. La jurisprudence atténue cependant la sévérité de cette règle de deux façons, soit d'une part en accueillant souvent l'action en rescision sans frais, et d'autre part en refusant le bénéfice de cette protection au mineur dans les cas où, pour tromper, le mineur utilise une véritable manœuvre dolosive, telle la production d'un faux certificat de baptême ou d'état civil [273].

ii) *Restitution*

174 — *Limites à la remise en état* — Dans l'action en annulation, les parties doivent autant que possible être remises par le juge dans l'état où elles étaient avant la conclusion du contrat. La rescision, comme la nullité, a un effet rétroactif, mais dans le premier cas, il est fait exception au principe de la *restitutio in integrum* (art. 1011 C. C.). Lorsque la rescision est prononcée, l'incapable n'est tenu de rendre que ce qui a tourné à son profit. Cette règle exceptionnelle se justifie fort bien. En effet, le but premier de la loi, en permettant la rescision du contrat lésionnaire, est d'éviter l'appauvrissement du patrimoine du réclamant. Permettre au cocontractant de récupérer toutes les prestations fournies alors même que la valeur de celles-ci a été perdue serait du même coup appauvrir le patrimoine de l'incapable. L'action en rescision ne lui apporterait qu'une protection incomplète, voire illusoire [274], et deviendrait en elle-même une façon de léser celui que la loi veut protéger. La loi exige cependant le remboursement de ce qui a tourné au profit du mineur, car autrement il y aurait enrichissement sans cause de sa part aux dépens du cocontractant. Cette règle est d'interprétation stricte, elle ne s'applique donc pas à ce qui a été payé après la majorité, même si le contrat avait été conclu durant la minorité.

iii) *Preuve*

175 — *Exigences de la preuve* — Dans l'action en annulation proprement dite, il n'est pas nécessaire de prouver la lésion. Pour obtenir la nullité, le demandeur devra faire état de la minorité, lors de la conclusion du contrat, prouver la cause de nullité et l'existence du contrat conclu en contravention avec la loi. Par contre, dans l'action en rescision, le mineur n'est restituable que pour cause de lésion et non pas pour cause d'incapacité *(minor non restituitur tamquam minor sed*

---

273. *Ouellette* v. *O'Brien,* (1941) 79 C. S. 472 ; *Garage Maurice Girard* v. *Hénault,* (1963) C. S. 253 ; *Charbonneau Auto Ltée* v. *Therrien,* (1967) R. L. n. s. 251.
274. *Davis* v. *Kerr,* (1890) 17 R. C. S. 235 ; *Miller* v. *Demeule,* (1874) 18 L. C. J. 12 ; *Morin* v. *Dion,* (1957) C. S. 53.

tamquam laesus) et une exigence supplémentaire de preuve est requise. Le demandeur doit en effet prouver la minorité, le contrat, le droit à la rescision et la lésion [275]. La lésion étant un fait juridique, tous les moyens de preuve sont admis et la preuve par présomption de faits joue en pratique un rôle important. Une fois la lésion prouvée, il appartient au défendeur, s'il veut se faire restituer les sommes payées au mineur, de prouver que le mineur en a profité (art. 1011 C. C) [276].

b) ACTION EN RÉVISION ET EN NULLITÉ

176 — *Révision et nullité du contrat* — Les dispositions du Code civil sur la lésion entre majeurs donnent, quant aux sanctions possibles, une très grande latitude au juge. En effet, d'après l'article 1040c, celui-ci peut soit annuler purement et simplement le contrat intervenu entre les parties, soit réduire les obligations jugées excessives. Le choix du second recours équivaut à une véritable révision du contrat. Le tribunal refait en quelque sorte la convention des parties en tenant compte des circonstances, de manière à ce que ce nouveau contrat ou ce contrat modifié soit juste, à la fois pour le prêteur et pour l'emprunteur.

177 — *Conclusion* — On voit donc le caractère hybride de la lésion qui se rattache tantôt à l'étude du consentement, tantôt à celle de la capacité. Dans l'ensemble cependant, le régime actuel apparaît comme essentiellement souple. Il est à présumer que le droit cherchant à tempérer de plus en plus l'absolutisme de la liberté contractuelle qui fait du contrat, dans certains cas, un instrument d'exploitation économique, accordera dans le futur une place de plus en plus importante à la lésion entre majeurs.

BIBLIOGRAPHIE

1) *Existence du consentement*

ASHLEY, C., « Formation of Contracts inter Absentees », (1902) 2 Col. Law Rev. 1.
BRUN, H., « Les origines du consensualisme en matière de transfert de propriété et les mitigations apportées au principe par le droit civil québécois », (1967-1968) 9 Cah. de Dr. 273.
CHALLIES, G., « Good Morals », (1952) 6 *Thémis* 77, p. 82.
DEMOGUE, R., « Du contrat avec soi-même », (1936-1937) 15 R. du D. 579.

---

275. *Langevin* v. *Clermont*, (1951) C. S. 441 ; *Perreault* v. *Rondeau*, (1961) C. S. 217.

276. Il faut noter que les dispositions de cet article ne s'appliquent qu'aux mineurs et interdits et non aux personnes souffrant de dérangement mental pour les actes faits par elles avant leur interdiction : *Dubois* v. *Lussier*, (1949) B. R. 473 ; (1951) R. C. S. 554 *sub nomine Rosconi et Lussier* v. *Dubois*.

KAHN, A., « Contracts by Correspondence », (1959-1960) 6 McGill L. J. 98.

MAGNAN, P., « Du contrat par correspondance », (1957-1958) 8 *Thémis* 20.

MOREL, R., « Le contrat imposé », dans *le Droit privé au milieu du 20ᵉ siècle. Mélanges Ripert,* Paris, Librairie générale de droit et de jurisprudence, 1950, t. 2, p. 116.

PERRAULT, A., *Traité de droit commercial,* t. 1, nᵒˢ 407-421, p. 425-435.

VALLIMARESCO, A., « Des actes juridiques avec soi-même », (1926) 25 R. T. D. C. 973.

VIPOND, E., « Obligations Arising from Contracts », (1945) 5 R. du B. 443.

ZWEIGERT, K., « Du sérieux de la promesse », (1964) 16 R. I. D. C. 33.

2) *Intégrité du consentement*

ASSOCIATION HENRI-CAPITANT, *la Lésion dans les contrats,* Paris, Dalloz, 1945, t. 1, p. 179 et s.

CARDINAL, J.-G., « L'incapacité », (1956-1957) 59 R. du N. 489 ; (1957-1958) 60 R. du N. 152 ; (1958-1959) 61 R. du N. 128.

CARDINAL, J.-G., « Les actes du mineur sont-ils nuls ? », (1959-1960) 62 R. du N. 196.

DE COTTIGNIES, « L'erreur de droit », (1951) 49 R. T. D. C. 309.

DEMOGUE, R., « De la violence comme vice de consentement », (1914) 13 R. T. D. C. 435.

DEMOGUE, R., « De la lésion dans les contrats », (1937-1938) 16 R. du D. 5.

DEMONTES, E., « Observations sur la théorie de la lésion dans les contrats », dans *Etudes de droit civil à la mémoire d'Henri Capitant,* Paris, Dalloz, 1939, p. 171.

DESPREZ, J., « La lésion dans les contrats aléatoires », (1955) 53 R. T. D. C. 1.

FUBINI, R., « Contribution à l'étude de la théorie de l'erreur sur la substance et sur les qualités substantielles », (1902) 1 R. T. D. C. 301.

GUYOT, P., « Dol et réticence », dans *Etudes de droit civil à la mémoire d'Henri Capitant,* Paris, Dalloz, 1939, p. 287.

MAURY, J., « De l'erreur sur la substance dans les contrats à titre onéreux », dans *Etudes de droit civil à la mémoire d'Henri Capitant,* Paris, Dalloz, 1939, p. 491.

TRUDEL, G., *Lésion et contrat,* Montréal, Les Presses de l'Université de Montréal, 1965.

Chapitre II
LA CAPACITÉ

178 — *But des incapacités* — La seconde condition essentielle à la validité du contrat est la capacité, soit l'aptitude décrétée par la loi à s'obliger par acte juridique. Certaines personnes en effet qui pourraient en principe valablement consentir en général (par exemple un mineur de 20 ans) ou valablement consentir à certains types de contrat (par exemple un tuteur achetant un bien de son pupille), sont empêchées de contracter par la loi soit pour les protéger elles-mêmes, soit pour éviter les conséquences néfastes que ces actes pourraient avoir sur le plan socio-juridique.

L'un ou l'autre des deux motifs principaux préside donc aux règles d'incapacité soit d'une part la protection de la personne de l'incapable lui-même
soit d'autre part la protection de l'ordre public ou social en général. La
capacité ne fait pas double emploi avec le consentement, car une personne
peut être mentalement apte à donner un consentement et pourtant être
déclarée incapable de le faire par la loi.

179 — *Incapacité d'ordre public* — *incapacité d'ordre
privé* — Parmi les incapacités d'ordre public, la plus importante est celle
frappant les officiers de justice quant à l'acquisition de droits litigieux [277].
Par contre les règles concernant l'incapacité du mineur, du dément et de
l'interdit pour prodigalité ou autres causes, ont en général, pour but principal sinon exclusif, la protection de ces individus et constituent des
incapacités d'ordre privé. Chaque incapacité répondant à un but extrêmement précis, l'incapacité n'est donc jamais que spéciale et spécifique.
Il n'existe pas d'incapacité générale et en ce sens, comme l'énonce l'article
985 C. C., la capacité est la règle, l'incapacité l'exception. De ce principe
fondamental deux conséquences juridiques très importantes se déduisent
logiquement. En premier lieu, il ne saurait y avoir d'incapacité sans intervention du législateur ; c'est ce qu'exprime la maxime bien connue « pas
d'incapacité sans texte ». En second lieu, puisque l'incapacité est un état
de droit exceptionnel, elle ne saurait se présumer et celui qui se prétend
incapable doit donc avoir la charge de prouver son incapacité.

I — THÉORIE GÉNÉRALE DES INCAPACITÉS

180 — *Incapacité de fait et incapacité légale* — Certains
auteurs [278] distinguent l'incapacité de fait, ou incapacité naturelle, de
l'incapacité de droit ou incapacité légale. Le texte même de l'article 986
C. C. semble consacrer cette distinction en classifiant parmi les incapables
les personnes souffrant d'aliénation mentale temporaire. Cette distinction,
qui peut paraître logique au plan de la genèse de l'incapacité, nous semble
quelque peu artificielle sur le strict plan juridique. Ce que l'on désigne
en effet sous le vocable « d'incapacité naturelle » n'est rien d'autre
qu'une inhabileté momentanée à donner un consentement valable à un

---

277. Art. 1265, 1483, 1485 C. C. ; voir paragr. 203 et s.
278. MAZEAUD, *Leçons de droit civil*, t. 2, n° 227, p. 186 ; voir la discussion et
     la critique de TRUDEL sur cette question dans *Traité de droit civil du Québec*,
     t. 7, p. 70 et s. ; ROUTHIER, *les Causes de nullité de contrat*, p. 62, p. 116 et s.

contrat particulier. Le terme « incapacité » est pris ici non dans son sens juridique d'aptitude *légale* à donner un consentement, mais dans le sens de la langue populaire *d'impossibilité* ou d'inhabileté mentale à donner un consentement. Celui qui contracte sous l'effet de l'ivresse ou d'une drogue n'est pas un incapable au sens du droit. Il ne faut pas confondre habileté à *consentir* (c'est-à-dire l'habileté à donner un consentement) et habileté à *s'obliger* (c'est-à-dire le pouvoir donné par la loi de s'engager volontairement). La première relève du consentement, la seconde de la capacité. Les situations couvertes par les prétendues incapacités naturelles énumérées à l'article 986 (4) C. C., ne sont rien d'autre que des situations d'absence totale de consentement. La distinction entre incapacité naturelle et incapacité légale vient apparemment d'une tradition historique [279] dont il est permis, dans le droit actuel, de douter du bien-fondé. Il apparaît préférable de s'en tenir à la notion légale d'incapacité et à la distinction traditionnelle entre incapacité d'exercice et incapacité de jouissance.

A. INCAPACITÉS D'EXERCICE

181 — *Définition* — L'incapacité d'exercice peut se définir comme *l'inaptitude décrétée par la loi d'une personne juridique à exercer certains droits dont elle est détentrice*. L'incapable d'exercice possède donc tous ses droits, mais se voit restreindre le libre exercice de certains d'entre eux, en général comme mesure de protection de ses intérêts propres. L'incapacité d'exercice n'est pas permanente et se termine dès le moment où la cause ou la raison pour laquelle elle est décrétée cesse d'exister. Ainsi l'incapacité du mineur cesse dès sa majorité, la période « protectionniste » de la loi ne s'étendant pas au-delà de l'âge de 21 ans.

182 — *L'enfant non encore né* — *l'interdit* — L'illustration la plus parfaite du caractère « protectionniste » de l'incapacité d'exercice est peut-être celle de l'enfant conçu mais non encore né [280]. Dès le moment de la conception, cet enfant possède en effet toute une série de droits civils, par exemple le droit d'hériter (vocation successorale).

---

279. Cette distinction semble venir de l'ancien droit français et à travers lui du droit romain : DOMAT, J., *Œuvres complètes*, Paris, Alexis-Gobelet, 1835, t. 1, p. 149 et s., nos 4 à 10 ; BUGNET, *Œuvres de Pothier*, t. 2, p. 28 et s., no 49 et s. ; *Rapport des codificateurs*, p. 7.

280. Art. 338 C. C. ; CARDINAL, J.-G., «L'incapacité », (1956-1957) 59 R. du N. 489 ; (1957-1958) 60 R. du N. 152 ; « L'incapacité : durée de la minorité », (1958-1959) 61 R. du N. 128 ; « Les actes du mineur sont-ils nuls ? », (1959-1960) 62 R. du N. 195.

Étant naturellement dans l'impossibilité d'exercer ses droits, la loi, qui entend protéger celui qui ne peut agir, lui nomme un curateur (curateur au ventre)[281] qui les exerce à sa place. De même, dans le cas de l'insensé, la loi vise la protection des droits de celui qui n'est plus en mesure d'apprécier la portée ou les conséquences de ses actes. Les actes juridiques qui sont interdits aux incapables d'exercice peuvent cependant être faits en leur nom par leur représentant en observant un certain nombre de formalités prescrites par le législateur, formalités qui visent à garantir la protection de leurs intérêts juridiques.

B. INCAPACITÉS DE JOUISSANCE

183 — *Définition* — L'incapacité de jouissance par contre est *l'inaptitude, décrétée par la loi, d'une personne à détenir ou posséder certains droits*. Il n'est donc plus question dans cette hypothèse de défendre l'exercice d'un droit, mais bien de priver l'individu de la détention de ce droit.

184 — *Fondement* — Les incapacités de jouissance sont dans la majorité des cas fondées sur la notion d'ordre public. Telle est par exemple l'incapacité des officiers de justice d'acquérir des droits litigieux, qui a pour but d'éviter les possibilités de conflits d'intérêts. Parfois cependant l'incapacité de jouissance peut accessoirement servir à protéger l'incapable lui-même. Ainsi, même s'il existait de nombreuses raisons d'ordre public invoquées au soutien du maintien de l'incapacité des époux de donner l'un à l'autre (possibilité de fraude, de changement de régime matrimonial, etc.), on pouvait également y voir le désir de la loi de protéger chaque époux contre d'éventuelles tentatives de captation de la part de son conjoint, et ainsi indirectement le désir de contribuer à maintenir la paix des foyers [282].

185 — *Caractères généraux* — L'incapacité de jouissance est toujours et ne peut jamais être que partielle et spécifique ; une incapacité de jouissance totale aboutirait en effet à une absence de personnalité juridique. L'incapable de jouissance ne peut pas, comme l'incapable d'exercice, faire faire par un représentant ce que la loi lui interdit de faire lui-même, puisqu'il ne possède pas le droit. Dans ce sens l'incapacité de jouissance emporte, ou plutôt comprend l'incapacité d'exercice.

186 — *Intérêt de la distinction* — L'intérêt de cette distinction se situe surtout au niveau des sanctions qui s'attachent à la

---

281. Art. 345 C.C.
282. MIGNAULT, *Droit civil canadien*, t. 4, p. 45 ; TRUDEL, *Traité de droit civil du Québec*, t. 7, p. 91.

transgression des règles de l'incapacité. L'incapacité d'exercice étant avant tout une mesure de protection, la sanction qui s'y attache est en principe la nullité relative, ce qui permet à l'incapable dont l'incapacité a été levée de ratifier ou de confirmer l'acte. Il en est autrement pour l'incapacité de jouissance, qui, fondée sur l'ordre public, est sanctionnée en règle générale par une nullité absolue.

La théorie générale des incapacités s'applique à la totalité des actes juridiques et non simplement au seul domaine contractuel. Elle suit des règles particulières en matière de mariage et de testament. Nous nous restreindrons cependant ici exclusivement à l'examen des incapacités en matière contractuelle.

II — LES INCAPACITÉS CONTRACTUELLES

187 — *Généralités* — À cet égard, il convient de reprendre la distinction entre les incapacités d'exercice et les incapacités de jouissance.

A. INCAPACITÉS D'EXERCICE

188 — *Généralités* — Depuis la réforme sur la capacité de la femme mariée [283], les incapacités contractuelles d'exercice s'appliquent principalement à deux catégories de personnes : soit aux mineurs non émancipés et émancipés et aux personnes souffrant d'aliénation mentale.

1. LE MINEUR NON ÉMANCIPÉ

189 — *Généralités* — L'individu qui n'a pas atteint l'âge de 21 ans accomplis (art. 246 C. C.), est entouré par la loi d'une protection spéciale visant à prévenir et empêcher les effets néfastes que son manque d'expérience pourrait avoir sur l'administration de son patrimoine. Cette protection prend la forme d'une incapacité d'exercice quasi générale. Le tuteur, agissant pour le mineur, exerce les droits de ce dernier et le représente dans les actes de la vie civile, en se conformant

---

283. COMTOIS, R., « Commentaires sur la Loi sur la capacité juridique de la femme mariée », (1964-1965) 67 R. du N. 103 ; BRIÈRE, G., « Le nouveau statut juridique de la femme mariée », dans *Lois nouvelles,* Montréal, Les Presses de l'Université de Montréal, 1965, p. 7 ; BAUDOUIN, J.-L., « Examen critique de la réforme sur la capacité de la femme mariée québécoise », (1965) 43 C. B. R. 393.

à un certain nombre de formalités prescrites par la loi aux fins d'entourer l'acte d'un maximum de sécurité.

190 — *Sanctions* — Le mineur non émancipé étant un incapable d'exercice, il serait normal et logique de supposer que toute transgression par lui aux règles de son incapacité contractuelle doive entraîner la nullité relative de l'engagement ainsi conclu. Or, il n'en est rien ; et sauf dans certains cas précis déjà analysés et sur lesquels il est inutile de revenir [284], la sanction prévue par la loi est uniquement la rescision pour cause de lésion. Par voie de conséquence, il ne suffit pas au mineur désireux de se faire relever de ses obligations contractuelles de prouver son incapacité (c'est-à-dire de prouver qu'il n'est pas âgé de 21 ans). Il doit démontrer de surcroît qu'il a souffert ou souffrirait par le maintien du contrat un préjudice lésionnaire. Telle est la règle générale de la sanction de l'incapacité du mineur non émancipé [285].

2. LE MINEUR ÉMANCIPÉ

191 — *Sanctions* — Le mineur émancipé au contraire ne bénéficie pas de cette incapacité contractuelle générale du mineur non émancipé. Son incapacité d'exercice est restreinte à certains actes et à certains contrats précis contre la libre conclusion desquels la loi juge encore bon de le protéger. Dans son cas également, la sanction normale de l'incapacité (la nullité relative) est affectée par les règles résultant de la lésion. Les contrats passés par lui en violation des règles de son incapacité sont en général rescindables pour lésion, parfois cependant nuls de nullité relative [286].

3. L'ALIÉNÉ INTERDIT

192 — *But de l'incapacité* — C'est véritablement à propos de l'aliéné interdit que l'on peut le mieux percevoir la distinction de concepts existant entre le consentement et la capacité. Certaines personnes, en raison d'une aliénation mentale dont le degré de gravité peut varier, ne peuvent donner véritablement un consentement normal à un acte juridique. Il suffirait donc techniquement de rapporter la preuve de l'absence de consentement dans un tel cas pour obtenir la nullité de l'engagement. Cependant en pratique, il règne à ce sujet une grande incer-

---

284. Paragr. 159 et s.
285. Nous renvoyons le lecteur aux explications déjà données sur le sujet : paragr. 150 et s.
286. Paragr. 160 et s.

titude de preuve. Il est en effet possible qu'un individu souffrant d'une maladie mentale puisse dans un moment de lucidité donner un consentement psychologiquement parfait et qu'ainsi la charge de prouver l'impossibilité de donner un consentement à l'acte soit extrêmement difficile à rapporter pour lui.

Pour garantir une meilleure protection à ces personnes et leur éviter un fardeau de preuve trop lourd, la loi a prévu la procédure de l'interdiction qui a pour effet de les déclarer judiciairement incapables d'exercer leurs droits. L'incapacité consécutive à l'interdiction repose sur le postulat d'une inhabileté générale à donner un consentement valable et supprime donc les difficultés relatives à la contestation des actes juridiques faits par cette personne pendant l'interdiction.

193 — *Degrés d'incapacité* — La protection de la loi est cependant nuancée selon la gravité de l'état de la personne en ce sens que le degré d'incapacité est établi en proportion du degré d'aliénation mentale présumée de l'individu. Certains individus enclins par exemple à dissiper leurs biens ne doivent pas être empêchés d'exercer certains droits au sujet desquels ils peuvent former un acte de volonté normal, si ces actes ne risquent pas d'affecter la sauvegarde de leur patrimoine. La loi a pour ce faire établi divers degrés d'incapacité dans l'interdiction, laquelle entraîne dans certains cas une incapacité d'exercice générale et complète (déments, furieux et imbéciles), dans d'autres une incapacité partielle et spéciale (ivrognes, narcomanes, prodigues).

a) DÉMENTS, FURIEUX ET IMBÉCILES

194 — *Généralités* — Cette classification très peu scientifique du législateur comprend tous les individus qui sont dans un état habituel de maladie mentale même s'ils ont parfois des périodes de lucidité [287]. Le tribunal leur nomme un curateur [288] qui prend soin de leur personne et de leurs biens de la même façon que le tuteur le fait pour le mineur.

195 — *Sanctions des actes postérieurs à l'interdiction* — La question qui se pose tout naturellement à cet égard est celle de la nature de la sanction des actes passés pendant la durée de cette incapacité. S'agit-il d'une nullité absolue ou d'une nullité relative ? À première vue, si l'on considère la lettre des textes du Code et notamment l'article 334 C. C., celle-ci semblerait favoriser une nullité absolue. Cependant la

---

287. Art. 325 C. C.
288. Art. 341 et s. C. C.

majorité des auteurs [289] opte pour une nullité simplement relative. Cette dernière solution paraît plus juste. Il ne faut pas oublier en effet que l'incapacité des aliénés est établie en leur faveur, qu'elle constitue exclusivement une mesure de protection de leurs droits et qu'elle n'atteint enfin que l'ordre privé et non l'ordre public [290], autant de facteurs qui militent en faveur du caractère relatif de la sanction. Celui qui a contracté avec l'interdit n'est donc pas recevable à demander la nullité du contrat [291]. Dans les cas où ce cocontractant est de bonne foi et ignorait l'interdiction, il se trouve placé dans une position délicate ne sachant pas si éventuellement l'acte sera confirmé ou si au contraire la nullité en sera demandée. Il serait peut-être bon que le Code prévoit un texte lui permettant de sortir de cette incertitude en mettant le curateur en demeure d'avoir à demander l'annulation ou à confirmer l'acte [292].

196 — *Sanctions des actes antérieurs à l'interdiction* — Un autre problème s'attache au sort des contrats passés avant le jugement prononçant l'interdiction par une personne depuis interdite. L'article 335 C. C. énonce à cet égard que ces contrats sont annulables (donc entachés apparemment d'une simple nullité relative [293]), à condition de prouver que la cause d'interdiction existait « notoirement » au moment de la conclusion de l'acte. Cependant, le véritable problème est de savoir si, dans une telle hypothèse, le contrat est nul à condition de prouver seulement la notoriété de la cause d'interdiction ou s'il est nécessaire en outre de démontrer que l'incapable a souffert une lésion contractuelle. Certains auteurs et arrêts de jurisprudence semblent s'accorder sur la nécessité de rapporter une preuve de lésion [294]. Il nous semble qu'il s'agit ici d'une confusion créée par une terminologie défectueuse. L'étude de la jurisprudence à cet égard démontre clairement en effet que les tribunaux, qui jouissent d'un grand pouvoir discrétionnaire en la matière, n'accordent

---

289. MIGNAULT, *Droit civil canadien*, t. 2, p. 298 ; TRUDEL, *Traité de droit civil du Québec*, t. 2, p. 402 ; ROUTHIER, *les Causes de nullité de contrat*, p. 56 ; SIROIS, L. P., *Tutelles et curatelles*, Québec, Imprimerie de l'Action nationale, 1911, n° 533, p. 408 ; *semble : Aubé* v. *Forget*, (1967) C. S. 412.

290. Voir également paragr. 268.

291. Art. 987 C. C. Il est à noter que cet article ne désigne que les interdits pour prodigalité.

292. Tel par exemple l'article 1704 du Code civil de la Louisiane.

293. *Brady* v. *Dubois*, (1896) 5 B. R. 407 ; *Désy* v. *Bérard*, (1907) 16 B. R. 113 ; *Price* v. *Deschênes*, (1934) 72 C. S. 84 ; *Rosconi* v. *Dubois*, (1949) R. L. n. s. 388 ; (1951) R. C. S. 544 ; *Thibodeau* v. *Thibodeau*, (1960) B. R. 960 ; (1961) R. C. S. 285 ; *Warren* v. *Béland*, (1964) C. S. 129.

294. SIROIS, L. P., *Tutelles et curatelles*, Québec, Imprimerie de l'Action nationale, 1911, p. 413 ; *D'Estimauville* v. *Tousignant*, (1875) 1 Q. L. R. 39 ; *Aitken* v. *Galbraith*, (1894) 6 C. S. 379.

la nullité du contrat que dans les espèces où il est démontré que l'interdit a subi un *préjudice* suffisant [295]. Cependant « préjudice suffisant » et « lésion » ne doivent pas être pris comme synonymes. Les tribunaux ne cherchent pas en effet à établir s'il y a eu lésion au sens technique du mot mais simplement si, en tenant compte de l'état mental de l'incapable, le cocontractant a profité de sa faiblesse d'esprit pour lui arracher un marché inéquitable ou préjudiciable à ses intérêts. On peut presque prétendre à cet égard que l'iniquité du marché conclu crée une présomption de fait de l'absence d'un consentement véritable et éclairé de la part de l'interdit [296].

b) PRODIGUES, IVROGNES ET NARCOMANES

197 — *Généralités* — Le danger entourant ces personnes est moins grand et la protection accordée par la loi est par voie de conséquence moins complète. Par leur interdiction la loi cherche à protéger peut-être plus les intérêts pécuniaires de la famille et des proches que l'interdit lui-même [297], le législateur craignant une dissipation des biens pouvant entraîner un préjudice grave pour l'entourage et les parents de l'interdit.

198 — *Représentation du curateur* — Ces personnes ne sont pas frappées d'une incapacité générale car, au contraire des interdits de première classe, elles sont habituellement lucides et seulement par occasion inhabiles à consentir. La loi leur nomme un curateur qui les représente, et assimile cette classe d'interdits à celle du mineur non émancipé [298], avec la différence cependant que le curateur n'est qu'un curateur aux biens et non à la personne [299].

199 — *Sanctions des actes postérieurs et antérieurs à l'interdiction* — Quant à la sanction des contrats passés postérieurement à l'interdiction par cette seconde classe d'interdits, il faut se référer aux règles déjà exposées à propos du mineur non émancipé [300]. Il leur

---

295. *Bouvier* v. *Collette*, (1886) 31 L. C. J. 14 ; *Désy* v. *Bérard*, (1907) 16 B. R. 113 ; *Price* v. *Deschênes*, (1934) 72 C. S. 86 ; *Thibodeau* v. *Thibodeau*, (1960) B. R. 960 ; (1961) R. C. S. 285 ; *Warren* v. *Béland*, (1964) C. S. 129.

296. *Warren* v. *Béland*, (1964) C. S. 129.

297. Art. 326 à 336, 336a à 336s C. C. En effet, l'interdiction est prononcée si ces personnes « administrent mal leurs affaires *au préjudice de leur famille*... ou conduisent leurs affaires *au préjudice de leur famille* » (art. 336a C. C.), « ... *mettent leur famille* dans le trouble ou la gêne... » (art. 336r C. C.).

298. Art. 343 C. C. ; MIGNAULT, *Droit civil canadien*, t. 2, p. 303 ; TRUDEL, *Traité de droit civil du Québec*, t. 2, p. 418 et 430 ; ROUTHIER, *les Causes de nullité de contrat*, p. 58.

299. Art. 336b et 343 C. C.

300. Paragr. 158 et s.

est donc nécessaire de prouver lésion, sauf dans les quelques cas où, en raison du défaut de se conformer à une formalité essentielle prescrite par la loi, le législateur impose la nullité de l'acte [301].

Les actes passés antérieurement au jugement d'interdiction par contre restent parfaitement valables et sont soumis aux règles générales relatives au consentement. Ainsi, le contrat passé par un prodigue durant cette période est valable même s'il est établi que la prodigalité existait notoirement à ce moment [302], cependant qu'un ivrogne pourrait en demander la nullité en prouvant qu'il était tellement sous l'influence de l'alcool au moment de la conclusion du contrat, qu'il n'a pu véritablement donner un consentement juridique à l'acte [303].

c) FAIBLES D'ESPRIT

200 — *Généralités* — Cette dernière catégorie d'aliénés comprend l'individu qui, « sans être complètement insensé ou prodigue, est cependant faible d'esprit ou enclin à la prodigalité ». Le degré de protection requis est loin d'être celui des déments ; il est également moins grand que celui des prodigues, ivrognes ou narcomanes. Les faibles d'esprit ne constituent à vrai dire que des semi-incapables auxquels la loi nomme non un curateur mais simplement un conseil judiciaire qui les *assiste*. L'étendue de leur incapacité est déterminée par le jugement du tribunal ou à défaut en suivant les règles établies par la loi [304]. Ils se trouvent en fait dans une situation comparable à celle des mineurs émancipés.

201 — *Sanctions* — Si le faible d'esprit fait seul un contrat qui requiert l'assistance de son conseil judiciaire, l'acte n'est pas nul, mais seulement rescindable pour cause de lésion [305]. Bien entendu, les actes faits antérieurement au jugement qui lui nomme un conseil judiciaire, restent parfaitement valables en principe, sauf à démontrer l'existence d'une folie passagère entraînant absence de consentement au moment même de la passation de l'acte.

---

301. Paragr. 162 et s. ; voir *Grégoire* v. *Héppel*, (1951) B. R. 229.

302. *Métayer* v. *McVey*, (1888) 4 M. L. R. C. S. 21 ; *Marson* v. *Forster*, (1958) R. L. n. s. 304.

303. Paragr. 202 ; *Meldrum* v. *Kyle*, (1959) C. S. 676.

304. Art. 349 à 351 C. C.

305. TRUDEL, *Traité de droit civil du Québec*, t. 2, p. 446 ; SIROIS, L. P., *Tutelles et curatelles*, Québec, Imprimerie de l'Action nationale, 1911, nᵒ 697, p. 496 ; ROUTHIER, *les Causes de nullité de contrat*, p. 59 ; *Johnson* v. *Valade*, (1907) 13 R. J. 278.

4. L'ALIÉNÉ NON INTERDIT

202 — *Sanctions* — Il s'agit en l'occurrence de celui qui a passé un contrat, alors qu'il était dans un état de faiblesse d'esprit et qui par la suite n'a pas été interdit [306]. Deux solutions sont possibles à cet égard. D'une part, si l'on admet l'existence d'« incapables de fait », en prouvant l'existence de l'aliénation au moment de la conclusion du contrat, cet acte pourrait être déclaré nul de nullité relative, de façon à protéger l'incapable. D'autre part, il est également évident qu'un contrat conclu dans de telles circonstances peut être annulé, sans avoir recours à la théorie et à la notion d'incapacité naturelle, simplement pour absence totale de consentement. Dans cette seconde hypothèse, la nullité devrait alors être absolue et non relative. Les auteurs sont partagés sur le sujet. Pour Mignault, qui est appuyé par une partie de la jurisprudence, la nullité n'est que relative [307], alors que pour Trudel et Comtois, secondés par une autre partie de la jurisprudence, il ne peut s'agir que d'une nullité absolue pour absence totale de consentement [308]. À notre avis, cette dernière position semble être la plus juste sur le plan théorique même si, sur le plan pratique, il semble peut-être anormal de permettre à toute personne intéressée, et donc au cocontractant, de demander la nullité dans ce cas, alors que la même chose lui est interdite par l'article 987 C. C. dans le cas de l'aliéné interdit.

B. INCAPACITÉS DE JOUISSANCE

203 — *Généralités* — Les incapacités de jouissance en matière contractuelle sont toujours spéciales et résultent toujours d'un état particulier afférant à la personnalité juridique. Il serait impossible

---

306. Art. 986 C. C. Si en effet, il est interdit par la suite, les dispositions de l'article 335 C. C. pourront entrer en ligne de compte dans la détermination de la validité et de la sanction de l'acte. Paragr. 195.

307. MIGNAULT, *Droit civil canadien*, t. 5, p. 195-196 ; *Verdon* v. *Verdon*, (1869) 13 L. C. J. 223 ; *Lloyd* v. *Farrell*, (1929) 35 R. J. 390 ; *Charlebois* v. *Tremblay*, (1943) B. R. 621, p. 641 ; *Normandin* v. *Nadon*, (1945) R. L. n. s. 361, p. 367.

308. TRUDEL, *Traité de droit civil du Québec*, t. 7, p. 70 et s. ; COMTOIS, R., « Le consentement dans les libéralités », (1966) 1 *Thémis* 295 ; ROUTHIER, *les Causes de nullité de contrat*, p. 63 et 118 ; voir aussi LABRÈCHE, G., « Nullité des actes juridiques de l'aliéné », (1956-1957) 7 *Thémis* 230 ; FABIEN, C., « De la nature de la nullité de l'acte fait par un aliéné non interdit », (1963) 13 *Thémis* 182 ; *Petit* v. *Jubinville*, (1925) 31 R. L. n. s. 375 ; *McEwen* v. *Jenkins*, (1955) B. R. 785 ; (1958) R. C. S. 719 ; commentaire SHARP, A., (1960) 7 McGill L. J. 161. Une jurisprudence assez nombreuse a, dans la plupart des cas, refusé de se prononcer sur le caractère précis de la nullité : *Ouimet* v. *Laberge*, (1913) 43 C. S. 221 ; *McDonough* v. *Barry*, (1929) 67 C. S.

ici d'en donner une liste complète et surtout de discuter de chacune d'entre elles en détail. Seules retiendront l'attention ici, celles qui proviennent du statut d'époux, de représentant d'officier de justice et de dégradé civique.

1. LES ÉPOUX *

204 — *Incapacité et défaut de pouvoir* — Pour des raisons d'ordre public (la protection des tiers, la stabilité des ménages et parfois la protection même des incapables), la loi interdit aux époux de passer entre eux certains contrats. Cette défense, analysée traditionnellement comme une incapacité de jouissance doit être distinguée sur le plan juridique du défaut de pouvoir de la femme qui se marie sous un régime de communauté de biens conventionnel ou qui, n'ayant pas été partie à un contrat de mariage, tombe sous le régime légal de la communauté. L'impossibilité où elle se trouve alors de faire seule certains actes (par exemple aliéner un immeuble propre [309]) n'est pas basée sur une incapacité légale mais sur un défaut de pouvoir. L'administration de la communauté étant la responsabilité du mari en tant que chef de celle-ci [310], la prérogative ou le pouvoir de faire un acte affectant cette gestion est temporairement retiré à la femme commune dans le but d'assurer une unité de direction et de pouvoir de décision dans le ménage.

205 — *Restrictions de l'incapacité* — Les contrats que les époux sont incapables de conclure entre eux sont la vente et la donation. De plus, la femme mariée se voit interdire de s'obliger pour ou avec son mari.
Les incapacités de jouissance, véritables prohibitions de contracter, sont d'interprétation restrictive et les époux sont donc libres de conclure tout autre contrat, tels le contrat de prêt [311], de société [312] ou la dation en

22 ; *Patenaude* v. *Bohémier*, (1931) 69 C. S. 442 ; *Savard* v. *Michaud*, (1935) 39 R. P. 101 ; *Lamouche* v. *Lamouche*, (1948) R. L. n. s. 193 ; *Mathieu* v. *St-Michel*, (1956) R. C. S. 477.

*   Au moment d'aller sous presse, la *Loi concernant les régime matrimoniaux*, sanctionnée le 12 décembre 1969, a fait disparaître du Code civil les articles 1265, 1483 et 1301. Les pages qui suivent n'ont donc plus qu'un intérêt historique.

309.   Art. 1297 C. C.

310.   Art. 1292 C. C. ; COMTOIS, R., « Traité théorique et pratique de la communauté de biens », *Recueil de droit et de jurisprudence*, Montréal, 1964, n° 311, p. 279 ; LOMBOIS, C., « La condition juridique de la femme mariée », (1965-1966) 68 R. du N. 458, p. 469 ; (1966-1967) 69 R. du N. 98.

311.   *Warner* v. *Murray*, (1887-1889) 16 R. C. S. 720 ; *Irvine* v. *Lefebvre*, (1893) 4 C. S. 75 ; *Déry* v. *Paradis*, (1901) 10 B. R. 227 ; *Denis* v. *Kent*, (1900) 18 C. S. 436 ; *St-Amour* v. *Legault*, (1945) C. S. 287 ; *Racine* v. *Rousseau*, (1956)

paiement [313], bien que la jurisprudence ait été longtemps hésitante sur ce point. Par contre, les époux ne doivent pas être admis à faire indirectement ce que la loi prohibe et une donation ou une vente déguisée sous la forme d'un autre contrat à titre onéreux est nulle lorsque le but ou l'effet d'un tel contrat est de contrevenir aux dispositions impératives de la loi [314] et d'effectuer un véritable transfert de propriété entre les époux.

a) VENTE

206 — *Motifs de la prohibition* — Les raisons tradition-nellement invoquées au soutien de cette prohibition sont nombreuses et variées. Au moyen d'une vente les époux pourraient frauder leurs créan-ciers par exemple en faisant passer un bien avant sa saisie dans le patrimoine de l'un d'eux. En second lieu, la loi semble craindre également qu'en utilisant ce type de contrat les époux ne puissent, contrairement aux dispositions impératives des articles 1260 et 1265 C.C., apporter des changements indirects à leur régime matrimonial, grâce à des mutations successives de propriété.

207 — *Sanction* — Cette prohibition de la loi emporte nullité, que la vente se fasse directement sous le couvert d'un autre contrat, ou par l'intermédiaire d'un prête-nom [315]. Étant donné le fondement d'ordre public de cette incapacité, il semble qu'il faille conclure à la nullité absolue de l'acte qui y contrevient [316].

R.C.S. 470, p. 472 ; *Lapointe* v. *Côté*, (1961) C.S. 525 ; commentaire COMTOIS, R., (1961-1962) 64 R. du N. 197 ; *De Palma* v. *Lucciola*, (1962) B.R. 373 ; *Boyer* v. *Salois*, (1963) C.S. 495 ; *Bliziotis* v. *Salemandras*, (1963) C.S. 485 ; voir aussi COMTOIS, R., « Le prêt hypothécaire à des époux séparés de biens copropriétaires », (1958-1959) 61 R. du N. 425 et, du même auteur, (1962-1963) 66 R. du N. 217

312. TURGEON, H., « Société entre époux », (1950) 52 R. du N. 299 ; MARCEAU, L., « Le contrat de société entre mari et femme », (1959) 19 R. du B. 153.

313. *Larivière* v. *Gauthier*, (1921) 59 C.S. 420 ; *Prévost* v. *Aubin*, (1931) 69 C.S. 354 ; commentaire TURGEON, H., (1931-1932) 34 R. du N. 186; (1937-1938) 40 R. du N. 481 ; *Meunier* v. *Dubois*, (1954) B.R. 767 ; commentaires CLARKSON, R., (1956) 34 C.B.R. 202 et COMTOIS, R., (1954-1955) 57 R. du N. 234 ; *Culos-Lefebvre* v. *Cartierville Lumber Co.*, (1955) B.R. 474 ; *contra* : *Legault* v. *Laliberté*, (1951) C.S. 232 ; *Brawer* v. *Simak*, (1961) C.S. 297 ; *Bédard* v. *Louros*, (1965) C.S. 440 ; voir aussi MIGNAULT, *Droit civil canadien*, t. 7, p. 39 ; LABONTÉ, Y., « La dation en paiement entre époux », (1954-1955) 57 R. du N. 493 ; BELISLE, « La dation en paiement entre époux », (1966) 5 *Thémis* 103.

314. Voir notes 315 et 318.

315. *Carter* v. *McCaffrey*, (1892) 1 B.R. 97 ; *Caron* v. *Danjou*, (1922) 32 B.R. 249 ; *Kirouac* v. *Lousignant*, (1958) R.P. 394 ; *De Palma* v. *Lucciola*, (1962) B.R. 373, confirmé par la Cour suprême, le 11 mai 1962.

316. Art. 1483 C.C. ; *Fonderie Plessisville* v. *Ross*, (1889) 17 R.L. 499 ; *Legault*

b) DONATION

208 — *Règles générales* — La prohibition imposée aux époux de s'avantager entre vifs repose comme l'a noté un auteur [317] sur le souci du législateur d'assurer la paix du ménage et la sécurité du foyer en prévenant les marchandages ou abus d'influence possibles. Il faut y joindre cependant le désir de protéger les tiers et surtout les créanciers de chacun des époux, et de préserver le caractère d'immutabilité du régime matrimonial. Ce que la loi prohibe est la donation directe ou indirecte [318] pendant le mariage et non l'exécution d'une donation prévue par le contrat de mariage ou résultant d'une disposition testamentaire. De plus, la loi permet au mari d'assurer sa vie au profit de sa femme [319] et la jurisprudence a constamment maintenu la validité des dons ou cadeaux usuels entre conjoints en tenant compte à cet égard de leur fortune [320]. Toute transgression à la règle de l'article 1265 C. C. entraîne une nullité absolue de l'acte, l'ordre public étant en jeu [321].

---

v. *Laliberté*, (1951) C. S. 232 ; *De Palma* v. *Lucciola*, (1962) B. R. 373, p. 376. Dans *Nadeau* v. *Provost*, (1917) 52 C. S. 387, la Cour a énoncé qu'il s'agissait d'une nullité que seuls ceux dont les droits sont lésés peuvent invoquer. Il s'agit là en fait bel et bien d'une nullité absolue quand même, mais le droit d'intenter l'action est évidemment, comme dans tous les cas, limité par l'intérêt juridique du demandeur.

317. MARCEAU, L., *De l'admissibilité des contrats entre époux dans le droit civil de la province de Québec*, n° 104, p. 134 ; voir aussi NEWMAN, H., « Gifts after Marriage. Some Aspects of Article 1265 of the Quebec Civil Code », (1952-1955) 1 McGill L. J. 199.

318. *Lemay* v. *Lemay*, (1896) 9 C. S. 285 ; *Côté* v. *New York Life Insurance Co.*, (1924) 62 C. S. 283 ; *Bélanger* v. *Perras*, (1927) 65 C. S. 502 ; *X* v. *Z*, (1937) 43 R. J. 219 ; *Larivière* v. *Boucher*, (1940) 78 C. S. 408 ; *Equitable Life Assurance Society of U.S.A.* v. *Larocque*, (1941) 71 B. R. 279 ; *Riendeau* v. *Quintin*, (1942) C. S. 235 ; *Beauchamp* v. *Noël*, (1944) R. L. n. s. 206 ; *Croteau* v. *Gosselin*, (1946) C. S. 289 ; *Barré* v. *Rainville*, (1944) R. L. n. s. 71 ; (1947) R. L. n. s. 232 ; *Paquette* v. *Brault*, (1959) B. R. 492 ; *Mendell* v. *Uditsky*, (1965) C. S. 360 ; *Quesnel* v. *Gagné*, (1966) B. R. 141 ; *Louiseize* v. *Paquette*, (1966) C. S. 381.

319. *Loi de l'assurance des maris et des parents*, S. R. Q., 1964, ch. 296, art. 2.

320. *Fry* v. *O'Dell*, (1897) 12 C. S. 263 ; *Eddy* v. *Eddy*, (1898) 7 B. R. 300 ; (1900) A. C. 299 ; *Goulet* v. *Gratton*, (1915) 47 C. S. 465 ; *Jodoin* v. *Thériault*, (1916) 5 C. S. 347 ; *Boivin* v. *Larue*, (1926) 39 B. R. 87 ; *Raymond* v. *Bolduc*, (1961) C. S. 236 ; *Roy* v. *Marcheterre*, (1962) C. S. 13.

321. *Merchant's Bank of Canada* v. *McLaren*, (1893) 2 B. R. 431 ; (1893) 23 R. C. S. 143 ; *Boivin* v. *Larue*, (1925) 39 B. R. 87 ; *Bélanger* v. *Perras*, (1927) 65 C. S. 502 ; *Boisseau-Picher* v. *Turgeon*, (1938) 65 B. R. 87 ; *Riendeau* v. *Quintin*, (1942) C. S. 235 ; *Arsenault* v. *Huile Laurentide Co. Ltée*, (1949) 65 C. S. 349 ; *Legault* v. *Laliberté*, (1951) C. S. 232.

c) CAUTIONNEMENT

209 — *Règles générales* — L'interprétation du texte de
l'article 1301 C. C. a donné naissance à une jurisprudence [322] et une
doctrine [323] abondante établissant que le type de contrat que la loi entend
prohiber lorsqu'elle fait défense à la femme mariée de s'obliger pour ou
avec son mari, est le contrat de cautionnement, de garantie ou de sûreté.
Le but de cette prohibition est là encore, semble-t-il, d'assurer la paix
du foyer et de protéger la femme mariée contre des contrats dont elle
ne retire aucun bénéfice et qui sont jugés dangereux pour la préservation
de son patrimoine. Jurisprudence et auteurs considèrent cette disposition
de la loi comme d'ordre public et sanctionnent sa contravention par une
nullité absolue [324].

322. Devant le très grand nombre d'arrêts, nous ne citons ici que quelques-uns
d'entre eux qui nous apparaissent les plus caractéristiques : *Joubert* v. *Turcotte*,
(1917) 51 C. S. 152 ; *Vallières* v. *Laframboise*, (1925) 31 R. L. n. s. 492 ;
(1926) 40 B. R. 525 ; (1927) R. C. S. 193 ; *Rodrigue* v. *Dostie*, (1927) R. C. S.
563 ; *Gagnon et Co.* v. *Boivin*, (1927) 44 B. R. 160 ; *Carette et Poulin* v.
Banque canadienne nationale, (1929) 67 C. S. 333 ; (1929) 47 B. R. 104 ;
(1931) R. C. S. 33 ; *Banque canadienne nationale* v. *Audet*, (1930) 49 B. R. 67 ;
(1931) R. C. S. 293 ; *Daoust-Lalonde Ltée* v. *Ferland*, (1931) 51 B. R. 193 ;
(1932) R. C. S. 343 ; *Sterling Woollens and Silks Co.* v. *Lashinsky*, (1945)
R. C. S. 462 ; *Rousseau* v. *Racine*, (1952) C. S. 75 ; (1953) B. R. 748 : *Canadian Pacific Railway Co.* v. *Kelly*, (1952) 1 R. C. S. 521.

323. MIGNAULT, *Droit civil canadien*, t. 6, p. 182 et s. ; FARIBAULT, *Traité de
droit civil du Québec*, t. 10, p. 195 et s. ; BAUDOUIN, *le Droit civil de la
province de Québec*, p. 1013 et s. ; MARCEAU, L., *De l'admissibilité des contrats
entre époux dans le droit civil de la province de Québec*, no 106 et s. , p. 137
et s. ; BEAUCHAMP, J., « Obligations de la femme mariée avec ou pour son
mari », (1896) 2 R. L. n. s. 321 ; GÉRIN-LAJOIE, A., « De l'obligation de la
femme avec ou pour son mari », (1930-1931) 9 R. du D. 199 ; LAVALLÉE,
A., « Incapacité légale de la femme mariée de s'obliger pour ou avec son mari »,
(1932) 35 R. du N. 97 et 152, 219 et 261 ; NEWMAN, H., « An Historical
and Juridical Analysis of Article 1301 of the Quebec Civil Code », (1951) 29
C. B. R. 345 ; MARCEAU, L., « La prohibition faite à la femme de s'obliger
avec ou pour son mari », (1958) 18 R. du B. 197.

324. MIGNAULT, *Droit civil canadien*, 6, p. 188 ; FARIBAULT, *Traité de droit
civil du Québec*, t. 10, p. 200 ; BAUDOUIN, *le Droit civil de la province de
Québec*, p. 1018 ; MARCEAU, L., *De l'admissibilité des contrats entre époux
dans le droit civil de la province de Québec*, no 116, p. 145 ; LAVALLÉE, A.,
« Incapacité légale de la femme mariée », (1932) 35 R. du N. 97, p. 231 et s. ;
Klock v. *Chamberlin*, (1887-1888) 15 R. C. S. 325 ; *Boucher* v. *Globensky*,
(1898) 13 C. S. 129 ; (1901) 10 B. R. 318 ; *Trust & Loan Co. of Canada* v.
Gauthier, (1904) A. C. 94 ; *Dostie* v. *Rodrigue*, (1928) 34 R. L. n. s. 460 ;
Daoust-Lalonde Ltée v. *Ferland*, (1931) 51 B. R. 193 ; (1932) R. C. S. 343
et jurisprudence précitée note 322.

2. *LES REPRÉSENTANTS*

210 — *Motifs de la prohibition* — Les représentants conventionnels (mandataires), légaux et judiciaires (tuteurs, curateurs et syndics), de même que les administrateurs (officiers publics), ne peuvent se porter directement ou indirectement acquéreurs des biens dont la gestion leur est confiée [325]. La loi craint d'une part les possibilités de fraude (acquisition à vil prix) et d'autre part les conflits d'intérêt. Il est cependant fait exception à cette prohibition dans le cas des tuteurs et curateurs qui peuvent se porter acquéreurs des biens de leur pupille lorsque la vente est faite sous autorité de justice [326]. Dans ce dernier cas, en effet, la vente est entourée de toutes les garanties possibles et d'un maximum de sécurité pour les intérêts du représenté.

211 — *Sanction* — Une telle incapacité de jouissance n'entraîne aux termes mêmes de la loi [327] qu'une nullité relative, puisque le but même de la prohibition est la protection des intérêts du représenté [328]. Il faut signaler que la loi prohibe en outre la donation par le mineur devenu majeur à son ancien tuteur ou curateur avant la reddition de compte [329], de même que la transaction sur compte non précédée d'une reddition en bonne et due forme [330], ou la donation entre vifs par le mineur seul ou par son tuteur à sa place [331].

3. *LES OFFICIERS DE JUSTICE*

212 — *Règles générales* — Le juge, l'avocat, le greffier, le shérif, l'huissier ou tout autre officier de justice ne peut acquérir un droit litigieux qui est du ressort du tribunal où il exerce ses fonctions. Le but évident de cette incapacité est de maintenir la confiance dans les institutions judiciaires et d'éviter tout soupçon de mauvaise administration

---

325. Art. 290, 1484, 1706 C. C. ; voir également *Loi des terres et forêts,* S. R. Q., 1964, ch. 92, art. 11.
326. Art. 1484 C. C. ; BEAUCHAMP, J., « De la vente par autorité judiciaire à laquelle les tuteurs et curateurs peuvent acheter les biens de leurs pupilles », (1896) 2 R. L. n. s. 195.
327. Art. 1482 C. C., dernier paragraphe.
328. *Dorion* v. *Dorion,* (1892) 20 R. C. S. 430 ; *Santerre* v. *Guertin,* (1894) 3 B. R. 344 ; (1896-1897) 27 R. C. S. 522 ; *Castonguay* v. *Savoie,* (1898-1899) 29 R. C. S. 613 ; *Ross* v. *Nicker,* (1948) R. C. S. 526, p. 534 ; *Groulx* v. *Brunet,* (1953) B. R. 675.
329. Art. 767 C. C.
330. Art. 311 C. C. ; *Davis* v. *Kerr,* (1889) 5 M. L. R. B. R. 156 ; 17 R. C. S. 235 ; BAUDOUIN, P., « Traité entre ascendant tuteur et pupille », (1890) 6 R. L. n. s. 347.
331. Art. 763 C. C.

en éliminant les possibilités de conflits d'intérêts. Un droit litigieux dans l'espèce désigne tout droit qui est effectivement contesté ou est susceptible de donner naissance à une contestation judiciaire [332]. Cette disposition de la loi est d'ordre public, car au-delà de la protection directe des détenteurs du droit litigieux, elle atteint la protection du public en général, et sa violation entraîne une nullité absolue que rien ne peut couvrir [333].

4. LES DÉGRADÉS CIVIQUES

213 — *Règles générales* — La dégradation civique, qui a remplacé la mort civile, est subie au Québec par celui qui est condamné à l'emprisonnement à perpétuité ou à la peine de mort [334]. Elle emporte l'incapacité d'avoir une fonction publique, la privation du droit de vote et d'éligibilité, l'incapacité d'être juré, arbitre, expert et témoin en justice, l'incapacité de faire partie d'un conseil de famille, d'être tuteur, administrateur ou fiduciaire, témoin à un acte, curateur, etc., l'incapacité de contracter, de disposer de ses biens par donation, testament, et de recevoir à ces titres [335]. Elle emporte également l'annulation du testament antérieur à la condamnation [336]. Le curateur public prend soin des biens du dégradé civique jusqu'à ce qu'un jugement nommant un curateur aux biens lui ait été signifié [337]. La dégradation civique prend fin par pardon, remise de peine ou commutation [338]. Dès lors, le dégradé reprend la plénitude de ses droits et son curateur doit lui rendre compte.

214 — *Conclusion* — Sauf quelques rares exceptions, les incapacités contractuelles sont dans la majorité des cas fondées avant

---

332. *Bergevin* v. *Masson*, (1890) 6 M. L. R. B. R. 104 ; *Girard* v. *Labrie*, (1930) 68 C. S. 388.

333. Art. 1485 C. C. ; *Côté* v. *Haughey*, (1881) 7 Q. L. R. 142 ; *Bergevin* v. *Masson*, (1890) 6 M. L. R. B. R. 104 ; *Price* v. *Mercier*, (1889-1891) 18 R. C. S. 303 ; *Gervais* v. *Dubé*, (1891) 20 R. L. 211 ; *Reed* v. *Helbronner*, (1893) 3 C. S. 363 ; *Porcheron* v. *Benoît*, (1919) 56 C. S. 203 ; *Girard* v. *Labrie*, (1930) 68 C. S. 388.

334. Art. 986 C. C. ; *Acte pour abolir la mort civile*, S. Q., 6 Ed. VII, ch. 38, art. 3 (1906).

335. *Acte pour abolir la mort civile*, S. Q., 6 Ed. VII, ch. 38, art. 4 (1906) ; art. 284, 844, 986, 1208 C. C. ; *Grandchamp* v. *La Reine*, (1957) B. R. 611.

336. *Acte pour abolir la mort civile*, S. Q., 6 Ed. VII, ch. 38, art. 5 (1906).

337. *Acte pour abolir la mort civile*, S. Q., 6 Ed. VII, ch. 38, art. 5 (1906) ; *Loi de la curatelle publique*, S. R. Q., 1964, ch. 314, art. 14e ; HOULE, J., « Loi de la curatelle publique », (1962-1963) 65 R. du N. 394.

338. *Acte pour abolir la mort civile*, S. Q., 6 Ed. VII, ch. 38, art. 7 (1906).

tout sur le désir de protéger le contractant incapable. On peut d'ailleurs se demander s'il est concrètement nécessaire et juridiquement exact de recourir à la notion d'incapacité de jouissance pour expliquer les prohibitions de contracter des époux, des représentants et officiers de justice. Ne s'agirait-il pas plutôt dans ces cas d'une simple interdiction légale de contracter [339] ?

BIBLIOGRAPHIE

AZARD, P., « La capacité de contracter entre époux », *Travaux de l'Association Henri-Capitant,* Montréal, E. Doucet, 1961, t. 12, p. 791.
CARDINAL, J.-G., « L'incapacité », (1956-1957) 59 R. du N. 489 ; (1954-1955) 60 R. du N. 152.
HOUIN, R., « Les incapacités », (1947) 45 R. T. D. C. 383.
MARCEAU, L., *De l'admissibilité des contrats entre époux dans le droit privé de la province de Québec,* Montréal, Wilson et Lafleur, 1960.

Chapitre III
L'OBJET

215 — *Objet du contrat — objet de l'obligation —*
L'existence de l'objet est la troisième condition posée par le Code civil à la validité du contrat. Alors que les deux premières (consentement et capacité) s'attachent à la personne des contractants, l'objet comme la cause s'attache aux mécanismes juridiques de la convention elle-même.

Les codificateurs voulant éviter les critiques adressées aux rédacteurs du Code Napoléon [340] ont effectué un simple renvoi aux dispositions relatives à l'objet des obligations. Il convient cependant de distinguer les deux notions, même si au point de vue de l'analyse, il paraît difficile de comprendre le problème dans son ensemble sans examiner concurremment les règles relatives à l'objet du contrat et à l'objet de l'obligation.

---

339. BAUDOUIN, *le Droit civil de la province de Québec,* p. 294 et s. ; RIPERT et BOULANGER, *Traité de droit civil,* t. 2, nº 205, p. 87 et s.
340. MAZEAUD, *Leçons de droit civil,* t. 2, nº 231, p. 188 ; RIPERT et BOULANGER, *Traité de droit civil,* t. 2, nº 241, p. 99 ; MARTY et RAYNAUD, *Droit civil,* t. 2, nº 164 et s., p. 150 et s.

I — OBJET DU CONTRAT

216 — *Nature* — Les auteurs québécois [341], comme les auteurs français d'ailleurs [342], sont très partagés sur la notion exacte d'objet du contrat. Sans vouloir entrer dans une controverse doctrinale, il semble important de ne pas confondre objet et effet du contrat : l'objet du contrat n'est pas de transférer un droit ou de créer des obligations, ceci représente plutôt son effet [343].

Il est nécessaire pour qu'il y ait contrat que le consentement des parties ait une base, porte objectivement sur quelque chose qu'elles entendent réaliser. *L'objet du contrat est donc, en d'autres termes, l'opération juridique principale que les parties avaient en vue et sur laquelle elles ont réalisé l'accord de volonté.*

Si tout contrat doit avoir un objet, cet objet peut cependant être infiniment varié, puisqu'en vertu du principe de la liberté contractuelle, les parties peuvent réaliser toute espèce d'opérations juridiques dans les limites imposées par la loi, l'ordre public et les bonnes mœurs [344]. Parfois, la loi interdit certaines opérations juridiques, ne permettant donc pas aux parties d'en faire l'objet d'un contrat. Les pactes sur successions futures en sont un exemple [345]. Cette interdiction de la loi peut cependant être restreinte à certaines catégories de personnes. C'est ainsi que la loi permet en général de faire une vente ou une donation entre vifs mais interdisait aux époux de vendre l'un à l'autre [346] ou de s'avantager entre vifs [347]. L'objet du contrat étant nul dans ce cas, peu importe la forme sous laquelle les parties ont déguisé la convention. Cependant, la réalisation de l'objet du contrat ne pouvant être effectuée qu'en raison de l'existence d'une série d'obligations assumées par les parties, la loi doit également intervenir pour vérifier si l'objet de chacune de ces obligations correspond au standard et aux normes fixés par elle.

---

341. MIGNAULT, *Droit civil canadien*, t. 5, p. 392 et s. ; TRUDEL, *Traité de droit civil du Québec*, t. 7, p. 150 et s. ; BAUDOUIN, *le Droit civil de la province de Québec*, p. 506 et s.

342. Voir note 340. Nous souscrivons personnellement à l'opinion de MAZEAUD sur le sujet.

343. Art. 1022 et s. C. C.

344. Voir paragr. 63 et s. ; *Courey* v. *Dufresne*, (1956) C. S. 369 ; *Bergeron* v. *Ringuet*, (1955) B. R. 222 ; (1960) R. C. S. 672.

345. Art. 658, 1061 C. C. ; *Lessard* v. *Labonté*, (1963) C. S. 247 ; *Hirsh* v. *Gravel*, (1963) R. L. n. s. 245. Il en est de même pour la donation de biens futurs : art. 778 C. C. et la renonciation à la prescription non acquise : art. 2154 C. C.

346. Art. 1483 C. C.

347. Art. 1265 C. C.

II — OBJET DE L'OBLIGATION

A. DÉFINITION

217 — *Généralités* — L'objet de l'obligation, en tenant compte de la terminologie utilisée par l'article 1058 C. C., peut être défini comme étant la *prestation assumée par le débiteur de l'obligation*. Cette prestation peut consister à donner, à faire ou à ne pas faire. Cette prestation peut aussi être de se conduire d'une certaine façon, ou de transférer un droit. Le mot « chose » employé par l'article 1058 C. C. ne désigne pas seulement un bien matériel, mais toute prestation quelle qu'elle soit.

B. QUALITÉS DE L'OBJET

218 — *Généralités* — Outre naturellement son existence, l'objet de l'obligation doit posséder certaines qualités nécessaires à la validité même de la convention. L'objet doit être licite, possible et déterminé ou déterminable.

1. LICÉITÉ

219 — *Sanction* — La prestation que doit fournir le débiteur de l'obligation doit respecter les règles établies par la loi et celles résultant des bonnes mœurs. Toute prestation enfreignant ces règles est frappée de nullité et peut entraîner la nullité de l'engagement dont elle fait partie. Il est inutile de revenir ici sur les explications déjà données relativement au contenu des notions de bonnes mœurs et d'ordre public[348], mais il est nécessaire de spécifier que la nullité de l'engagement peut être prononcée lorsque la loi ou les bonnes mœurs interdisent spécifiquement non l'opération juridique en tant que telle (objet du contrat) mais l'une des prestations du contrat (objet de l'obligation). Ainsi en est-il de l'obligation qu'assumerait quelqu'un de louer ses services pour un temps indéfini[349], ou un donateur de donner ses biens futurs[350]. Jurisprudence et auteurs[351] ont souvent confondu à cet égard la nullité pour illicéité de l'objet et la nullité pour illicéité de la cause. En effet,

---

348. Voir paragr. 64 et s.
349. Art. 1667 C. C.
350. Art. 778 C. C.
351. FARIBAULT, *Traité de droit civil du Québec,* t. 7 *bis,* n° 308 et s., p. 208 et s. et la jurisprudence citée par cet auteur.

dans un contrat de louage d'une maison de prostitution, l'objet du contrat (louer) et l'objet des obligations (mettre en possession des lieux et payer le loyer) n'ont rien d'immoral en eux-mêmes. Le contrat peut cependant être annulé parce que la raison, la cause subjective pour laquelle le contrat a été fait est contraire aux bonnes mœurs [352].

220 — *Impossibilité juridique* — En second lieu, on considère que toute prestation frappée d'un interdit par le législateur ne peut valablement faire l'objet d'une obligation. Tels sont par exemple les biens déclarés hors commerce [353], les droits extra-patrimoniaux [354]. Il s'agit cependant beaucoup plus dans ces deux cas d'une impossibilité juridique que d'une véritable illicéité dans le sens traditionnel du terme.

2. POSSIBILITÉ

221 — *Critères* — L'objet de l'obligation doit être possible, car autrement le créancier ne pourrait jamais en fait obtenir l'exécution de l'obligation et le débiteur lui, risquerait d'être tenu indéfiniment à sa promesse sans jamais pouvoir la réaliser. Dans le cas d'une obligation de faire ou de ne pas faire, l'impossibilité résulte en général du fait qu'au moment où la promesse a été faite et l'obligation assumée, le débiteur était déjà dans l'absolue impossibilité d'agir ou de ne pas agir. Cette impossibilité doit être cependant appréciée objectivement et non subjectivement, en ce sens qu'elle ne doit pas en principe résulter d'une incapacité ou inhabileté personnelle au débiteur.

Dans le cas où la prestation consiste à donner ou livrer une chose, l'objet de l'obligation est impossible lorsqu'au moment du contrat cette chose n'existait plus. Ainsi en est-il dans le cas d'un contrat de vente d'un bien, passé alors que le vendeur ignore la destruction de la chose qui fait l'objet de son obligation de livrer. Dans les deux cas cependant, l'impossibilité survenant au moment de l'exécution et non au moment de la conclusion du contrat, n'a pas pour effet de faire disparaître automatiquement l'obligation ; il s'agit alors en effet d'une question d'application des règles de la responsabilité contractuelle [355] ou de la théorie des risques [356] suivant que cette impossibilité est ou non imputable au débiteur.

352. Voir paragr. 237 et s.
353. Art. 401 et s. ; 1486 C. C. ; *Brunet* v. *Schiettekatte*, (1969) C. S. 193.
354. *Proulx* v. *Proulx*, (1909) 10 R. P. 131 ; *Yagod* v. *Kavenko*, (1927) 33 R. J. 449 ; *Beauchamp* v. *Noël*, (1944), R. L. n. s. 206 ; *Leroux* v. *Robert*, (1948) R. L. n. s. 513.
355. Art. 1065, 1066 C. C. ; voir paragr. 535 et s.
356. Art. 1200 et s. C. C. ; voir paragr. 354 et s.

222 — *Objet futur* — Il faut cependant se garder de confondre ici inexistence et possibilité d'existence de l'objet de l'obligation. Une prestation portant sur une chose qui n'a pas encore d'existence au moment du contrat est valable si elle reste objectivement possible [357]. La validité du contrat est alors subordonnée à la venue en existence de la chose et ainsi une prestation future peut valablement constituer l'objet de l'obligation. Le contrat par lequel une personne promet qu'un tiers s'obligera dans le futur est parfaitement valable et constitue une promesse de porte-fort [358].

3. DÉTERMINATION

223 — *Critères* — La troisième qualité que doit posséder l'objet de l'obligation est particulièrement importante lorsque la prestation consiste à donner une chose matérielle. La loi exige dans ce cas [359] que cette chose soit déterminée au moins « quant à son espèce », ce qui revient à dire que les parties se sont entendues sur le genre et l'espèce de la chose. Il n'est pas cependant indispensable que cette chose ait été individualisée au moment du contrat. La loi permet les prestations portant sur des choses non individualisées (chose de genre) en y attachant toutefois des conséquences juridiques spéciales en ce qui concerne le moment du transfert de propriété [360] et l'attribution des risques résultant de la perte [361].

De plus, la loi exige que la quotité des objets matériels formant l'objet de l'obligation soit déterminée ou déterminable. C'est ainsi qu'une obligation ayant pour objet de livrer une quantité indéterminée de blé de telle ou telle catégorie ne serait pas valable, au contraire de la prestation qui consisterait à livrer le blé nécessaire pour remplir les silos du créancier. Il est donc suffisant qu'au contrat les parties aient indiqué la manière dont serait déterminée la quotité des objets matériels. En cas de contestation, l'interprétation du contrat permettra de rechercher la volonté réelle des parties. Par contre, il n'est jamais nécessaire que la qualité de la chose ait été précisée par les contractants puisqu'elle reste facilement déterminable soit par interprétation du contrat, soit par les dispositions législatives supplétives de volonté. La loi indique en effet que le débiteur

---

357. Art. 1061 C. C.
358. Art. 1028 C. C., voir paragr. 319 et s.
359. Art. 1060 C. C. Sur la différence entre « corps certain » et « objet certain », voir MIGNAULT, *Droit civil canadien*, t. 5, p. 398.
360. Art. 1026, 1027, 1474 C. C. ; voir paragr. 367 et s.
361. Art. 1151, 1200 et s. C. C. ; voir paragr. 367 et s.

peut toujours se libérer en livrant une chose de qualité marchande [362]. Les usages de commerce serviront de guide au juge dans un tel cas [363].

Toutes ces règles sont en fait nécessaires pour permettre une identification effective des dimensions exactes de l'obligation assumée et leur transgression entraîne la nullité absolue de l'engagement [364].

BIBLIOGRAPHIE

DEMOGUE, R., « Des droits éventuels et des hypothèses où ils prennent naissance », (1905) 4 R. T. D. C. 723.
DEMOGUE, R., « De la nature et des effets du droit éventuel », (1906) 5 R. T. D. C. 231.
PERRAULT, A., *Traité de droit commercial,* Montréal, A. Lévesque, 1936, t. 2, nos 582 à 602, p. 15 à 48.

Chapitre IV
LA CAUSE

224 — *Généralités* — Pour qu'un contrat soit valablement formé, il n'est pas suffisant que les parties aient donné un consentement libre portant sur un objet et qu'elles aient eu la capacité juridique de s'obliger. Le contrat étant avant tout un acte de volonté humaine, il est en plus nécessaire que chacun des contractants ait eu une raison, un motif valable pour s'engager. À moins que le contrat ne soit l'œuvre d'un aliéné complet, nul en effet ne s'engage sans raison. La cause est donc, d'une manière très générale et sous réserve des précisions qu'il est nécessaire d'y apporter, la raison ou le motif qui a déterminé le contractant à adhérer à l'engagement contractuel.

225 — *Difficultés de la notion de cause* — La notion de cause dans la tradition juridique française a soulevé de nombreuses difficultés qu'il est nécessaire de tenter de clarifier pour se faire une

---

362. Art. 1151 C. C. ; *Bolduc* v. *Poulin,* (1934) 57 B. R. 98.

363. *Bolduc* v. *Poulin,* (1934) 57 B. R. 98 ; PERRAULT, *Traité de droit commercial,* t. 1, no 452, p. 456 et s.

364. *Péloquin* v. *Latraverse,* (1920) 57 C. S. 379 ; *Sauvé* v. *Ville St-Laurent,* (1956) B. R. 70 ; *Fortin* v. *Studio E.B. Côté Inc.,* (1960) C. S. 86 ; *Lessard* v. *Labonté,* (1963) C. S. 247.

idée juste de cette notion. Deux remarques s'imposent à cet égard. En premier lieu, l'étude de la notion de cause se trouve grandement facilitée si l'on garde constamment présentes à l'esprit les règles relatives au consentement. Dans un certain sens, en effet, il n'est pas inexact de prétendre que la cause n'est rien d'autre qu'un aspect particulier de la volonté contractuelle. En second lieu, il convient surtout d'éviter les confusions de terminologie que l'on retrouve très souvent chez les auteurs et dans la jurisprudence [365]. Le concept même de la cause a en effet grandement évolué au cours des siècles depuis l'ancien droit romain ; le terme « cause » a ainsi été très souvent utilisé pour recouvrir des notions juridiques voisines mais malgré tout différentes. Le poids de l'histoire et de la tradition juridique est responsable d'une certaine confusion de terminologie, qui a elle-même parfois engendré une confusion dans les idées.

Il faut également remarquer qu'en jurisprudence québécoise, cette notion de cause n'a pas connu la fortune qu'elle connaît dans le droit français ou dans le droit anglo-américain. La jurisprudence québécoise s'est toujours à bon escient méfiée de cette notion controversée et s'est toujours tenue résolument à l'écart des controverses doctrinales.

226 — *Cause du contrat — cause de l'obligation* — Chercher la cause de l'engagement, c'est en fait répondre à la question suivante : pourquoi le contractant s'est-il engagé ? La difficulté de répondre clairement à cette question vient du fait qu'il est possible de concevoir deux réponses distinctes. L'acheteur dans un contrat de vente donné peut en effet s'être engagé soit pour des raisons personnelles (nécessité d'obtenir l'objet, pour son travail, son plaisir, désir d'en faire cadeau à quelqu'un, etc.), soit pour une raison abstraite (il est prêt à payer le prix parce qu'il sait que son vendeur s'est engagé à lui livrer l'objet). Il y a donc pour tout contrat deux séries parallèles de raisons, de causes à l'engagement : d'une part un motif psychologique personnel, concret et subjectif, variant avec chaque contrat et chaque contractant et, d'autre part, une raison logique, impersonnelle et abstraite, qui est la même pour tout contrat du même type. La première représente en fait la raison pour laquelle le contractant *a accepté de conclure l'engagement,* la seconde la raison pour laquelle le contractant *a accepté d'assumer*

---

365. C'est ainsi que l'on retrouve souvent employés dans des sens fort différents les termes « cause efficiente », « cause déterminante », « cause lointaine », « cause finale », « cause impulsive » et que l'on confond parfois cause avec mobile et motif. Voir cependant *Bruneau* v. *Vézina,* (1913) 44 C. S. 189 ; *Roy* v. *Beaudoin,* (1922) 33 B. R. 220 ; *Banque canadienne nationale* v. *Beauchamp,* (1928) 34 R. J. 365 où la distinction entre « cause » et « motif » semble plus clairement établie.

l'obligation principale de ce même engagement. Cette analyse permet d'arriver ainsi à deux notions de cause. L'une concrète, subjective et variable qui est la *cause du contrat,* l'autre abstraite, objective et identique pour tout contrat de même type qui représente la *cause de l'obligation.*

Le Code civil aux articles 984 et 989 n'envisage, semble-t-il, que la notion de cause du contrat. Il est cependant nécessaire au début de l'étude de la notion de cause, de retenir, du moins à titre provisoire, cette dualité de concepts, afin d'éviter toute confusion au niveau des idées.

I — HISTORIQUE DE LA NOTION DE CAUSE

A. ANCIEN DROIT

1. DROIT ROMAIN

227 — *Cause latine* — Le droit romain était avant tout un droit formaliste. Le contrat n'était considéré comme valablement formé qu'à partir de l'instant où les parties avaient observé certains rites requis (échanges de paroles rituelles, accomplissement de certains gestes, remise de la chose)[366]. L'accomplissement de ce rituel par chacune des parties avait pour effet de lier celle-ci, indépendamment des motifs personnels de son engagement. La *causa* latine n'était donc en fait rien d'autre que le fait matériel nécessaire à l'existence de l'obligation (la partie s'était engagée *parce qu'*elle avait respecté tel ou tel rite). Assumées cependant séparément, les obligations des parties restaient théoriquement indépendantes l'une de l'autre. Elles étaient juxtaposées mais non corrélatives et le vendeur par exemple demeurait obligé à la livraison, alors même que l'acheteur refusait de payer le prix. Ce n'est que sous le droit prétorien que, pour des raisons d'équité et non de structure du contrat, certains remèdes furent accordés dans ce cas (*exceptio doli, condictio indebiti*).

2. DROIT CANONIQUE

228 — *Notion de cause des canonistes* — Les canonistes[367] se détachèrent des principes du formalisme romain et poursuivirent le développement du principe du consensualisme. Le seul

---

366. OURLIAC et DE MALAFOSSE, *Droit romain et ancien droit français,* n° 1304 et s., p. 142 et s.

367. CAPITANT, *De la cause des obligations,* n° 66 et s.

consentement doit suffire à obliger et les parties au contrat sont liées par leur volonté. Les obligations assumées par l'une des parties sont donc dépendantes des obligations assumées par l'autre partie, et ainsi la raison pour laquelle le vendeur accepte par exemple de s'obliger à livrer l'objet est la considération de l'obligation de l'acheteur de payer le prix et réciproquement. La cause de l'obligation sert ainsi à justifier le principe de l'interdépendance et de la réciprocité des obligations contractuelles dans le système consensualiste. Si l'une des parties ne s'exécute pas, l'autre n'est pas tenue non plus d'exécuter sa propre obligation (*non servandi fidem, fides non est servanda*) [368].

Cependant, encore est-il nécessaire que chacun des contractants ait eu une raison valable non plus d'assumer telle ou telle obligation mais bien de conclure tel ou tel contrat. Les canonistes voient dans la notion de cause du contrat un élément permettant un contrôle judiciaire de la pureté des intentions des parties. Si le but personnel dans lequel le contrat a été conclu est immoral ou illégal, le contrat tombe parce que sa cause subjective est contraire aux normes de la morale ou à la loi. C'était donner là un très grand pouvoir de contrôle au juge, et préparer directement la réaction rationaliste de la théorie classique de Domat et Pothier.

B. DROIT FRANÇAIS

1. LA THÉORIE CLASSIQUE

229 — *Notion de cause de Domat et Pothier* — Pour bien expliquer la théorie classique de la cause telle qu'on la trouve chez Domat [369], il convient de rappeler deux facteurs importants. Le premier est la fascination qu'exerçaient sur cet auteur les textes romains et le second est la méfiance qu'on éprouvait à cette époque pour le pouvoir discrétionnaire du juge (« Que Dieu nous garde de l'équité des parlements ! »). Il n'est pas exagéré de dire que Domat tout comme Pothier délaisse l'idée de la cause subjective (cause du contrat) pour s'attacher surtout à la cause objective (cause de l'obligation). Dès cet instant la notion de cause devient une notion abstraite, désincarnée et son utilité est réduite à celle d'un contrôle purement technique du mécanisme contractuel et non plus à celle d'une analyse de l'intention des parties.

---

368. C'est le principe même de l'exception d'inexécution, l'*exceptio non adimpleti contractus* : voir CAPITANT, *De la cause des obligations*, p. 259 et s. ; et voir paragr. 339 et s.

369. DOMAT, *Œuvres complètes*, t. 1, p. 122 et s., nᵒˢ 1 à 7

Dans les contrats synallagmatiques, la cause de l'obligation de chaque partie est, une fois dépouillée de tout motif personnel, l'engagement de l'autre partie [370]. Ainsi la cause de l'obligation du vendeur de livrer est le paiement du prix par l'acheteur et la cause de l'obligation de l'acheteur de payer le prix est la livraison promise par le vendeur.

Dans les contrats réels, unilatéraux, il n'existe qu'une obligation à la charge d'une seule des parties. La cause de cette obligation est donc la remise matérielle de l'objet [371]. Ainsi la cause de l'obligation de l'emprunteur ou du dépositaire de restituer l'objet est la remise matérielle qui en a été faite par le prêteur ou par celui qui a fait le dépôt.

Enfin, dans les actes à titre gratuit la cause de l'obligation n'est autre que l'intention libérale du donateur, appréciée abstraitement, sans tenir compte des motifs personnels qui ont poussé le donateur à effectuer l'acte [372].

C'est de cette théorie classique, apparemment adoptée par les rédacteurs du Code Napoléon [373] qu'ont surgi toute la difficulté et la confusion tenant à l'explication rationnelle de la notion de cause.

2. LES AUTEURS MODERNES

230 — *Généralités* — La théorie classique de la cause fut très justement critiquée par certains auteurs français du XIXe et du début du XXe siècle [374], ce qui amena les causalistes à reprendre la théorie classique et à essayer d'en corriger les défauts trop évidents.

a) LES ANTICAUSALISTES

231 — *Critique de Planiol* — C'est Planiol, dans son *Traité élémentaire de droit civil* [375], qui dirigea contre la théorie classique

---

370. DOMAT, *Œuvres complètes*, t. 1, p. 122 et s., no 5 ; POTHIER, *Traité des obligations*, Paris, Beaucé, 1818, p. 50, no 42.

371. DOMAT, *Œuvres complètes*, t. 1, p. 123, no 5.

372. DOMAT, *Œuvres complètes*, t. 1, p. 124, no 6 ; POTHIER, *Traité des obligations*, Paris, Beaucé, 1818, p. 50, no 42.

373. Tel semble du moins être l'opinion la plus courante chez les auteurs français : RIPERT et BOULANGER, *Traité de droit civil*, t. 2, no 288, p. 116 ; MAZEAUD, *Leçons de droit civil*, t. 2, no 261, p. 208 ; MARTY et RAYNAUD, *Droit civil*, no 175, p. 159.

374. Sur les circonstances historiques entourant le début de cette controverse doctrinale voir RIPERT et BOULANGER, *Traité de droit civil*, t. 2, p. 115, no 2.

375. PLANIOL, *Traité élémentaire de droit civil*, no 1037 et s., p. 355 et s.

la plus violente critique, en s'efforçant d'en démontrer à la fois la fausseté et l'inutilité. D'après cet auteur la notion classique de cause est fausse parce que, dans les contrats synallagmatiques, les obligations réciproques naissant en même temps, l'une ne peut logiquement servir de cause à l'autre. Il faudrait pour cela qu'elle y fût nécessairement antérieure. Dans les contrats réels unilatéraux, la remise de la chose, écrit Planiol, n'est pas la cause de l'obligation de restitution mais bien le fait générateur du contrat, puisque sans cette remise le contrat ne peut avoir d'existence. Enfin, dans les actes à titre gratuit, l'intention libérale analysée abstraitement et dépouillée des motifs subjectifs est dépourvue de sens et ce que la doctrine classique considère comme la cause est en fait le consentement. La notion de cause, écrit Planiol, est également inutile. Dans les contrats synallagmatiques, l'absence de cause est en fait l'absence d'objet ; dans les contrats unilatéraux, l'absence de cause est l'absence de contrat (puisque la remise matérielle est une condition de formation) ; enfin, dans les actes à titre gratuit, l'absence d'intention libérale n'est rien d'autre qu'une absence pure et simple de consentement.

b) LES CAUSALISTES MODERNES

232 — *Théorie de Capitant* — Parmi les réponses apportées aux critiques de Planiol, celle de Capitant [376] reste sans doute la plus célèbre. Capitant reprend la théorie classique, mais tente en même temps de résoudre l'antinomie existant entre la cause subjective et la cause objective. Pour celui-ci, la cause est le but que les parties avaient en vue au moment de la formation du contrat, mais ce but est l'exécution de l'obligation corrélative dans le contrat synallagmatique. Pour ce qui est des libéralités, Capitant s'efforce de démontrer que l'intention libérale dépouillée des motifs ou mobiles personnels à chaque contractant constitue la cause. La théorie moderne de la cause reprend en quelque sorte la théorie classique mais en l'explicitant. En France, la jurisprudence a donné par la suite une extension très grande à la notion de cause [377].

C. DROIT QUÉBÉCOIS

233 — *État de la doctrine et de la jurisprudence* — Dans l'ensemble, le droit du Québec admet la théorie classique de la

376. CAPITANT, *De la cause des obligations.*
377. Voir RIPERT et BOULANGER, *Traité de droit civil,* t. 2, n° 300 et s., p. 122 et s. ; MARTY et RAYNAUD, *Droit civil,* p. 168 et s., n° 185 et s.

cause même si la formulation qu'en donnent les différents auteurs varie quelque peu. Pour Mignault [378], la cause est le but immédiat que la partie se propose d'atteindre alors que pour Trudel [379], elle est constituée par le motif déterminant extériorisé de la volonté du contractant. Billette enfin [380], après avoir fortement critiqué Capitant, rejette complètement l'idée que le motif puisse servir comme cause de l'obligation. Seul Antonio Perrault [381] se prononce contre la notion de cause et rejoint les rangs des anticausalistes. Mignault [382], Trudel [383], Billette [384] et Baudouin [385] admettent cependant que le juge doit exercer une surveillance sur le contrat et en prononcer la nullité pour immoralité ou illicéité de la cause lorsque l'obligation est motivée par un but immoral ou contraire à l'ordre public. La jurisprudence québécoise relativement abondante sur la question de la licéité et de la moralité de la cause [386] s'est prononcée fort peu souvent sur la conception théorique de cette notion. Il faut toutefois signaler les deux célèbres arrêts de *Ross et Royal Institution for the Advancement of Learning* [387] et de *Lyall v. Royal Institution for the Advancement of Learning* [388] qui offrent une discussion intéressante sur

---

378. MIGNAULT, *Droit civil canadien*, t. 5, p. 200 et s.

379. TRUDEL, *Traité de droit civil du Québec*, t. 7, p. 109 et s.

380. BILLETTE, *la Cause des obligations et prestations*.

381. PERRAULT, *Traité de droit commercial*, t. 3, nos 231 à 244, p. 283 et s.

382. MIGNAULT, *Droit civil canadien*, t. 5, p. 203.

383. TRUDEL, *Traité de droit civil du Québec*, t. 7, p. 31 et s.

384. BILLETTE, *la Cause des obligations et prestations*, p. 112 et s., n° 191 et s.

385. BAUDOUIN, *le Droit civil de la province de Québec*, p. 709.

386. Voir paragr. 238.

387. *In re Ross et Royal Institution for the Advancement of Learning* v. *Hutchison*, (1930) 68 C. S. 354 ; (1931) 50 B. R. 107 ; (1932) R. C. S. 57 ; commentaire POULIOT, L., (1932) 10 R. du D. 489. Cette espèce est particulièrement intéressante par les parallèles que font les juges entre la notion anglaise de *consideration* et la notion française classique de « cause » ; voir particulièrement les explications du juge Dorion en Cour d'appel, p. 111 et s. Cette cause établit de plus qu'un contrat fait avec le but de satisfaire à une obligation naturelle est un contrat synallagmatique valablement causé et comme tel n'est donc pas soumis à la formalité de l'acte authentique requis pour la validité des donations. Voir aussi sur ce dernier point : *Legris et Baulne* v. *Chéné*, (1914) 23 B. R. 571 ; *Stephen* v. *Perrault*, (1918) 56 C. S. 54 ; *Pesant* v. *Pesant*, (1931) 69 C. S. 507 ; (1933) 54 B. R. 38 ; (1934) R. C. S. 249 ; *Kelly* v. *Wheeler Airlines Ltd.*, (1961) C. S. 530 ; *Langlois* v. *Demers*, (1961) C. S. 567 ; *Rouleau* v. *Poulin*, (1965) B. R. 292.

388. *Royal Institution for the Advancement of Learning* v. *P. Lyall and Sons Co.*, (1937) 62 B. R. 125 où la Cour fait nettement la distinction entre motif et cause. Voir aussi la jurisprudence citée à la note 365.

cette question et en plus font ressortir les différences et ressemblances entre la cause civiliste et la *consideration* anglo-saxonne [389].

II — *LA CAUSE OBJECTIVE (CAUSE DE L'OBLIGATION)*

A. DÉFINITION

234 — *Cause de l'obligation* — La cause de l'obligation peut être définie comme *la raison abstraite pour laquelle la partie s'est engagée à exécuter cette obligation.* Elle est donc objective, identique pour tous les contrats de même nature et constitue en quelque sorte la dernière étape psychologique de l'engagement pris par chaque partie et dépouillé de toute considération ou motif personnels.

La question qu'il est cependant permis de se poser est de savoir si elle a juridiquement une utilité quelconque.

B. UTILITÉ

235 — *Utilité restreinte de la cause de l'obligation* — Il est permis à notre avis de mettre très sérieusement en doute la conception objective de la cause. Dans les actes à titre gratuit, elle nous apparaît complètement dénuée d'utilité, car en effet si « l'intention libérale » abstraite vient à manquer c'est qu'il n'y a pas eu véritablement consentement à faire un acte à titre gratuit, et de plus parce que l'analyse de l'intention libérale en tant que telle ne présente aucun intérêt pratique si elle n'est pas complétée par une analyse du motif déterminant l'intention libérale. Ainsi, dans l'affaire *Russell* v. *Lefrançois* [390], la Cour suprême a décidé qu'un testament était nul parce que la bénéficiaire désignée comme « ma femme bien-aimée » n'était pas en fait la femme du testateur. Pour ce faire, rechercher « l'intention libérale » abstraite n'apporte rien. Ce n'est qu'au niveau du motif déterminant qu'une telle décision peut se justifier. L'intention du testateur était-elle de favoriser cette personne parce qu'il la croyait erronément d'ailleurs être sa femme ou non ? Pour ce type de contrat la cause abstraite, la cause de l'obligation nous apparaît d'une

---

389. Voir à ce sujet BAUDOUIN, *le Droit civil de la province de Québec*, p. 710 et s.

390. *Russell* v. *Lefrançois*, (1884) 8 R. C. S. 335. Il s'agit ici d'une extension de la notion traditionnelle de la cause aux actes juridiques unilatéraux. La Cour applique ici la notion de cause (condition de formation du contrat) à un testament.

manifeste inutilité ; le testament en question aurait d'ailleurs fort bien pu être annulé simplement pour erreur sur la qualité substantielle de la personne.

Dans les contrats réels unilatéraux, dire que la raison pour laquelle l'emprunteur ou le dépositaire est tenu à la restitution, est la remise matérielle de la chose, nous apparaît une façon très compliquée de décrire un phénomène juridique fort simple. Il est de la nature du contrat de prêt et de dépôt que la remise matérielle de l'objet ne constitue pas une aliénation mais seulement une tradition de possession pour un temps limité [391]. Il est donc possible de justifier l'obligation de restitution tout simplement par l'analyse de la nature juridique de la convention. L'absence de cause objective se confond avec l'absence de contrat.

Enfin, pour ce qui est des contrats synallagmatiques la notion de cause abstraite n'a qu'une seule utilité qui est de justifier l'interdépendance des obligations. Mais là encore ne serait-il pas plus simple de prévoir un article du Code civil énonçant le même principe [392]. La notion de cause objective reste utile ici au niveau purement théorique car, sur le plan pratique, il est aussi facile de justifier la nullité d'un contrat pour absence de cause par l'absence d'objet de l'obligation.

C. SANCTION

236 — *Preuve* — L'absence de cause entraîne la nullité de l'engagement [393]. La preuve de cette absence comporte cependant certaines difficultés en matière d'effets de commerce. Chèques, billets et lettres de change sont donnés en général « pour valeur reçue ». Est-il cependant loisible de démontrer par preuve testimoniale que cette valeur n'a en fait jamais été reçue ? L'article 1234 C. C. interdit la preuve testimoniale qui aurait pour effet de contredire ou changer les termes d'un écrit valablement fait. Malgré l'opinion de Perrault à ce sujet [394],

---

391. On peut d'ailleurs mettre sérieusement en doute la conservation par notre Code de la notion de contrat réel où la livraison ou remise matérielle de la chose est une condition essentielle à la validité même de l'engagement. Il s'agit là d'un reliquat de l'ancien droit romain dont l'encombrant formalisme devrait être évité : art. 1777, 1797 C. C. ; voir paragr. 36.

392. Ainsi le droit allemand, le droit suisse, le droit italien et le droit éthiopien ne font plus de la cause abstraite une condition de formation de l'engagement.

393. *Plasse* v. *Plasse*, (1937) 75 C. S. 142 ; *Mercier* v. *Turcotte*, (1947) C. S. 231.

394. PERRAULT, *Traité de droit commercial*, p. 341, n° 261.

il semble que la jurisprudence admette la preuve testimoniale dans un tel cas [395].

III — LA CAUSE SUBJECTIVE (CAUSE DU CONTRAT)

A. DÉFINITION

237 — *Cause du contrat* — La cause du contrat est le motif déterminant qui a poussé la partie à contracter. Elle est donc concrète, subjective et varie suivant chaque individu et chaque contrat. Elle représente la démarche ultime du consentement. Comme ce motif appartient au for intérieur, chaque fois qu'il est extériorisé et fait partie du contrat, il devient alors une condition de l'engagement.

La cause subjective est l'arme dont s'est servie la jurisprudence pour contrôler la licéité et la moralité du contrat en annulant tout engagement dont le but ou les effets sont immoraux ou illégaux.

B. UTILITÉ

238 — *Contrôle judiciaire* — C'est uniquement dans ce contrôle que se fonde l'utilité de la cause du contrat. En effet, il est aisé de concevoir des cas où le contrat en lui-même est légal et moral (un louage de choses par exemple), où les obligations des parties sont également licites et morales (payer le prix, livrer l'objet), ou enfin l'objet de ces obligations rencontre également les mêmes qualités (une somme d'argent, un piano), mais où le but que les parties ont voulu atteindre est illicite ou immoral [396] (encourager par exemple la prostitution). Dès lors, seule la cause subjective peut permettre au juge de sanctionner cet état de choses et d'éviter que le contrat ne puisse servir d'instrument à la réalisation d'une entreprise jugée immorale. La jurisprudence québécoise a souvent fait application de ce principe en frappant de nullité les conventions dont la cause subjective était illicite ou immorale

---

395. *Wolf Bass Ltd.* v. *Baittle Ltd.*, (1924) 62 C. S. 48 ; *Cloutier* v. *Poirier*, (1929) 35 R. L. n. s. 436 ; *Longpré* v. *Dupuis*, (1938) 44 R. L. n. s. 110 ; *Daoust* v. *Lavigne*, (1941) 71 B. R. 22 ; *Glense* v. *Ste-Marie*, (1944) C. S. 87 ; *Daoust* v. *Ridd*, (1962) B. R. 515 ; *Rivelis* v. *Laflamme*, (1962) B. R. 687 ; *Sterling Finance Co.* v. *Laflamme*, (1962) C. S. 63 ; *Poncelle Inc.* v. *Horne*, (1964) R. L. n. s. 376 ; TRUDEL, *Traité de droit civil du Québec*, t. 7, p. 125 et s. ; *contra* : *Laroche* v. *Descormiers*, (1953) C. S. 446.

396. Tels sont les faits dans l'affaire *Langelier* v. *Demers*, (1928) 66 C. S. 120.

(contrats visant à tourner des dispositions impératives de la loi [397], contrats contraires à l'ordre public [398], contrats contraires aux bonnes mœurs [399]).

C. SANCTION

239 — *Nullité absolue* — Il ne saurait être question de sanctionner un contrat pour absence totale de cause subjective, celle-ci devant toujours exister pour qu'il y ait un véritable consentement contractuel, mais seulement pour illicéité ou immoralité de celle-ci.

La sanction est alors une nullité dite absolue de l'engagement que le juge prononce d'office [400]. Toutefois, dans tous les cas, hormis celui de

---

397. Voir BEAUCHAMP, J., « De la considération illégale dans les contrats », (1901) 7 R. L. n. s. 261 ; *Dansereau* v. *St-Louis*, (1891) 18 R. C. S. 587 ; *Rolland* v. *Caisse d'économie de Notre-Dame de Québec*, (1894) 3 B. R. 315 ; (1894) 24 R. C. S. 405 ; *McDonald* v. *Riordan*, (1899) 8 B. R. 555 ; *Bourque* v. *Timmis*, (1922) 60 C. S. 575 ; *Viens* v. *Sénécal*, (1923) B. R. 544 ; *Meese* v. *Wright*, (1924) 62 C. S. 233 ; *Blouin* v. *Lecours*, (1927) 65 C. S. 159 ; (1927) 43 B. R. 348 ; *Rodrigue* v. *Dostie*, (1927) 4 D. L. R. 1139 ; *Bégin* v. *Allen*, (1931) 51 B. R. 511 ; *Beauchamp* v. *Noël*, (1944) R. L. n. s. 206 ; *Jarry* v. *Jourdain*, (1950) C. S. 11 ; *Courey* v. *Dufresne*, (1956) C. S. 369 ; commentaire COMTOIS, R., (1956) 59 R. du N. 405 ; *Tremblay* v. *Chartrand*, (1957) B. R. 456 ; *Rodier* v. *Genest*, (1961) C. S. 538 ; *Lessard* v. *Labonté*, (1963) C. S. 247 ; *Gravel* v. *Traders General Insurance Co.*, (1964) C. S. 48.

398. *Raymond* v. *Fraser*, (1892) 1 C. S. 103 ; *Lavallée* v. *Turcotte*, (1920) 58 C. S. 373 ; *Fourceau* v. *Dorais*, (1927) 42 B. R. 139 ; *Larochelle* v. *Bluteau*, (1928) 34 R. L. 328 ; *Shannon* v. *Syndics d'écoles dissidents de St-Romuald*, (1929) 67 C. S. 263 ; *St. Gabriel Land and Hydraulic Land Co. Ltd.* v. *Consumers Cordage Co. Ltd.*, (1942) C. S. 257 ; (1944) B. R. 305 ; (1945) R. C. S. 158 ; *Pauzé* v. *Gauvin*, (1954) R. C. S. 15 ; *Pageau* v. *Gauvin*, (1954) R. C. S. 15 ; *Pageau* v. *Lebel*, (1958) C. S. 320 ; *Castonguay* v. *Villemaire*, (1959) C. S. 401 ; *Cormier* v. *Tremblay*, (1964) C. S. 518.

399. *Balthazar* v. *Guillian*, (1914) 23 B. R. 46 ; (1917) 51 C. S. 193 ; *Noël* v. *Brunet*, (1915) 48 C. S. 119 ; *Langelier* v. *Demers*, (1928) 66 C. S. 120 ; *Leroux* v. *Robert*, (1948) R. L. n. s. 513. Sur la validité du contrat de courtage matrimonial, qui a posé tant de problèmes en droit français, voir : *Pascal* v. *Shapiro*, (1937) 75 C. S. 115 ; voir aussi *Loi électorale de Québec*, S. R. Q., 1964, ch. 7, art. 373, 405 et *Loi des cités et villes*, S. R. Q., 1964, ch. 193, art. 308 ; *Loi de la fraude et corruption dans les affaires municipales*, S. R. Q., 1964, ch. 173, art. 26.

400. *Association St-Jean-Baptiste de Montréal* v. *Brault*, (1900) 30 R. C. S. 598 ; *Cloutier* v. *Poirier*, (1929) 35 R. L. n. s. 436 ; *Hébert* v. *Sauvé*, (1932) 38 R. L. n. s. 410.

l'immoralité et parfois de l'illégalité de la cause, les tribunaux admettent la remise en état des parties, ou l'action en répétition [401].

240 — *Conclusion* — Le problème de la cause n'est donc pas sans soulever certaines difficultés. La cause peut à la rigueur être considérée comme une notion unique mais cette même notion est malgré tout susceptible d'être envisagée sous deux angles très différents. Elle est à la fois une condition de validité du contrat (cause de l'obligation) lequel est nul si elle n'existe pas ou est fausse, et un moyen de contrôle judiciaire (cause du contrat) sur la moralité de l'engagement. Il ne s'agit peut-être en vérité que de deux facettes d'une même notion. Le tribunal examine d'abord le motif déterminant pour s'assurer de sa conformité à la loi, à l'ordre public et à la morale, puis s'élève d'un degré dans l'échelle d'abstraction pour contrôler l'existence de la cause abstraite de chaque obligation, comme nécessité du parfait fonctionnement du mécanisme contractuel. À notre avis cependant il suffirait que le Code civil prévoit deux articles, l'un énonçant l'interdépendance des obligations dans les contrats synallagmatiques et l'autre la nullité de tout contrat dont le but ou les effets sont contraires aux bonnes mœurs et à l'ordre public.

BIBLIOGRAPHIE

ASCOLI, A., « La cause dans les donations entre vifs », dans *Études de droit civil à la mémoire d'Henri Capitant,* Paris, Dalloz, 1939, p. 17.

BERNARD, L., « De la cause dans les contrats », (1958-1959) 9 *Thémis* 12.

BILLETTE, E., *la Cause des obligations et des prestations,* Montréal, 1933.

CAPITANT, H., *De la cause des obligations,* 3e éd., Paris, Dalloz, 1928.

CATALA, P., « The Cause of Obligations in French Law », (1958) 32 Tul. L. Rev. 475.

CHEVRIER, C., *Essai sur l'histoire de la cause,* Paris, Sirey, 1929.

DAVID, R., « Cause et considération », dans *Mélanges J. Maury,* Paris, Librairie générale de droit et de jurisprudence, 1960, t. 2, p. 111.

DORAT DES MONTS, R., *la Cause immorale,* Paris, Rousseau, 1956.

HALL, A., « Cause or Consideration », (1945) 23 C. B. R. 831.

---

401. TRUDEL, *Traité de droit civil du Québec,* t. 7, p. 143 et s. ; *Rolland v. Caisse d'économie de Notre-Dame de Québec,* (1894) 3 B. R. 314 ; (1894) 24 R. C. S. 405 ; *Consumers Cordage v. Connolly,* (1900) 31 R. C. S. 244 ; *Brault v. Association St-Jean-Baptiste de Montréal,* (1901) 12 B. R. 124 ; (1901) 30 R. C. S. 598 ; *Lapointe v. Messier,* (1913) 49 R. C. S. 271 ; *Guay v. Vézina,* (1920) 58 C. S. 104 ; *Massé v. Gatien,* (1921) 27 R. L. n. s. 411 ; *Tétrault v. Desranleau,* (1923) 29 R. L. n. s. 269 ; *United States Fidelity Guarantee Co. v. Martin,* (1926) 41 B. R. 328 ; *Ménard v. Jacobs,* (1923) 29 R. L. n. s. 352 ; *Hébert v. Sauvé,* (1932) 38 R. L. n. s. 410 ; *Contant v. Holy,* (1957) C. S. 357.

LEE, R., « Cause and Consideration in the Quebec Civil Code », (1915-1916) **25** Yale L. J. 538.
NEWMAN, H., « The Doctrine of Cause or Consideration in the Civil Law », (1952) 30 C. B. R. 662.
TRUDEL, G., « Réflexions sur la cause », (1945) 5 R. du B. 253.

Sous-titre II
CONDITIONS DE FORME

241 — *Principe général* — Le droit québécois, n'étant pas un droit formaliste, n'exige pas, comme condition générale à la validité des contrats, le respect d'une forme particulière. Le contrat est donc en principe parfait dès qu'il y a eu consentement de personnes capables sur un objet et avec une cause rencontrant les exigences de la loi.

242 — *Exceptions* — Il existe cependant, très exceptionnellement, certains cas où la loi requiert soit une forme écrite, soit un acte matériel positif comme condition supplémentaire à la formation du contrat. Ainsi en est-il pour la donation, (art. 776 C. C.), les conventions matrimoniales (art. 1264 C. C.), la vente à tempérament (art. 1561 à 1561i C. C.) et le nantissement commercial (art. 1979f C. C.) où un écrit est exigé pour la validité même de l'engagement entre les parties. De même l'acte matériel de délivrance ou de livraison est indispensable à la validité et à la formation des conventions de dation en paiement (art. 1592 C. C.), de prêt à usage (art. 1763 C. C.), de prêt à consommation (art. 1777 C. C.) et de dépôt simple (art. 1797 C. C.). Nous renvoyons le lecteur sur ce point à l'étude du principe du consensualisme.

Cependant, il convient de noter que certains contrats à caractère administratif ne peuvent engager la Couronne ou un ministère sans le contreseing d'une personne autorisée, en général le sous-ministre. Dans tous ces cas [402], l'apposition de la signature est un élément de forme indispensable à la conclusion du contrat.

---

402. Voir par exemple : *Loi du ministère de la Santé,* S. R. Q., 1964, ch. 160, art. 7 ; *Loi du ministère des Richesses naturelles,* S. R. Q., 1964, ch. 83, art. 7 ; *Loi du ministère des Transports et Communications,* S. R. Q., 1964, ch. 227, art. 7 ; *Loi du ministère des Travaux publics,* S. R. Q., 1964, ch. 137, art. 2 ; *Loi du ministère du Travail,* S. R. Q., 1964, ch. 139, art. 2 ; *Loi du ministère de l'Industrie et du Commerce,* S. R. Q., 1964, ch. 206, art. 8 ; *Loi du ministère de la Famille et du Bien-être social,* S. R. Q., 1964, 212, art. 8.

Sous-titre III
SANCTIONS DES CONDITIONS
DE FORMATION DU CONTRAT

Chapitre premier
THÉORIE GÉNÉRALE
DES NULLITÉS

243 — *Définition* — La loi prévoit un certain nombre de sanctions à l'inobservation des conditions de formation du contrat. Ces sanctions sont les nullités soit relatives soit absolues de l'engagement. La nullité d'une façon générale peut être définie comme la *sanction juridique qui s'attache au défaut du respect d'une condition de fond ou de forme essentielle à la formation valable du contrat.* La nullité se rapporte donc à la période de formation du contrat ; elle a pour effet de le dissoudre rétroactivement et de replacer les parties, en règle générale, dans la position juridique et économique où elles se trouvaient avant la conclusion de l'engagement annulé.

I — DISTINCTIONS FONDAMENTALES

244 — *Terminologie* — Il importe au début de cette étude de distinguer la nullité proprement dite de notions voisines qui sont également, à des degrés divers, des sanctions de la non-conformité d'un contrat aux exigences de la loi.

A. NULLITÉ ET RÉSOLUTION

245 — *Nature de la sanction* — Il y a résolution du contrat lorsque l'une des parties refuse d'exécuter ses obligations (art. 1065 C. C.) ou lorsque le contrat ayant été fait sous condition résolutoire, celle-ci est arrivée (art. 1088 C. C.). Dans le premier cas, la résolution est judiciaire, c'est-à-dire qu'elle doit être prononcée par le tribunal alors que dans le second cas elle s'opère de plein droit entre les parties. Résolution et nullité ont des effets identiques en ce sens qu'elles ont toutes deux un effet rétroactif et que dans les deux cas le juge doit remettre les parties dans l'état où elles étaient avant la conclusion du contrat [403]. La

---

403. Paragr. 264.

différence entre les deux est que la nullité est la sanction d'une condition de formation du contrat alors que la résolution judiciaire est la sanction de l'inexécution des obligations assumées par l'une des parties.

B. NULLITÉ ET RÉSILIATION

246 — *Résiliation unilatérale et bilatérale* — Il existe dans la législation et dans la jurisprudence une certaine confusion autour du terme « résiliation » qui est souvent confondu avec résolution. La résiliation est la révocation du contrat par acte de volonté de l'une ou des deux parties au contrat. Les contrats successifs, c'est-à-dire ceux dont l'exécution se prolonge dans le temps, comme les contrats d'exécution instantanée, lorsque les parties décident d'y mettre fin avant d'avoir commencé à exécuter, sont susceptibles d'être résiliés. Les parties ayant par leur seule volonté le pouvoir de créer des obligations contractuelles peuvent également par consentement mutuel mettre fin à leur engagement (*résiliation bilatérale*). C'est ce qu'exprime maladroitement l'article 1022 du Code Civil en énonçant que les contrats peuvent être « résolus » du consentement des parties.

Dans certains cas, la volonté d'une seule des parties est suffisante pour mettre fin au contrat (*résiliation unilatérale*). Il en est ainsi du contrat de louage de service personnel pour un laps de temps indéfini, à condition de donner l'avis requis [404], du contrat de société dont la durée n'est pas fixée [405] et du contrat du mandat [406]. Par contre le Code emploie une expression défectueuse en parlant de résiliation du bail de choses [407], puisqu'il est nécessaire que cette « résiliation » soit prononcée en justice.

La résiliation diffère de la nullité et de la résolution en ce qu'elle n'a pas d'effet rétroactif. Elle met fin au contrat et donc aux obligations qu'il contient pour l'avenir, sans toucher aux effets que le contrat a produits dans le passé.

---

404. Art. 1668 C. C.
405. Art. 1895 C. C.
406. Art. 1756, 1759 C. C. ; *Bertrand* v. *Warré*, (1928) 44 B. R. 453 ; (1929) 3 D. L. R. 843 ; voir aussi *Loi des syndicats professionnels*, S. R. Q., 1964, ch. 146, art. 21 ; *Loi des assurances*, S. R. Q., 1964, ch. 295, art. 200 ; *Loi sur la production de la défense*, S. R. C., 1952, ch. 62, art. 9.
407. Art. 1624, 1625, 1641 C. C.

C. NULLITÉ ET RESCISION

247 — *Nature juridique* — Nullité et rescision désignaient historiquement deux concepts différents dans l'ancien droit français [408]. La rescision d'un contrat (qui avait les mêmes effets que la nullité) ne pouvait être obtenue que par des « lettres » émises par le Souverain [409]. De nos jours, on désigne par rescision la nullité relative à caractère et effets spéciaux prononcée pour cause de lésion du mineur ou de l'interdit [410].

D. NULLITÉ ET INOPPOSABILITÉ

248 — *Nature juridique* — Il y a inopposabilité lorsqu'un contrat valable entre les parties contractantes est cependant considéré comme nul, comme n'ayant aucun effet vis-à-vis des tiers. L'inopposabilité diffère de la nullité, de la résolution et de la réalisation en ce que l'engagement reste valable pour le passé et pour l'avenir entre les contractants bien qu'il n'ait aucun effet à l'égard des tiers. L'inopposabilité est donc avant tout une mesure de protection de l'intérêt des tiers, qui est la sanction traditionnelle de la simulation [411], du défaut d'enregistrement de certains actes [412] et de l'action révocatoire [413].

II — NULLITÉ ABSOLUE, NULLITÉ RELATIVE

249 — *Critique de la distinction* — La distinction désormais classique entre nullité absolue et nullité relative est l'œuvre de la doctrine et a été adoptée dans son ensemble par la jurisprudence québécoise [414]. Cette distinction peut cependant prêter à critique pour deux raisons. En premier lieu, l'emploi des termes « absolue » et « relative » donnerait à penser que la première est plus grave que l'autre, ce qui est inexact. La distinction s'établit plutôt par rapport à la raison d'être

---

408. MAZEAUD, *Leçons de droit civil*, t. 2, n° 294, p. 237.

409. BUGNET, *Œuvres de Pothier*, vol. X, n° 728 et s., p. 348 et s.

410. Paragr. 171 et s.

411. Art. 1212 C. C. ; voir paragr. 303 et s.

412. Art. 2098 C. C.

413. Art. 1032 et s. C. C. ; voir paragr. 452 et s.

414. On trouve cependant parfois chez les auteurs et dans la jurisprudence les expressions : nullité, nullité *ab initio*, nullité radicale pour désigner la nullité absolue et les termes annulation et annulabilité pour désigner la nullité relative.

de la sanction, l'une (nullité absolue) protégeant l'intérêt public, l'autre (nullité relative), l'intérêt privé. En second lieu, cette classification n'apparaît pas aussi tranchée et catégorique que ces deux termes le laisseraient croire. Certaines nullités participent par leurs effets ou leurs conséquences à la fois à certaines caractéristiques des deux groupes [415], et il apparaît de nos jours presque impossible de classifier toutes les nullités exclusivement dans l'une ou l'autre de ces deux catégories.

250 — *Nullité et inexistence* — Certains auteurs ont cherché à distinguer nullité absolue et inexistence [416]. Il y aurait inexistence lorsque la convention est tellement informe qu'elle n'a jamais véritablement pu avoir l'aspect d'un contrat véritable. Il ne serait donc pas nécessaire de s'adresser au tribunal dans un tel cas. Au contraire, la nullité absolue serait la sanction s'attachant à un contrat valable en apparence, mais affecté d'un vice grave ou à la validité duquel il manque un élément essentiel. Une telle distinction basée en fait sur la théorie de l'apparence, bien que parfaitement logique à première vue, ne correspond à rien dans la réalité juridique concrète puisqu'il est en fait toujours nécessaire de s'adresser au tribunal pour demander la nullité. En effet, si d'une part le contrat est informe et que les parties le reconnaissent comme tel, le problème ne se pose même pas et les contractants le traiteront comme n'ayant jamais été. Si par contre, l'une des parties prétend qu'il y a engagement valable et cherche à s'en prévaloir, seul le tribunal est susceptible de trancher le débat et de prononcer la nullité de la convention. Nullités relatives et nullités absolues emportent des conséquences juridiques différentes. Elles ont cependant certains éléments en commun.

A. RESSEMBLANCES

250a — *Généralités* — Nullités relatives et nullités absolues ont trois caractéristiques communes fondamentales. D'une part,

---

415. Ainsi en est-il plus particulièrement en matière de mariage. Par exemple, la nullité du mariage pour absence d'âge légal est en principe absolue mais est susceptible de confirmation (art. 115 C. C.) ; voir également *Aubé* v. *Forget*, (1967) C. S. 412.

416. Parfois même la jurisprudence utilise le terme « inexistence » comme synonyme de nullité absolue : *Rosconi* v. *Dubois*, (1951) R. C. S. 554, p. 559 par RINFRET, C.J. ; sur la théorie de l'inexistence voir : *Rapport des codificateurs*, t. 1, p. 11 ; RIPERT et BOULANGER, *Traité de droit civil*, t. 2, n° 688 et s., p. 255 et s. ; MAZEAUD, *Leçons de droit civil*, t. 1, n° 356, p. 371 ; MARTY et RAYNAUD, *Droit civil*, t. 1, n° 161 et s.

elles nécessitent toutes deux une intervention judiciaire; en second lieu, elles ont toutes deux un effet rétroactif, et en troisième lieu, elles peuvent toutes deux être invoquées par action directe ou par voie d'exception.

251 — *Intervention judiciaire* — Dans les deux cas, la nullité du contrat doit être prononcée par le tribunal qui ne fait que constater la non-conformité de l'engagement aux prescriptions de la loi. En règle générale, les textes de loi précisent les cas où la nullité peut être demandée. C'est ainsi que les textes impératifs de la loi emportent automatiquement nullité de l'acte qui y contrevient [417]. Cependant, l'ancien principe français : « Pas de nullité sans texte », ne s'applique pas en matière contractuelle et il n'est pas nécessaire pour obtenir la nullité qu'un texte la prévoit explicitement. Il existe cependant une différence très nette à cet égard entre la nullité relative et la nullité absolue. La première, établie pour la protection de l'intérêt privé, ne peut être prononcée par le juge qu'à la condition d'avoir été invoquée et plaidée. Au contraire, la seconde, qui cherche à protéger l'intérêt public, doit être prononcée d'office par le juge, même si accun des contractants ne l'a soulevée. Le juge est en effet le gardien de la conformité du contrat à l'ordre et à l'intérêt public en général. La jurisprudence québécoise a eu maintes et maintes fois l'occasion de sanctionner cette règle [418].

252 — *Effet rétroactif* — En second lieu, les nullités absolues comme les nullités relatives ont toutes deux un effet rétroactif. La nullité met fin au contrat pour l'avenir mais détruit également les effets produits par ce même contrat quant au passé. Le juge dans les deux cas doit donc en principe effectuer la remise en état des parties, c'est-à-dire les replacer dans l'état où elles étaient avant la conclusion de l'engagement défectueux. Dans certains cas de nullité absolue, la remise en état est cependant refusée comme sanction à la conduite d'un contractant de mauvaise foi [419].

253 — *Moyens d'invoquer la nullité* — En troisième lieu, nullités absolues comme nullités relatives peuvent être invoquées en justice de deux façons : soit par une action directe ayant pour but de faire prononcer la nullité contre le cocontractant, soit par voie d'exception,

---

417. Art. 14 C. C.

418. *Association St-Jean-Baptiste de Montréal* v. *Brault*, (1900) 30 R. C. S. 598 ; *Consumers Cordage* v. *Connolly*, (1902) 31 R. C. S. 244 ; *Allan* v. *Robert*, (1907) 13 R. L. n. s. 132 ; *Larochelle* v. *Bluteau*, (1928) 34 R. L. n. s. 328 ; *De Pinel* v. *Internoscia*, (1928) 34 R. L. n. s. 496 ; *Cloutier* v. *Poirier*, (1929) 35 R. L. n. s. 436 ; *Hébert* v. *Sauvé*, (1932) 38 R. L. n. s. 410 ; *Lessard* v. *Labonté*, (1963) C. S. 247.

419. Voir paragr. 239.

c'est-à-dire par voie de défense à une action en exécution dirigée par le cocontractant. Le résultat est identique dans les deux cas, mais l'exception de nullité présente un avantage sur l'action directe. L'action en nullité est en effet, comme toute action, sujette à prescription ; par contre, l'exception, elle, en principe ne se prescrit jamais *(Quae temporalia sunt ad agendum, perpetua sunt ad excipiendum)* [420]. En pratique toutefois, cette distinction est, du moins dans le cas de nullités relatives, de peu d'utilité pour deux raisons. En premier lieu, la prescription de l'action en exécution est en général plus courte que celle de l'action en nullité relative et en second lieu dans certains cas, l'inaction du défenseur jointe à certains actes peut équivaloir à une confirmation tacite du contrat. Le seul véritable intérêt de cette différence, est donc en pratique restreint aux cas des nullités absolues.

B. DIFFÉRENCES

254 — *Généralités* — Le régime des nullités absolues et des nullités relatives diffère sur trois points essentiels, à savoir la qualité des personnes qui peuvent invoquer la nullité, la prescription qui s'attache à l'action qui a pour but de la sanctionner et enfin la possibilité de confirmation de l'acte entaché de nullité.

1. *QUALITÉS DES PERSONNES POUVANT INVOQUER LA NULLITÉ*

255 — *Nullité relative* — Les deux espèces de nullité sont des sanctions de la non-conformité de l'engagement contractuel aux prescriptions de la loi. Cependant, l'une protège l'intérêt privé, alors que l'autre protège l'intérêt public ou sanctionne une irrégularité à laquelle on ne peut remédier. La nullité relative est établie dans l'intérêt individuel du contractant et peut donc être considérée comme une mesure de protection accordée par la loi à ce dernier. Ainsi en est-il du contractant victime d'une erreur simple ou d'une erreur provoquée par le dol. Lorsque la nullité est relative, seule donc la personne que la loi entend protéger peut l'invoquer. Ses ayants cause le peuvent également, sous certaines réserves, et ses créanciers peuvent faire de même, sujets aux conditions imposées par la loi [421]. Par contre, le cocontractant en règle générale n'a pas le droit de se prévaloir de la cause de nullité relative ni par voie d'action, ni même par voie d'exception.

---

420. Art. 2246 C. C.
421. Art. 1031 C. C. Voir aussi *Riopelle* v. *Papineau,* (1918) 54 C. S. 451.

256 — *Nullité absolue* — Au contraire, lorsque la nullité est absolue, toute personne intéressée peut s'en prévaloir, ce qui ne laisse pas cependant le recours ouvert à tout individu quel qu'il soit, même complètement étranger à la conclusion de l'engagement. Le droit de demander la nullité absolue est limité par l'intérêt effectif né et actuel de prendre une action en justice, tel que défini par le droit judiciaire privé [422]. L'un ou l'autre des contractants, leurs ayants cause et créanciers, parfois même les tiers, peuvent selon les circonstances justifier d'un tel intérêt.

Dans certains cas précis, la demande en nullité peut transcender l'intérêt des parties et atteindre l'intérêt social général. Dans ces cas, fort limités, le ministère public doit être mis en cause. Il en est ainsi en matière de nullités de mariage [423]. De plus, le procureur général a désormais le droit, dans toute cause touchant l'application d'une disposition d'ordre public, d'intervenir d'office [424].

2. PRESCRIPTION DE L'ACTION

257 — *Nullité relative* — L'action en nullité relative du contrat se prescrit en principe par 10 ans [425] et le Code règle en détail le point de départ de la période de prescription de l'action [426]. Il faut bien noter ici que ce n'est pas la nullité elle-même qui se prescrit ainsi mais seulement le droit de l'invoquer en justice par *action directe,* ce qui rend le droit de l'invoquer par exception théoriquement imprescriptible [427]. Il existe deux raisons principales pour limiter dans le temps le droit de demander la nullité relative. En premier lieu, même si par la nullité relative on cherche à protéger le contractant, cette protection ne doit pas, pour la rapidité et la sécurité mêmes de l'ensemble des transactions contractuelles, se transformer en une épée de Damoclès suspendue au-dessus de la tête du cocontractant et des tiers. L'intérêt public doit prendre le pas sur l'intérêt privé au bout d'une certaine période garantissant un minimum de protection pour le contractant. D'autre part, puisqu'il est possible de confirmer un engagement nul de nullité relative,

---

422. Art. 55 C. P. C. ; *McEwen* v. *Jenkins,* (1955) B. R. 785 ; (1958) R. C. S. 719.
423. Art. 97 C. P. C.
424. Art. 99 C. P. C.
425. Art. 2258 C. C.
426. Art. 2258 C. C.
427. Paragr. 253.

la loi présume que le contractant, qui connaît la cause de nullité et laisse passer 10 ans sans se plaindre, a véritablement l'intention de confirmer le contrat et de renoncer volontairement à en demander l'annulation.

Théoriquement cependant, dans l'hypothèse d'école où la cause de la nullité ne serait découverte que trente ans après la conclusion de l'engagement, le contractant aurait, semble-t-il, encore dix ans pour intenter l'action, étant donné le texte précis de l'article 2258 C. C.

258 — *Nullité absolue* — S'il s'agit au contraire d'une nullité absolue, l'action pour l'invoquer se prescrit par 30 ans [428], même si là encore il semble toujours possible par voie d'exception d'opposer cette nullité après cette période. Il apparaît de prime abord peu juridique d'affirmer qu'un contrat nul de nullité absolue, et donc sans effet, créera un lien d'obligation valable par le seul écoulement de ce laps de temps. On conçoit mal que le simple passage du temps vienne suppléer aux déficiences et aux carences fondamentales du contrat. C'est pourquoi certains auteurs [429] estiment que la nullité absolue ne se prescrit jamais. Cependant il s'agit là en fait d'un faux problème. Si le contrat entaché d'une telle nullité n'a pas été exécuté en tout ou en partie, l'écoulement de la période de 30 ans n'a pas pour effet de le rendre valide et de permettre une demande en exécution puisque, quelle que puisse être la période de temps écoulée entre la conclusion du contrat et la demande d'exécution, le contractant peut toujours opposer la nullité par voie d'exception. Si par contre ce même contrat a été exécuté en tout ou en partie, le contractant qui a fourni cette exécution n'est pas admis après 30 ans à invoquer la nullité pour répéter les sommes payées ou revendiquer les objets par lui livrés. L'intérêt public cède ici devant l'intérêt privé. Le but et l'effet de la prescription trentenaire ne sont donc pas de rendre valable un contrat qui ne l'est pas, mais seulement d'empêcher les actions réelles ou personnelles pouvant surgir à propos de cet engagement.

3. CONFIRMATION DU CONTRAT

259 — *Généralités* — Une différence capitale sépare à cet égard la nullité absolue de la nullité relative. La ratification ou la confirmation d'un contrat entaché de nullité absolue est juridiquement

---

428. Art. 2242 C. C.
429. MIGNAULT, *Droit civil canadien*, t. 5, p. 237.

impossible [430]. Tout ce que peuvent faire les parties est de couvrir l'absence de contrat valable par un nouveau contrat ou une nouvelle convention. Celle-ci cependant ne peut avoir aucun effet rétroactif et reste en principe indépendante du premier contrat nul de nullité absolue. Il en est de même lorsque la nullité provient d'une contravention à une règle d'ordre public.

Au contraire, le contrat dont l'existence est menacée par une nullité relative peut être confirmé puisque la nullité n'atteint que l'ordre privé.

a) FORMES

260 — *Confirmation expresse — confirmation tacite —* La confirmation ou ratification d'un contrat simplement annulable peut se faire soit sous forme tacite soit sous forme expresse. La confirmation pour être valable dans les deux cas requiert la connaissance acquise par la partie de l'existence de la cause de nullité et son intention de renoncer à la demande en nullité en couvrant le vice. La confirmation est tacite lorsque le contractant se comporte à l'égard du contrat comme si la cause de nullité n'existait pas, par exemple en exécutant volontairement ses obligations en tout ou en partie [431].

La confirmation est expresse lorsqu'il y a déclaration écrite formelle de l'intention de couvrir la cause de nullité. Le Code exige que cette confirmation se fasse sous certaines formes pour pouvoir être admise valablement en preuve. Les formalités énumérées à l'article 1214 C. C.

---

430. *Côté* v. *Stadacona Ins. Co.*, (1882) 6 R. C. S. 193, p. 212 ; *Montreal Investment and Realty Co.* v. *Sarault*, (1915) 24 B. R. 249 ; (1918) 57 R. C. S. 464 ; *Turbide* v. *Tremblay*, (1927) 65 C. S. 254 ; *Gadbois* v. *Montreal Exhibition Co.*, (1930) 36 R. J. 478 ; *Coutu* v. *Gauthier*, (1933) 54 B. R. 183.

431. Pour les cas intéressant le mineur voir paragr. 169. Voir également *Petit* v. *Martin*, (1898) 7 C. S. 128 ; *United Shoe Machinery* v. *Brunet*, (1909) A. C. 330 ; *Pineau* v. *Co. Neigette*, (1916) 22 R. L. n. s. 154 ; *Lortie* v. *Bouchard*, (1952) 1 R. C. S. 508 ; *Co. J.A. Gosselin* v. *Péloquin*, (1954) B. R. 674 ; (1957) R. C. S. 15 ; *Lambert* v. *Lévis Automobile Inc.*, (1956) B. R. 257, R. C. S. 621 ; *Havron* v. *Gregory and Co. Ltd.*, (1960) C. S. 589 ; *Tremblay* v. *Les Pétroles Inc.*, (1961) B. R. 856 ; *Tourangeau* v. *Leclerc*, (1963) B. R. 760 ; *Bernatchez* v. *Vaillancourt*, (1964) B. R. 860 ; *Drouin* v. *Loriot*, (1968) R. L. n. s. 117. Il faut noter ici qu'une certaine jurisprudence voit dans le seul fait de ne pas intenter l'action en nullité dans un délai raisonnable après la découverte du vice, ou de ne pas « répudier » le contrat un désir de confirmation tacite. Ceci a pour effet en pratique de réduire considérablement, sinon d'annihiler les effets de la prescription de 10 ans : *Lambert* v. *Lévis Automobile Inc.*, précité ; *Laventure* v. *Vaillancourt*, (1936) 42 R. J. 276 ; *Rodden* v. *Sauriol*, (1918) 24 R. L. n. s. 421.

ne sont requises toutefois que quant à la preuve et non quant à la validité de la confirmation, l'aveu pouvant y suppléer. Outre un résumé de l'acte que l'on entend confirmer, l'acte écrit de ratification doit mentionner la cause d'annulation et contenir une déclaration d'intention de la couvrir [432]. L'acte confirmatif étant un acte de disposition, seul le contractant ayant la capacité juridique peut valablement la faire.

b) EFFETS

261 — *Rétroactivité* — La confirmation a pour effet de faire disparaître la cause de nullité et ainsi de rendre le contrat rétroactivement inattaquable. Le contrat ratifié est donc censé avoir été valablement fait au jour de sa conclusion. Quant aux tiers, la ratification ou confirmation ne peut affecter les droits qu'ils ont pu acquérir de bonne foi dans l'intervalle.

III — EFFETS DES NULLITÉS

262 — *Généralités* — Nullité absolue et nullité relative produisent des effets juridiques identiques. Quant à l'avenir, la nullité a pour effet de mettre fin au contrat ; quant au passé, elle anéantit rétroactivement tous les effets produits par le contrat.

A. EFFETS QUANT À L'AVENIR

263 — *Effets sur certaines clauses* — Le contrat déclaré nul cesse de produire des effets juridiques pour l'avenir. La seule question qui se pose à ce propos est de savoir si la nullité d'une des clauses du contrat a automatiquement pour effet d'entraîner la nullité de l'acte entier. Certains textes du Code civil optent pour la solution qui consiste à maintenir l'ensemble du contrat tout en tenant la clause nulle pour non écrite. Ainsi en est-il dans le cas de la nullité de la clause pénale [433]. De plus, lorsqu'il s'agit d'une condition immorale ou illicite, le Code énonce

---

432. Art. 1214 C.C. Voir NADEAU et DUCHARME, *Traité de droit civil du Québec*, t. 9, nº 420 et s., p. 318 et s. ; *Merchant's Advertising Co.* v. *Bissonnet*, (1904) 10 R. J. 209.

433. Art. 1132 C.C. Voir aussi pour la convention collective *Code du travail*, S. R. Q., 1964, ch. 141, art. 52.

qu'elle rend nulle l'obligation qui en dépend sans toutefois préciser le sort réservé à l'opération juridique entière [434]. La jurisprudence dans l'ensemble ne s'est pas montrée favorable à l'annulation de partie seulement d'un contrat sauf, semble-t-il, en matière de contrat de mariage où la nullité d'une clause n'entraîne pas automatiquement la nullité de l'acte entier si cette clause n'a pas été la clause principale et déterminante [435].

Le critère le plus logique à adopter, à notre avis, semble être celui de l'intention des parties. Si la clause n'est qu'accessoire et qu'il est possible de donner effet à cette intention tout en maintenant le reste du contrat, rien ne s'opposerait à ce que l'annulation n'affecte que cette clause.

B. EFFETS QUANT AU PASSÉ

264 — *Effet rétroactif* — La nullité qu'elle soit relative ou absolue a un effet rétroactif. Le contrat nul est censé n'avoir jamais existé et les effets qu'il a pu produire sont annihilés. Le juge doit donc, en cas d'exécution totale ou partielle, remettre, ou du moins s'efforcer de remettre, les parties dans l'état où elles étaient avant la conclusion de l'engagement, puisque ne pas procéder à la remise en état serait indirectement sanctionner un enrichissement sans cause, en permettant à l'une des parties de garder le bénéfice de l'exécution. La jurisprudence refuse cependant parfois la remise en état lorsque le contrat était contraire aux bonnes mœurs ou au droit criminel [436], ce refus étant une sanction additionnelle à l'immoralité. Il nous semble toutefois qu'il s'agit là d'une règle injuste et difficilement défendable, puisqu'elle a pour effet d'ajouter une autre immoralité (enrichissement injuste et immoral) à celle résultant de l'engagement. Une seconde exception à la règle de la remise en état des parties est celle établie par l'article 1011 C. C. au profit des mineurs et des interdits et qui limite le montant du remboursement qu'ils doivent

---

434. Art. 1080 C. C. La solution contraire existe cependant pour le contrat de donation où la condition illégale, dit le Code, rend nulle la disposition elle-même « comme dans les autres contrats » (art. 760 C. C.).

435. *Commission des écoles catholiques de Montréal* v. *Curé et Marguilliers de la paroisse de St-Zotique*, (1929) 46 B. R. 485 ; *Garand* v. *Poirier*, (1934) 40 R. L. n. s. 12 ; *Patenaude* v. *Fortin*, (1938) 42 R. P. 193 ; *Accessoires de cuisine Ltée* v. *Pagé*, (1952) R. L. n. s. 208. En matière de contrat de mariage voir : *Dufresne* v. *Dufresne*, (1919) 28 B. R. 315 ; *Comeau* v. *Tourigny*, (1937) R. C. S. 283 ; *contra : Turbide* v. *Tremblay*, (1927) 65 C. S. 254.

436. TRUDEL, *Traité de droit civil du Québec*, t. 7, p. 144 et s. ; voir paragr. 239 ; *Courteau* v. *Viau*, (1920) 58 C.S. 257 ; *Guay* v. *Vézina*, (1920) 58 C. S. 104.

effectuer à l'enrichissement dont leur patrimoine a bénéficié [437]. Enfin certaines décisions refusent même d'accorder la nullité relative d'un engagement lorsque celui qui la demande s'est placé lui-même dans l'impossibilité de pouvoir effectuer la restitution [438].

BIBLIOGRAPHIE
CANCINO, F., *la Nullité des actes juridiques*, Montréal, Wilson et Lafleur, 1950.
KAYSER, P., « Les nullités d'ordre public », (1933) 32 R. T. D. C. 115.
LUTZESCO, G., *Théorie et pratique des nullités*, Paris, Sirey, 1938.
ROUTHIER, A., *les Causes de nullité de contrat*, Québec, Charrier et Dugal, 1942.

Chapitre II
LE DOMAINE DES NULLITÉS EN MATIÈRE CONTRACTUELLE

265 — *Généralités* — Les nullités en matière contractuelle sanctionnent l'inobservation d'une condition de fond ou de forme nécessaire à la conclusion valable du contrat.

I — INOBSERVATION D'UNE CONDITION DE FOND
A. CONSENTEMENT

266 — *Absence de consentement* — Le consentement est un élément absolument indispensable à la validité même de l'engagement en ce sens qu'il ne saurait y avoir contrat s'il n'y a pas eu consentement. L'absence de consentement peut se manifester de deux façons distinctes soit d'une part par un défaut de rencontre des volontés contractuelles, soit d'autre part par une inhabileté mentale de la part d'un des contractants à consentir valablement. Lorsqu'il s'agit d'une absence de rencontre des volontés, la nullité, à notre avis, doit être absolue car

---

437. Voir paragr. 174 et s.
438. *Rodden* v. *Sauriol*, (1918) 24 R. L. n. s. 421 ; *Beaurivage* v. *Chabot*, (1957) C. S. 81 ; *Tourangeau* v. *Leclerc*, (1963) B. R. 760.

il n'y a qu'apparence de contrat et non acte juridique valablement formé [439]. C'est pourquoi, malgré le texte de l'article 1000 C. C., il semble logique de soutenir que l'erreur sur la nature du contrat entraîne une nullité absolue [440].

Dans la seconde hypothèse, il convient simplement de se référer aux règles déjà exposées relativement aux incapables [441]. L'aberration mentale temporaire de la personne non interdite la rendant inapte à consentir peut provoquer soit une nullité relative si l'on base la cause de nullité sur une prétendue « incapacité naturelle », soit une nullité absolue si l'on en fait un cas de véritable absence de consentement [442].

267 — *Intégrité du consentement* — Au contraire, lorsque le consentement existe, mais est entaché d'un vice (erreur, fraude, crainte), la sanction n'est qu'une nullité relative destinée à protéger seulement le contractant qui en a été la victime. Il en est de même pour la lésion où l'action en nullité relative prend le nom d'action en rescision [443].

B. CAPACITÉ

268 — *Incapacités d'exercice — incapacités de jouissance* — Les incapacités d'exercice étant établies pour la protection même des intérêts particuliers de l'incapable, la sanction qui s'y attache est la nullité relative. Il faut toutefois, d'après certains auteurs, faire exception lorsque le respect d'une formalité impérative est requise par la loi [444]. Par contre, c'est en principe une nullité absolue qui sanctionne les incapacités de jouissance, celles-ci étant dans la plupart des cas établies pour des raisons d'intérêt général et d'ordre public. Ainsi en est-il pour la vente et la donation entre époux [445], le cautionnement de la femme mariée pour son époux [446], la vente des droits litigieux aux officiers de justice [447].

---

439. MIGNAULT, *Droit civil canadien*, t. 5, p. 235 ; TRUDEL, *Traité de droit civil du Québec*, t. 7, p. 163 et s., p. 208 ; *Côté* v. *Stadacona Ins. Co.*, (1882) 65 R. C. S. 193 ; *Rawleigh Co. Ltd.* v. *Latraverse*, (1924) 36 B. R. 334.

440. *Rawleigh Co. Ltd.* v. *Latraverse*, (1924) 36 B. R. 334 ; *Rawleigh Co.* v. *Dumoulin*, (1925) 39 B. R. 241 ; (1926) R. C. S. 551 ; *Grégoire* v. *Béchard*, (1930) 49 B. R. 27 ; *Lévesque* v. *Dionne*, (1954) B. R. 83 ; *Watkins Co.* v. *Lefebvre*, (1959) B. R. 758 ; *Lussier* v. *Courvoisier Chimney Contractors Inc.*, (1962) C. S. 561.

441. Paragr. 191 à 202.

442. Paragr. 202.

443. Paragr. 247.

444. Paragr. 162 et s.

445. Art. 1265 C. C. et 1483 C. C. ; paragr. 206 à 208.

446. Art. 1301 C. C. ; paragr. 209.

447. Art. 1485 C. C. ; paragr. 212.

C. OBJET

269 — *Absence ou illicéité de l'objet* — L'absence d'objet et l'illicéité ou immoralité de celui-ci sont sanctionnées dans les deux cas par une nullité absolue. Il en est de même pour l'erreur sur l'identité de l'objet puisque, dans un tel cas, le consentement de chaque contractant portant sur un objet différent, le contrat n'a pu se former véritablement [448].

D. CAUSE

270 — *Cause du contrat — cause de l'obligation* — L'absence de cause de l'obligation est un obstacle à la formation du contrat. Dans un contrat synallagmatique, il lui correspond une absence d'objet de l'obligation corrélative, ce qui entraîne en principe la nullité absolue. C'est également une nullité absolue qui sanctionne la fausse cause ou la cause immorale ou illicite du contrat [449].

II — INOBSERVATION D'UNE CONDITION DE FORME

271 — *Formalités impératives — formalités de preuve* — Il faut distinguer ici selon que la forme est imposée par la loi pour la validité même de l'acte ou seulement pour sa preuve. Dans la première hypothèse, lorsque l'intérêt public est en jeu la sanction est la nullité absolue. Ainsi en est-il du défaut d'observer la forme notariée dans le contrat de mariage [450], l'acte de donation [451], le contrat d'hypothèque [452]. Toujours dans le premier cas, certaines formalités semblent requises beaucoup plus pour la protection même du contractant que pour des raisons d'ordre public. Ainsi en est-il des formalités imposées par la loi pour les contrats faits par les incapables. Il semblerait que dans ce dernier

---

448. La jurisprudence semble partagée sur ce point. Voir *Montreal Investment and Realty Co.* v. *Sarault*, (1915) 24 B. R. 249 ; (1918) 57 R. C. S. 464 ; *Riopelle* v. *Papineau*, (1918) 54 C. S. 451 ; *Ménard* v. *Roy*, (1922) 33 B. R. 350, p. 372.

449. Paragr. 236 et 239.

450. Art. 1264 C. C.

451. Art. 776 C. C. ; *City of Westmount* v. *Bishop*, (1916) 22 R. L. n. s. 355.

452. Art. 2040 C. C.

cas, la nullité relative doive être la sanction la plus appropriée bien que la jurisprudence et les auteurs soient divisés sur le sujet [453].

Par contre, si le respect d'une formalité n'est exigé que pour permettre de rapporter la preuve de l'acte ou pour servir de publicité aux tiers, la sanction n'est ni la nullité relative, ni la nullité absolue mais seulement l'inopposabilité ou la non-validité en preuve de l'acte qui constaste le contrat [454].

272 — *Conclusion* — On voit par l'étude des nullités que la traditionnelle division entre nullités absolues et nullités relatives est dans certains cas loin d'être claire. Il serait de beaucoup préférable, à notre avis, de s'en remettre à la distinction entre la nullité d'ordre public et la nullité d'ordre privé.

BIBLIOGRAPHIE

CANCINO, F., *la Nullité des actes juridiques*, Montréal, Wilson et Lafleur, 1950.
ROUTHIER, A., *les Causes de nullité de contrat*, Québec, Charrier et Dugal, 1942.

---

453. Paragr. 162 et s.
454. Lorsque cependant l'écrit ne reproduit pas fidèlement la volonté des parties, l'une d'entre elles peut demander sa correction ou rectification ; *Black* v. *Amyot*, (1919) 56 C. S. 34 ; *Simard* v. *Tremblay*, (1929) 46 B. R. 158 ; *Lavoie* v. *Morin*, (1951) B. R. 549.

Titre III
EFFETS DES CONTRATS

273 — *Effet général* — Le droit québécois, tout comme le droit français moderne et contrairement à la tradition de l'ancien droit, admet que le transfert du droit de propriété se fasse par simple consentement mutuel, indépendamment de l'acte matériel de la livraison (art. 1025 C. C.). C'est là une illustration directe du principe du consensualisme ; la seule volonté des parties suffit à faire passer le *jus in re* du vendeur ou cédant à l'acheteur ou cessionnaire.

274 — *Effet relatif* — D'une façon générale donc, le contrat peut avoir pour effet soit de créer, modifier ou éteindre des obligations, soit encore de transférer un droit réel. Il ne lie en principe que les parties contractantes et ne saurait préjudicier aux droits de tierces personnes qui n'y sont pas parties (principe de l'effet relatif). Il existe toutefois un certain nombre d'exceptions au moins apparentes à ce principe, en vertu desquelles, un contrat peut avoir pour effet de rendre un tiers créancier (stipulation pour autrui) ou débiteur (promesse de porte-fort).

Sous-titre premier

EFFETS DU CONTRAT
ENTRE LES PARTIES

275 — *Généralités* — Bien qu'à la différence du Code français, le Code québécois n'ait pas jugé bon d'exprimer ce principe dans un article précis, il est admis que le contrat a force de loi entre les parties, c'est-à-dire qu'il représente la loi que les contractants se sont volontairement donnée [455]. Deux problèmes se posent cependant à ce propos. Lorsque les deux contractants ne s'entendent pas sur le sens exact de la loi qu'ils se sont donnée, le juge va avoir la tâche d'interpréter l'acte pour tenter de retrouver leur véritable intention. Quelles règles suivra-t-il à cet égard ? En second lieu, pour certaines raisons, les parties ont pu vouloir dissimuler leur véritable intention et la véritable portée de leurs obligations en faisant deux actes apparemment contradictoires. Quels vont alors être les effets de ces actes entre les parties et à l'égard des tiers ?

Chapitre premier

L'INTERPRÉTATION DES CONTRATS

276 — *Généralités* — Interpréter un contrat, surtout en face des prétentions souvent contradictoires des parties, est une tâche fort délicate pour le juge. Celui-ci doit en effet essayer de rechercher ce que les parties ont réellement voulu par leur engagement. Interpréter n'est donc pas « refaire » ou « réviser » mais simplement expliciter et clarifier. Les codificateurs, s'appuyant sur l'ancien droit et le Code Napoléon [456], ont établi à cet égard un certain nombre de règles (art. 1013 à 1021 C. C.) destinées à guider le tribunal dans cette tâche. Les neuf règles que le Code énumère peuvent être regroupées autour de quatre principes fondamentaux dont elles forment les illustrations particulières.

---

455. Art. 1134 C. N.

456. POTHIER, *Traité des obligations*, Paris, Beaucé, 1818, n° 91 et s. ; art. 1156 à 1164 C. N.

I — LE FOND DOIT L'EMPORTER SUR LA FORME

277 — *Primauté de l'intention* — Le droit québécois n'étant pas un droit formaliste, les parties sont liées par l'entente véritable qu'elles ont voulu faire et non par la forme qu'elles ont utilisée pour constater celle-ci. En cas de doute sur leur commune intention, le juge doit donc accorder plus d'importance à la véritable intention des contractants qu'à l'intention objectivement apparente manifestée par l'expression formelle. Pour ce faire, il est évidemment nécessaire qu'il y ait un doute et le tribunal ne peut, sous prétexte de rechercher cette intention, dénaturer un contrat clair [457].

278 — *Sens littéral des mots* — Ce principe d'interprétation est exprimé par l'article 1013 C. C. et illustré également par la règle de l'article 1020 C. C. En premier lieu, le juge ne doit pas s'arrêter au simple sens littéral des mots utilisés par les parties, mais rechercher au-delà de la description formelle, le concept même que celles-ci voulaient exprimer [458]. En second lieu, d'après cette même règle, la qualification formelle donnée par les parties à leur contrat, ne doit pas empêcher le tribunal de vérifier si celle-ci correspond bien aux effets recherchés. Ainsi ce n'est pas parce que les parties ont intitulé leur contrat « vente » ou « louage », que le juge est tenu *ipso facto* d'appliquer les règles relatives à ces contrats, s'il appert que c'est un autre type de contrat que les parties ont véritablement voulu faire [459].

279 — *Généralité des termes* — Enfin, comme le précise l'article 1020 C. C., les termes utilisés par les parties, aussi généraux soient-ils, ne lient celles-ci que relativement à ce qu'elles avaient l'intention d'inclure dans le contrat. Autrement dit, le seul fait que la convention ait été conclue en termes généraux n'emporte pas nécessairement une obligation générale ; elle doit au contraire être restreinte aux obligations particulières et spécifiques que les parties avaient en vue [460].

---

457. *Consumers Acceptance Co.* v. *Robitaille*, (1963) B. R. 540 ; *Merit Business and Realty Co.* v. *Goldberg*, (1965) B. R. 33.

458. *Poirier* v. *Faubert*, (1956) B. R. 551 ; (1959) R. C. S. 459 ; *Gagnon Ltée* v. *Michaud*, (1960) C. S. 48 ; *Mercier* v. *Watson Jack Hopkins Ltd.*, (1961) C. S. 251 ; *Tétreault* v. *Gagnon*, (1961) B. R. 195 ; (1962) R. C. S. 766 ; *Delisle Auto Rouyn Ltée* v. *McNicoll*, (1962) C. S. 75.

459. *Paquette* v. *Desaulniers*, (1935) 73 C. S. 160 ; *Thibault* v. *Auger*, (1950) C. S. 343.

460. *Madden* v. *Demers*, (1920) 20 B. R. 505 ; *Communauté des Sœurs de la Charité* v. *Kares*, (1922) 60 C. S. 226 ; *Gareau* v. *Ouellette*, (1957) B. R. 357 ; *Viau* v. *Supertest Petroleum Ltd.*, (1969) C. S. 229.

II — LE CONTRAT DOIT PRODUIRE DES EFFETS

280 — *Règle générale* — Il est à présumer logiquement que si les parties ont fait un contrat, c'est qu'elles avaient l'intention par là de créer des obligations et donc de lui faire produire des effets. Lorsque le juge se trouve en présence de deux interprétations possibles d'un terme (art. 1015 C. C.) ou d'une clause (art. 1014 C. C.), dont l'une conduirait à n'y donner aucun effet et l'autre à y donner un effet quelconque, il doit alors préférer la seconde interprétation à la première [461].

281 — *Interprétation en faveur du débiteur* — En dépit de l'utilisation des règles d'interprétation, il peut rester malgré tout un doute sérieux sur l'effet d'une obligation. Dans un tel cas, le tribunal doit interpréter l'engagement contre celui qui a stipulé (c'est-à-dire le créancier) et en faveur de celui qui s'est obligé (c'est-à-dire du débiteur). La loi (art. 1019 C. C.) préfère favoriser celui qui doit quelque chose, en présumant que le créancier a été négligent de n'avoir pas suffisamment précisé l'étendue du droit qu'il entend réclamer. La jurisprudence utilise parfois une règle quelque peu différente dans les contrats rédigés entièrement par l'une des parties et imposés à l'autre, comme le contrat d'assurance, en l'interprétant contre celui qui a fourni et rédigé le contrat, c'est-à-dire contre l'assureur [462].

III — LE CONTRAT DOIT ÊTRE CONÇU COMME UN TOUT

282 — *Interprétation globale* — Pour avoir une vue d'ensemble de l'intention des parties, il est nécessaire de concevoir le contrat comme un tout, c'est-à-dire en premier lieu de ne pas interpréter séparément chacune des clauses de l'engagement sans référence aux autres. C'est ce qu'exprime l'article 1018 C. C. en énonçant que les clauses d'un contrat s'interprètent les unes par les autres en donnant à chacune le

---

461. *Browning* v. *Co. Masson*, (1915) 24 B. R. 389 ; *Hughes* v. *Piette*, (1935) 41 R. L. n. s. 155 ; *Guillemette* v. *Bazinet*, (1950) R. L. n. s. 119.

462. *Dattner* v. *Guardian Insurance Co. of Canada*, (1958) C. S. 212 ; *Great-West Life Assurance Co.* v. *Paris*, (1959) B. R. 349 ; *Yorkshire Insurance Co. Ltd.* v. *Turgeon*, (1960) B. R. 625; *Orchard* v. *Mutual Benefit Health and Accident Association*, (1961) C. S. 293 ; *Bernier* v. *Jobin*, (1964) R. L. n. s. 209 ; *St-Pierre* v. *Aeterna-Vie*, (1965) B. R. 256 ; voir aussi *Lord* v. *Guimond*, (1954) B. R. 589 ; (1957) R. C. S. 79 ; *Immeubles populaires Inc.* v. *Ledoux*, (1958) C. S. 539 ; *Beauregard* v. *Montpetit*, (1959) R. L. n. s. 193 ; *Syndicat national des débardeurs de la baie des Ha-Ha* v. *Saguenay Terminals Ltd.*, (1964) B. R. 210.

sens résultant de l'acte entier [463]. En second lieu, le contrat formant un tout, dans l'hypothèse où les contractants, pour éviter une ambiguïté, ont cru bon de préciser un cas particulier, une telle précision ne doit pas avoir pour effet de restreindre la généralité des autres termes [464].

IV — LES ÉLÉMENTS EXTÉRIEURS AU CONTRAT DOIVENT ENTRER EN LIGNE DE COMPTE

283 — *Généralités* — Dans l'éventualité où, en suivant les règles précédemment mentionnées, le juge ne parvient pas à retracer l'intention des parties, il peut avoir recours à certains éléments extérieurs au contrat lui-même.

A. LA LOI, L'USAGE, L'ÉQUITÉ

284 — *Contenu obligationnel du contrat* — L'article 1024 C. C. énonce que le contenu obligationnel du contrat s'étend également à toutes les conséquences découlant de la loi, de l'usage et de l'équité.

285 — *Loi supplétive* — Le terme « loi » est employé ici évidemment pour désigner la loi supplétive de volonté. Les parties sont donc présumées, en cas de silence de leur part, avoir eu l'intention de faire référence implicite à l'ensemble des dispositions supplétives de volonté édictées par le législateur. Ainsi, pour ne prendre qu'un seul exemple, si, dans un contrat de bail de maison, les contractants n'ont pas fixé la durée de la location, ils sont présumés avoir voulu se soumettre aux règles édictées à cet égard par l'article 1642 C. C.

286 — *Usages commerciaux* — L'usage a une très grande importance surtout dans les contrats commerciaux [465]. Il peut avoir la force d'une loi supplétive de volonté, à condition de ne pas aller à l'encontre d'une disposition impérative de la loi, de constituer une véritable coutume juridique et d'être ancien, fréquent, général, public et

---

463. *Lacouture* v. *Badeau*, (1920) 57 C. S. 132 ; *Bellavance* v. *Orange Crush Ltd.*, (1953) B. R. 573 ; (1955) R. C. S. 706 ; *Traders General Insurance Co.* v. *Segal*, (1963) B. R. 740.
464. Art. 1021 C. C. ; *Belisle* v. *Marcotte*, (1957) B. R. 46.
465. PERRAULT, *Traité de droit commercial*, t. 1, n° 204 et s., p. 214 et s.

uniforme [466]. Les parties sont donc présumées avoir voulu se soumettre à l'usage existant au lieu de la passation du contrat [467].

287 — *Équité* — Enfin, le juge doit en tout état de cause faire également appel à l'équité, c'est-à-dire interpréter l'engagement avec bon sens et justice [468]. Le recours à l'équité ne doit cependant pas servir de prétexte au juge pour adoucir les rigueurs d'un contrat lorsque celui-ci est clair. Les tribunaux jouissent à cet égard d'une grande marge de discrétion rendant presque impossible une définition stricte de la notion d'équité.

B. LA CONDUITE DES PARTIES

288 — *Règles jurisprudentielles* — L'examen de la façon dont les parties se sont conduites eu égard au contrat, dans leurs négociations et surtout après sa conclusion, peut souvent être d'une aide fort précieuse dans son interprétation. C'est ainsi qu'un acte d'exécution partielle, à condition qu'il soit libre et non le fruit d'une erreur, peut empêcher son auteur de maintenir par la suite devant le tribunal une interprétation contraire à l'acte posé [469].

289 — *Pouvoir discrétionnaire du tribunal* — Toutes les règles d'interprétation du contrat prévues par le Code civil expriment donc la primauté de la volonté interne sur la volonté déclarée. Il faut aussi constater qu'en pratique, les tribunaux jouissent d'une très grande part de pouvoir discrétionnaire dans la recherche de cette intention et que les quelques règles énoncées par le Code sont considérées par eux comme de simples directives et non comme des canons impératifs d'interprétation.

---

466. *Joyal* v. *Beaucage,* (1921) 59 C. S. 211 ; *Communauté des Sœurs de la Charité* v. *Kares,* (1922) 60 C. S. 226 ; *Greenberg* v. *Plotnick,* (1928) 34 R. J. 404 ; *Richards* v. *Brossard,* (1945) C. S. 179 ; *Comité paritaire de l'industrie de la fourrure en gros* v. *Samuel Grossman Furs Inc.,* (1963) C. S. 643.

467. Art. 8 et 1016 C. C. ; *Columbus Fish and Game Club* v. *Edwards Co.,* (1907) 13 R. L. n. s. 566.

468. *Boucher* v. *Devault,* (1963) C. S. 510.

469. *Hunt* v. *Taplin,* (1894) 24 R. C. S. 36 ; *City of Quebec* v. *North Shore Railway Co.,* (1897) 27 R. C. S. 102 ; *Desserres* v. *Brault,* (1906) 37 R. C. S. 613 ; *Perras* v. *Grace,* (1918) 27 B. R. 343 ; *Marwood* v. *Canadian Credit Co. Ltd.,* (1928) 66 C. S. 378 ; *Belisle* v. *Marcotte,* (1957) B. R. 46 ; *Issenman* v. *Westcrest Development Inc.,* (1961) C. S. 656.

BIBLIOGRAPHIE

CRÉPEAU, P.-A., « Le contenu obligationnel d'un contrat », (1965) 43 C. B. R.

MARTY, M., « Le rôle du juge dans l'interprétation des contrats », *Travaux de l'Association Henri-Capitant,* Paris, Dalloz, 1950, t. 5, p. 84.

Chapitre II
LA SIMULATION

290 — *Position du problème* — En vertu du principe de la liberté contractuelle, les parties peuvent, dans les limites imposées par la loi, les bonnes mœurs et l'ordre public, donner à leurs contrats les effets qu'elles désirent. Elles peuvent donc déterminer librement le contenu, l'étendue, le genre et le type des obligations qu'elles désirent assumer. De plus, l'absence de formalisme ne les oblige pas en règle générale à donner une publicité quelconque à leurs engagements. Il est donc loisible aux contractants de déguiser aux tiers leur véritable entente ou encore de la leur cacher complètement. Si rien dans la loi ne leur interdit de le faire, il n'en reste pas moins qu'à l'égard des personnes qui n'ont pas été parties à l'entente, l'acte apparent, le contrat divulgué est censé représenter la convention intervenue et refléter la véritable intention des parties. Ces tiers pouvant être trompés sur la réalité des effets produits par la convention véritable des parties, un conflit risque de naître entre les effets réels et cachés que les contractants ont voulu faire produire à leur entente, et les effets factices et apparents dont elles ont donné l'illusion aux tiers. Un exemple illustrera cette situation. Les contractants font un contrat qui est apparemment une vente mais, par un second acte, conviennent véritablement que leur entente sera une simple location de choses. Entre les parties, si le contrat n'a rien d'illégal ou d'immoral, il semble que l'on doive donner effet à leur véritable convention c'est-à-dire à un louage de choses. Par contre, qu'arrivera-t-il du créancier de l'acheteur apparent qui, croyant son débiteur propriétaire de la chose, lui aura avancé de l'argent sur cette garantie ? À son égard, le contrat doit-il être considéré comme une location ou comme une vente ? En d'autres termes, si entre les parties l'acte réel doit produire tous ses effets, un tiers lui, peut-il traiter l'acte apparent comme étant l'acte réel ? La simulation s'analyse donc en pratique avant tout comme un conflit d'intérêt entre l'apparence et la réalité des effets du contrat.

I — NATURE

291 — *Définition* — Il y a simulation toutes les fois que les contractants s'entendent pour cacher aux yeux des tiers leur volonté contractuelle réelle, derrière un acte apparent qui la contredit, la modifie ou en change les effets.

292 — *Buts* — Toute opération de simulation comprend donc nécessairement deux actes distincts : d'une part l'acte apparent qui représente ce que les parties veulent faire croire aux tiers, et d'autre part l'acte secret ou contre-lettre qui reflète la véritable intention des parties. La simulation est souvent utilisée dans le dessein de commettre une fraude à la loi, c'est-à-dire d'éviter une prohibition légale ou de faire indirectement ce que la loi ne permet pas de faire directement. Cependant la simulation n'est pas toujours synonyme de fraude et un but parfaitement légitime peut être à la base de l'opération simulée. Tel serait par exemple le cas du donateur désireux de conserver l'anonymat et qui fait la donation par personne interposée.

II — VARIÉTÉS

293 — *Acte fictif* — La simulation peut prendre diverses formes selon que les parties ont voulu supprimer totalement l'acte apparent ou le modifier en totalité ou en partie dans ses effets. L'acte fictif est celui qui est destiné à faire croire à l'existence d'un engagement entre les parties, alors qu'en fait il n'en existe aucun [470]. Dans ce cas, la contre-lettre ou véritable entente des parties annihile complètement l'acte apparent. Les parties ont voulu faire croire qu'elles avaient conclu un contrat alors qu'en réalité elles n'ont jamais voulu contracter. La technique de l'acte fictif est souvent utilisée comme moyen de tromper ses créanciers. Le débiteur se dessaisit apparemment d'un bien en faveur d'un tiers, mais en garde l'entière propriété par contre-lettre.

294 — *Acte déguisé* — Au contraire, l'acte déguisé laisse subsister une entente entre les parties, entente qui est cependant différente en tout ou en partie de celle qui est constatée par l'acte. Le déguisement peut être total (les parties ont fait apparemment une vente, mais la contre-lettre indique qu'il s'agit en fait d'une donation [471]), ou partiel (les parties ont fait une vente, mais les conditions véritables de

---

470. Voir par exemple *Bibeau* v. *Bibeau*, (1963) C. S. 357.
471. Voir par exemple *Lachance* v. *Lachance*, (1926) 64 C. S. 478 ; (1926) 41 B. R. 260 ; *Tétrault* v. *Desserres*, (1941) 47 R. J. 156 ; *Barré* v. *Rainville*, (1947) R. L. n. s. 232.

celles-ci sont différentes de celles qui sont exprimées dans l'acte apparent [472]). C'est peut-être là la forme la plus courante de simulation.

295 — *Interposition de personne* — Enfin, une troisième forme de simulation est l'interposition de personne. Pour ne pas faire directement avec une personne le contrat projeté, le contractant passe un contrat avec un tiers qui, par contre-lettre, s'engage à en remettre le bénéfice à cette personne. Cette forme de simulation, connue également sous le nom de convention de prête-nom au sens large du terme [473], est souvent utilisée pour contourner les prohibitions de la loi concernant les incapacités. Ainsi le mari qui, lorsqu'il ne pouvait valablement faire une donation à sa femme, transférait le bien à un tiers qui, à son tour, en faisait don à l'épouse.

III — EFFETS

296 — *Généralités* — La simulation pose un problème particulier de conflit entre le principe de la liberté contractuelle et le respect des droits des tiers. Il convient donc d'examiner ses effets en tenant compte de cette double perspective et de la règle générale énoncée par l'article 1212 C. C.

A. EFFETS ENTRE LES PARTIES

297 — *Effet obligatoire de la contre-lettre* — La contre-lettre, représentant la véritable intention contractuelle des parties, lie celles-ci comme tout contrat ordinaire. Dans leurs relations, les contractants doivent donc s'en tenir au contrat qu'ils ont réellement voulu faire et ni l'un ni l'autre ne peut refuser de donner effet à la contre-lettre [474].

298 — *Mariage* — Si la simulation n'est pas, entre les parties, une cause de nullité en général, dans certains cas cependant elle

472. Voir par exemple *Vaudreuil* v. *Poulin*, (1955) C. S. 329.
473. Sur la distinction théorique entre la convention de prête-nom *stricto sensu* et l'interposition de personne, voir MAZEAUD, *Leçons de droit civil*, t. 2, n° 807, p. 718-719.
474. *McDougall* v. *Gendron*, (1891) 20 R. L. 153 ; *Maucotel* v. *Tétrault*, (1905) 28 C. S. 251 ; *Thibault* v. *Latour*, (1916) 49 C. S. 237 ; *Lacouture* v. *Badeau*, (1920) 57 C. S. 132 ; *Beaulieu* v. *Gougeon*, (1926) 64 C. S. 555 ; *Forest* v. *Dion*, (1943) B. R. 349 ; *Rougeau* v. *Desgagné*, (1950) C. S. 421 ; *Canover* v. *Commercial Acceptance Co. Ltd.*, (1950) B. R. 116 ; *Lafontaine* v. *Lafontaine*, (1952) B. R. 685 ; *Vaudreuil* v. *Poulin*, (1955) C. S. 329 ; *Pucholska* v. *Massé*, (1958) C. S. 197 ; *Bélanger* v. *Bélanger*, (1968) C. S. 588.

peut le devenir. Il en est ainsi en premier lieu en matière de mariage où, en raison du caractère solennel du contrat et de ses conséquences sociales, toute contre-lettre sera considérée comme nulle et non avenue [475]. La présence d'une contre-lettre dans un tel cas peut cependant parfois dénoter une absence d'intention véritable de contracter mariage et pourrait être le signe d'une absence totale de consentement à l'acte.

299 — *Fraude* — En second lieu, tout acte simulé qui a pour but de frauder la loi est entaché de nullité et entraîne l'annulation de l'opération tout entière. Ainsi en est-il lorsque les parties ont utilisé l'une des techniques de la simulation pour passer outre à une disposition prohibitive de la loi ou à une disposition d'ordre public. Dans ce cas, acte apparent et contre-lettre sont tous deux frappés de nullité [476].

B. EFFETS VIS-À-VIS DES TIERS

300 — *Principe de l'inopposabilité* — L'article 1212 C. C. exprime fort malhabilement l'idée que la contre-lettre ne fait pas preuve contre les tiers. Il serait plus exact de dire, comme le fait l'article 1321 du Code Napoléon, que la contre-lettre ne saurait être opposée aux tiers par les parties. En d'autres termes, les tiers ont le droit de se fier aux apparences et de traiter l'acte apparent comme représentant la véritable convention intervenue entre les parties [477]. Le terme « tiers » ici désigne les ayants cause à titre particulier et les créanciers chirographaires [478], mais ne comprend pas les ayants cause universels ou à titre universel qui continuent la personne juridique de leur auteur [479].

---

475. *K.* v. *R.*, (1949) B. R. 452 ; voir aussi *Jasenovic* v. *Nussinov*, (1966) B. R. 774.
476. *Lambert* v. *Provost*, (1913) 16 R. P. 41 ; *Lachance* v. *Lachance*, (1926) 64 C. S. 478 ; (1926) 41 B. R. 260 ; *Quirion* v. *Cliche*, (1947) B. R. 760 ; *Bellavance* v. *Canadian Acceptance Co. Ltd.*, (1956) B. R. 407 ; *Caisse populaire de St-Joachim de Laurelle* v. *Lévesque*, (1958) C. S. 100.
477. *Whitehead* v. *Kieffer*, (1885) 1 M. L. R. C. S. 284 ; (1888) 4 M. L. R. B. R. 236 ; *Vassal* v. *Salvas*, (1896) 5 B. R. 349 ; (1896) 27 R. C. S. 68 ; *Little* v. *Reaycraft*, (1918) 24 R. L. n. s. 8 ; *Boulanger* v. *Caisse populaire de St-Sylvère*, (1936) 60 B. R. 538 ; *Campbell Auto Finance Co.* v. *Bonin*, (1945) R. C. S. 175 ; *General Finance Co. Ltd.* v. *Fortin*, (1958) R. P. 428 ; *Traders Finance Co. Ltd.* v. *Landry*, (1958) B. R. 120 ; *Moreau* v. *Landry*, (1961) C. S. 337.
478. *Fortier* v. *Lafontaine*, (1961) C. S. 616. De même le syndic à la faillite, en tant que représentant des créanciers est considéré comme un tiers : *Gilbert* v. *Lefaivre*, (1927) 43 B. R. 557 ; (1928) R. C. S. 333 ; *Lamarre* v. *Tessier*, (1931) 12 Ca. By. R. 87 ; (1932) 13 Ca. By. R. 266 ; *Hamel* v. *R. et R. Entreprises Ltée*, (1964) B. R. 361.
479. *Beaulieu* v. *Gougeon*, (1926) 64 C. S. 555.

301 — *Droit d'invoquer la contre-lettre* — Si la contre-lettre est inopposable aux tiers, il ne s'ensuit pas forcément que ceux-ci soient empêchés de l'invoquer lorsque tel est leur intérêt [480]. Il leur est loisible de le faire, en établissant par exemple la simulation, au moyen d'une action en déclaration de simulation.

302 — *Conflit d'intérêts entre les tiers* — Un conflit d'intérêts peut surgir entre les tiers désireux de se prévaloir de l'acte apparent et ceux voulant invoquer au contraire la contre-lettre. Par exemple, dans le cas d'un contrat de vente simulée et d'une contre-lettre établissant un contrat de louage, les créanciers de l'acheteur-locataire ont intérêt à invoquer l'acte apparent pour pouvoir saisir le bien dans le patrimoine de leur débiteur. Au contraire, les créanciers du vendeur-locateur ont intérêt eux à invoquer la contre-lettre pour démontrer que le bien est toujours resté dans le patrimoine de leur débiteur. La majorité des auteurs, se basant sur une interprétation littérale du texte de l'article 1212 C. C. ou du texte correspondant du Code Napoléon, accorde préférence dans ce cas aux tiers qui invoquent l'acte apparent [481].

IV — SANCTIONS

303 — *Inopposabilité* — La sanction usuelle de la simulation est l'inopposabilité aux tiers et seulement parfois la nullité [482]. Lorsque l'une des parties refuse de reconnaître la simulation ou qu'un tiers désire démontrer la fiction ou le déguisement de l'opération, l'action en déclaration de simulation leur est ouverte. Elle a pour but de prouver la véritable convention des parties et de faire constater la simulation par le tribunal et est le plus souvent utilisée par le créancier qui veut établir contre son débiteur l'existence d'une contre-lettre à son avantage. L'action en déclaration de simulation présente certaines analogies avec l'action paulienne, mais en diffère substantiellement par ses conditions d'exercice. Le demandeur dans l'action en déclaration de simulation en effet n'a pas à démontrer l'antériorité de sa créance par rapport à l'acte reproché, non

---

480. *Boulanger* v. *Caisse populaire de St-Sylvère*, (1936) 60 B. R. 538; *Forest* v. *Dion*, (1943) B. R. 349.

481. MAZEAUD, *Leçons de droit civil*, t. 2, n° 824, p. 727 ; RIPERT et BOULANGER, *Traité de droit civil*, n° 611, p. 229 ; MARTY et RAYNAUD, *Droit civil*, n° 281, p. 249 ; TURGEON, P., « Contre-lettre et simulation », (1953) 56 R. du N. 178, p. 189.

482. Paragr. 298 et s.

plus que l'insolvabilité du débiteur [483]. Cette action est ouverte à toute personne intéressée, et se prescrit par 30 ans [484].

304 — *Preuve* — Quant à la preuve de la simulation, il convient de faire une différence selon que ce sont les parties ou les tiers qui cherchent à rapporter cette preuve. Entre les parties, et par les parties à l'égard des tiers, les règles générales relatives à la preuve testimoniale, notamment celle établie par l'article 1234 C. C. doivent être suivies, ce qui a pour effet d'exclure pratiquement la preuve testimoniale de la contre-lettre [485]. Cette preuve est cependant permise en cas de simulation frauduleuse [486]. Quant aux tiers, le contrat n'étant à leur égard qu'un fait juridique, tous les moyens de preuve leur sont ouverts, même les présomptions de fait [487].

BIBLIOGRAPHIE

BREDIN, J.D., « Remarques sur la conception jurisprudentielle de l'acte simulé », (1956) 54 R. T. D. C. 261.

DAGOT, M., *la Simulation en droit privé*, Paris, Librairie générale de droit et de jurisprudence, 1965.

FOULON-PIGANIOL, C., « Le mariage simulé », (1960) 58 R. T. D. C. 217.

LEMAN, S., « Some Aspects of Simulation in France and Louisiana », (1954) 28 Tul. L. Rev. 22.

TURGEON, P., « Contre-lettre et simulation », (1953-1954) 56 R. du N. 178.

---

483. *Gendron* v. *Labranche*, (1893) 3 C. S. 83 ; *Cloutier* v. *Giguère*, (1916) 49 C. S. 202 ; *Lambert* v. *Anctil*, (1929) 67 C. S. 252 ; *Guay* v. *Desmarais*, (1932) 38 R. L. n. s. 59 ; *Brien* v. *Brunet*, (1953) R. L. n. s. 70.

484. *Cloutier* v. *Giguère*, (1916) 49 C. S. 202 ; *Lambert* v. *Anctil*, (1929) 67 C. S. 252 ; *Michaud* v. *Deschênes*, (1933) 39 R. J. 77 ; *Brien* v. *Brunet*, (1953) R. L. n. s. 70 ; *In re Télesphore Maisonneuve : Perras* v. *Courteau*, (1956) B. R. 245.

485. *Booth Ltée* v. *McLean*, (1926) 40 B. R. 331 ; (1927) R. C. S. 243 ; *Despatie* v. *Herbert*, (1932) 53 B. R. 81 ; (1940) R. C. S. 547 ; *Lafontaine* v. *Lafontaine*, (1952) B. R. 685 ; *Vaudreuil* v. *Poulin*, (1955) C. S. 329 ; *Moreau* v. *Landry*, (1961) C. S. 337 ; *Immeubles Murdoch Ltée* v. *Simonato*, (1962) C. S. 575 ; *Matte* v. *Matte*, (1962) B. R. 521 ; voir *contra : Lacouture* v. *Badeau*, (1920) 57 C. S. 132 ; *Legault* v. *Croteau*, (1950) R. L. 206 ; *Bibeau* v. *Bibeau*, (1963) C. S. 357.

486. *Lambert* v. *Provost*, (1913) 16 R. P. 41 ; *Barré* v. *Rainville*, (1947) R. L. n. s. 232 ; *Quirion* v. *Cliche*, (1947) B. R. 760 ; *Bellavance* v. *Canadian Acceptance Co. Ltd.*, (1956) B. R. 407.

487. *Nu-Bone Corset Co. of Canada Ltd.* v. *Bérubé*, (1953) R. L. n. s. 444 ; *Grenier* v. *Roy*, (1959) B. R. 609.

Sous-titre II

EFFETS DU CONTRAT
À L'ÉGARD DES TIERS

305 — *Généralités* — Le contrat, véritable loi des parties, produit ses effets juridiques (création d'obligations et transfert de droits réels) entre les contractants seulement. Il n'a qu'un effet relatif en ce sens qu'il ne peut lier les tiers c'est-à-dire les personnes qui n'y sont pas parties. Celles-ci ne peuvent en principe devenir créancier ou débiteur par l'effet d'un contrat auquel elles n'ont pas adhéré en tant que contractants. Cependant tout contrat crée une situation juridique qui s'impose à tous et que tous sont tenus de respecter. Dans ce sens le contrat produit quand même certains effets à l'égard des tiers, effets qui ne proviennent pas de la création d'un lien de débiteur à créancier, mais de l'existence de la situation juridique qu'est le contrat conclu entre les parties.

Chapitre premier

PRINCIPE DE L'EFFET RELATIF
DES CONTRATS

I — FONDEMENT

306 — *Source* — La source formelle du principe de l'effet relatif des contrats est l'article 1023 C. C. tel que complété par les articles 1028 et 1030 C. C. Ces dispositions législatives expriment la même idée que les articles 1165, 1119, 1120 et 1122 du Code français, dans une terminologie quelque peu différente et un peu plus précise. Pour être lié par une convention, soit comme débiteur, soit comme créancier, il est indispensable qu'il y ait eu entente, c'est-à-dire volonté de s'obliger. Par voie de conséquence, celui qui n'a pas posé cet acte de volonté contractuelle, ne peut ni bénéficier du contrat, ni se trouver lié par lui.

307 — *Effet et opposabilité de l'obligation contractuelle* — Il ne faut cependant pas confondre deux notions presque voisines et parfois difficiles à distinguer : l'effet de l'obligation et son opposabilité. Si l'obligation contractuelle est sans effet vis-à-vis des tiers en ce sens qu'ils

ne peuvent en devenir créancier ou débiteur, il n'en reste pas moins qu'elle leur est *opposable*. Les tiers ne peuvent pas ignorer l'existence d'un contrat auquel ils n'ont pas été parties, celui-ci leur étant opposable comme tout fait juridique. Ainsi l'employeur qui, en connaissance de cause, engage un individu qu'il sait lié à son concurrent, commet une faute et peut être poursuivi en dommages. Il convient donc de réduire le principe de l'effet relatif des contrats à sa vraie dimension qui est la suivante : le tiers n'a aucun droit de créance ni aucune responsabilité obligationnelle en raison d'une convention à laquelle il n'a pas été partie.

II — CHAMP D'APPLICATION

308 — *Généralités* — L'application des règles de l'effet du contrat n'est cependant pas restreinte exclusivement aux contractants eux-mêmes. Elle atteint aussi tous ceux qui, d'une façon ou d'une autre, continuent la personnalité juridique des parties au contrat soit les ayants cause universels et à titre universel, et dans certains cas elle va même jusqu'à affecter indirectement les ayants cause à titre particulier.

A. LES CONTRACTANTS

309 — *Engagement direct* — *engagement par représentation* — Les parties au contrat sont liées par la convention qu'elles ont faite. Elles peuvent s'engager directement ou par l'intermédiaire d'une autre personne chargée de les représenter à l'acte juridique avec plus ou moins de pouvoir et d'autorité. Dans ce dernier cas, certaines conditions supplémentaires aux conditions ordinaires de fond (consentement, capacité, cause et objet), et de forme leur sont imposées. Elles s'attachent toutes d'ailleurs à la validité de l'acte de représentation.

310 — *Pouvoir de représentation* — En premier lieu, le représentant doit avoir le pouvoir ou l'autorité de représenter le contractant. Ce pouvoir peut être de source conventionnelle (tel le cas du mandataire), législative (tel le cas du tuteur), ou judiciaire (tel le cas du syndic à la faillite). Le contractant ne peut donc se trouver lié par l'acte juridique d'un individu qui n'avait pas le pouvoir de le représenter. Dans le cas le plus fréquent de la représentation conventionnelle, la loi règle avec beaucoup de détails la responsabilité du mandat et du mandataire à l'égard des tiers pour excès ou abus du pouvoir de représentation [488].

---

488. Art. 1715 à 1719 C. C. ; art. 1727 à 1731 C. C.

311 — *Volonté de représenter* — En second lieu, pour que le représenté soit lié, il est nécessaire que le représentant ait voulu contracter pour le représenté et non pour lui-même. En effet, la véritable rencontre des volontés contractuelles se fait entre le représenté et le cocontractant, et seule la manifestation extérieure de la volonté du représenté émane du représentant. La volonté du représentant étant le prolongement de celle du représenté, toutes deux doivent bien entendu exister et être exemptes de vices.

312 — *Capacité du représenté* — S'il est nécessaire que le représentant consente valablement à l'acte pour le représenté, il n'est cependant pas requis d'avoir la capacité juridique de s'obliger [489]. En effet, le représentant ne s'oblige pas lui-même ; il ne fait que transmettre la volonté du représenté. Le contrat conclu par lui ne le liant pas, peu importe sa capacité juridique propre. Un tout autre problème est de savoir si un incapable peut s'obliger par convention à représenter les intérêts d'un autre et si un tel contrat de représentation est valide.

La représentation a pour effet de lier le représenté et le cocontractant comme si le représentant n'était jamais intervenu, sujet naturellement à la responsabilité que ce dernier assume quant à l'exécution fidèle du pouvoir qui lui a été confié.

B. LES AYANTS CAUSE UNIVERSELS ET À TITRE UNIVERSEL

313 — *Ayants cause universels* — Les ayants cause universels sont ceux qui reçoivent entre vifs (par donation) ou à cause de mort (en tant qu'héritiers testamentaires ou héritiers légaux) la totalité du patrimoine de leur auteur [490]. Recevant tous les biens et tous les droits de celui-ci, ils assument également toutes ses obligations et se trouvent donc, sous réserve de certaines exceptions, liés par les contrats conclus par leur auteur ; ils sont censés continuer la personnalité juridique de ce dernier.

314 — *Ayants cause à titre universel* — Les ayants cause à titre universel sont ceux qui, entre vifs ou à cause de mort,

---

489. Art. 1707 C. C. De l'avis des auteurs, cet article ne serait pas limitatif et rien n'interdirait au mineur non émancipé d'être mandataire : ROCH et PARÉ, *Traité de droit civil du Québec*, t. 13, p. 41 ; MIGNAULT, *Droit civil canadien*, t. 8, p. 13.

490. Art. 780, 873 et 735 C. C.

reçoivent une quote-part du patrimoine de leur auteur [491]. Ils n'assument dans ce cas qu'un passif proportionnel à l'actif qu'ils reçoivent et se trouvent liés par les contrats de leur auteur en proportion des biens et droits ainsi acquis.

315 — *Effets des contrats* — En principe donc ces deux catégories d'ayants cause sont liées par les contrats passés par leur auteur. Il leur est permis cependant dans le cas d'une succession de renoncer à celle-ci [492] ou d'accepter sous bénéfice d'inventaire [493], ce qui leur vaut dans le premier cas d'échapper totalement au paiement des dettes et dans le second cas de n'être tenu de celles-ci qu'en proportion de l'actif recueilli en évitant confusion de leur patrimoine propre avec celui du défunt. De plus les ayants cause universels et à titre universel ne sont pas liés par les contrats *intuitu personae* conclus par leur auteur puisque la personnalité du contractant est un élément essentiel de la convention. Ainsi en est-il dans le cas d'un mandat, d'un louage de service, d'une société [494].

C. LES AYANTS CAUSE À TITRE PARTICULIER

316 — *Effets des contrats* — L'ayant cause à titre particulier est celui qui reçoit de son auteur un droit ou un bien spécifique et déterminé soit entre vifs, soit à cause de mort [495]. Ainsi l'acheteur, le cessionnaire, l'héritier, le légataire ou le donataire d'un bien spécifique sont tous considérés comme ayants cause à titre particulier. Contrairement aux ayants cause universels ou à titre universel, ils ne continuent pas la personnalité juridique de leur auteur. Si le droit transféré est un droit réel, celui-ci s'impose à eux avec la même étendue et les mêmes limitations, ce droit étant opposable à tous. Il en est autrement des droits à caractère personnel. La doctrine admet en principe qu'à cet égard, l'ayant cause à titre particulier ne peut ni en bénéficier ni être lié par eux [496]. Dans certains cas cependant, la jurisprudence a semblé admettre une certaine transmissibilité des droits lorsque ceux-ci constituaient un accessoire d'un droit réel et qu'ils avaient été en fait stipulés

---

491. Art. 780, 873 et 735 C. C.
492. Art. 651 et s. C. C.
493. Art. 660 et s. C. C.
494. Art. 1668, 1755 (3), 1892 (5) C. C.
495. Art. 780, 873 et 735 C. C.
496. MIGNAULT, *Droit civil canadien*, t. 5, p. 281 ; TRUDEL, *Traité de droit civil du Québec*, t. 7, p. 330 et s., p. 383 et s.

pour le bénéfice de la chose [497]. C'est ainsi qu'un contrat d'approvisionnement d'eau pour une terre a été jugé transmissible à l'acheteur de cette terre [498].

D. LES TIERS

317 — *Effets des contrats* — Les tiers, ou *penitus extranei,* sont tous ceux qui sont restés totalement étrangers à la conclusion du contrat. Ils ne sont pas liés par le contrat, ne peuvent donc ni en demander l'exécution ni être tenus d'exécuter les obligations qu'il contient. On permettra cependant à un tiers de se prévaloir de l'inexécution d'un contrat contre l'une des parties contractantes dans certaines espèces [499]. Le contrat leur est cependant opposable. Ainsi, les créanciers chirographaires de l'une des parties peuvent se voir opposer les obligations assumées par leur débiteur. Comme ces actes sont cependant susceptibles de leur nuire en diminuant le patrimoine du débiteur qui constitue leur gage commun [500], la loi leur accorde un pouvoir de surveillance au moyen de l'action en déclaration de simulation, de l'action paulienne et de l'action oblique [501].

BIBLIOGRAPHIE

DEMOGUE, R., « Des effets des actes juridiques à l'égard des tiers », (1937) **16 R. du D.** 129.

---

497. Voir *McGuire* v. *Fraser,* (1908) 14 R. L. n. s. 172 ; (1908) 17 B. R. 449 ; (1908) 40 R. C. S. 577 ; *Provincial Transport Co.* v. *Montreal Sight-Seeing Tours Ltd.,* (1933) R. C. S. 109 ; *Théoret* v. *Tousignan,* (1963) C. S. 296. Voir aussi *Small* v. *Léger,* (1938) 44 R. J. 181 ; *Marcotte* v. *Darveau,* (1956) C. S. 197. Le sous-acquéreur d'un immeuble bénéficie des recours prévus par l'article 1688 C. C. contre l'architecte, l'ingénieur ou l'entrepreneur qui a contracté avec son vendeur. Il ne faut pas oublier cependant que l'obligation prévue par l'article 1688 C. C. est légale et non contractuelle. Voir à ce sujet : JOHNSON, W., *The Joint and Several Responsability of Architects, Engineers and Builders,* Montréal, Wilson et Lafleur, 1955, p. 71 et s. ; DURNFORD, J., « The Liability of the Builder, Architect and Engineer for Perishing and Other Defects in Construction », (1967) *Thémis* 161, p. 171.

498. *Co. d'aqueduc du lac St-Jean* v. *Fortin,* (1925) R. C. S. 192. Voir plus particulièrement le jugement de MIGNAULT, p. 201.

499. Voir *Markham* v. *Montreal Gas Co.,* (1908) C. S. 10 ; *Bélanger* v. *Montreal Water & Power Co.,* (1913) 22 B. R. 487 ; (1915) 50 R. C. S. 356 ; *Desautels* v. *Montreal Light, Heat and Power Co.,* (1918) 53 C. S. 73 ; *Ville de Mont-Royal* v. *Burg,* (1964) B. R. 547 ; *Tardif* v. *Cyr,* (1967) B. R. 303.

500. Art. 1980 et 1981 C. C.

501. Voir paragr. 439 et s.

DU GARREAU DE LA MECHENIE, J.H., « La vocation de l'ayant cause particulier aux droits et obligations de son auteur », (1944) 42 R. T. D. C. 219.

SAVATIER, R., « Le prétendu principe de l'effet relatif des contrats », (1934) 33 R. T. D. C. 525.

Chapitre II
EXCEPTIONS APPARENTES AU PRINCIPE DE L'EFFET RELATIF DES CONTRATS

318 — *Généralités* — La loi prévoit deux mécanismes particuliers : la promesse de porte-fort et la stipulation pour autrui qui permettent de rendre un tiers débiteur ou créancier, en vertu d'un contrat auquel il n'est pas partie. Il s'agit là cependant d'exceptions plus apparentes que réelles, le tiers n'étant pas lié en tant que créancier ou débiteur sans une manifestation non équivoque de sa volonté à un moment ou à un autre de l'opération.

I — LA PROMESSE DE PORTE-FORT

A. NATURE

319 — *Définition* — La promesse de porte-fort est *l'acte par lequel l'un des contractants promet au cocontractant qu'un tiers s'engagera en sa faveur.* Elle n'est donc rien d'autre qu'une promesse d'obtenir l'engagement d'autrui. Le contenu et la dimension de la promesse de porte-fort peut varier. Ainsi, le promettant peut s'engager d'une part soit à ce que le tiers accepte de devenir débiteur, soit à ce qu'il ratifie un contrat conclu pour lui [502] ou, d'autre part, soit à une obligation de moyens (de faire tout ce qu'il peut pour obtenir l'engagement ou la ratification), soit à une obligation de résultat (d'obtenir formellement cet engagement ou cette ratification).

---

502. *Allaire* v. *Boivin*, (1929) 47 B. R. 462. Voir aussi *Syndicat catholique des employés de magasins de Québec Inc.,* v. *Co. Paquet Ltée*, (1958) B. R. 275 ; (1959) R. C. S. 206.

320 — *Différences avec le cautionnement* — La promesse de porte-fort diffère du contrat de cautionnement par beaucoup de ses aspects. D'une part, elle constitue un contrat en elle-même, un engagement principal, au contraire du cautionnement qui reste toujours un contrat accessoire au contrat principal [503]. En second lieu, si le tiers refuse de s'obliger, le contractant a un recours direct contre le promettant, alors que la caution avant de s'exécuter a le droit d'exiger le bénéfice de discussion et d'obliger le créancier à s'adresser en premier lieu au débiteur principal [504]. Enfin la caution qui acquitte la dette a un recours contre le débiteur pour lequel elle a payé [505], alors que celui qui s'est porté fort n'a aucun recours contre le tiers qui a refusé de s'engager. Le porte-fort, à la différence de la caution, ne promet pas en général la bonne exécution de l'obligation par le tiers, mais seulement son engagement à assumer l'obligation.

B. EFFETS

321 — *Entre le contractant et le tiers* — Entre le contractant en faveur de qui la promesse a été faite et le tiers, les effets varient selon que le tiers a accepté ou non de se lier. Dans l'affirmative, un lien d'obligation est alors créé, le tiers devenant débiteur du contractant à partir de la date où la promesse de porte-fort a été faite. Dans la négative, le tiers n'acceptant pas d'être lié à l'égard du contractant, aucun contrat ne peut se former et aucun lien de droit n'existe entre ces deux personnes.

322 — *Entre le contractant et le promettant* — Entre le contractant et le promettant, il existe un lien d'obligation de nature contractuelle dont l'objet est l'engagement du tiers. Si le tiers accepte de se lier, le promettant a alors exécuté son obligation qui du même coup se trouve éteinte. L'acceptation du tiers opère donc la libération du promettant à l'égard du contractant. Dans le cas contraire, le promettant, ayant fait défàut de remplir son obligation, se trouve responsable vis-à-vis du contractant selon les principes ordinaires de la responsabilité contractuelle [506].

---

503. Art. 1929 C. C. ; *Deschamps* v. *De Therrien,* (1927) 33 R. L. n. s. 185.
504. Art. 1931, 1941 C. C.
505. Art. 1948 et s. C. C.
506. *Beaubien* v. *Ekers,* (1903) 24 C. S. 199 ; *Allaire* v. *Boivin,* (1929) 47 B. R. 462 ; *Marmette et Lefaivre* v. *Commercial Investment of Quebec Inc.,* (1962) B. R. 95.

323 — *Conclusion* — En fait la promesse de porte-fort n'est pas une exception à l'effet relatif des contrats. Le tiers n'est pas directement lié par la promesse du promettant, laquelle n'est rien d'autre qu'un engagement personnel de ce dernier vis-à-vis du contractant, dont l'objet est l'obtention de l'engagement du tiers.

II — LA STIPULATION POUR AUTRUI

A. NATURE

324 — *Intérêt* — La stipulation pour autrui présente un intérêt tout particulier de nos jours en raison du développement de l'assurance-vie qui en est une illustration directe [507].

325 — *Définition* — *La stipulation pour autrui est l'opération juridique par laquelle une personne appelée* promettant *s'engage vis-à-vis d'une autre appelée* stipulant *à exécuter une obligation au profit d'un* tiers bénéficiaire. L'opération entière est donc une entente tripartite ayant pour effet de rendre un tiers, qui n'est pas partie au contrat, créancier contractuel du promettant.

326 — *Fondement théorique* — Une certaine doctrine tant française que québécoise a parfois tenté d'expliquer le mécanisme et le fonctionnement juridique de la stipulation pour autrui en ayant recours à des mécanismes ou institutions déjà connus tels l'offre [508] (le contrat entre le stipulant et le promettant ferait naître une offre au profit du tiers), la gestion d'affaires [509] (le stipulant agirait comme le gérant d'affaires du tiers) ou l'engagement unilatéral (le promettant

---

507. La jurisprudence a fait une application fort intéressante des mécanismes de la stipulation pour autrui au contrat d'assurance-vie. Les décisions sur ce point sont extrêmement nombreuses. Voir BALANGERO, L., « Le bénéficiaire ordinaire en matière d'assurance-vie », (1956) 16 R. du B. 459 ; LEBLANC, C., « La révocabilité du bénéficiaire en assurance-vie », (1959-1960) 10 *Thémis* 139, p. 144 et s. ; IRVING, C., « Article 1029 C. C. : Stipulation for a Third Party. Notes on the Jurisprudence of Quebec », (1963) 9 McGill L. J. 337.

508. En France plus particulièrement, DEMOLOMBE, C., *Cours de Code Napoléon*, 3e éd., Paris, Cosse et Marchal, t. 24, no 248, p. 235 ; LAURENT, *Principes de droit civil français*, 3e éd., t. 15, no 529, p. 638; au Québec, MIGNAULT, *Droit civil canadien*, t. 5, p. 277, t. 6, p. 469 ; TRUDEL, *Traité de droit civil du Québec*, t. 7, p. 396, avec une théorie dite de la double pollicitation.

509. POTHIER, *Traité des obligations*, Paris, Beaucé, 1818, no 59 et s., p. 44 et s. ; LABBÉ, dans note sous S. 1877, 1, 393 ; S. 1888, 2, 49.

s'engagerait unilatéralement au profit du tiers [510]). De nos jours, la doctrine moderne [511] semble heureusement avoir renoncé à ces explications quelque peu byzantines et, devant les créations de la jurisprudence en la matière, reconnaît l'autonomie de la stipulation pour autrui.

B. CONDITIONS DE VALIDITÉ

327 — *Validité du contrat* — Pour être valable la stipulation pour autrui doit remplir un certain nombre de conditions qui résultent de sa nature et dont les règles ont été dégagées peu à peu par la jurisprudence.

En premier lieu, la base de la stipulation étant le contrat entre stipulant et promettant ou l'acte de donation du stipulant, cette base doit elle-même être valable [512]. Une donation ou un contrat nul pour quelque défaut de fond ou de forme ne peut créer une stipulation pour autrui valable et un droit de créance effectif en faveur du tiers.

328 — *Intérêt dans la stipulation* — En second lieu la stipulation pour autrui doit naître comme accessoire d'un contrat, en ce sens qu'elle ne peut que s'insérer dans un rapport contractuel stipulant-promettant. L'article 1029 C. C. semble exiger à cet égard que le stipulant tire avantage personnellement du contrat conclu avec le promettant. Il serait donc nécessaire, d'après une lecture exégétique du texte de l'article 1029 C. C., que le stipulant devienne à titre principal créancier personnel du promettant. La jurisprudence québécoise, suivant en cela la jurisprudence et la doctrine françaises, a cependant donné au texte une

---

510. JOSSERAND, L., *Cours de droit civil positif français*, Paris, Sirey, 1939, t. 2, n°s 303 et 304, p. 172 et 173. Il faut signaler aussi la théorie québécoise de BILLETTE, E., *Traité théorique et pratique de droit civil canadien*, Montréal, 1933, t. 1, n° 354, p. 280 et s., qui explique le mécanisme de la stipulation pour autrui à l'aide d'une notion de double quasi-contrat.

511. RIPERT et BOULANGER, *Traité de droit civil*, t. 2, n° 664, p. 247 ; MAZEAUD, *Leçons de droit civil*, t. 2, n° 801, p. 711 ; MARTY et RAYNAUD, *Droit civil*, n° 267, p. 240 ; BAUDOUIN, *le Droit civil de la province de Québec*, p. 721 et s.

512. Cela ne veut cependant pas dire que la stipulation pour autrui contenue dans un contrat d'assurance-vie est soumise aux conditions de validité des donations : *Hubert* v. *Martin*, (1951) C. S. 309 ; *Williams* v. *Penny*, (1968) C. S. 6. Voir HOULE, V., « Acceptation et révocation en matière de donation et de stipulation pour autrui », (1946-1947) 49 R. du N. 163 ; NADON, J., « Concubine bénéficiaire d'assurance-vie », (1954-1955) 5 *Thémis* 19 ; MAYRAND, A., « L'assurance au profit du concubin », (1958-1959) 9 *Thémis* 225.

interprétation large et décidé que pour stipuler valablement en faveur d'autrui, il suffisait que le stipulant ait un simple intérêt moral dans la stipulation, en d'autres termes, que le stipulant ait un intérêt à l'exécution d'une obligation en faveur d'un tiers, supprimant ainsi pratiquement le caractère accessoire de la stipulation.

329 — *Bénéficiaire déterminé* — En troisième lieu, pour que la stipulation pour autrui soit valable, il faut que le bénéficiaire soit déterminé ou du moins déterminable. Il n'est pas nécessaire que le tiers bénéficiaire soit expressément désigné, du moment que l'engagement comporte les éléments nécessaires à son identification à l'époque où le promettant devra exécuter ses obligations [513]. C'est ainsi que l'on peut valablement assurer sa vie au profit de ses futurs enfants, de ses ayants droit ou de sa succession. Il n'est donc pas non plus nécessaire que le bénéficiaire soit pleinement capable pour retirer les avantages de la stipulation ; il suffit qu'il possède au moment de l'ouverture de sa créance la capacité de jouissance.

330 — *Acceptation de la stipulation* — Enfin, le tiers bénéficiaire doit accepter la stipulation pour qu'un lien d'obligation soit créé entre lui et le promettant et pour pouvoir en tirer bénéfice. C'est en cela que la stipulation pour autrui ne constitue qu'une exception apparente à l'effet relatif des contrats. Il n'est pas possible de rendre le tiers bénéficiaire créancier sans son consentement, en ce sens qu'on ne saurait lui imposer, dans le cas bien hypothétique où il ne le désirerait pas, de recevoir les avantages stipulés en sa faveur par le stipulant. L'acceptation du tiers peut se faire par tous les moyens et peut être aussi bien expresse que tacite [514].

On admet cependant que l'acceptation par le bénéficiaire n'a pas pour effet de créer le droit de créance de ce dernier. Ce droit existe dans son patrimoine dès le moment de la conclusion du contrat entre le stipulant et le

---

513. *Provençal* v. *Larochelle*, (1927) 33 R. L. n. s. 491 ; *Bilodeau* v. *Conseil des métiers de la construction des syndicats nationaux catholiques de Québec Inc.*, (1929) 46 B. R. 422 ; *Juneau* v. *Plamondon*, (1931) 69 C. S. 327 ; *Dufresne Construction Co. Ltd.* v. *Dion*, (1934) 57 B. R. 132 ; *Hallé* v. *Canadian Indemnity Co.*, (1937) R. C. S.

514. La jurisprudence québécoise a interprété l'article 1029 C. C. dans le même esprit que le droit français l'a fait pour l'article 1121 C. N. Elle a refusé de voir dans la phrase « ... le tiers a *signifié* sa volonté... » l'exigence d'une signification formelle de celle-ci. *Fry* v. *O'Dell*, (1897) 12 C. S. 263 ; *Gagnon* v. *Gagnon*, (1921) 30 B. R. 503 ; *Bilodeau* v. *Sun Life Assurance Co.*, (1933) 71 C. S. 198 ; *Borris* v. *Sun Life Assurance Co. of Canada*, (1944) B. R. 537 ; *St-Cyr* v. *Regal Insurance Co. Ltd.*, (1960) C. S. 375 ; *Marchand* v. *Mutual Life Assurance Co. of Canada*, (1968) C. S. 215.

promettant, l'acceptation ne faisant que le confirmer[515]. Elle écarte de plus en principe la possibilité de révocation de la stipulation par le stipulant[516]. En matière d'assurance-vie, certaines lois spéciales limitent toutefois le droit de révocation du stipulant. Il en est ainsi notamment dans le cas d'une assurance-vie contractée par le mari et dont sa femme ou ses enfants sont bénéficiaires[517]. Le principe de la création directe du droit sur la tête du bénéficiaire avant l'acceptation a des conséquences pratiques très importantes. D'une part, la créance du tiers n'entre à aucun moment dans le patrimoine du stipulant et, d'autre part, le décès du bénéficiaire ne met pas fin à son droit d'acceptation, ses héritiers pouvant le faire à sa place[518].

C. EFFETS

331 — *Généralités* — Les effets de la stipulation pour autrui doivent être examinés à la lumière des rapports tripartites entre le stipulant, le promettant et le tiers bénéficiaire.

1. RAPPORTS ENTRE LE STIPULANT ET LE PROMETTANT

332 — *Rapports contractuels* — Entre ces deux personnes existent des rapports contractuels ordinaires qui posent peu de problèmes en ce sens qu'ils sont soumis aux règles générales concernant les contrats. C'est ainsi que l'un et l'autre peuvent demander l'annulation de l'engagement s'il y a lieu ou s'entendre pour le résilier tant que le bénéficiaire n'a pas accepté[519].

---

515. Voir à ce sujet *Robitaille* v. *Trudel*, (1899) 16 C. S. 39 ; *Durocher* v. *Girouard*, (1913) 19 R. L. n. s. 223 ; *Gratton* v. *Lemay*, (1917) 51 C. S. 493 ; *Gagnon* v. *Gagnon*, (1921) 30 B. R. 503 ; *Gignac* v. *Siscoe Metals Ltd.*, (1944) B. R. 192.

516. *Roy* v. *Ordre indépendant des forestiers*, (1920) 58 C. S. 338 ; *Hôtel-Dieu St-Michel de Roberval* v. *Metropolitan Life Assurance Co.*, (1940) 78 C. S. 512 ; *Continental Casualty Co.* v. *Chartré*, (1954) B. R. 635 ; *St-Cyr* v. *Regal Insurance Co. Ltd.*, (1960) C. S. 375 ; *Marmette et Lefaivre* v. *Commercial Investment of Quebec Inc.*, (1962) B. R. 95.

517. *Loi de l'assurance des maris et des parents*, S. R. Q., 1964, ch. 296, art. 3, 12 et 13 ; voir aussi *Loi du crédit agricole*, S. R. Q., 1964, ch. 108, art. 35 qui déclare irrévocable toute stipulation pour autrui faite pour le bénéfice de l'Office du crédit agricole.

518. *Robitaille* v. *Trudel*, (1899) 16 C. S. 39 ; *Durocher* v. *Girouard*, (1913) 19 R. L. n. s. 223.

519. Une question intéressante est de savoir si le stipulant a un droit d'action contre le promettant pour exiger l'exécution des obligations de ce dernier

2. RAPPORTS ENTRE LE STIPULANT ET LE TIERS BÉNÉFICIAIRE

333 — *Absence de lien contractuel* — Le tiers bénéficiaire ne devient pas créancier du stipulant, puisque le droit au bénéfice de la stipulation lui échoit directement et non par l'intermédiaire de ce dernier. Le bénéfice de la stipulation ne tombant à aucun moment dans le patrimoine du stipulant, les créanciers de celui-ci ne peuvent jamais entrer en concurrence avec ceux du bénéficiaire hormis le cas de fraude.

La stipulation pour autrui peut servir à acquitter une dette ou constituer une libéralité pure et simple. Dans ce dernier cas, elle n'est pas sujette aux conditions de forme imposées aux donations. À la différence cependant d'un paiement ou d'un don ordinaire, celui effectué par le mécanisme de la stipulation pour autrui reste révocable jusqu'à l'acceptation du bénéficiaire.

3. RAPPORTS ENTRE LE PROMETTANT ET LE TIERS BÉNÉFICIAIRE

334 — *Création d'un lien direct* — Il est admis désormais que la stipulation pour autrui crée un lien direct entre le promettant et le tiers bénéficiaire [520]. Entre eux donc existe un rapport de débiteur à créancier, le tiers bénéficiaire ayant une action directe contre le promettant pour l'exécution de la promesse. Toutefois, ce dernier peut lui opposer en défense tous les moyens résultant du contrat passé avec le stipulant lui-même.

335 — *Conclusion* — La stipulation pour autrui est appelée à jouer un rôle de plus en plus précieux dans le droit civil moderne. Ses applications pratiques, outre l'assurance-vie, sont nombreuses [521], mais il serait sans doute opportun que les textes du Code

---

envers le tiers. Voir à ce sujet IRVING, C., « Article 1029 C. C. : Stipulation for a Third Party. Notes on the Jurisprudence of Quebec », (1963) 9 McGill L.J. 337, p. 307 ; MARTY et RAYNAUD, *Droit civil*, t. 2, n° 262, p. 236 et 237 ; *Lacasse* v. *Poulin*, (1953) B. R. 125.

520. *Markham* v. *Montreal Gas Co.*, (1908) 34 C. S. 10 ; *Provençal* v. *Larochelle*, (1927) 33 R. L. n. s. 491 ; *Juneau* v. *Plamondon*, (1931) 69 C. S. 327 ; *Minister of National Revenue* v. *Massawippi Valley Railway Co.*, (1961) R. C. Ech.

521. Voir par exemple *Markham* v. *Montreal Gas Co.*, (1908) 34 C. S. 10 ; *Bélanger* v. *Montreal Water and Power Co.*, (1914) 50 R. C. S. 356 ; *Provençal* v. *Larochelle*, (1927) 33 R. L. n. s. 491 ; *Bilodeau* v. *Conseil des métiers de la construction des syndicats nationaux catholiques de Québec Inc.*, (1929) 46 B. R. 422 ; *Juneau* v. *Plamondon*, (1931) 69 C. S. 327 ; *Hallé* v. *Canadian Indemnity Co.*, (1937) R. C. S. 368 ; *Hogue* v. *New York Fire Insurance Co.*, (1956) C. S. 466 ; *Boucher* v. *Drouin*, (1959) B. R. 814 ; *Leblanc* v. *Juneau*, (1969) B. R. 461.

civil soient clarifiés pour tenir compte des créations de la jurisprudence en la matière.

BIBLIOGRAPHIE

ASSOCIATION HENRI-CAPITANT, *Travaux de l'Association Henri-Capitant,* Montréal, E. Doucet, 1952, t. 7, p. 190 et s.

HOULE, J., « Acceptation et révocation en matière de donation et de stipulation pour autrui », (1946) 49 R. du N. 163.

HOULE, J., « Stipulation pour autrui », (1949) 51 R. du N. 481.

IRVING, C., « Article 1029 C.C. : Stipulation for a Third Party. Notes on the Jurisprudence of Quebec », (1963) 9 McGill L. J. 337.

LEBLANC, C., « La révocabilité du bénéficiaire en assurance-vie », (1959-1960) 10 *Thémis* 139.

LESAGE, P., *Études sur la novation, la délégation et la stipulation pour autrui,* thèse, Québec, 1941.

SIROIS, L.P., « De la stipulation pour autrui », (1899) 1 R. du N. 289.

Sous-titre III

EFFETS PARTICULIERS DES CONTRATS SYNALLAGMATIQUES

336 — *Interdépendance des obligations* — Les contrats synallagmatiques se distinguent des autres contrats par le caractère de réciprocité et d'interdépendance des obligations qu'ils contiennent. Dans le contrat de vente par exemple, l'obligation de livrer est dépendante de celle de payer le prix et réciproquement. Chacune sert de cause à l'autre [522]. Ce principe de l'interdépendance des obligations emporte certains effets spéciaux, particuliers et exclusifs aux contrats synallagmatiques.

337 — *Exception d'inexécution — action résolutoire — théorie des risques* — En premier lieu, si l'un des contractants refuse d'exécuter son obligation, le cocontractant ne sera pas tenu d'exécuter son obligation corrélative. Ainsi le vendeur peut refuser de livrer si l'acheteur refuse de payer le prix *(exception d'inexécution).* En vertu du même principe, le contractant ne s'étant engagé que parce qu'il s'attend à l'exécution de l'obligation corrélative peut, s'il ne parvient pas à obtenir

---

522. Paragr. 224 et s.

celle-ci, demander au tribunal de mettre fin à l'engagement au moyen de *l'action résolutoire.*

Enfin, le contrat synallagmatique pose une troisième question d'importance primordiale. Si l'un des contractants, en raison d'un cas fortuit ou d'une force majeure, n'est plus en mesure de fournir la prestation promise, le cocontractant est-il quand même tenu à l'exécution de la sienne ? En d'autres termes qui assume les risques du contrat (théorie des risques) ?

Ces trois effets particuliers au contrat synallagmatique tirent leur source du principe fondamental que les contractants doivent exécuter leurs obligations de bonne foi, et ces trois règles visent à maintenir un certain standard d'équité dans l'exécution des obligations contractuelles.

Chapitre premier
L'EXCEPTION D'INEXÉCUTION

338 — *Source* — L'exception d'inexécution, aussi connue sous le vocable d'*exceptio non adimpleti contractus,* sanctionne la bonne foi dans l'exécution des obligations contractuelles. Elle permet en effet à l'une des parties à un contrat synallagmatique de refuser d'exécuter son obligation tant que son cocontractant refuse ou néglige d'exécuter la sienne. Elle est le fruit d'une longue tradition juridique qui rend particulièrement difficile, en droit civil moderne, une explication logique et rationnelle de son fondement. Aucun texte du Code civil ne définit cette exception d'une manière générale. On la retrouve exprimée cependant à propos de contrats synallagmatiques particuliers tels la vente (art. 1496 C. C.), l'échange (art. 1597 C. C.) et le dépôt (art. 1812 C. C.), et appliquée par la jurisprudence à toute espèce de contrats synallagmatiques [523]. Sur le plan pratique, l'exception d'inexécution permet soit de

---

523. *Contrat d'entreprise : Gravel* v. *Déziel,* (1965) C. S. 257 ; *Contrat de louage d'ouvrage : Co. de Drummondville* v. *Simoneau,* (1914) 23 B. R. 392 ; *Lague* v. *Edmond Morin Ltée,* (1936) 42 R. L. n. s. 292 ; *Contrat de vente : Robert* v. *Sarrault,* (1918) 53 C. S. 484 ; *Moisan* v. *Hill,* (1926) 40 B. R. 515 ; (1928) R. C. S. 90 ; *Ranger* v. *Francœur,* (1943) R. L. n. s. 435 ; *Vinet* v. *Cholette,* (1948) C. S. 469 ; *Faucher* v. *Brunet,* (1954) B. R. 737 ; *Lebel* v. *Commissaires d'écoles pour la municipalité de la ville de Montmorency,* (1954) B. R. 824; (1955) R. C. S. 298 ; *Duchaîne & Boucher Inc.* v. *Bédard,* (1956) C. S. 394 ;

présenter une défense valable en justice à une poursuite en exécution, soit de retarder l'exécution de l'obligation jusqu'à ce que l'autre partie se montre prête à exécuter la sienne [524].

339 — *Fondement* — Les auteurs se sont longuement interrogés sur le fondement de l'exception d'inexécution [525]. Si l'on en croit la tradition jurisprudentielle, il semble que l'équité soit à la base de toute explication juridique sur le sujet. Dans un rapport synallagmatique contractuel, l'inexécution des obligations doit en principe être faite simultanément (exécution trait pour trait). Dans une certaine mesure, permettre le refus d'exécution de la part du créancier de l'obligation réciproque revient à lui permettre de se faire justice à lui-même, en utilisant ce moyen de pression sur son débiteur pour le forcer à remplir sa promesse. On présume en effet que le contractant dans un rapport synallagmatique ne s'est engagé qu'en prévision de l'exécution simultanée de l'obligation réciproque. Si l'autre partie refuse de se conformer à ce principe elle rompt l'engagement présumé des parties et il est alors logique, comme mesure préventive de ce refus ou de cette négligence, d'accorder au contractant le droit de retenir ou de différer l'exécution de sa propre obligation.

I — CONDITIONS D'EXERCICE

340 — *Inexécution de l'obligation réciproque* — La situation juridique au cours de laquelle l'exception d'inexécution peut être invoquée est relativement simple. Les contractants en premier lieu, doivent être liés par un contrat synallagmatique prévoyant expressément ou implicitement une exécution simultanée des obligations qu'il contient. L'*exceptio non adimpleti contractus* ne saurait donc être invoquée lorsque conventionnellement ou légalement l'exécution d'une des obligations est retardée par rapport à l'autre. C'est le cas du vendeur qui a accordé un terme à l'acheteur pour le paiement du prix. Il faut en second lieu que l'une des parties refuse ou néglige d'exécuter l'obligation promise. Il n'est pas nécessaire toutefois pour pouvoir opposer l'exception que l'inexécution

---

Di Paolo General Building Contractors Ltd. v. Boulanger, (1962) B. R. 783 ; *Tolhurst Oil Ltd. v. Vincent,* (1964) C. S. 264.

524. *Charlebois v. Emond,* (1916) 49 C. S. 256 ; *Létourneau v. Luneau,* (1946) C. S. 129.

525. CASSIN, R., *De l'exception tirée de l'inexécution dans les rapports synallagmatiques,* Paris, Sirey, 1914, p. 1 à 139 ; MAZEAUD, *Leçons de droit civil,* t. 2, n° 1125, p. 907 ; MARTY et RAYNAUD, *Droit civil,* t. 2, n° 293, p. 260 ; RIPERT et BOULANGER, *Traité de droit civil,* t. 2, n° 695, p. 192.

soit totale ; elle peut n'être que partielle. Dans certains cas, en effet, eu égard aux circonstances particulières du contrat, une inexécution partielle peut être équivalente à une inexécution totale. Inversement cependant la jurisprudence admet de nos jours que l'exception ne peut être maintenue s'il y a eu exécution « substantielle » de l'obligation [526]. Il s'agit là d'une question de fait, particulière à chaque espèce et laissée à l'appréciation du tribunal.

II — EFFETS

341 — *Moyen de défense* — L'exception d'inexécution n'est en fait qu'un moyen de défense à une demande en exécution. Elle n'a donc pas pour effet, au contraire de l'action résolutoire, d'éteindre les obligations contractuelles réciproques des parties. Elle ne fait que permettre la suspension de l'exécution de l'obligation du contractant qui l'invoque, jusqu'à l'exécution de l'obligation réciproque, laissant ouverts en cas d'inexécution fautive tous les recours prévus par la loi. Au cours d'un procès, la partie qui se voit opposer cette exception peut mettre fin à la contestation en offrant en justice d'exécuter volontairement ses obligations.

BIBLIOGRAPHIE

CASSIN, R., *De l'exception tirée de l'inexécution dans les rapports synallagmatiques,* Paris, Sirey, 1914.

---

526. Ce que la jurisprudence veut dire en fait, c'est qu'on ne peut prendre prétexte d'un manque d'*exécution intégrale* pour refuser d'exécuter ses propres obligations, lorsque l'exécution fournie représente *substantiellement* l'exécution prévue. Comparer : *Co. de Drummondville* v. *Simoneau*, (1914) 23 B. R. 392 ; *Lague* v. *Edmond Morin Ltée*, (1936) 72 R. L. n. s. ; *Prud'homme & Fils Ltée* v. *Clément*, (1924) 62 C. S. 264 ; *Morissette* v. *Beaudet*, (1928) 45 B. R. 73 ; *Hamilton* v. *Perrault*, (1945) C. S. 264 ; *Anctil* v. *Côté*, (1950) C. S. 461 ; *Chayer* v. *Bélanger*, (1954) R. L. n. s. 509 ; *Sablof* v. *Flynn*, (1954) C. S. 377 ; *Roussin* v. *Daze*, (1956) B. R. 418 ; *Robinson Oil Burners Ltée* v. *Bélanger Ltée*, (1956) B. R. 318 ; *Postforme Co.* v. *Steppan*, (1966) R. P. 104.

Chapitre II
L'ACTION RÉSOLUTOIRE

I — NATURE

342 — *Place de l'action résolutoire dans les recours du créancier* — L'action résolutoire a pour but de permettre au créancier d'une obligation contractuelle dans un contrat synallagmatique, de mettre fin à l'engagement lorsque son cocontractant a fait défaut d'exécuter ses obligations. Elle constitue un véritable recours en responsabilité contractuelle puisqu'elle requiert que l'inexécution de l'obligation soit imputable à la faute du débiteur ; c'est la théorie des risques qui s'applique par contre et règle les droits respectifs des contractants [527] dans l'hypothèse contraire. L'inexécution fautive donne en général au créancier l'éventail des recours prévus par l'article 1065 C. C., soit un recours en exécution spécifique, une demande en dommages-intérêts ou enfin l'action résolutoire avec ou sans dommages. Ce dernier recours est toutefois particulier aux contrats synallagmatiques.

343 — *Différence avec la nullité* — Par la résolution pour cause d'inexécution, le créancier obtient la dissolution du lien contractuel pour l'avenir et la remise des parties dans l'état où elles se trouvaient avant la conclusion du contrat. C'est donc au sens large une action en nullité [528], avec cette différence toutefois que le terme nullité doit être réservé à la sanction d'une condition de formation du contrat. On peut dire que l'action résolutoire est en quelque sorte une « action en nullité » pour inexécution.

344 — *Fondement* — Les codificateurs québécois n'ont pas cru opportun de reproduire l'équivalent de l'article 1184 du Code Napoléon ; ils ont simplement incorporé l'action résolutoire dans l'énumération des recours de l'article 1065 C. C., sans prendre ainsi la position de principe du droit français selon laquelle *la condition* résolutoire est toujours sous-entendue dans les contrats synallagmatiques. Il apparaît donc difficile en droit québécois d'expliquer le fondement de la résolution, comme l'ont fait certains auteurs français [529], par l'existence d'une condi-

---

527. Paragr. 354 et s.

528. C'est peut-être ce qui explique pourquoi la jurisprudence utilise souvent à tort les termes rescision et nullité pour désigner la résolution : *Ponton* v. *Robert Automobile*, (1939) 45 R. L. n. s. 103 ; *Pelland* v. *Feldman*, (1946) R. L. n. s. 153 ; *Lemay* v. *Turgeon*, (1955) R. L. n. s. 295.

529. Voir à cet égard RIPERT et BOULANGER, *Traité de droit civil*, t. 2, n° 517 et s., p. 200 et s. ; MAZEAUD, *Leçons de droit civil*, t. 2, n° 1088 et s., p. 885 et s.

tion résolutoire tacite ; l'avènement de celle-ci devrait logiquement entraîner la résolution immédiate et de plein droit [530] alors qu'au contraire, sauf disposition spéciale et expresse au contrat, la résolution du contrat pour inexécution n'est jamais automatique mais toujours judiciaire [531]. Il est difficile également de voir dans la notion de cause le principe justifiant le droit à la résolution [532], et il paraît plus logique de se rallier à cet égard aux explications fournies par Ripert ou par les auteurs français modernes donnant l'équité et la notion d'équivalence comme fondement du droit de résolution [533]. Les contrats synallagmatiques contiennent des obligations réciproques et il semble de la plus élémentaire justice qu'un contractant, s'apercevant que son cocontractant refuse d'exécuter ses obligations, puisse demander la dissolution de l'engagement et récupérer les prestations qu'il a déjà fournies s'il y a lieu.

II — CONDITIONS D'EXERCICE

344a — Trois conditions essentielles sont requises pour l'exercice de l'action résolutoire.

A. CARACTÈRE SYNALLAGMATIQUE DU CONTRAT

345 — *Principe général* — En principe, l'action résolutoire ne peut être admise que s'il s'agit de l'inexécution d'un contrat synallagmatique. Cependant cette règle apparaît contestable dans sa généralité. Les textes mêmes du Code admettent en effet ce recours dans certains contrats réels et unilatéraux, tels le prêt à usage et le gage. Dans le premier cas, le prêteur, qui s'aperçoit que l'emprunteur ne fait pas un usage convenable de l'objet prêté, a une action pour retirer l'objet à ce dernier et ainsi mettre fin au contrat [534]. Il en est de même dans

---

530. Art. 1088 C. C.
531. Voir à cet égard les exemples donnés par MIGNAULT, *Droit civil canadien*, t. 5, p. 450 et s.
532. C'était là l'explication de CAPITANT, *De la cause des obligations*, n° 147 et s.
533. RIPERT, G., *la Règle morale dans les obligations civiles*, 3e éd., Paris, Librairie générale de droit et de jurisprudence, 1935, n° 76, p. 140 et s.; RIPERT et BOULANGER, *Traité de droit civil*, t. 2, n° 523, p. 202 ; MAZEAUD, *Leçons de droit civil*, t. 2, n° 1089, p. 887 ; MARTY et RAYNAUD, *Droit civil*, n° 312 et s., p. 273 et s.
534. Art. 1773 C. C.

le cas du gage où le débiteur peut réclamer l'objet mis en gage lorsque le créancier en abuse [535].

346 — *Exception* — De plus, l'action résolutoire n'est pas permise pour tous les contrats synallagmatiques. Ainsi, en matière de vente immobilière, le vendeur ne peut demander la résolution du contrat faute de paiement du prix par l'acheteur à moins d'une stipulation contraire à cet effet (c'est-à-dire d'une condition résolutoire expresse). Cette règle exceptionnelle a pour but de protéger les tiers et d'assurer une certaine sécurité du marché immobilier [536]. Le seul recours de droit commun accordé au vendeur non payé est donc l'action en paiement du prix de vente.

B. INEXÉCUTION INJUSTIFIÉE

347 — *Imputabilité de l'inexécution* — Seule la non-exécution injustifiée des obligations permet de demander la résolution de l'engagement. En d'autres termes, la résolution n'est possible que dans l'hypothèse où le débiteur a commis une faute contractuelle en n'exécutant pas les obligations auxquelles il était tenu. Si en effet, la non-exécution ne lui est pas imputable, la situation des parties doit être réglée selon les normes de la théorie des risques. Il est également nécessaire que celui qui réclame la résolution ne soit pas lui-même en défaut d'exécuter ses propres obligations [537].

348 — *Étendue de l'inexécution* — Pour donner ouverture à ce recours, il faut naturellement qu'il y ait eu inexécution suffisante de l'obligation et, en principe donc, seule une inexécution totale permet de demander la résolution du contrat. L'inexécution partielle n'est pas suffisante sauf dans l'hypothèse où elle frustre le contractant du bénéfice du contrat [538]. De même la non-exécution d'une obligation accessoire ne

---

535. Art. 1975 C. C.

536. Art. 1536, 2102 C. C. ; LESAGE, P., « Résolution de vente immobilière », (1955) 2 Cah. de Dr. 47 ; MARTINEAU, P., « De la résolution d'une vente immobilière pour défaut de paiement de prix », (1958) 61 R. du N. 255, 307 ; POURCELET, M., « De la clause résolutoire à la clause de dation en paiement dans les ventes immobilières », (1963) 66 R. du N. 285 ; *Dell Realties Ltd.* v. *Trushire Investment Co.,* (1967) B. R. 434 confirmé par la Cour suprême le 29 novembre 1967. En matière de vente en général, la résolution suit d'ailleurs des règles spéciales (art. 1536 à 1544).

537. *Dupuis* v. *Dupuis,* (1901) 19 C. S. 500 ; *Perrault Ltée* v. *Tessier,* (1958) B. R. 420.

538. *Brunet* v. *Berthiaume,* (1902) 21 C. S. 314.

peut suffire en général à motiver une demande en résolution, mais donne
droit à une compensation sous forme de dommages-intérêts [539].

C. INTERVENTION JUDICIAIRE

349 — *Principe général* — La résolution du contrat est
en principe toujours judiciaire, en ce sens qu'à moins d'une clause résolutoire expressément stipulée, l'inexécution des obligations du débiteur
n'entraîne pas automatiquement la fin du contrat et n'autorise pas le
créancier à traiter l'engagement comme résolu de plein droit [540]. Il faut
voir là un désir de la loi de protéger la stabilité contractuelle et d'éviter
qu'une des parties ne puisse se faire justice à elle-même.

350 — *Exceptions* — Il existe cependant un certain
nombre d'exceptions au principe de la résolution judiciaire. D'une part,
en matière de vente mobilière, le vendeur non payé qui a donné à
l'acheteur un certain délai pour enlever les objets vendus, peut considérer
la vente comme résolue de plein droit si l'acheteur n'a pas procédé à
leur enlèvement dans le temps prévu [541]. D'autre part, la jurisprudence
admet, dans certains cas exceptionnels, que le créancier puisse se considérer comme dégagé du contrat alors même qu'aucune résolution n'a été
prononcée en justice [542]. Il faut y voir une mesure d'équité ressemblant
au concept de l'*anticipatory breach* du *Common Law* qui permet dans
certains cas au créancier de minimiser sa perte en s'adressant à un autre
pour exécuter l'obligation sans avoir à attendre la décision du tribunal.

---

539. *Brunet* v. *Berthiaume*, (1902) 21 C. S. 314 ; *Rouleau* v. *Power*, (1927) 42 B. R.
     416.
540. *Robert* v. *Sarault*, (1918) 53 C. S. 484 ; *Silverman* v. *Massé*, (1927) 65 C. S.
     200 ; *Bellavance* v. *Truchon*, (1930) 36 R. L. n.s. 253 ; *South Shore Forest
     Products Co. Ltd.* v. *Lévesque*, (1932) 52 B. R. 507 ; *Pelland* v. *Feldman*,
     (1946) R. L. n. s. 153 ; *Daoust* v. *Comber*, (1916) C. S. 159.
541. Art. 1544 C. C. ; *Mile End Milling Co.* v. *Peterborough Cereal Co.*, (1924)
     R. C. S. 120 ; *V.O. Furniture and Television Co.* v. *Arpin*, (1960) C. S. 575.
542. *Gendron* v. *Huart*, (1923) 34 B. R. 120 ; *Caplette* v. *Beaudoin*, (1926) 41 B. R.
     398 ; *Zaccardelli* v. *Hébert*, (1955) C. S. 478 ; *Frank Ross Construction Ltd.*
     v. *Verona Construction Ltd.*, (1959) B. R. 674 ; (1961) R. C. S. 195 ; *Di Paolo
     General Building Contractors Ltd.* v. *Boulanger*, (1968) B. R. 783 ; *Montreal
     Lingerie Ltd.* v. *Lieberman*, (1965) B. R. 903.

III — EFFETS

351 — *Effet rétroactif* — Les effets de la résolution judiciaire sont à peu de chose près les mêmes que ceux de l'action en nullité ordinaire. Tout d'abord, résolution comme nullité mettent fin au contrat rétroactivement. Le contrat est censé n'avoir jamais existé dans le passé et ses effets sont évidemment anéantis pour l'avenir.

352 — *Remise en état* — D'autre part, le tribunal, tout comme dans le cas d'une demande en nullité, doit effectuer la remise en état des parties et s'efforcer de les replacer dans la même situation que celle où elles étaient avant d'avoir contracté [543]. À ce sujet, la jurisprudence a maintes fois exprimé l'idée que le juge devrait refuser d'octroyer la résolution s'il était impossible d'effectuer cette remise en état. Cette règle veut simplement dire que le demandeur peut se voir refuser la résolution s'il a lui-même rendu la remise en état impossible, mais non que l'impossibilité non imputable aux parties empêche catégoriquement la résolution [544].

353 — *Conclusion* — L'action résolutoire a, au Québec, un aspect légèrement différent de celui qui existe en droit français. Alors que ce dernier donne au juge une grande marge de discrétion et rend l'octroi de la demande plus ou moins facultatif, il semble qu'il n'en soit pas de même dans notre droit. Le choix du recours, d'après les termes mêmes de l'article 1065 C.C., appartient uniquement au créancier et à nul autre. La résolution est un droit et le tribunal doit l'octroyer tel quel lorsque la demande remplit toutes les exigences de la loi [545].

BIBLIOGRAPHIE

BORRICAND, J., « La clause de résolution expresse dans les contrats », (1957) 55 R. T. D. C. 433.
CASSIN, R., « Réflexions sur la résolution judiciaire des contrats pour inexécution », (1945) 43 R. T. D. C. 159.
PICARD, M. et PRUDHOMME, A., « La résolution judiciaire des contrats pour inexécution », (1912) 11 R. T. D. C. 61.

---

543. *Larin* v. *Brière,* (1965) B. R. 800.

544. Cette règle a été posée par la Cour dans l'affaire *Co. de la ville de Grand' Mère* v. *L'Hydraulique de Grand'Mère,* (1908) 17 B. R. 83. La plupart des instances où la question s'est posée comportaient des contrats d'exécution successive où évidemment la remise en état est impossible : *Dupuis* v. *Dupuis,* (1901) 19 C. S. 500. Voir aussi *Christin Ltée* v. *Piette,* (1943) 49 R. L. n. s. 346 ; (1944) R. C. S. 308 ; *Lemay* v. *Turgeon,* (1955) R. L. n. s. 295.

545. Les termes « dans les cas qui le permettent » de l'article 1065 C. C. se réfèrent en effet aux demandes d'exécution spécifique et non à la résolution : *Co. de la ville de Grand'Mère* v. *L'Hydraulique de Grand'Mère,* (1908) 17 B. R. 83 ; *contra* : BISSONNETTE, J., dans *Christin Ltée* v. *Piette,* (1943) 49 R. L. n. s. 346, p. 358.

Chapitre III
LE PROBLÈME DES RISQUES

354 — *Position du problème* — Lorsque le débiteur d'une obligation contractuelle n'exécute pas la prestation à laquelle il s'était engagé, deux hypothèses sont possibles. Ou bien la non-exécution est imputable au débiteur ou bien elle ne l'est pas. Dans le premier cas, les rapports des contractants se règlent suivant les normes de la responsabilité contractuelle [546]. Dans le second cas, où le débiteur n'est pas en faute et où l'inexécution résulte d'un cas fortuit ou d'une force majeure, la situation est plus complexe. Puisqu'il ne saurait y avoir de « responsabilité » pour l'inexécution, deux questions se posent immédiatement. En premier lieu, le débiteur va-t-il quand même être tenu de remplir son obligation en fournissant une prestation équivalente ? Ainsi le vendeur d'une automobile qui voit celle-ci détruite par suite d'un cas fortuit avant la livraison, est-il tenu d'en procurer une autre semblable à l'acheteur ? L'emprunteur qui constate la destruction de l'objet qui lui a été prêté, doit-il en rendre un autre identique au prêteur ? Le premier problème est donc de savoir si le débiteur de l'obligation dont l'exécution est rendue totalement impossible en raison d'un cas fortuit ou d'une force majeure, est totalement libéré.

En second lieu, dans un contrat synallagmatique, chaque partie étant à la fois créancier et débiteur, le cocontractant devra-t-il, malgré l'impossibilité d'exécution de son débiteur, être tenu d'exécuter en sa faveur l'obligation corrélative qu'il a assumée ? Ainsi, l'acheteur d'une automobile détruite avant la livraison est-il tenu de payer le prix, alors même que le vendeur ne serait pas tenu de lui en livrer une autre identique ? Le locataire qui n'a pu jouir des lieux loués, en raison de leur destruction par cas fortuit, est-il tenu malgré tout au paiement du loyer ?

355 — *Effet extinctif et libératoire du cas fortuit* — La première question se résout relativement facilement en raison des textes mêmes du Code civil qui reconnaît le cas fortuit et la force majeure comme des causes exonératrices de responsabilité [547]. N'étant pas responsable, le débiteur n'a donc aucune obligation de compenser la perte et

---

546. Paragr. 551 et s. ; 342 et s.
547. Art. 1071 et 1072 C. C., voir également 1627, 1668, 1660, 1675, 1678, 1767, 1768, 1815 C. C. ; *Demontigny* v. *Vincent*, (1915) 15 R. P. 408 ; *Marineau* v. *Cousineau*, (1921) 59 C. S. 373; *Wulkan* v. *Séville*, (1956) C. S. 402 ; *Canada Trust Co.* v. *Florence Shop Inc.*, (1962) C. S. 66 ; *Guy St-Pierre Automobile Inc.* v. *Lavallée*, (1964) C. S. 353 ; *Lanthier* v. *Young*, (1967) R. L. n. s. 109.

se trouve libéré. On retrace ce principe aux articles 1200 et 1202 C. C. Le cas fortuit et la force majeure mettent donc fin à l'obligation qu'ils affectent. Par voie de conséquence, le débiteur, dans un contrat unilatéral, se trouve libéré et le contrat totalement éteint, aucune autre obligation ne subsistant.

356 — *Effet sur l'obligation corrélative* — La seconde question, qui ne se pose qu'à propos des contrats synallagmatiques, est par contre beaucoup plus complexe. À qui va-t-on faire supporter le risque de la perte de la chose ou de l'impossibilité d'exécution à la suite d'un cas fortuit ? Deux solutions générales sont possibles. On peut prétendre en premier lieu que, puisque l'inexécution n'est pas imputable au débiteur, celui-ci doit pouvoir réclamer de son cocontractant l'exécution de l'obligation corrélative. On dira alors que le risque du contrat tombe sur le créancier de l'obligation corrélative en ce sens que, ne pouvant exiger l'exécution de l'obligation, il est malgré tout tenu de fournir la sienne. On peut maintenir d'autre part que l'équilibre économique des prestations étant rompu, il est plus équitable de faire assumer les risques par le débiteur qui, ne pouvant fournir la prestation promise, ne pourra en contrepartie exiger l'exécution de l'obligation corrélative. Quelle que soit la solution à ce problème, l'un des contractants doit assumer la perte et toute solution adoptée est donc nécessairement défavorable aux intérêts de l'un ou de l'autre des contractants. C'est le cas du vendeur qui a vu périr l'automobile qu'il allait livrer et ne peut en réclamer le prix, ou inversement dans la même hypothèse, c'est le cas de l'acheteur qui est tenu de payer le prix pour un objet dont il n'aura jamais la jouissance. C'est encore le cas du propriétaire des lieux loués, obligé de souffrir l'absence de paiement du loyer pendant le temps où l'immeuble était inutilisable alors qu'il n'était pas en faute, ou du locataire dont on exige le paiement complet alors qu'il n'a pu utiliser les lieux loués.

357 — *Plan* — Le problème des risques se rencontre moins fréquemment de nos jours en raison de l'assurance qui permet aux parties de se garantir contre les effets de la perte. Il conserve toutefois une importance certaine dans les contrats translatifs de propriété où il prend une dimension particulière, les risques du contrat se trouvant affectés par les règles relatives au régime du transfert du droit de propriété. Il convient donc pour plus de clarté de faire la distinction entre le problème des risques dans les contrats synallagmatiques ordinaires et celui des risques dans les contrats synallagmatiques translatifs de propriété.

I — LES RISQUES DANS LES CONTRATS SYNALLAGMATIQUES ORDINAIRES

358 — *Principe général* — Le droit civil québécois, prenant exemple en cela sur le droit français, fait retomber les risques sur le débiteur (*res perit debitori*), c'est-à-dire que, dans un contrat synallagmatique ordinaire, le contractant incapable d'exécuter la prestation promise par suite d'un cas fortuit ou d'une force majeure, ne peut exiger l'exécution de l'obligation corrélative de son cocontractant. On trouve cette solution exprimée par le Code civil à propos de contrats particuliers tels la location d'immeubles [548], le louage d'ouvrage [549], le bail à ferme [550], mais aucune règle générale ne vient l'expliciter clairement [551]. Auteurs [552] et jurisprudence [553] admettent cette règle à l'unanimité, certains expliquant son fondement par la théorie de la cause [554], d'autres par le concept de l'interdépendance des obligations [555] et d'autres y voyant enfin l'expression de la volonté présumée des parties [556] ou de l'équité [557].

359 — *Effets* — Ainsi, dans les contrats synallagmatiques ordinaires, la force majeure, rendant l'exécution d'une obligation impossible, décharge de cette obligation le débiteur qui n'est pas tenu de fournir une exécution équivalente et de plus rejaillit sur l'obligation

---

548. Art. 1659, 1660 C. C.

549. Art. 1684, 1685 C. C. ; *Ginchereau* v. *Wright*, (1924) 36 B. R. 150.

550. Art. 1650 C. C.

551. Sauf peut-être l'article 1202 C. C. qui, dans le cas de l'obligation de faire, règle non seulement le sort de l'obligation devenue impossible d'exécution mais aussi celui de l'obligation corrélative (... *et les deux parties sont libérées...*). Il n'en est pas de même par contre pour l'obligation de donner, l'article 1200 ne contenant aucune règle sur le sort de l'obligation corrélative.

552. MIGNAULT, *Droit civil canadien*, t. 5, p. 401 et s., p. 659 et s. ; FARIBAULT, *Traité de droit civil du Québec*, t. 8 *bis*, p. 634 et s.

553. Voir notamment *Demontigny* v. *Vincent*, (1915) 15 R. P. 408 ; *Martineau* v. *Cousineau*, (1921) 59 C. S. 373 ; *Trans-Canada Insurance Co.* v. *Locke*, (1934) 56 B. R. 97 ; *Girard* v. *Williams*, (1943) C. S. 347 ; *Vachon* v. *Cotton*, (1953) C. S. 167 ; *Wulkan* v. *Séville*, (1956) C. S. 402 ; *Burchmore* v. *Harold Cummings Ltd.*, (1961) C. S. 220 ; *Canada Trust Co.* v. *Florence Shop Inc.*, (1962) C. S. 66 ; *Bergevin* v. *Auclair*, (1963) C. S. 37 ; *Guy St-Pierre Automobile Inc.* v. *Lavallée*, (1964) C. S. 353 ; *Stan-Jar Holdings Co. Ltd.* v. *Lot 82 Inc.*, (1966) C. S. 174.

554. CAPITANT, *De la cause des obligations*, p. 287 ; WASSERMAN, G., « Impossibility of Performance in the Civil Law of Quebec », (1951) 12 R. du B. 366, p. 379-380.

555. RIPERT et BOULANGER, *Traité de droit civil*, t. 2, n° 503, p. 194.

556. MAZEAUD, *Leçons de droit civil*, t. 2, n° 1109, p. 901.

557. MARTY et RAYNAUD, *Droit civil*, n° 314, p. 274.

corrélative, l'éteignant et dispensant le cocontractant de l'exécuter. Les effets de l'application de ce principe sont identiques à ceux de la résolution, à la seule différence que la disparition du contrat par l'application de la théorie des risques est automatique et qu'il n'est donc pas besoin de la faire prononcer en justice. Le contrat tombe rétroactivement, il est censé n'avoir jamais existé ; les parties sont libérées pour l'avenir et tenues de rendre les prestations partielles qu'elles auraient pu recevoir sauf dans le cas d'un contrat d'exécution successive, la location par exemple, où les loyers déjà payés ne sauraient être répétés. Enfin, la dissolution de l'engagement ne peut en aucun cas s'accompagner du paiement de dommages-intérêts, les mécanismes de la responsabilité contractuelle n'entrant pas en jeu.

II — LES RISQUES DANS LES CONTRATS TRANSLATIFS DE PROPRIÉTÉ

360 — *Principe général* — Le droit civil québécois, suivant en cela la tradition française moderne, fait reposer sur le propriétaire d'un objet le risque de perte ou destruction de celui-ci par cas fortuit[558]. Le risque est donc lié, non à la détention ou possession de l'objet mais au lien et au droit de propriété. Il devient donc particulièrement important dès lors, de déterminer avec précision le moment exact du transfert du droit de propriété, puisque de ce transfert dépend également le transfert du risque de la perte de l'objet aliéné.

A. LE RÉGIME DE TRANSFERT DU DROIT DE PROPRIÉTÉ

361 — *Droit romain* — Le droit romain, formaliste de conception, ne distinguait pas entre le transfert du droit réel et le transfert de l'objet de ce droit (livraison). Le droit de propriété ne pouvait donc être transmis par simple consentement mutuel. La délivrance était essentielle et faisait passer la propriété de l'objet du vendeur à l'acheteur[559]. La vente créait deux obligations principales (livrer et payer le prix) indépendantes l'une de l'autre et non corrélatives comme dans le droit moderne. Si donc l'objet périssait par cas fortuit avant livraison, le vendeur était dé-

---

558. À travers tout le Code civil, la charge des risques est liée à la propriété : art. 477, 478, 1050, 1685, 1764, 1768, 1804, 1805, 1815, 1846 C.C.
559. OURLIAC et DE MALAFOSSE, *Droit romain et ancien droit français*, n° 243, p. 254.

chargé, mais l'acheteur qui était encore en mesure d'exécuter sa promesse devait quand même payer le prix [560].

362 — *Ancien droit français* — L'ancien droit français admettait également en règle générale que le droit de propriété ne passait à l'acheteur qu'au moment de la livraison réelle ou fictive (clauses de dessaisine-saisine) même s'il semble qu'à l'époque de Pothier, on en était presque arrivé en pratique à l'idée du transfert *solo consensu* [561]. Dans le contrat de vente, l'acheteur, étant créancier de la chose, devait acquitter le prix et subir les risques du contrat (*res perit creditori*) [562]. Le droit français moderne rompit avec la tradition romaine et maintint le principe du transfert du droit de propriété par le seul effet du consentement des parties. Il y eut donc dissociation du transfert du droit réel et du transfert de l'objet matériel de ce droit (livraison).

363 — *Droit québécois* — Les codificateurs québécois ont adopté la solution du droit français moderne selon laquelle le droit de propriété passe en règle générale à l'acheteur dès l'instant où il y a rencontre des volontés. Ce principe se trouve exprimé au Code civil [563] et ainsi, comme le droit français contemporain, le droit québécois n'exige pas la livraison comme condition nécessaire au transfert du droit de propriété entre les parties au contrat. À l'égard des tiers étrangers au contrat il faut cependant faire une distinction entre le transfert des biens meubles et immeubles.

364 — *Biens immobiliers* — Les biens immobiliers ont toujours été considérés par le droit québécois comme la forme la plus importante de richesses et comme méritant donc une protection particulière. Entre les parties au contrat translatif de propriété, le droit sur un immeuble, comme sur un meuble, se transmet par la simple opération du consentement mutuel. Cependant, à l'égard des tiers, le contrat translatif d'un droit de propriété immobilière ne peut avoir d'effet qu'à la condition d'être enregistré conformément aux formalités prescrites par la loi [564]. L'enregistrement n'est donc pas une formalité nécessaire au transfert de la propriété immobilière entre les parties, mais il est indispensable pour rendre ce transfert opposable aux tiers de bonne foi.

---

560. OURLIAC et DE MALAFOSSE, *Droit romain et ancien droit français*, n° 249, p. 258.
561. MAZEAUD, *Leçons de droit civil*, t. 2, n° 1615, p. 1245 et s.
562. BUGNET, *Œuvres de Pothier*, t. 2, n° 657 et s., p. 358 et s. ; t. 3, n° 307, p. 123 et s.
563. Art. 1022, 1025, 1026, 1472 C. C.
564. Art. 2098 C. C.

B. LE RÉGIME DES RISQUES

1. RÈGLE GÉNÉRALE

365 — *Effets juridiques du principe* — Le transfert du droit de propriété étant indépendant de l'acte matériel qu'est l'exécution de l'obligation de livrer, le problème des risques du contrat se trouve attaché intimement à celui des risques de la chose. Pour déterminer donc qui doit assumer la perte matérielle de l'objet, il s'agit dans chaque cas particulier de déterminer qui, au moment de la perte, était propriétaire, la perte retombant sur lui. L'article 1200 C. C. exprime ce principe lorsqu'il énonce que le débiteur d'un corps certain, dont la livraison est devenue impossible par cas fortuit, est libéré. Cet article toutefois ne donne aucune indication sur le problème de la survivance de l'obligation corrélative. L'acheteur est-il tenu malgré tout de payer le prix ? Auteurs [565] et jurisprudence québécoise [566] appliquent à cet égard la même règle que le droit français. Les risques retombent sur le propriétaire en ce sens que, si au moment de la perte l'acheteur-créancier de l'obligation de livrer était devenu propriétaire, il devrait payer le prix au vendeur. Il s'agit donc là en fait d'une exception à la règle générale des risques dans les contrats synallagmatiques ordinaires, puisque l'application de la règle générale aurait pour effet de décharger le vendeur de l'obligation de livrer *et* corrélativement l'acheteur de celle de payer le prix.

2. APPLICATIONS PARTICULIÈRES

366 — *Généralités* — Cette règle des risques dans les contrats synallagmatiques translatifs de propriété connaît une application spéciale selon le type de contrat envisagé.

a) VENTE D'UN CORPS CERTAIN

367 — *Objet individualisé* — Lorsque l'objet matériel de l'obligation de livrer est un corps certain, c'est-à-dire un objet déterminé quant à son genre et son espèce et individualisé, la règle générale du

---

565. MIGNAULT, *Droit civil canaaien*, t. 7, p. 12 ; WASSERMAN, G., « Impossibility of Performance in the Civil Law of Quebec », (1951) 12 R. du B. 366, p. 380-381. Quant à Faribault, s'appuyant sur deux décisions qui n'énoncent nullement le principe qu'il croit y voir, il semblerait pencher pour la théorie contraire : FARIBAULT, *Traité de droit civil du Québec*, t. 8 *bis*, p. 634.

566. Voir par exemple *Mechutan Fur Co.* v. *Carl Druker Furs Inc.*, (1962) C. S. 429.

transfert de propriété s'applique et l'acheteur devient propriétaire par le simple échange des consentements indépendamment de l'époque ou du moment de la livraison matérielle [567]. La vente en bloc, au sens de l'article 1474 C. C.[568], est réputée vente d'un corps certain et le droit de propriété sur l'objet ainsi donc que les risques sont transférés par simple consentement mutuel [569]. Il est parfois difficile de déterminer la différence entre la vente en bloc et la vente au poids, au compte ou à la mesure [570]. En règle générale la vente en bloc est la vente d'une chose dont le genre et l'espèce sont déterminés et où cependant un mesurage, un pesage ou un comptage peuvent être nécessaires non pas pour individualiser l'objet mais seulement pour permettre le calcul du prix. Ainsi, la vente de tout le bois contenu dans tel entrepôt à tant la tonne est une vente en bloc, le bois vendu étant individualisé, le pesage n'est nécessaire que pour permettre de calculer exactement le prix dû par l'acheteur et non la quantité vendue [571].

Ainsi donc lorsque l'objet de la vente est un corps certain, la perte par cas fortuit entre les mains du vendeur (débiteur de l'obligation de livrer) ne l'empêche pas de recouvrer le prix de l'acheteur, sauf toutefois le cas où le vendeur était en demeure de livrer [572]. Cette règle s'applique d'ailleurs aussi bien aux ventes civiles que commerciales (ventes contre remboursement [573], ventes F.A.B.[574]).

b) VENTE D'UNE CHOSE DE GENRE

367a — *Objet non individualisé* — Le droit de propriété passant par simple consentement, il est nécessaire que la volonté des

---

567. Art. 1025 C. C.

568. Il faut en effet distinguer la véritable vente en bloc au sens classique du terme (art. 1474 C. C.) de la vente dite « en bloc » des articles 1569a et s. qui est la vente de fonds de commerce.

569. *National Fruit Exchange Inc.* v. *Greenshield*, (1946) C. S. 263 ; *Villiard* v. *Phoenix*, (1950) C. S. 149.

570. Voir à ce sujet LE DAIN, G., « The Transfer of Property and Risk in the Sale of Fungibles », (1954) 1 McGill L. J. 237, p. 239 et s.

571. *Cohen* v. *Bonnier*, (1924) 36 B. R. 1 ; *Tardif* v. *Fortier*, (1946) B. R. 356 ; *Lévesque* v. *Tremblay*, (1947) B. R. 684.

572. *Rice* v. *Skinner*, (1923) 61 C. S. 487.

573. *Dolbec* v. *Lortie*, (1921) 59 C. S. 267.

574. Pour les ventes F. A. B. (F. P. B.), C. A. F. (C. I. F.), etc., la jurisprudence a eu à déterminer à quel moment exact avait lieu le transfert ; voir à ce sujet : *Vipond* v. *Montefusco*, (1917) 26 B. R. 490 ; *Grace & Co.* v. *Clogg*, (1920) 57 C. S. 251 ; *Dolbec* v. *Lortie*, (1921) 59 C. S. 267 ; voir aussi PERRAULT. *Traité de droit commercial*, t. 2, n° 646 et s., p. 96 et s.

parties ait porté sur un objet précis [575]. La chose matérielle faisant l'objet de l'obligation de livrer doit avoir été individualisée, c'est-à-dire identifiée précisément. La vente d'une chose de genre appelée plus exactement vente au poids, au compte ou à la mesure, est celle où pesage, comptage ou mesurage sont nécessaires non plus à la détermination du prix, mais à l'identification même de l'objet de l'obligation de livrer. Ainsi, l'achat de 50 planches de bois de telle qualité parmi les 400 qui se trouvent dans l'entrepôt du vendeur. L'acheteur ne devient pas par le seul effet de l'échange des consentements propriétaire immédiatement de 50 planches, mais seulement lorsque le vendeur aura compté et séparé celles-ci et en aura donné avis à l'acheteur.

Dans les ventes au poids, au compte et à la mesure, le transfert du droit de propriété ne s'opère donc qu'à partir du moment où l'objet vendu est individualisé et identifié et où l'acheteur en a été averti [576]. Par voie de conséquence, le vendeur restant propriétaire jusqu'à cette individualisation supporte les risques de perte par cas fortuit. Il est donc extrêmement important dans ce genre de vente de déterminer avec précision l'instant où le transfert de propriété a eu lieu pour savoir qui doit supporter les risques [577].

c) VENTES CONDITIONNELLES

368 — *Vente sous condition suspensive* — Les ventes conditionnelles sont d'application fréquente en matières commerciales. La vente sous condition suspensive dont le modèle le plus fréquent est la vente à l'essai, ne rend l'acheteur propriétaire de l'objet que si l'essai a été concluant [578]. Jusqu'à ce moment le vendeur reste propriétaire de celui-ci et la perte entre les mains de l'acheteur avant la réalisation de la condition, retombe sur le vendeur [579]. La vente à tempérament [580] a pour but de soumettre le transfert de la propriété au paiement total du prix, ce qui constitue une garantie contre l'insolvabilité de l'acheteur. En

575. Voir paragr. 215 et s.
576. Art. 1026 C. C.
577. *Cream* v. *Kirouac*, (1911) 39 C. S. 486 ; *Co. de bois Bédard* v. *Eagle Lumber Co.*, (1923) 35 B. R. 483 ; *Bellavance* v. *Black Lake Lumber Manufacturing Co. Ltd.*, (1929) 35 R. L. n. s. 368 ; *Simard* v. *Quebec Veneer Industries Co. Ltd.*, (1945) R. L. n. s. 203 ; *Lévesque* v. *Tremblay*, (1947) B. R. 684 ; *Spot Supermarkets Co.* v. *Provost et Provost Ltée*, (1968) B. R. 404.
578. Art. 1475 C. C.
579. *Laurin* v. *Ginn*, (1908) 14 R. L. n.s. 439.
580. Art. 1561a et s. C. C.

principe donc, la perte dans un tel cas retombe sur le vendeur avant l'acquittement total du prix de vente[581]. Cependant une certaine juris- prudence[582] semble pencher pour la solution contraire et faire tomber les risques sur l'acheteur, assimilant l'acheteur au dépositaire et arguant que le transfert de propriété se fait automatiquement, sans aucune inter- vention de la part du vendeur et que celui-ci n'ayant aucun contrôle sur l'objet doit, du moins en équité, ne pas supporter les risques de la perte.

369 — *Vente sous condition résolutoire* — Quant à la vente sous condition résolutoire telle la vente à réméré[583], le transfert du droit de propriété ayant lieu immédiatement, selon la règle générale, l'acheteur devient propriétaire dès l'échange des consentements et sup- porte donc la perte survenue avant la réalisation de la condition.

370 — *Caractère d'ordre privé des règles relatives aux risques* — Il faut préciser toutefois que les règles établies par le Code civil relativement aux risques quel que soit le genre de contrat ne sont pas d'ordre public. Les parties sont donc libres d'y déroger contractuellement et d'attribuer différemment la charge des risques[584].

371 — *Perte partielle* — Une dernière hypothèse doit être envisagée, celle de l'impossibilité ou de la perte simplement partielle. Qu'arrive-t-il dans le cas où par exemple l'objet à livrer est détérioré sans être détruit ? Il semble d'après les articles 1150, 1087 et 1088 C. C. (qui ne font pas comme en droit français de différence entre les obligations pures et simples et les obligations conditionnelles[585]), que les règles géné- rales de la théorie des risques doivent être suivies : le créancier doit recevoir la chose dans l'état où elle se trouve, sans diminution de prix. Dans le contrat de louage de chose cependant, en vertu d'une disposition

---

581. *Caron* v. *Bleau* (1907) 13 R. J. 514 ; *Southern Canada Power Co. Ltd.* v. *Dubois*, (1944) C. S. 54.

582. *Létourneau* v. *Laliberté*, (1957) C. S. 428 ; *Latreille* v. *Isabel*, (1958) B. R. 431 ; commentaire DRAZIN, L., (1958) 5 McGill L. J. 198 ; commentaire COMTOIS, R., (1957) 60 R. du N. 344. Il faut noter également que, dans la plupart de ces contrats, le retard du transfert de propriété est avant tout fait pour per- mettre le « financement » de ces contrats et qu'en fait le vendeur perd tout contrôle matériel sur l'objet vendu sur lequel il n'a ni *usus*, ni *abusus*, ni *fructus*.

583. Art. 1546 et s.

584. *Grace & Co.* v. *Clogg*, (1920) 57 C. S. 251.

585. En effet, dans le cas de l'obligation sous condition suspensive, le droit français donne droit au créancier en cas de détérioration soit de résoudre l'obligation soit d'exiger la chose sans diminution de prix (art. 1182 C. N.).

spéciale de la loi [586], le locataire peut obtenir soit une diminution proportionnelle du loyer, soit même la résolution du bail.

BIBLIOGRAPHIE

BOHEMIER, A. et FOX, F., « De l'effet de changement des circonstances sur les contrats », (1962) 12 *Thémis* 77.

BRUN, H., « Les origines du consensualisme en matière de transfert de propriété et des mitigations apportées au principe par le droit civil québécois », (1967-1968) 9 Cah. de Dr. 273.

JACOBY, D., *la Théorie des risques dans les contrats synallagmatiques parfaits et imparfaits,* mémoire D. E. S., Université de Montréal, 1967.

LE DAIN, G., « The Transfer of Property and Risk in the Sale of Fungibles », (1954) 1 McGill L. J. 237.

WASSERMAN, G., « Impossibility of Performance in the Civil Law of Quebec », (1951) 12 R. du B. 366.

WIGNY, P., « Responsabilité contractuelle et force majeure », (1935) 34 R. T. D. C. 19.

---

586. Art. 1660 C. C. ; *Sylvio* v. *Labrecque,* (1929) 35 R. J. 184 ; *Wulkan* v. *Séville,* (1956) C. S. 402 ; voir aussi pour le louage de services : *Traverse de Lévis Ltée* v. *Le Roi,* (1948) R. C. Ech. 203 ; *Bergevin* v. *Auclair,* (1963) C. S. 37.

Deuxième partie
LES QUASI-CONTRATS

Chapitre premier
NOTIONS GÉNÉRALES

372 — *Généralités* — Les codificateurs québécois, prenant le Code Napoléon pour modèle, ont fait des « quasi-contrats » une source distincte d'obligations, adoptant ainsi la classification classique de Justinien. Ils ont évité toutefois de définir le « quasi-contrat » comme le fait l'article 1371 du Code Napoléon.

373 — *Critique de la notion de quasi-contrat* — La notion même de « quasi-contrat » est très controversée dans la doctrine moderne, certains allant même jusqu'à la traiter de « monstre [587] ». À l'unanimité, les auteurs français modernes s'accordent à reconnaître que cette notion est soit inexistante [588], soit insatisfaisante [589], soit sans aucune valeur scientifique [590]. Il semble en effet que la catégorie des « quasi-contrats » repose sur une confusion d'ordre historique des sources romaines [591]. Malgré ces légitimes critiques, et bien que partageant les opinions de la doctrine française moderne, nous avons cru préférable, pour rester

---

587. JOSSERAND, L., *Cours de droit civil positif français*, 3e éd., Paris, Sirey, 1939, t. 2, n° 10, p. 6.

588. MAZEAUD, *Leçons de droit civil*, t. 2, n° 649, p. 610.

589. MARTY et RAYNAUD, *Droit civil*, n° 336, p. 297.

590. RIPERT et BOULANGER, *Traité de droit civil*, t. 2, n° 1183 p. 455.

591. MAZEAUD, *Leçons de droit civil*, t. 2, n° 644, p. 608 ; MARTY et RAYNAUD, *Droit civil*, n° 17, p. 19 ; RIPERT et BOULANGER, *Traité de droit civil.* t. 2, n° 1182, p. 455.

fidèle au plan tracé par les codificateurs et à l'agencement général du Code québécois, de traiter les « quasi-contrats » comme seconde source d'obligations.

374 — *Définition* — D'une manière générale, on peut dire que l'obligation quasi contractuelle *est celle qui naît d'une activité humaine unilatérale, licite, qui profite ou porte préjudice à autrui.* Le « quasi-contrat » est donc avant tout un fait juridique qui donne naissance à une obligation, fait qui demeure licite. En effet, si le fait juridique est illicite, l'obligation créée est de nature délictuelle ou quasi délictuelle. Le nom « quasi-contrat » vient d'ailleurs de ce que ces faits créent une situation juridique qui, à première vue, ressemble à une situation contractuelle mais à laquelle il manque un élément essentiel pour être telle [592].

375 — *Gestion d'affaires et paiement de l'indu* — Le Code civil reconnaît deux quasi-contrats : la gestion d'affaires et le paiement de l'indu. Le premier permet à celui qui assume la gestion de l'affaire d'un autre à son insu, de se faire indemniser pour les actes de gestion ainsi faits. Il s'agit donc d'une situation juridique ressemblant à celle d'un mandat, à laquelle il manque toutefois la rencontre des volontés indispensable à l'existence d'un lien contractuel. Le second oblige celui qui a reçu sans droit une chose en paiement, à la restituer au véritable destinataire. On pourrait y voir une situation juridique ressemblant à celle d'un prêt, à laquelle l'élément consentement ferait défaut.

376 — *Enrichissement sans cause* — La jurisprudence a cependant dégagé un troisième « quasi-contrat » ; elle a découvert une troisième source d'obligations quasi contractuelles : l'enrichissement sans cause. Celui qui, sans cause juridique valable, s'enrichit aux dépens d'autrui, est tenu d'indemniser ce dernier selon certaines règles précises. Il y a conflit parmi les auteurs, certains contestant le fait que l'enrichissement sans cause soit véritablement un quasi-contrat [593].

377 — *Unité théorique des trois quasi-contrats* — On trouve cependant un lien logique, bien que peut-être un peu superficiel, entre la gestion d'affaires, le paiement de l'indu et l'enrichissement sans cause. Ils participent tous trois de la même idée fondamentale que celui qui se trouve enrichi (le géré qui voit son affaire bien menée sans avoir eu à débourser un sou, celui qui reçoit une somme d'argent qui ne lui est pas due, l'individu qui se voit éviter une perte aux frais d'un autre), sans raison juridique valable (sans un contrat, sans une obligation légale), doit rétablir l'équilibre économique ainsi compromis. Dans ce sens, et

---

592. Art. 1043 à 1046, 1047 à 1052 C. C.
593. Voir paragr. 410.

en prenant bien garde de faire la distinction avec *le* quasi-contrat de même nom, on peut dire que tous *les* quasi-contrats procèdent d'une notion identique de réparation d'un enrichissement sans cause ou d'un enrichissement injustifié.

BIBLIOGRAPHIE

NICHOLLS, G.V.V., « The Doctrine of the Quasi-contract in the Province of Quebec : Its Debt to the Code Napoléon and Its Development », *Livre souvenir des journées du droit civil français*, Montréal, Doucet, 1936, p. 271.
TRUDEL, G., « The Usefulness of Codification : A Comparative Study of Quasi-contracts », (1955) 29 Tul. L. Rev. 311.

Chapitre II
LA GESTION D'AFFAIRES

I — NOTION

378 — *Définition* — La gestion d'affaires est, pour reprendre la description donnée à l'article 1043 C. C., *le fait pour une personne (le gérant) de s'occuper volontairement des affaires d'une autre (le géré) sans qu'il soit intervenu entre eux de convention à ce sujet.* La gestion d'affaires est donc une ingérence volontaire dans les affaires d'autrui, sans autorisation de la part du géré et sans qu'il existe une obligation légale ou contractuelle pour le gérant de s'immiscer. Cette ingérence peut consister soit à poser des actes matériels (ainsi celui qui arrête un cheval emballé [594], ou sauve une propriété de la destruction par le feu [595]), soit à poser des actes juridiques (ainsi celui qui acquitte la dette d'un autre [596] ou administre un patrimoine à la place d'un autre [597]).

Entre gérant et géré se forme alors un lien d'obligation quasi contractuel en vertu duquel le gérant peut demander à être indemnisé des engagements personnels qu'il a pris pour le géré et des dépenses nécessaires et utiles encourues par lui durant sa gestion. Il faut remarquer que la jurisprudence

---

594. *Lortie* v. *Adelstein*, (1914) 46 C. S. 543.

595. *Fontaine* v. *Gascon*, (1956) C. S. 138.

596. *Robitaille* v. *Grant*, (1924) 62 C. S. 175.

597. *Robidoux* v. *Robidoux*, (1942) 48 R. L. n. s. 353. D'après les faits de la cause, il semble qu'il s'agissait plus en l'occurrence d'un mandat tacite.

québécoise a toujours eu une conception quelque peu vague de la gestion d'affaires, qu'elle confond parfois avec le mandat tacite et l'enrichissement sans cause [598].

II — CONDITIONS

379 — *Généralités* — La gestion d'affaires ne peut théoriquement exister que si un certain nombre de conditions très précises sont réunies, conditions dont l'existence permet d'ailleurs de distinguer cette notion de celle de l'enrichissement sans cause.

A. ABSENCE DE REPRÉSENTATION CONVENTIONNELLE, LÉGALE OU JUDICIAIRE

380 — *Principe* — Il est évidemment nécessaire, pour qu'il y ait gestion d'affaires, qu'il n'existe pas de lien contractuel entre le gérant et le géré, par lequel le premier s'est engagé à prendre soin de l'affaire du second. Dans cette hypothèse, il y a en effet contrat de mandat, d'entreprise, de travail, de louage de services ou de louage d'ouvrage, et les rapports des parties sont soumis aux règles contractuelles ordinaires.

Cette condition s'applique aussi bien au mandat exprès qu'au mandat tacite. Ainsi, dans l'hypothèse où le géré a connaissance de l'immixtion du gérant, il y a mandat tacite s'il l'approuve et absence de mandat et de gestion d'affaires s'il la désapprouve [599]. Il s'agit là d'une règle différente de celle du droit français qui caractérise encore comme gestion d'affaires celle entreprise à la connaissance du gérant [600].

De même, pour qu'il y ait gestion d'affaires, il est nécessaire que le gérant ne soit pas obligé par la loi ou par un jugement de s'occuper des affaires du géré. Le tuteur, le curateur, le syndic à la faillite, l'exécuteur testamentaire ne peuvent donc être gérants des affaires ou des biens qui leur ont été confiés dans l'exécution de leurs fonctions.

---

598. Voir note précédente et pour la distinction avec l'enrichissement sans cause : *Adams* v. *Adams*, (1919) 28 B. R. 278 ; *Marquis* v. *Rousseau*, (1937) 70 C. S. 529. Voir également *Granger* v. *Sicotte*, (1911) 40 C. S. 247 ; *Consolidated Sand Co. Ltd.* v. *Oka Sand and Gravel Co. Ltd.*, (1928) 66 C. S. 85.

599. *Co. de Péribonka Ltée* v. *Gaudreault*, (1921) 31 B. R. 214 ; *Consolidated Sand Co. Ltd.* v. *Oka Sand Co. Ltd.*, (1928) 66 C. S. 85 ; *Barnhardt* v. *Canadian Bank of Commerce*, (1952) C. S. 265.

600. Art. 1372 C. N.

B. INTENTION DE GÉRER

381 — *Distinction avec l'enrichissement sans cause* — Le gérant en agissant doit avoir l'intention de gérer l'affaire pour autrui et non pour son propre compte, ce qui constitue une différence essentielle avec l'enrichissement sans cause [601]. Si, même en principe, le gérant a eu l'intention de gérer à la fois pour lui-même et pour le géré, seule l'action *de in rem verso* lui est en principe ouverte [602]. Cependant, l'intention de se faire indemniser éventuellement doit être également présente, sans quoi on peut considérer qu'il s'agit d'un acte de charité ou de bienfaisance simple, d'un acte à titre gratuit [603].

Comme l'a si bien dit un auteur : « L'intention du gérant d'affaire allie deux idées opposées : égoïsme et altruisme. S'il a l'intention d'être utile à autrui et de se faire indemniser, l'heureux compromis entre ces deux tendances lui vaut l'action *negotiorum gestio contraria*. S'il poursuit un but uniquement égoïste, il n'a que l'action *de in rem verso* ; mais s'il obéit à une pensée de charité pure, sa récompense n'est pas de ce monde : il n'a aucune action [604]. »

Au contraire du droit français, le droit québécois exige la capacité juridique de la part du gérant [605] mais non de la part du géré [606], ce qui a donc pour effet de restreindre encore la portée pratique de cette institution.

C. GESTION UTILE

382 — *Critères de l'utilité* — Les actes de gestion peuvent consister en des actes purement matériels ou en des actes juridiques qui peuvent être des actes d'administration simple ou même de disposition, lorsque ceux-ci sont nécessaires et indispensables à la bonne administration de l'affaire (l'aliénation de biens périssables par exemple). En toute hypothèse cependant le gérant ne peut réclamer d'indemnisation du

---

601. *Adams* v. *Adams*, (1919) 28 B. R. 278 ; *Consolidated Sand Co. Ltd.* v. *Oka Sand and Gravel Co. Ltd.*, (1928) 66 C. S. 85; *Demers* v. *De Henfield*, (1932) 38 R. L. n. s. 154 ; *Rancourt* v. *Grace and Trenouth*, (1942) C. S. 186.
602. *Contra* : *Fontaine* v. *Gascon*, (1956) C. S. 138.
603. MIGNAULT, *Droit civil canadien*, t. 5, p. 313 ; FARIBAULT, *Traité de droit civil du Québec*, t. 7 *bis*, p. 70.
604. MAYRAND, A., *Des quasi-contrats et de l'action de in rem verso*, thèse, Université de Montréal, 1939, p. 8.
605. Art. 1041 C. C.
606. Art. 1042 C. C.

géré qu'à la condition de démontrer l'utilité des actes de gestion. Cette utilité doit être appréciée par le tribunal en tenant compte de deux facteurs fondamentaux. D'une part il doit se placer au moment où l'acte a été posé pour apprécier cette utilité, et non à l'époque de la réclamation. En d'autres termes il faut et suffit de démontrer que l'acte de gestion était utile au moment où il a été posé, alors même que par la suite, en raison d'événements subséquents, cette utilité aurait été diminuée ou aurait disparu. D'autre part, l'utilité de la gestion doit s'apprécier en regard des intérêts exclusifs ou prédominants du géré. En d'autres termes, chose évidente, la gestion doit avoir été accomplie dans le seul intérêt ou dans l'intérêt principal du géré et non dans celui du gérant [607].

III — EFFETS

383 — *Généralités* — La gestion d'affaires entraîne des rapports tripartites entre le gérant et le géré et chacune de ces deux personnes et les tiers.

A. OBLIGATIONS DU GÉRANT

1. VIS-À-VIS DES TIERS

384 — *Connaissance de la gestion par les tiers* — Pour mener à bien sa gestion, le gérant a pu être obligé de contracter avec d'autres personnes. Il faut distinguer selon qu'il a contracté en portant à la connaissance des tiers l'existence de la gestion d'affaires ou non. Dans la première hypothèse, le gérant se trouve vis-à-vis des tiers dans la même situation qu'un mandataire agissant au nom du mandant [608]. Il n'est donc pas responsable personnellement pour les actes posés conformément aux conditions de la gestion d'affaires et les tiers ont une action directe contre le géré. Si l'acte posé ne rencontre pas les conditions précises de la gestion d'affaires, par exemple si la gestion n'a pas été utile, le gérant demeure personnellement lié à ceux-ci.

385 — *Absence de connaissance de la gestion par les tiers* — Dans la seconde hypothèse, le tiers cocontractant a droit de considérer le gérant comme partie principale au contrat et de le tenir

---

607. *Consolidated Sand Co. Ltd.* v. *Oka Sand and Gravel Co. Ltd.*, (1928) 66 C. S. 85 ; *Demers* v. *De Henfield*, (1932) 38 R. L. n. s. 154.

608. Art. 1043, 1715 C. C.

aux termes de l'engagement, indépendamment de l'existence d'une relation entre le gérant et le géré [609]. Le gérant garde toutefois bien entendu une action en remboursement contre le géré.

2. VIS-À-VIS DU GÉRÉ

386 — *Généralités* — Le gérant d'affaires assume trois obligations principales à l'égard du géré, soit mener l'affaire qu'il a entreprise et ses accessoires à bien, se comporter en bon père de famille et enfin rendre compte de sa gestion.

387 — *Mener l'affaire à bien* — Une fois la gestion entreprise, le gérant n'a pas le loisir de l'abandonner, mais au contraire le devoir de la continuer jusqu'à ce que l'affaire soit terminée ou que le géré ou ses héritiers soient en mesure de prendre la relève [610]. La raison de cette règle apparemment stricte est d'éviter des interventions futiles dans les affaires d'autrui. La responsabilité du gérant sur ce point est même plus lourde que celle du mandataire. Le gérant, en cas de décès du géré, doit en effet continuer sa gestion jusqu'à ce que les héritiers de ce dernier soient en état d'en prendre la direction, alors que le mandataire, dans un cas semblable, n'est tenu de continuer que si l'affaire est urgente et ne peut être différée sans risque de perte ou de dommage [611].

388 — *Gestion en bon père de famille* — Le gérant doit administrer l'affaire en bon père de famille, c'est-à-dire apporter à l'affaire du géré les mêmes soins que ceux qu'il aurait apportés à la sienne propre [612]. Toutefois, le tribunal peut mitiger la responsabilité du gérant pour mauvaise gestion, en tenant compte des circonstances dans lesquelles cette gestion a été assumée. Des circonstances difficiles peuvent donc servir de facteurs atténuants. Il s'agit là d'une règle d'équité et la gestion en bon père de famille doit donc s'apprécier *in concreto,* eu égard à toutes les circonstances entourant la gestion.

389 — *Reddition de comptes* — Enfin, le gérant, étant assujetti aux obligations découlant d'un mandat exprès à l'égard du géré [613],

---

609. Art. 1043, 1716 C. C.
610. Art. 1044 C. C.
611. Art. 1709 C. C.
612. Art. 1045 C. C.
613. Art. 1043, 1713 C. C.

est tenu tel le mandataire de rendre compte de sa gestion, ce qui peut se faire à l'amiable ou après poursuite sur action en reddition de comptes [614].

B. OBLIGATIONS DU GÉRÉ

1. VIS-À-VIS DES TIERS

390 — *Exécution des obligations* — Les obligations du géré vis-à-vis des tiers se résument à l'exécution des obligations utiles contractées par le gérant au nom du géré.

2. VIS-À-VIS DU GÉRANT

391 — *Indemnisation* — Le maître ou géré est tenu à deux obligations principales soit d'une part indemniser le gérant pour les engagements contractés en son nom personnel pendant la gestion et d'autre part lui rembourser les dépenses nécessaires et utiles qu'il a faites (art. 1946 C. C.). Le maître doit donc décharger le gérant de tous les contrats que celui-ci a faits en son nom personnel pour mener à bien la gestion de l'affaire, soit en novant la dette ou obligation encourue par le changement de débiteur (c'est-à-dire en se substituant au gérant comme débiteur du tiers), soit en indemnisant directement le gérant qui est resté lié à l'égard du tiers. Le géré doit également indemniser le gérant pour tous les dommages qu'il a subis comme résultat de sa gestion [615].

392 — *Remboursement* — Enfin, le géré doit rembourser au gérant les dépenses nécessaires et utiles [616], c'est-à-dire les dépenses qui étaient indispensables à la conservation même de l'affaire ou de la chose et celles qui, bien que n'étant pas absolument nécessaires, ont bénéficié quand même au géré et augmenté la valeur de l'affaire ou de la chose. Comme il a déjà été souligné [617], la nécessité ou l'utilité des dépenses doit s'apprécier au moment où elles ont été faites et non au moment de la demande de remboursement. On admet de plus que le géré doit les intérêts sur les sommes avancées par le gérant dans l'administration de l'affaire [618].

---

614. Art. 532 C. P. C. ; *Stewart* v. *Stewart*, (1896) 5 B. R. 469 ; *Boivin* v.*Roch Shoe Manufacturing Ltd.*, (1916) 49 C. S. 24 ; *Société coopérative agricole de Amos* v. *Saint-Mars*, (1919) 21 R. P. 307 ; *Consolidated Sand Co. Ltd.* v. *Oka Sand and Gravel Co. Ltd.*, (1928) 66 C. S. 85 ; *Robidoux* v. *Robidoux*, (1942) 48 R. L. n. s. 353.
615. *Lortie* v. *Adelstein*, (1914) 46 C. S. 543 ; *Fontaine* v. *Gascon*, (1956) C. S. 138.
616. *Rancourt* v. *Grace and Trenouth*, (1942) C. S. 186.
617. Paragr. 382.
618. *Robitaille* v. *Grant*, (1924) 62 C. S. 175.

393 — *Prescription du recours* — La gestion d'affaires donne donc un droit d'action au gérant contre le géré pour se faire indemniser et rembourser. Le géré peut également poursuivre le gérant en justice pour l'obliger à rendre compte de sa gestion. Aucune prescription spéciale ne s'attachant à l'action *negotiorum gestio,* il semble qu'il faille admettre qu'elle est sujette à la prescription commune de trente ans [619].

394 — *Conclusion* — En droit québécois, la gestion d'affaires, au contraire du droit français, reste un phénomène rare dans la pratique. Une des raisons est peut être la restriction apportée par les codificateurs québécois aux règles du droit français, notamment celle selon laquelle le gérant doit ignorer la gestion.

BIBLIOGRAPHIE

CESBRON, M., « De la gestion des affaires d'autrui », (1917) 20 R. du N. 114, 152.

CORE, F., « Le fondement de la gestion d'affaires, source autonome obligatoire », (1953) Dalloz, Chr. 39.

DAWSON, T., « *Negotiorum gestio* : The Altruistic Intermeddler », (1961) 74 Harv. L. Rev. 817 et 1073.

DEMOGUE, R., « De la gestion d'affaires », (1937) 15 R. du D. 449.

MARUITTE, M., *la Notion juridique de gestion d'affaires*, Paris, Librairie générale de droit et de jurisprudence, 1931.

MAYRAND, A., *Des quasi-contrats et de l'action de in rem verso*, thèse, Montréal, 1959 (édition révisée de celle de 1939).

PICARD, M., « La gestion des affaires dans la jurisprudence contemporaine », (1921) 20 R. T. D. C. 419 ; (1923) 22 R. T. D. C. 5.

RIOU, M., « L'acte de dévouement », (1959) 55 R. T. D. C. 221.

Chapitre III

LE PAIEMENT DE L'INDU

I — NOTION

395 — *Définition* — Tout paiement quel qu'il soit suppose l'existence d'une dette entre celui qui paye (*solvens*) et celui qui reçoit le paiement (*accipiens*)[620], que ce paiement consiste à donner une

---

619. *Robitaille* v. *Grant*, (1924) 62 C. S. 175.
620. Art. 1140 C. C. Le *solvens* est celui qui paye effectivement. Ainsi le mandataire qui paye par erreur bénéficie de ce droit d'action : *Banker's Trust Co.* v. *Clark*, (1967) R. P. 346.

somme d'argent ou une autre chose matérielle. Il peut arriver cependant que quelqu'un reçoive d'un autre un paiement auquel il n'a pas droit, soit parce que le *solvens* a payé à un autre qu'à son créancier véritable, soit parce que le *solvens* a payé en trop, soit parce que le *solvens* ne devait rien [621]. Celui qui a reçu un tel paiement auquel il n'a aucun droit est tenu de le rendre, car autrement il y aurait enrichissement injustifié. La réception d'une chose non due oblige l'*accipiens* à restitution. Le paiement de l'indu est donc *l'acte par lequel une personne* (solvens) *exécute par erreur une obligation en faveur d'une autre* (accipiens) *à l'égard de laquelle elle n'est pas légalement ou contractuellement tenue.* Il se crée entre ces deux personnes un lien « quasi contractuel » sur lequel se fonde l'obligation de restitution, selon un certain nombre de modalités prévues par la loi.

II — CONDITIONS

396 — *Généralités* — Pour qu'il y ait relation quasi contractuelle entre le *solvens* et l'*accipiens, deux conditions essentielles* doivent être remplies : d'une part il ne doit pas y avoir entre eux de relations contractuelles ou légales de débiteur à créancier, d'autre part le *solvens* doit avoir payé par suite d'une erreur de fait ou de droit.

A. ABSENCE DE DETTE

397 — *Principe* — Il ne saurait y avoir paiement de l'indu dans l'hypothèse où le *solvens* est véritablement débiteur de la somme ou de la chose à l'égard de l'*accipiens*-créancier en vertu d'un lien d'obligation de nature contractuelle ou légale. En effet, celui qui paye ce qu'il doit, exécute l'obligation à laquelle il était tenu et éteint celle-ci valablement. À cet égard, il convient de rappeler que l'acquittement d'une obligation naturelle est considéré comme un paiement valable aux yeux de la loi et ne permet donc pas d'obtenir répétition [622].

398 — *Répétition résultant de la remise en état* — La jurisprudence et une partie de la doctrine [623] utilisent le terme répétition

---

621. Voir par exemple : *Elizabeth Shoe Co. Ltd.* v. *Racine*, (1951) C. S. 342 ; *New York Central System* v. *Sparrow*, (1957) B. R. 808 ; *Leblanc* v. *Galipeau*, (1958) B. R. 303.
622. Art. 1140 C. C. ; paragr. 23.
623. FARIBAULT, *Traité de droit civil du Québec*, t. 7 *bis*, n° 188 et s., p. 130 et s. ;

de l'indu et la technique du « quasi-contrat » du même nom dans l'hypothèse où, après l'annulation d'un contrat, l'une des parties réclame à l'autre les prestations qu'elle avait déjà fournies. Cette position nous semble sujette à caution. Il ne s'agit pas ici véritablement d'un « quasi-contrat » de répétition de l'indu mais plutôt d'une notion dont le mécanisme présente des analogies avec ce dernier : celle de la remise en état judiciaire des parties. Lorsqu'un contrat est déclaré nul, le juge, sauf dans certains cas précis déjà examinés, s'efforce de remettre les parties dans la position où elles étaient avant la conclusion de l'engagement [624]. La principale manifestation de cette remise en état est évidemment la restitution réciproque des objets ou choses reçues avant le jugement d'annulation. Nous ne pensons pas qu'on puisse analyser ce phénomène comme un quasi-contrat de répétition de l'indu, la seconde condition nécessaire, l'erreur du *solvens,* n'étant pas véritablement présente, sauf si l'on interprète très largement ce concept en soutenant que celui qui a acquitté une dette issue d'un contrat nul a payé par erreur. Il nous semble préférable de restreindre l'application des règles du Code civil aux hypothèses classiques où le *solvens* paye une dette qui n'existe pas, paye trop ou paye une personne autre que le créancier, c'est-à-dire commet une erreur soit sur l'existence ou l'étendue de la dette, soit sur la personne de son véritable créancier.

B. ERREUR DE LA PART DU SOLVENS

399 — *Principe* — Il est nécessaire en second lieu que le paiement effectué par le *solvens* ait été le fruit d'une erreur de fait ou de droit [625]. Si en effet, il a « payé » alors qu'aucune dette n'existait, mais en connaissance de cause, on doit traiter le prétendu paiement comme une libéralité et refuser alors la répétition. L'erreur est requise de la part du *solvens* et non de l'*accipiens,* puisque le Code prévoit que ce dernier puisse être de mauvaise foi [626]. Il existe cependant certains cas où la jurisprudence admet la répétition de l'indu sans qu'il y ait eu d'erreur. Ainsi en est-il lorsque le *solvens,* menacé d'un procès, paye sous protêt le montant réclamé

WASSERMAN, G., « *Répétition de l'indu,* Arising from Contracts Based on Illegal Consideration », (1952) 12 R. du B. 172 et jurisprudence citée.

624. Paragr. 264.

625. Art. 1047 C. C. ; *Ross* v. *The King,* (1903) 32 R. C. S. 532 ; *Pelletier* v. *Duchaîne,* (1932) 71 C. S. 216. Il ne doit pas s'agir cependant d'une simple erreur de motif : *Pétry* v. *Caisse d'économie de Notre-Dame de Québec,* (1891) 19 R. C. S. 713.

626. Art. 1049, 1050, 1052 et paragr. 405 et s.

en attendant la décision du tribunal [627] ou encore lorsque, après le paiement volontaire d'une dette conditionnelle, celle-ci s'éteint par la défaillance de la condition.

400 — *Preuve* — Il est important de souligner que le fardeau de la preuve de l'absence d'un consentement éclairé au moment du paiement repose sur le *solvens*. Si c'est à lui de prouver l'erreur, il n'en reste pas moins toutefois qu'en pratique, il lui suffit de prouver seulement que le paiement n'était pas dû, l'intention libérale de sa part ne se présumant pas [628].

III — EFFETS

401 — *Répétition* — Le principal effet du paiement de l'indu est de permettre au *solvens* de répéter de l'*accipiens* l'objet du paiement au moyen d'une action en justice. La quotité et les modalités de cette restitution dépendent toutefois de la bonne ou de la mauvaise foi de l'*accipiens*. L'obligation de restitution reste la même dans les deux cas ; seule son étendue varie en fait.

A. ACCIPIENS DE BONNE FOI

402 — *Effets de la bonne foi* — L'*accipiens* est de bonne foi lorsqu'il ignore que ce qu'il reçoit ne lui est pas dû, par exemple lorsqu'il se croit véritablement créancier du *solvens*. La loi l'assimile dans un tel cas au possesseur de bonne foi et lui applique donc les règles générales relatives à cet état [629]. L'objet du paiement était-il un corps certain, l'*accipiens* est tenu de le rendre mais non les profits ou fruits de la chose [630] ; s'agit-il au contraire d'une somme d'argent, il doit restituer la somme mais non les intérêts sur celle-ci.

403 — *Impossibilité de restitution* — Dans le cas où la restitution de l'objet est impossible, le Code prévoit un certain nombre de règles précises. Si le corps certain a péri par force majeure, il faut alors

---

627. *Premier Mouton Products Inc.* v. *The Queen,* (1959) R. C. Ech. 191 ; comparer avec *Charbonneau* v. *Charbonneau,* (1944) R. L. n. s. 385 et *Bissonnette* v. *Co. de St-Joseph de Soulanges,* (1915) 21 R. L. n. s. 215.

628. *Garage Martin Ltée* v. *Labrie,* (1957) C. S. 175 ; *United Nations* v. *Allied Steamship Lines Ltd.,* (1957) C. S. 372.

629. Art. 1047, 411 C. C.

630. Art. 1047 C. C.

appliquer la théorie des risques, l'*accipiens* se trouve totalement libéré à l'égard du *solvens* [631]. S'il ne peut restituer l'objet parce qu'il l'a vendu, il n'est tenu que de rendre le prix de vente reçu, alors même que ce prix serait inférieur à la valeur réelle de l'objet [632]. Il semble qu'il faille même aller jusqu'à libérer l'*accipiens* de bonne foi dans le cas où la perte est arrivée par son fait puisqu'il ne saurait y avoir de responsabilité pour la destruction d'une chose qu'il croit être sa propriété [633].

404 — *Destruction du titre de créance* — La loi accorde enfin un autre privilège à l'*accipiens* de bonne foi qui détruit son titre de créance (billet, chèque, reconnaissance de dette par exemple). Cette hypothèse survient lorsque l'*accipiens*, prenant le *solvens* pour son débiteur, détruit l'*instrumentum* constatant sa créance. Dans ce cas précis, la loi fait exception à la règle générale qui veut que le *solvens* puisse répéter la somme payée de l'*accipiens* parce que l'*accipiens*, ayant détruit son titre, se trouverait dans l'impossibilité pratique de faire preuve de sa créance. La répétition n'a donc pas lieu et le *solvens* doit exercer son recours en remboursement contre le véritable débiteur, en vertu du principe de l'enrichissement sans cause ou peut-être dans certains cas de la gestion d'affaires [634]. Cette règle ne s'applique qu'à la condition de prouver la bonne foi de l'*accipiens*. S'il est de mauvaise foi, il doit rendre la somme, même s'il a détruit son titre.

B. ACCIPIENS DE MAUVAISE FOI

405 — *Définition de la mauvaise foi* — L'*accipiens* qui reçoit une somme ou un objet en sachant pertinemment qu'il ne lui est pas dû, est assimilé au possesseur de mauvaise foi [635]. Il est possible de concevoir toutefois que cet *accipiens* soit de bonne foi au moment du paiement, mais devienne de mauvaise foi par la suite lorsque, s'étant aperçu de la méprise, il ne restitue pas l'objet ou la somme au *solvens* dans un délai raisonnable.

406 — *Effets de la mauvaise foi* — Si l'objet reçu est un corps certain, l'*accipiens* de mauvaise foi doit le rendre avec tous les profits ou fruits que la chose aurait dû produire à partir du jour où sa

---

631. Art. 1200 C. C. ; paragr. 354 et s.
632. Art. 1051 C. C.
633. MIGNAULT, *Droit civil canadien*, t. 5, p. 326.
634. Art. 1048 C. C. ; voir *Gratton* v. *Banque d'Hochelaga*, (1910) 37 C. S. 324 ; (1912) 21 B. R. 97 ; *Anglehart* v. *Chenel*, (1950) C. S. 307.
635. Art. 1049, 411 C. C.

mauvaise foi a commencé. Peu importe que la chose n'en ait pas effectivement produit, l'*accipiens* est tenu aux fruits et produits qu'il aurait dû ou pu percevoir. Dans le cas d'une somme d'argent, l'*accipiens* doit au *solvens* les intérêts sur la somme, au taux légal, à partir du jour où la mauvaise foi a débuté [636].

407 — *Impossibilité de restitution* — En cas de perte du corps certain, les solutions apportées par le droit québécois diffèrent de celles du droit français par plusieurs aspects. L'*accipiens* est naturellement tenu de la perte, destruction ou détérioration de l'objet causées par sa faute. Dans l'hypothèse où cette perte ou destruction résultent d'un cas fortuit, la loi reste sévère pour l'*accipiens* de mauvaise foi, en prévoyant qu'il est responsable de la perte par cas fortuit sauf à démontrer que l'objet eût également péri entre les mains du propriétaire, charge de preuve extrêmement lourde. Cette règle est toutefois moins sévère que celle du droit français qui dans un cas semblable rend en tout état de cause l'*accipiens* garant de cette perte [637].

408 — *Remboursement des dépenses* — Cependant, l'*accipiens* qu'il soit de bonne ou de mauvaise foi a toujours droit de se faire rembourser les dépenses nécessaires et utiles encourues pour conserver l'objet indûment reçu. De plus l'action en répétition de l'indu se prescrit par 30 ans [638].

409 — *Analogie avec l'enrichissement sans cause* — On peut se demander si le paiement de l'indu est véritablement un quasi-contrat distinct de l'enrichissement sans cause. Il est vrai que techniquement certaines règles établies soit par le Code soit par la jurisprudence ne cadrent pas exactement avec la théorie de l'enrichissement sans cause *stricto sensu*. Toutefois, il semble évident que la base technique de la répétition soit le fait d'un paiement sans cause procurant à l'*accipiens* un enrichissement injustifié [639].

---

636. Art. 1049 C. C.
637. Comparez à cet égard le texte de l'article 1050 C. C. et celui de l'article 1379 C. N.
638. *Paré* v. *Charron*, (1920) 58 C. S. 479 ; *New York Central System* v. *Sparrow*, (1957) B. R. 808 ; voir par contre *Elizabeth Shoe Co.* v. *Racine*, (1951) C. S. 342 où la Cour a décidé que s'il s'agissait d'une matière commerciale, la prescription au contraire est de 5 ans : art. 2260 (4) C. C.
639. MARTY et RAYNAUD, *Droit civil*, nº 623, p. 655 et s.

BIBLIOGRAPHIE

LENOAN, R., « Des recours du véritable créancier contre celui qui a reçu indûment un paiement à sa place », (1923) 22 R. T. D. C. 925.

LOUSSOUARN, Y., « La condition d'erreur du *solvens* dans la répétition de l'indu », (1949) 47 R. T. D. C. 212.

MAYRAND, A., *Des quasi-contrats et de l'action de in rem verso,* thèse, Montréal, 1959 (édition révisée de celle de 1939).

WASSERMAN, G., « *Répétition de l'indu,* Arising from Contracts Based on Illegal Consideration », (1952) 12 R. du B. 172.

Chapitre IV
L'ENRICHISSEMENT SANS CAUSE

I — *NATURE JURIDIQUE*

410 — *Relations entre la doctrine et la jurisprudence* — La consécration effective de la doctrine de l'enrichissement sans cause a été, au Québec comme en France, l'œuvre de la jurisprudence, laquelle, malgré l'absence de textes législatifs précis, a peu à peu réussi à définir cette notion et à en préciser les conditions d'exercice. Ce n'est au fond que dans un deuxième temps que les auteurs modernes ont essayé, à partir des solutions jurisprudentielles, de justifier cette théorie en regard des principes fondamentaux du droit civil.

A. NOTION

411 — *Caractères de l'enrichissement* — Il est, dans notre système juridique, parfaitement légitime de s'enrichir aux dépens d'autrui lorsque cet enrichissement a une cause ou un motif valables. Ainsi en est-il de celui qui, par suite de contrats avantageux, parvient à accroître l'actif de son patrimoine aux dépens d'un autre ou encore, pour prendre un exemple plus précis, du commerçant qui, par une concurrence loyale, réussit à éliminer ses concurrents et à prendre leur clientèle. Par contre, la loi ne saurait permettre un enrichissement non légitime ou fondé sur une cause non valable. Parfois certains textes prévoient un recours spécial pour remédier à cet enrichissement illégitime. Ainsi, lorsque cet enrichissement provient d'une fraude dirigée contre un des contrac-

tants [640] ou contre un créancier [641] ou encore lorsqu'il est le résultat de
l'exploitation de l'état d'infériorité d'une des parties [642].

Il existe cependant des cas où l'enrichissement est sans cause valable, et
où la loi en plus ne prévoit aucun recours pour le faire cesser. Ainsi en
est-il de la dépense qu'évite une municipalité (donc de l'enrichissement
négatif dont elle bénéficie), lorsque à la suite d'une épidémie, un médecin,
de son propre chef, combat celle-ci et prend à sa charge les dépenses que
les autorités municipales auraient normalement dû assumer [643] ; ou encore
des dépenses assumées par celui qui, sans intention de gérer l'affaire
d'autrui, se charge de la garde d'un animal appartenant à un autre [644].
Dans les deux cas, le médecin et le gardien se sont appauvris alors que la
municipalité et le malade ou le propriétaire se sont enrichis à leurs dépens.
Dans les deux cas pourtant, la loi ne prévoit aucun recours spécifique
en faveur de l'appauvri.

   412 — *Rapports avec la gestion d'affaires et le paiement
de l'indu* — La notion d'enrichissement sans cause est très voisine dans
certains cas de celle de la gestion d'affaires et de paiement de l'indu,
phénomène qui s'explique par le fait que les tribunaux ont été obligés
d'utiliser la technique de l'enrichissement sans cause *stricto sensu,* dans
certains cas où le mécanisme des deux autres quasi-contrats classiques ne
permettait pas une solution adéquate au cas soumis. Ainsi lorsqu'une
personne s'est occupée des affaires d'autrui, mais sans avoir l'intention
de gérer, l'action en gestion d'affaires lui est interdite. On sent pourtant
qu'il serait inéquitable de ne pas lui permettre de récupérer au moins la
mesure pécuniaire de son appauvrissement ou de l'enrichissement qu'elle a
procuré à l'autre. La jurisprudence a donc été amenée peu à peu à établir
des conditions précises au recours en enrichissement sans cause, conditions
qui distinguent de nos jours ce recours de celui en répétition de l'indu et
en gestion d'affaires. Ainsi, même si gestion d'affaires et paiement de l'indu
reposent au fond sur le principe que nul ne doit s'enrichir indûment aux
dépens d'autrui, il était nécessaire de créer une doctrine spéciale, une
sorte de troisième « quasi-contrat » spécifique pour répondre aux vides
laissés par les deux premiers.

---

640. Tel est le cas de l'action en nullité et de l'action *quanti minoris* pour dol. Voir
   paragr. 124 et s.
641. Tel est le cas de l'action paulienne, de l'action oblique et de l'action en déclaration de simulation. Voir paragr. 290 et s., 438 et s.
642. Tel est le cas de l'action en rescision pour lésion. Voir paragr. 150 et s.
643. *Tremblay* v. *Ville de Baie Saint-Paul,* (1921) 59 C. S. 498 ; voir aussi *Paquin*
   v. *Grand Trunk Railway Co.,* (1896) 9 C. S. 336.
644. *Rancourt* v. *Grace and Trenouth,* (1942) C. S. 186.

B. HISTORIQUE

413 — *Généralités* — La jurisprudence québécoise, avec quelques années de retard sur la jurisprudence française, a peu à peu construit la doctrine de l'enrichissement sans cause. Il existe cependant un tel parallélisme entre le droit français et le droit québécois sur ce point, qu'il est utile de s'attarder également au développement historique du premier.

1. *DROIT FRANÇAIS*

414 — *Évolution jurisprudentielle* — La doctrine de l'enrichissement sans cause dans le droit français moderne [645] a été sanctionnée par la jurisprudence dans un arrêt célèbre du 16 juin 1892 [646] qui pour la première fois reconnut l'enrichissement sans cause comme source autonome d'obligations. Par la suite, un certain nombre d'arrêts vinrent préciser les conditions exactes de l'enrichissement sans cause et délimiter son champ d'action [647]. L'arrêt Boudier de 1892 ayant fondé l'action *de in rem verso* sur un principe d'équité, la doctrine française tenta de justifier cette création de droit prétorien en lui trouvant une base ou explication théorique.

415 — *Explication doctrinale de Demolombe et Laurent* — Plusieurs auteurs avant cet arrêt s'étaient efforcés d'expliquer le mécanisme de l'enrichissement sans cause à l'aide de celui d'une institution déjà existante. Pour Demolombe [648] et Laurent [649] par exemple, l'enrichissement sans cause trouve son fondement dans une extension de la notion de la gestion d'affaires. Celui qui s'appauvrit serait le gérant d'affaires de celui qui s'enrichit, lequel à son tour serait donc tenu en tant que géré de lui rembourser les dépenses nécessaires et utiles encourues. Une telle

---

645. Pour un exposé de cette doctrine dans le droit romain et l'ancien droit français et une étude de l'évolution historique de la question, voir : OURLIAC et DE MALAFOSSE, *Droit romain et ancien droit français*, n° 294 et s., p. 304 et s. ; MAZEAUD, *Leçons de droit civil*, t. 2, n° 693 et s., p. 636 et s. ; MOREL, A., *l'Évolution de la doctrine de l'enrichissement sans cause*, Montréal, « Thémis », 1955, p. 19 et s.

646. Arrêt Boudier, Req. 16 juin 1892, S. 1, note LABBÉ.

647. Voir à ce sujet : RIPERT et BOULANGER, *Traité de droit civil*, t. 2, n° 1270, p. 482 et s. ; MAZEAUD, *Leçons de droit civil*, t. 2, n° 695 et s., p. 637 et s. ; MARTY et RAYNAUD, *Droit civil*, n° 347 et s., p. 310 et s.

648. DEMOLOMBE, C., *Cours de Code Napoléon*, Paris, Lahure, t. 31, n° 48, p. 44.

649. LAURENT, *Principes de droit civil français*, 3e éd., Paris, Maresq, 1878, n° 333, p. 361.

explication a été rapidement rejetée, les objections théoriques à cette extension de la gestion d'affaires étant fort nombreuses. Par exemple, alors que la gestion d'affaires requiert l'intention de gérer pour autrui, un tel fait n'est pas nécessaire pour maintenir une action *de in rem verso* [650]. De même, alors que le gérant d'affaires peut recouvrer toutes les dépenses nécessaires et utiles, celui qui s'est appauvri ne peut exiger que la moindre somme entre l'appauvrissement et l'enrichissement corrélatifs [651].

416 — *Explication doctrinale de Planiol et Ripert* — Planiol, dans son *Traité élémentaire de droit civil* [652], tenta de relier la théorie de l'enrichissement sans cause à la responsabilité civile. L'enrichi serait obligé à la restitution parce que son enrichissement sans cause à l'égard de l'appauvri serait constitutif d'un quasi-délit. Cette théorie, qui fut reprise par la suite avec des modifications considérables par Ripert [653], se heurte à des objections sérieuses. Il faudrait en premier lieu, pour qu'il y ait responsabilité, qu'il y ait faute et en second lieu, même avec les modifications apportées par Ripert [654], le système de réparation de la responsabilité civile et celui de l'indemnisation par l'action *de in rem verso* sont trop différents pour être assimilés ou comparés. Si l'enrichissement sans cause était fondé sur la responsabilité délictuelle, on devrait toujours indemniser l'appauvri en prenant pour unique mesure l'étendue du dommage qu'il a subi, c'est-à-dire de son appauvrissement. Or d'une part, l'action *de in rem verso* ne lui est pas ouverte si, au moment où elle est prise, l'enrichissement a disparu et d'autre part, la compensation n'est jamais que la somme moindre entre l'enrichissement et l'appauvrissement [655].

417 — *Explication doctrinale d'Aubry et Rau* — Aubry et Rau, qui avaient été parmi les premiers à défendre l'autonomie de la doctrine de l'enrichissement sans cause [656], proposèrent à leur tour comme justification la théorie dite de la transmission de valeur ou de l'équilibre des patrimoines. L'action *de in rem verso* ne serait au fond qu'une action

---

650. *Rancourt* v. *Grace and Trenouth,* (1942) C. S. 186. Paragr. 381 et s.

651. Paragr. 435.

652. PLANIOL, *Traité élémentaire de droit civil,* t. 2, n° 976, p. 293.

653. RIPERT, G. et TESSEIRE, M., « Essai d'une théorie de l'enrichissement sans cause en droit civil français », (1904) 3 R. T. D. C. 727 ; RIPERT, G., *la Règle morale dans les obligations civiles,* 3e éd., Paris, Librairie générale de droit et de jurisprudence, 1935, n° 141, p. 245.

654. L'enrichissement sans cause serait fondé sur le profit procuré, ce qui ne serait qu'une contrepartie de la responsabilité basée sur le risque. Voir paragr. 571.

655. Paragr. 435.

656. AUBRY et RAU, *Cours de droit civil français,* 1re éd., Paris, Marchal, 1839, t. 4, p. 106.

en revendication destinée à faire rentrer dans un patrimoine un actif dont celui-ci a été dépouillé sans cause. Cette théorie, du moins telle qu'exprimée par ses auteurs, ne permet pas d'expliquer comment l'action *de in rem verso* peut être maintenue lorsque l'enrichissement du patrimoine ne consiste qu'en la prévention d'une perte ou en un avantage purement moral. Peut-on vraiment prétendre dans ces cas qu'il y a véritablement « transmission de valeur » entre les deux patrimoines ?

418 — *Explication doctrinale de Ripert* — Ripert, revenant quelque peu sur sa théorie du profit créé, proposa dans son ouvrage *la Règle morale dans les obligations civiles* [657], de rechercher le fondement de la doctrine de l'enrichissement sans cause dans la transformation d'une simple obligation morale en obligation juridique. Il s'agit peut-être là cependant plus d'une description que d'une véritable explication.

Il est remarquable de constater que la majorité des auteurs français contemporains opte directement ou indirectement pour l'explication de la source quasi contractuelle de l'enrichissement sans cause. On pourrait presque dire qu'à l'heure actuelle, dans la doctrine française, l'enrichissement sans cause est considéré généralement comme un « quasi-contrat » de création jurisprudentielle à fondement moral [658].

2. DROIT QUÉBÉCOIS

419 — *Évolution jurisprudentielle* — Le droit québécois a suivi une évolution comparable sur bien des points à celle du droit français, évolution qui a sans aucun doute été inspirée par celle de la jurisprudence française [659]. Assimilé d'abord à la gestions d'affaires [660] et considéré comme une extension de celle-ci, l'enrichissement sans cause fut, semble-t-il, définitivement reconnu comme institution indépendante à la suite de l'arrêt *Regent Taxi* v. *Congrégation des Petits Frères de Marie* [661] et de l'opinion de Mignault, alors juge à la Cour suprême. Malgré quelques réticences basées surtout sur le désir de manifester une certaine prudence à l'égard des solutions françaises, la jurisprudence québécoise

657. Voir note 653.

658. MAZEAUD, *Leçons de droit civil*, t. 2, n° 715, p. 646 ; RIPERT et BOULANGER, *Traité de droit civil*, t. 2, n° 1272, p. 483.

659. MOREL, A., *l'Évolution de la doctrine de l'enrichissement sans cause*, Montréal, « Thémis », 1955, p. 44 et s.

660. Il s'agit là de la théorie classique de Pothier : BUGNET, *Œuvres de Pothier*, t. 5, n° 167 et s., p. 242 ; n° 186, p. 248.

661. *Regent Taxi* v. *Congrégation des Petits Frères de Marie*, (1929) R. C. S. 650 par MIGNAULT, J., p. 690 et s.

a, de nos jours, fait sienne la doctrine classique de l'enrichissement sans cause.

420 — *Explication doctrinale de Mignault* — Les auteurs québécois, tout comme leurs compatriotes français, ont été amenés à discuter du fondement de l'enrichissement sans cause. Mignault, dans son *Traité de droit civil canadien* publié en 1901, époque où la jurisprudence québécoise traitait l'enrichissement sans cause comme un complément de la gestion d'affaires, semble se rallier à cette opinion et considérer l'action *de in rem verso* comme une simple extension de l'action *negotiorum gestio* [662]. Par la suite cependant, se ravisant, il confirma dans un article paru en 1934 [663], l'opinion qu'il avait émise dans l'affaire *Regent Taxi,* selon laquelle l'enrichissement sans cause devait être considéré comme une institution autonome et adopta avec certaines réserves les solutions françaises.

421 — *Explication doctrinale de Mayrand* — Mayrand dans son ouvrage intitulé *Des quasi-contrats et de l'action de in rem verso* [664], après avoir examiné les explications proposées par la doctrine française et québécoise, trouve le fondement de l'action *de in rem verso* dans l'équité, que le droit québécois reconnaît comme source d'obligations. La reconnaissance de l'enrichissement sans cause peut être fondée formellement sur le principe général exprimé à l'article 11 C. C., selon lequel le juge ne peut refuser de juger sous prétexte de silence de la loi.

422 — *Explication doctrinale de Challies* — Challies dans une thèse parue en 1940 [665], après avoir noté que les articles 1041 et 1042 C. C. étaient conçus en termes fort larges, adopte l'idée que l'enrichissement sans cause est d'origine quasi contractuelle. L'enrichissement sans cause constituerait simplement un troisième quasi-contrat, innomé, développé et précisé par la jurisprudence, et dont le fondement législatif devrait être trouvé dans une extension des articles 1041 et 1042 C. C. Le principal avantage de cette explication est, dit-il [666], de permettre de rattacher la doctrine de l'enrichissement sans cause à une institution juri-

---

662. MIGNAULT, *Droit civil canadien,* t. 5, p. 314, et s.

663. MIGNAULT, P. B., « L'enrichissement sans cause », (1934) 13 R. du D. 157.

664. MAYRAND, A., *Des quasi-contrats et de l'action de in rem verso,* thèse, Montréal, 1959 (édition révisée de celle de 1939), p. 47 ; voir aussi la théorie quelque peu semblable de DUVAL, A., « L'enrichissement sans cause dans la loi de Québec et le contrat avorté », (1955) 15 R. du B. 461.

665. CHALLIES, G., *The Doctrine of Unjustified Enrichment in the Law of the Province of Quebec,* Toronto, Carswell, 1940, p. 41 et s., principalement p. 44 et s.

666. CHALLIES, G., *The Doctrine of Unjustified Enrichment in the Law of the Province of Quebec,* Toronto, Carswell, 1940, p. 47.

dique déjà existante, plutôt qu'à un vague principe de moralité ou d'équité [667].

423 — *Explication doctrinale de Morel* — Morel, après avoir concédé que la théorie quasi contractuelle de Challies est celle qui est la plus communément adoptée par les tribunaux [668], critique celle-ci sur le plan de la théorie juridique et, tirant argument de l'article 2613 C. C. qui maintient l'ancien droit français comme source supplétive, opte pour le caractère purement légal du fondement de la doctrine de l'enrichissement sans cause. L'obligation de rembourser découle de l'opération de la loi seule [669] par le jeu de l'article 2613 C. C. qui conserve les dispositions de l'ancien droit français non incompatibles avec celles du Code civil [670].

424 — *État de la jurisprudence* — Quelles que puissent être la base théorique de la doctrine de l'enrichissement sans cause et sa source juridique exacte, il faut constater que cette doctrine fait actuellement partie intégrante du droit québécois. La jurisprudence l'a sanctionnée de nombreuses fois, l'a peu à peu définie, en a petit à petit façonné les contours sans toutefois, dans la majorité des cas, soulever directement le problème théorique de son origine. On rencontre cependant un certain nombre d'arrêts qui reprennent les explications théoriques de la doctrine, mais toujours au fond en *obiter dictum* et sans jamais qu'une prise de position sur la théorie ait une influence réelle sur la solution concrète du litige [671].

---

667. Aussi NICHOLLS, G.V.V., « The Doctrine of the Quasi-contract in the Province of Quebec : Its Debt to the Code Napoléon and Its Development », *Livre souvenir des journées du droit civil français*, Montréal, Doucet, 1936, p. 326 et s., p. 371.

668. MOREL, A., *l'Évolution de la doctrine de l'enrichissement sans cause*, Montréal, « Thémis », 1955, p. 51.

669. Art. 1057 C. C.

670. MOREL, A., *l'Évolution de la doctrine de l'enrichissement sans cause*, Montréal, « Thémis », 1955, p. 64. C'est aussi l'opinion de PERRAULT, C., « Des quasi-contrats et de l'action *de in rem verso* », (1938) 17 R. du D. 449, 513, 579, p. 582.

671. *Regent Taxi* v. *Congrégation des Petits Frères de Marie*, (1929) R.C.S. 650, p. 689 ; *Sicotte* v. *Desmarteaux*, (1935) 73 C. S. 59, p. 64 ; *Alain* v. *Frenette*, (1937) 75 C. S. 177, p. 181 ; *Hôpital St-Luc* v. *Cité de Longueuil*, (1939) 77 C. S. 407, p. 408 ; *Laforce* v. *Duquette*, (1940) 46 R. L. n. s. 90, p. 93 ; *Taillefer* v. *Laframboise*, (1940) 46 R. L. n. s. 11, p. 14 ; *Leblanc* v. *Baril*, (1943) 49 R. L. n. s. 422, p. 425 et s. ; *Co. du collège de l'Assomption* v. *Morin*, (1944) C. S. 69 ; *Poulin* v. *Co. de la municipalité du village de la Patrie*, (1946) B. R. 783, p. 793 ; *Ville de Louiseville* v. *Ferron*, (1947) B. R. 438, p. 441 ; *Cardin* v. *L'Archevêque*, (1947) R. L. n. s. 157, p. 160 ; *Co. des tramways de Montréal* v. *Faulkner*, (1948) B. R. 65, p. 74 ; *Bertrand* v. *Bédard*, (1950) R. L. n. s. 8, p. 9 ; *Gagnon* v. *Perron*, (1959) C. S. 90, p. 92.

II — CONDITIONS

425 — *Généralités* — Pour qu'il y ait enrichissement sans cause, et donc possibilité d'intenter l'action *de in rem verso,* un certain nombre de conditions doivent être remplies, conditions précisées par la jurisprudence et qui sont soit d'ordre matériel (enrichissement, appauvrissement), soit d'ordre juridique (relation de cause à effet entre les deux, absence de cause et absence d'autres recours)[672].

A. ENRICHISSEMENT

426 — *Formes de l'enrichissement* — Celui qui réclame par action *de in rem verso* doit d'abord prouver l'enrichissement du défendeur, enrichissement qui doit toujours exister, être certain et appréciable en argent, c'est-à-dire chiffrable[673]. L'enrichissement peut prendre plusieurs formes. Il peut consister en des services rendus par l'appauvri à l'enrichi[674], ou en un accroissement matériel du patrimoine de ce dernier. Cet accroissement peut de plus provenir d'un enrichissement positif ou négatif, selon qu'il s'agit d'un gain direct ayant augmenté le patrimoine de l'enrichi[675] ou d'une perte ou dépense évitée[676] que ce dernier aurait normalement subie si l'appauvri ne l'avait pas supportée à sa place.

---

672. Tous les auteurs en général sont d'accord pour reconnaître les quatre premières conditions. L'existence de la cinquième (absence d'autres recours) est contestée par certains. MOREL, A., *l'Évolution de la doctrine de l'enrichissement sans cause,* Montréal, « Thémis », 1955, p. 110 ; CHALLIES, G., *The Doctrine of Unjustified Enrichment in the Law of the Province of Quebec,* Toronto, Carswell, 1940, p. 89.

673. *Alguire v. Leblond,* (1937) 75 C. S. 130 ; *Alain v. Frenette,* (1937) 75 C. S. 177 ; *Hôpital St-Luc v. Cité de Longueuil,* (1939) 77 C. S. 407 ; *Albert v. Proulx,* (1941) 79 C. S. 179 ; *Pharand v. Herman,* (1945) B. R. 265 ; *Poulin v. Co. de la municipalité du village de la Patrie,* (1946) B. R. 783 ; *Harris v. Royal Victoria Hospital,* (1948) B. R. 28 ; *Byers Construction Ltd. v. Little Daisy Dress Co. Ltd.,* (1952) B. R. 645 ; *Mailloux v. Commissaires d'écoles de la municipalité du village de St-Césaire,* (1958) C. S. 577 ; *Baril v. Breton,* (1962) R. P. 385 ; *Goodman v. Montrose Builders Inc.,* (1965) B. R. 716.

674. *Wark v. People's Bank of Halifax,* (1900) 18 C. S. 486 ; *Marion v. Marion,* (1925) 63 C. S. 385 ; *Lafleur v. Damiens,* (1931) 69 C. S. 79 ; *Sicotte v. Desmarteaux,* (1935) 73 C. S. 59 ; *Gohier v. Taillefer,* (1936) 75 C. S. 46 ; *Chauvin v. Bickerdike,* (1938) 76 C. S. 451 ; *Ville de Louiseville v. Ferron,* (1947) B. R. 438 ; voir TAILLEFER, G., « Action *de in rem verso ;* services rendus contre l'espérance d'une récompense », R. du B. 259 ; GAGNÉ, J., « Enrichissement sans cause et services rendus », (1954) 1 Cah. de Dr. 25.

675. *Gray v. Perley,* (1913) 44 C. S. 418 ; *Langlois v. Labbé,* (1914) 46 C. S. 373 ; *Gurney-Massey Co. Ltd. v. Godreau,* (1925) 63 C. S. 294 ; *Thibodeau v.*

427 — *Enrichissement moral* — Les auteurs [677] semblent admettre à l'unanimité qu'un profit moral peut constituer un enrichissement permettant d'intenter une action *de in rem verso*. Il faut toutefois que ce profit moral soit conforme à la règle exposée plus haut, c'est-à-dire soit susceptible d'appréciation pécuniaire. De plus, le profit moral comme d'ailleurs toute autre espèce d'enrichissement doit être apprécié au moment où l'action *de in rem verso* est intentée. Il doit donc exister encore à cette époque. Un enrichissement purement temporaire n'est pas suffisant [678].

B. APPAUVRISSEMENT

428 — *Caractères* — Le seul fait de l'enrichissement ne suffit pas ; encore faut-il prouver qu'à celui-ci correspond un appauvrissement corrélatif. Ainsi donc quelqu'un qui par son acte enrichit un autre, sans s'appauvrir pour autant, ne peut recourir à l'action *de in rem verso* [679]. Tout comme l'enrichissement, l'appauvrissement doit être susceptible d'une évaluation pécuniaire, ce qui a fait écrire à certains auteurs qu'un appauvrissement moral ne suffisait pas, étant donné l'impossibilité de l'apprécier pécuniairement [680].

429 — *Formes de l'appauvrissement* — L'appauvrissement peut consister en une diminution du patrimoine (appauvrissement

---

Pelland, (1930) 68 C.S. 437 ; *Bilodeau* v. *Daoust-Lalonde Ltée*, (1932) 52 B.R. 22 ; *Péloquin* v. *Commissaires d'écoles pour la municipalité de la cité de Sorel*, (1942) C.S. 200.

676. *City of Quebec* v. *Mahoney*, (1901) 10 B.R. 378 ; *Regent Taxi* v. *Congrégation des Petits Frères de Marie*, (1929) R.C.S. 650 ; *Pelletier* v. *Duchaîne*, (1932) 71 C.S. 216 ; *Alain* v. *Frenette*, (1936) 75 C.S. 177 ; *Alguire* v. *Leblond*, (1937) 75 C.S. 130.

677. RINFRET, T., « The Doctrine of Unjustified Enrichment in the Law of Quebec », (1935) 15 C.B.R. 331, p. 336 ; CHALLIES, G., *The Doctrine of Unjustified Enrichment in the Law of the Province of Quebec*, Toronto, Carswell, 1940, p. 60 et 61 ; MOREL, A., *l'Évolution de la doctrine de l'enrichissement sans cause*, Montréal, « Thémis », 1955, p. 81 et s.

678. Paragr. 435.

679. *Price* v. *Tanguay*, (1905) 14 B.R. 513 ; (1906) 37 R.C.S. 657.

680. CHALLIES, G., *The Doctrine of Unjustified Enrichment in the Law of the Province of Quebec*, Toronto, Carswell, 1940, p. 67 ; MAYRAND, A., *Des quasi-contrats et de l'action de in rem verso*, thèse, Montréal, 1959 (édition révisée de celle de 1939), p. 54 ; *contra* : MOREL, A., *l'Évolution de la doctrine de l'enrichissement sans cause*, Montréal, « Thémis », 1955, p. 77 ; voir aussi *Wark* v. *People's Bank of Halifax*, (1900) 18 C.S. 486.

positif)[681], ou encore en un manque à gagner (appauvrissement négatif)[682]. Tel est le cas, par exemple, de services rendus mais non payés. En tout état de cause cependant il est indispensable que l'appauvrissement ne résulte pas de la volonté de faire une libéralité à l'enrichi ou de procurer un enrichissement sans espoir de retour.

C. RELATION DE CAUSE À EFFET

430 — *Lien entre l'appauvrissement et l'enrichissement* — Cette troisième condition ne demande pas d'explications particulières. Il faut qu'il existe un lien de cause à effet, un lien de connexité entre l'appauvrissement et l'enrichissement, c'est-à-dire que l'un des deux phénomènes ait été causé par l'autre. Il n'est pas nécessaire cependant de recourir ici au concept traditionnel de la causalité, et il n'est pas indispensable de rechercher si l'appauvrissement a été la *causa causans,* la *causa sine qua non* ou la *causa proxima* de l'enrichissement. Il suffit seulement qu'il existe une correspondance et de démontrer que l'enrichissement ne se serait pas produit si l'appauvrissement n'avait pas eu lieu. La détermination de l'existence du lien de causalité demeure en pratique une simple question de fait laissée à l'appréciation des tribunaux [683].

D. ABSENCE DE JUSTIFICATION

431 — *Notion* — Afin d'éviter toute confusion, il est préférable à l'instar de certains auteurs [684] de parler d'absence de justifi-

---

681. *Cité de Québec* v. *Mahoney,* (1901) 10 B. R. 378 ; *Gray* v. *Perley,* (1913) 44 C. S. 418 ; *Péloquin* v. *Commissaires d'écoles pour la municipalité de la cité de Sorel,* (1942) C. S. 200 ; *Poulin* v. *Co. de la municipalité du village de la Patrie,* (1946) B. R. 783.

682. *Holdstock* v. *Joint Committee of Ladies Hairdressing Trade of Montreal,* (1941) 79 C. S. 272 ; *Co. du collège de l'Assomption* v. *Morin,* (1944) C. S. 69 ; *Ville de Louiseville* v. *Ferron,* (1947) B. R. 438 ; *Cardin* v. *L'Archevêque,* (1947) R. L. n. s. 157 ; *Harris* v. *Royal Victoria Hospital,* (1948) B. R. 28 .

683. *Alain* v. *Frenette,* (1937) 75 C. S. 177 ; *Banque canadienne nationale* v. *St-Germain,* (1942) B. R. 496 ; *Ville de Louiseville* v. *Ferron,* (1947) B. R. 438 ; *Harris* v. *Royal Victoria Hospital,* (1948) B. R. 28 ; *Barnhardt* v. *Canadian Bank of Commerce,* (1952) C. S. 265 ; *Cité de Montréal* v. *Kujan,* (1961) C. S. 347 ; (1962) B. R. 875 ; *Pelletier* v. *Madawaska Co. Ltée,* (1964) B. R. 630.

684. MOREL, A., *l'Évolution de la doctrine de l'enrichissement sans cause,* Montréal, « Thémis », 1955, p. 86 et s.

cation plutôt que d'absence de cause. Le mot « cause » en effet peut prêter à équivoque étant donné les sens différents qu'il peut prendre et les concepts juridiques variés qu'il recouvre.

L'action *de in rem verso* n'a été créée que pour permettre de pallier aux situations où l'enrichissement n'est pas régulier, c'est-à-dire n'est pas prévu expressément, sanctionné ou même imposé par la loi. Il faut donc que l'enrichissement soit « sans cause », c'est-à-dire sans justification légale ou conventionnelle. Par voie de conséquence, l'enrichissement qui a sa source dans une obligation légale [685], naturelle [686], ou dans un acte juridique, ne peut être un « enrichissement sans cause » puisqu'il trouve précisément sa « cause » ou justification dans l'obligation ou l'acte juridique représentant une situation d'enrichissement prévue et sanctionnée par la loi.

432 — *Sources de justification* — L'enrichissement provenant d'un contrat à titre onéreux ou à titre gratuit est donc justifié [687]. Il convient cependant dans ce dernier cas de distinguer l'hypothèse de la donation de celle de la promesse de récompense. Celui qui volontairement donne ses services sans espoir de retour ne peut avoir droit à l'action *de in rem verso*. Ainsi en est-il le plus souvent des services rendus entre parents qui, en raison même de la relation familiale existant entre les parties, sont présumés faits à titre gratuit [688]. Par contre, celui qui agit en vertu d'une promesse implicite ou explicite de récompense et avec l'intention de réclamer éventuellement pour ses services, a droit à l'action *de in rem verso* [689].

685. *Johnston* v. *Channell*, (1937) R. C. S. 275 ; *Co. du collège de l'Assomption* v. *Morin*, (1944) C. S. 69 ; *Nyczka* v. *Communauté des Sœurs de la Charité de la Providence*, (1944) C. S. 119 ; *Norman* v. *Gibbs*, (1946) C. S. 91.

686. *Orrell* v. *Tkachena*, (1942) B. R. 621.

687. *Gélinas* v. *Quessy*, (1933) 71 C. S. 136 ; *Vachon* v. *Deschênes*, (1935) 59 B. R. 193 ; *Beaudry* v. *Desmarais*, (1944) B. R. 623 ; *Diamond Truck Co.* v. *Bell Telephone Co. of Canada*, (1944) 50 R. L. n. s. 490 ; *Cardin* v. *L'Archevêque*, (1947) R. L. n. s. 157 ; *Dumberry* v. *Moquin*, (1959) C. S. 184 ; *Bédard* v. *Bédard Transport Co. Ltée*, (1960) C. S. 472 ; *Giroux* v. *Huot*, (1960) R. P. 124 ; *Épiceries Modernes* v. *Chaikin*, (1961) C. S. 155 ; *Excel Entreprises Ltée* v. *Park Avenue Chevrolet Ltée*, (1965) B. R. 926 ; voir DUVAL, A., « L'enrichissement sans cause dans la loi de Québec et le contrat avorté », (1955) 15 R. du B. 461.

688. *Boisvert* v. *Bélanger*, (1930) 48 B. R. 395 ; *Alain* v. *Frenette*, (1937) 75 C. S. 177 ; *Bertrand* v. *Bédard*, (1949) B. R. 765.

689. TAILLEFER, G., « Action *de in rem verso*, services rendus contre l'espérance d'une récompense », (1941) 1 R. du B. 259 ; GAGNÉ, J., « Enrichissement sans cause et services rendus », (1954) 1 Cah. de Dr. 25 ; MOREL, A., *l'Évolution de la doctrine de l'enrichissement sans cause*, Montréal, « Thémis », 1955, p. 92 et s. ; PERRAULT, C., « Des quasi-contrats et de l'action *de in*

E. ABSENCE D'AUTRES RECOURS

433 — *Utilité de cette condition* — Traditionnellement, les auteurs sont d'accord pour reconnaître que l'action *de in rem verso* ne peut avoir qu'un caractère subsidiaire [690], ce qui laisse donc entendre que le recours en enrichissement sans cause ne peut être admis que s'il n'existe aucun autre recours valable prévu par la loi. Il est peut-être plus exact de dire, comme le font certains auteurs, que ce recours ne doit pas contrevenir à une disposition impérative de la loi [691]. Il semble en effet que la condition de la subsidiarité du recours soit comprise implicitement dans celle de l'absence de justification déjà examinée. L'existence d'un recours autre que l'action *de in rem verso* démontre que la situation d'enrichissement-appauvrissement a déjà été prévue et qu'il y a donc *prima facie* une justification ou cause à l'enrichissement. Il faut constater toutefois que la jurisprudence, pour des raisons pratiques, reconnaît souvent cette exigence comme une condition séparée à l'admission de l'action [692].

434 — *Motifs de cette condition* — L'appauvri doit se voir refuser le recours en enrichissement sans cause s'il est démontré qu'il peut ou pourrait faire valoir contre l'enrichi un recours résultant d'un contrat, quasi-contrat, délit, quasi-délit ou d'une disposition législative. L'action *de in rem verso* existe en effet pour remédier à des situations non déjà prévues et non pour se substituer à celles déjà réglementées. En effet, si la loi prévoit un autre recours recevable, l'appauvri doit s'en prévaloir, sinon l'action *de in rem verso* prendrait un caractère d'universalité qu'elle

---

rem verso », (1938) 17 R. du D. 449, p. 586 et s. Voir *Fortin* v. *Fortin*, (1916) 49 C. S. 267 ; *Sicotte* v. *Desmarteaux*, (1935) 73 C. S. 59 ; *Leblanc* v. *Baril*, (1943) 49 R. L. n. s. 422 ; *Ville de Louiseville* v. *Ferron*, (1947) B. R. 438 ; *Anglehart* v. *Chenel*, (1950) C. S. 307 ; *Gagnon* v. *Perron*, (1959) C. S. 90 ; *Gaudet* v. *Gaudet*, (1959) C. S. 230. On distingue généralement ces cas de ceux où la personne agit seulement avec l'« espérance » d'une récompense qui constituerait alors une justification à l'appauvrissement. *Bertrand* v. *Bédard*, (1949) B. R. 765 ; *Bernier* v. *Bédard*, (1957) R. L. n. s. 485.

690. MIGNAULT, P.B., « L'enrichissement sans cause », (1936) 13 R. du D. 157, p. 165 ; RINFRET, T., « The Doctrine of Unjustified Enrichment in the Law of Quebec », (1937) 15 C. B. R. 331, p. 339 ; PERRAULT, C., « Des quasi-contrats et de l'action *de in rem verso* », (1938) 17 R. du D. 449, p. 591 ; PERRAULT, A., « Critique des arrêts », (1949) 9 R. du B. 373.

691. MOREL, A., *l'Évolution de la doctrine de l'enrichissement sans cause*, Montréal, « Thémis », 1955, p. 110 et s. ; CHALLIES, G., *The Doctrine of Unjustified Enrichment in the Law of the Province of Quebec*, Toronto, Carswell, 1940, p. 89 et s. ; *contra* : MAZEAUD, *Leçons de droit civil*, t. 2, n° 710, p. 644.

692. *Diamond Truck Co.* v. *Bell Telephone Co. of Canada*, (1944) 50 R. L. n. s. 490 ; *Cardin* v. *L'Archevêque*, (1947) R. L. n. s. 157 ; *Challacin* v. *Guilbault*, (1956) R. P. 160 ; *Bédard* v. *Bédard Transport Co. Ltée*, (1960) C. S. 472 ; *Laporte* v. *Labelle*, (1968) B. R. 28.

ne doit pas avoir. L'action *de in rem verso* doit également être refusée lorsque l'appauvri disposait d'un autre recours qu'il a laissé se prescrire. En décider autrement serait remettre en cause la fonction même de la prescription [693]. Rien n'empêche cependant l'appauvri d'invoquer l'enrichissement sans cause comme moyen subsidiaire dans une demande en justice. Les tribunaux seront libres d'accorder alors l'action *de in rem verso* subsidiairement s'ils viennent à la conclusion que le demandeur n'avait aucun autre recours valable [694]. Rien n'empêche non plus qu'à propos d'une même situation, l'appauvri ait un recours contre une personne et une action *de in rem verso* contre une autre. Un certain nombre de décisions ont envisagé d'une façon peu convaincante le problème du cumul. Celles qui le rejettent traitent de cas où l'action *de in rem verso* visait directement ou indirectement à éviter l'application d'une règle de droit, à obtenir un recours plus avantageux [695], ou à contourner les lois de la preuve [696]. Celles qui, à première vue, admettent le cumul semblent être principalement des espèces où l'enrichissement sans cause était invoqué comme moyen subsidiaire [697].

III — EFFETS

435 — *Indemnisation* — L'effet principal de l'enrichissement sans cause est d'obliger l'enrichi à indemniser l'appauvri qui possède pour l'y forcer l'action *de in rem verso*. Cette indemnisation se fait cependant selon des règles très spéciales qui rendent impossible toute identité avec les effets d'un remboursement résultant du quasi-contrat de paiement de l'indu. D'une part, le montant de l'enrichissement est apprécié en se plaçant au moment où l'action est intentée [698]. D'autre part, le

---

693. *Banque canadienne nationale* v. *St-Germain*, (1942) B. R. 496, p. 511 ; *Miron* v. *Denis*, (1948) C. S. 480 ; *Durand* v. *Graham*, (1956) C. S. 97.
694. *Trépanier* v. *Co. de la ville de Sept-Îles*, (1956) B. R. 728, 878.
695. *Johnston* v. *Channell*, (1937) R. C. S. 275 ; *Beaudry* v. *Desmarais*, (1944) B. R. 623 ; *Miron* v. *Denis*, (1948) C. S. 480 ; *Durand* v. *Graham*, (1955) R. L. n. s. 510 ; *Beaudry* v. *Cité de Beauharnois*, (1962) B. R. 738 ; *Excel Entreprises Ltée* v. *Park Avenue Chevrolet Ltée*, (1965) B. R. 926.
696. *Bélanger* v. *Bujold*, (1938) 64 B. R. 218 ; *Cardin* v. *L'Archevêque*, (1947) R. L. n. s. 157 ; *Bédard* v. *Bédard Transport Co. Ltée*, (1960) C. S. 472.
697. Voir *Côté* v. *Curé et Marguilliers de l'œuvre et fabrique de la paroisse de St-Valère*, (1940) 69 B. R. 189 ; *Ross* v. *Co. de la paroisse de St-Maurice de l'Échouerie*, (1951) C. S. 1973 ; *Verville* v. *Commissaires d'écoles de la municipalité scolaire de Ste-Anastasie de Nelson*, (1955) C. S. 114 ; *Trépanier* v. *Co. de la ville de Sept-Îles*, (1956) B. R. 878.
698. *Regent Taxi* v. *Congrégation des Petits Frères de Marie*, (1929) R. C. S. 650, p. 690 et s. ; *Barnhardt* v. *Canadian Bank of Commerce*, (1952) C. S. 265.

montant que peut recouvrer l'appauvri ne peut jamais être supérieur à la moindre des sommes de l'enrichissement et de l'appauvrissement [699]. En effet, si le demandeur dans l'action *de in rem verso* pouvait réclamer la totalité de l'enrichissement du défendeur, dans le cas où son appauvrissement est moindre, il se trouverait à son tour à s'enrichir indûment à ses dépens. Il en serait de même si, l'enrichissement du défendeur étant moindre, il pouvait réclamer la totalité de son appauvrissement.

436 — *Prescription du recours* — Étant donné que le Code ne prévoit aucun texte spécial concernant la prescription de l'action *de in rem verso,* il semble logique d'admettre qu'elle se prescrit par 30 ans, aux termes de l'article 2242 C. C., le délai commençant à courir à partir du jour où elle aurait pu être intentée pour la première fois [700]. Il semble illogique au contraire, comme l'a fait une certaine jurisprudence [701], de faire varier la période de prescription, par assimilation aux règles prescrites gouvernant une situation contractuelle semblable.

BIBLIOGRAPHIE

ASSOCIATION HENRI-CAPITANT, *l'Enrichissement sans cause,* Paris, Dalloz, 1948, t. 4, p. 35 et s.

BAXTER, I., « Unjust Enrichment in the Canadian Common Law and in the Quebec Law : Frustration of Contract », (1954) 32 C. B. R. 855.

BILLETTE, E., « L'enrichissement sans cause », (1932) 10 R. du D. 583.

CHALLIES, G., *The Doctrine of Unjustified Enrichment in the Law of the Province of Quebec,* Toronto, Carswell, 1940 ; 2ᵉ éd., Montréal, Wilson et Lafleur, 1952.

CHALLIES, G., « Unjust Enrichment, Action *de in rem verso* », (1947) 25 C. B. R. 510.

CHEVALLIER, J., « La répétition des enrichissements non causés », dans *le Droit privé au milieu du 20ᵉ siècle. Mélanges Ripert,* Paris, Librairie générale de droit et de jurisprudence, 1950, t. 2, p. 237 et s.

DRAKIDIS, P., « La subsidiarité, caractère spécifique et international de l'action d'enrichissement sans cause », (1961) 59 R. T. D. C. 577.

DUVAL, A., « L'enrichissement sans cause dans la loi de Québec et le contrat avorté », (1955) 15 R. du B. 461.

FRIEDMAN, G., « The Quasi-contract. Aspects of Unjust Enrichment », (1956) 34 C. B. R. 393.

GAGNÉ, J., « Enrichissement sans cause et services rendus », (1954) 1 Cah. de Dr. 25.

GORE, P., *l'Enrichissement aux dépens d'autrui,* Paris, Dalloz, 1949.

LETARTE, P., « L'enrichissement injuste », (1938-1939) 41 R. du N. 209.

---

699. *Wark* v. *People's Bank of Halifax,* (1900) 18 C. S. 486 ; *Ross* v. *Co. de la paroisse de St-Maurice de l'Échouerie,* (1951) C. S. 173.

700. MOREL, A., *l'Évolution de la doctrine de l'enrichissement sans cause,* Montréal, « Thémis », 1955, p. 125 et s. ; CHALLIES, G., *The Doctrine of Unjustified Enrichment in the Law of the Province of Quebec,* Toronto, Carswell, 1940, p. 1034 et s.

701. *Regent Taxi* v. *Congrégation des Petits Frères de Marie,* (1929) R. C. S. 650 ; *Gohier* v. *Taillefer,* (1936) 75 C. S. 46 ; *Charron* v. *Charron,* (1942) C. S. 33.

MAYRAND, A., *Des quasi-contrats et de l'action de in rem verso,* thèse, Montréal, 1959 (édition révisée de celle de 1939).

MIGNAULT, P. B., « L'enrichissement sans cause », (1934) 13 R. du D. 157.

MOREL, A., *l'Évolution de la doctrine de l'enrichissement sans cause,* Montréal, « Thémis », 1955.

PERRAULT, C., « Des quasi-contrats et de l'action *de in rem verso* », (1938) 17 R. du D. 449, 513, 579.

RENARD, J., « Étude sur les conditions d'application de l'action d'enrichissement sans cause dans le droit français moderne », (1920) 19 R. T. D. C. 243.

RINFRET, T., « The Doctrine of Unjust Enrichment in the Law of Quebec », (1937) 15 C. B. R. 331.

RIPERT, G. et TESSEIRE, M., « Essai d'une théorie de l'enrichissement sans cause en droit civil français », (1904) 3 R. T. D. C. 727.

ROUAST, A., « L'enrichissement sans cause et la jurisprudence civile », (1922) 21 R. T. D. C. 35.

TAILLEFER, G., « Action *de in rem verso,* services rendus contre l'espérance d'une récompense », (1941) 1 R. du B. 259.

VON CAMMERER, E., « Problèmes fondamentaux de l'enrichissement sans cause », (1966) R. I. D. C. 573.

Livre II
EFFETS DES OBLIGATIONS

Première partie

EFFETS GÉNÉRAUX DES OBLIGATIONS

437 — *Droit de surveillance du patrimoine et droit à l'exécution de l'obligation* — Les obligations quelle que soit leur source produisent toutes un certain nombre d'effets communs identiques. D'une part, le lien obligatif crée en faveur du créancier un droit, garanti et protégé par la loi, contre le débiteur pour le forcer au paiement ou à l'exécution de la promesse. Dans l'hypothèse où le débiteur se refuse à exécuter volontairement, le créancier peut obtenir l'utilisation de la force coercitive de la loi. D'autre part, le débiteur n'étant plus responsable sur sa personne même, c'est son patrimoine tout entier qui répond pour lui de l'exécution de ses obligations. Ce patrimoine est le gage commun de tous ses créanciers (art. 1980 et 1981 C. C.), et la garantie économique du paiement. La loi permet au créancier, pour assurer la conservation du patrimoine, d'exercer sur lui un certain pouvoir de surveillance contrôlée à l'aide de deux recours principaux : l'action paulienne ou révocatoire et l'action oblique ou subrogatoire. Ces recours garantissent le créancier contre une dilapidation ou un affaiblissement du contenu du patrimoine qui pourrait lui causer préjudice et nuire au recouvrement de sa créance.

Titre premier

LE DROIT DE SURVEILLANCE DU CRÉANCIER

438 — *Généralités* — Le législateur civil accorde au créancier deux recours principaux qui visent à permettre une surveillance et un contrôle efficaces du patrimoine du débiteur. En premier lieu, le créancier peut, grâce à l'action oblique, combattre l'incurie ou la négligence du débiteur qui laisse son patrimoine se détériorer en refusant d'y faire rentrer des valeurs économiques auxquelles il a droit ou en négligeant de faire valoir ses droits. Cette incurie ou négligence ébranle la solidité du gage des créanciers qui peuvent alors exercer contre le débiteur de leur débiteur les droits et actions de ce dernier. En second lieu, par l'action paulienne ou révocatoire, le créancier obtient la possibilité de contrôler l'activité frauduleuse du débiteur sur son patrimoine, lorsque ce dernier se dépouille de ses biens en faveur d'autres personnes et diminue ainsi la valeur du gage commun. Ces recours ont cependant un caractère exceptionnel et sont entourés de conditions strictes, de manière à ne pas nuire à la liberté d'activité du débiteur et au droit fondamental qu'il possède de gérer ses propres affaires comme il l'entend.

Chapitre premier

L'ACTION OBLIQUE

I — CARACTÈRES GÉNÉRAUX

439 — *Définition* — L'action oblique ou subrogatoire, réglementée par l'article 1031 C. C., est *celle qui permet à un créancier d'exercer certains droits ou actions de son débiteur lorsque celui-ci néglige*

ou refuse de le faire. Dans l'action oblique, au contraire de l'action paulienne [1], le créancier n'agit pas à titre personnel, mais comme représentant du débiteur ; le droit ou l'action exercés restent le droit ou l'action de ce dernier [2].

L'action oblique a pour but d'éviter que par désintéressement, négligence ou incurie, le débiteur ne laisse éteindre des droits qu'il possède, ou oublie de faire tomber dans son patrimoine des éléments d'actif susceptibles d'améliorer sa situation financière au bénéfice de ses créanciers en général.

L'action oblique est donc exercée par le créancier au nom et pour le compte de son débiteur, afin de pallier à l'inaction de celui-ci ; c'est pourquoi l'une des conditions essentielles de la réussite de l'action est de démontrer l'existence et l'exigibilité du lien d'obligation entre le débiteur et le débiteur du débiteur contre qui l'action est intentée [3].

II — CONDITIONS D'EXERCICE

440 — *Généralités* — Les conditions d'exercice de l'action oblique tiennent à la fois au créancier, au débiteur et à la nature du droit exercé.

A. CONDITIONS RELATIVES AU CRÉANCIER

441 — *Intérêt* — Le créancier doit tout d'abord justifier de son intérêt à intenter l'action et la mesure de cet intérêt est l'état d'insolvabilité du débiteur. En effet tant et aussi longtemps que le débiteur reste solvable, c'est-à-dire que son patrimoine est suffisant pour garantir le paiement de la créance, les droits du créancier ne sont pas mis en péril. La loi ne peut permettre une immixtion dans la gestion du patrimoine d'un autre, lors même que cette gestion dénoterait de la négligence, si l'exercice des droits du créancier n'est pas directement menacé. Le créancier doit donc démontrer à la satisfaction du tribunal l'état d'insolvabilité de son débiteur.

442 — *Qualités de la créance* — La jurisprudence, suivant en cela la tradition française, impose au créancier de justifier égale-

---

1. Paragr. 459.
2. *Drouin* v. *Lefebvre*, (1924) 36 B. R. 51.
3. *Harris* v. *Royal Victoria Hospital*, (1944) C. S. 427 ; (1948) B. R. 28 ; *Leblanc* v. *Frenet*, (1955) C. S. 268.

ment de la qualité de son droit de créance. Pour bénéficier du recours oblique, le créancier doit avoir une créance certaine, liquide et exigible. La créance certaine est celle dont l'existence est effective lorsque l'action est prise ou le droit exercé. Ainsi une créance conditionnelle qui peut soit être créée (condition suspensive), soit être éteinte (condition résolutoire) par l'arrivée d'un événement futur et incertain, ne rencontre pas cette exigence [4] puisque le droit du créancier sur le patrimoine du débiteur dépend de la survenance d'un événement qui n'est qu'éventuel. La créance doit de plus être liquide, c'est-à-dire que son montant doit avoir été déterminé avec précision. Ainsi, le créancier d'une obligation de réparer un dommage causé ne pourrait prétendre au recours oblique avant de détenir un jugement fixant avec précision le montant exact dû par l'auteur du préjudice. Enfin, la créance doit être exigible. Le créancier doit faire preuve de son droit d'exiger le paiement immédiat, ce qu'il ne saurait faire s'il a par exemple donné un terme. Toutefois, le créancier à terme qui constate l'insolvabilité de son débiteur, peut faire déclarer ce dernier déchu du bénéfice du terme [5] et dès lors que cette déchéance est prononcée, se prévaloir du recours subrogatoire, la créance devenant immédiatement exigible.

443 — *Comparaison avec l'action paulienne* — Aucune autre condition relative au créancier, ou au droit de créance, n'est requise. Ainsi, il n'est pas nécessaire, comme pour l'action paulienne [6], que la créance soit antérieure au droit que le créancier veut exercer. Le montant de la réclamation par voie oblique peut être supérieur à la valeur du droit du créancier, puisque celui-ci, qui peut venir en concours avec d'autres dans le partage du patrimoine, a certes intérêt à faire rentrer le maximum d'actif dans le patrimoine du débiteur insolvable pour augmenter ses chances d'être payé complètement.

B. CONDITIONS RELATIVES AU DÉBITEUR

444 — *Inaction du débiteur* — La seule véritable condition relative au débiteur est son inaction. Il n'est pas nécessaire de démontrer les motifs de cette inaction et encore moins l'intention du débiteur de frauder ou de porter préjudice à ses créanciers. La seule inactivité, fautive ou non, inspirée par la mauvaise foi, la paresse, l'incurie ou le

4. Art. 1079 C. C.
5. Art. 1092 C. C.
6. Paragr. 457.

désintéressement, justifie le droit d'intervention du créancier. Inversement on ne peut permettre au créancier d'intervenir lorsque le débiteur agit pour défendre ses droits, même s'il agit à mauvais escient.

445 — *Mise en cause du débiteur* — La pratique juridique dicte cependant une autre condition à l'exercice judiciaire du recours oblique : la nécessité de la mise en cause du débiteur dans l'action. La jurisprudence n'exige pas qu'avant d'intenter l'action le créancier ait pris la précaution de mettre son débiteur formellement en demeure [7]. Par contre si le créancier et le défendeur veulent que le jugement sur l'action oblique ait force de chose jugée à l'endroit du débiteur, il apparaît indispensable que ce dernier soit partie à l'action comme mis en cause [8]. Grâce à ce moyen, le débiteur se trouve lié par le jugement obtenu et ne peut donc par la suite soulever contre le créancier ou le défendeur des exceptions particulières.

C. CONDITIONS RELATIVES AU DROIT EXERCÉ

446 — *Droits contentieux et non contentieux* — La voie oblique permet certes au créancier, et c'est là la majorité des cas, d'agir par instance judiciaire contentieuse [9]. Cependant le créancier peut également exercer au nom du débiteur les droits de ce dernier. C'est ainsi qu'il peut faire enregistrer un droit dont son débiteur est détenteur, accepter ou renoncer à une succession en son nom [10], exercer un droit de réméré [11], exiger les préavis prévus par la loi [12], etc.

---

7. *Gosselin* v. *Bruneau*, (1890) 16 Q. L. R. 23 ; *Thompson* v. *Molsons Bank*, (1889) 16 R. C. S. 664 ; *Durocher* v. *Filion*, (1904) 10 R. J. 189 ; voir aussi *Eliasoph* v. *Razar*, (1914) 20 R. L. n. s. 5.

8. *Drouin* v. *Lefebvre*, (1924) 36 B. R. 51 ; *Gagnon* v. *Larouche*, (1928) 44 B. R. 500 ; *contra* : *Gosselin* v. *Bruneau*, (1890) 16 Q. L. R. 23 ; *Durocher* v. *Filion*, (1904) 10 R. J. 189.

9. *Durocher* v. *Filion*, (1904) 10 R. J. 189 ; *Co. du village de Montmorency* v. *Guimont*, (1915) 48 C. S. 378 ; *Laferrière* v. *Gariépy*, (1922) 62 R. C. S. 557 ; *Gagnon* v. *Larouche*, (1928) 44 B. R. 500 ; *Deschênes* v. *Wawanesa Mutual Insurance Co.*, (1950) C. S. 141 ; *Pérusse* v. *Bolduc*, (1959) R. L. n. s. 402 ; *Larocque* v. *Pilon*, (1963) C. S. 298.

10. Art. 655 C. C. Voir aussi 1315, 1316, 1351 C. C.

11. *Bouchard* v. *Lajoie*, (1886) 2 M. L. R. B. R. 450.

12. *Nadeau* v. *Henriquez*, (1965) R. P. 228 ; voir aussi *Thompson* v. *Molsons Bank*, (1889) 16 R. C. S. 664 (reddition de compte) ; *Co. de Prêt et de Crédit foncier* v. *St-Germain*, (1881) 26 L. C. J. 39 (exercice du droit de demander les impenses et améliorations faites sur un immeuble).

447 — *Droits extra-patrimoniaux* — La loi impose cependant une limite stricte à l'exercice du recours oblique, en excluant aux termes mêmes de l'article 1031 C. C. les droits ou actions *exclusivement attachés à la personne du débiteur*. La spécification des caractéristiques des droits et actions purement personnels est l'œuvre de la jurisprudence qui fait rentrer dans cette catégorie les droits et actions extra-patrimoniaux et ceux qui, tout en gardant un caractère patrimonial, impliquent l'appréciation d'un certain intérêt moral du débiteur. Dans la première catégorie on retrouve les actions en divorce et séparation de corps, en nullité de mariage, en contestation de filiation alors même que celles-ci pourraient avoir comme effet d'accroître substantiellement l'actif du patrimoine [13]. La loi veut éviter par là qu'un créancier ne puisse contrôler la vie de famille et le statut juridique de ses membres contre le gré du débiteur.

448 — *Droits à caractère personnel* — Dans la seconde catégorie, la jurisprudence a toujours refusé le recours oblique quant aux droits insaisissables (puisque les créanciers n'ont aucun droit de gage sur eux) et aux actions en dommages-intérêts pour réparation du préjudice subi à raison d'un délit ou quasi-délit [14]. Si cette solution se conçoit bien dans le cas où le préjudice a une prédominance morale ou personnelle (par exemple dans le cas d'une action en diffamation [15]), elle apparaît moins rationnelle lorsque la compensation vise le dommage aux biens [16] ou même à l'intégrité physique du débiteur. Dans cette dernière hypothèse en effet, le recours a, à notre avis, une valeur nettement patrimoniale, les dommages accordés ayant pour objet, entre autres, de compenser un manque à gagner résultant des blessures subies. Ce manque à gagner, s'il n'est pas compensé, diminue à long ou moyen terme la capacité de gain du débiteur et donc la solidité de son patrimoine. On voit mal pourquoi, le dommage moral mis à part, un créancier ne pourrait pas, par voie oblique, poursuivre l'auteur du délit. La jurisprudence toutefois n'admet pas ce raisonnement et va jusqu'à déclarer insaisissables

---

13. Voir cependant l'affaire *Larocque* v. *Pilon*, (1963) C. S. 298 où un médecin fut admis à réclamer au mari les soins médicaux que son épouse pouvait obtenir de lui comme pension alimentaire ; *contra* : *Harris* v. *Royal Victoria Hospital*, (1944) C. S. 427 ; (1948) B. R. 28 ; *Maniates* v. *Parashis*, (1948) C. S. 124.

14. *Tessier* v. *Co. du Grand Tronc de chemin de fer du Canada*, (1889) 5 R. J. 1 ; *Cochrane* v. *McShane*, (1903) 24 C. S. 282 ; (1904) 13 B. R. 505 ; *Morin* v. *Cloutier*, (1922) 24 R. P. 411 ; *Green* v. *Elmhurst Dairy Ltd.*, (1953) B. R. 85, p. 89.

15. *Morin* v. *Cloutier*, (1922) 24 R. P. 411.

16. *Tessier* v. *Co. du Grand Tronc de chemin de fer du Canada*, (1899) 5 R. J. 1, p. 5.

certaines parties des compensations judiciaires résultant d'actions en responsabilité civile, en leur accordant un caractère alimentaire [17].

449 — *Droits résultant de l'assurance-vie* — Les tribunaux qui semblent permettre au créancier d'invoquer l'annulation du contrat conclu par son débiteur [18], refusent par contre d'autoriser une demande de la valeur de rachat d'une police d'assurance-vie [19]. Ils font valoir dans l'ensemble que ce genre de contrat est avant tout destiné à la protection de la famille et des proches de l'assuré et donc que leur intérêt moral et personnel prime l'intérêt strictement pécuniaire du créancier.

III — EFFETS

450 — *Préparation de la saisie* — *opposabilité des exceptions* — Le créancier qui se prévaut du recours oblique, exerce le droit de son débiteur et non le sien propre. Par voie de conséquence, le défendeur à l'action peut lui opposer les mêmes moyens de défense et les mêmes exceptions qu'il aurait pu opposer au débiteur lui-même, y compris les exceptions à caractère purement personnel [20].

De plus, l'action oblique, tout comme l'action paulienne, n'est pas en elle-même une voie d'exécution mais un simple recours préparatoire à la saisie. Les sommes d'argent ou les biens ainsi récupérés, retombent dans le patrimoine du débiteur où ils peuvent être alors saisis et vendus en satisfaction des droits de tous les créanciers. Malgré l'opinion de certains auteurs [21], il est admis que cette rentrée profite à l'ensemble de la masse des créanciers et n'a pas pour effet d'accorder un droit préférentiel au créancier poursuivant [22] qui est colloqué selon son rang d'après les

---

17. *Miller* v. *Fortier*, (1941) 79 C. S. 89 ; (1943) B. R. 12 ; (1943) R. C. S. 470 et jurisprudence citée ; *Belleau* v. *Lemieux*, (1944) C. S. 371 ; *Lefebvre* v. *Montreal Tramways Co.*, (1948) C. S. 105 ; *Grenier* v. *Blanchet*, (1959) C. S. 272 ; *Laliberté* v. *Marquis*, (1964) C. S. 452.
18. *Gagnon* v. *Larouche*, (1928) 44 B. R. 500. Pour les difficultés auxquelles ce recours donne lieu, voir : TRUDEL, *Traité de droit civil du Québec*, t. 7, p. 428.
19. *Banque canadienne nationale* v. *Carette et Poulin*, (1934) 56 B. R. 143 ; *Jarry Automobile Ltée* v. *Medicoff*, (1947) C. S. 465 ; *Crown Life Insurance Co.* v. *Perras*, (1953) B. R. 659 ; *Gagnon* v. *City of Montreal*, (1956) R. P. 385 ; *Lauwers* v. *Tardiff*, (1966) C. S. 79 ; *contra* : *Fortier* v. *Nault*, (1954) C. S. 13.
20. *Co. de la paroisse de St-Marc-des-Carrières* v. *Paquin*, (1929) 35 R. L. n. s. 175 ; *La Prévovance, compagnie d'assurances* v. *Dulude*, (1965) B. R. 573.
21. TRUDEL, *Traité de droit civil du Québec*, t. 7, p. 432.
22. *Stephens* v. *Toback*, (1904) 26 C. S. 41.

règles ordinaires. Ces deux effets expliquent pourquoi le recours par voie d'action oblique est si peu fréquent en pratique. Le créancier poursuivant risque d'une part de se voir opposer des défenses valables à l'encontre du droit exercé et d'autre part ne profite qu'indirectement de l'accroissement du patrimoine de son débiteur.

451 — *Action directe et saisie-arrêt* — Lorsque la chose est possible, le créancier préférera soit le recours direct et personnel que la loi lui accorde dans certains cas [23], soit la procédure de la saisie-arrêt en main tierce [24]. Ce n'est en fait que dans l'hypothèse où l'action directe lui est refusée et où il ne peut utilement recourir à la saisie-arrêt que le créancier procède par voie d'action subrogatoire.

Chapitre II
L'ACTION PAULIENNE

I — *CARACTÈRES GÉNÉRAUX*

452 — *Origine historique* — L'action paulienne ou révocatoire est d'origine romaine et selon la tradition, c'est le préteur Paul qui fut le premier à l'admettre en faveur du *curator bonorum* en cas de déconfiture du débiteur [25]. Le principe de cette action fut reconnu par le droit français [26], lequel s'était enrichi des modifications qu'y avait apportées la tradition prénapoléonienne. Les codificateurs québécois, s'inspirant des textes du Digeste et des solutions acquises par la jurisprudence française codifièrent l'ensemble de ces règles aux articles 1031 à 1040 C. C. [27].

---

23. Art. 1639, 1711 C. C. par exemple.
24. Art. 569, 625 à 640 C. P. C.
25. ACHER, J., « Essai sur la nature de l'action paulienne », (1906) 5 R. T. D. C. 85, p. 86 et s. ; OURLIAC et DE MALAFOSSE, *Droit romain et ancien droit français*, n° 170 et s., p. 181 et s.
26. Art. 1167 C. N.
27. *Rapport des codificateurs*, p. 15.

453 — *Action paulienne et faillite* — L'action paulienne
a pris en droit québécois une importance toute particulière en raison du
complément qu'elle apporte aux dispositions de la Loi sur la faillite [28].
La complémentarité de ces deux législations ne s'est d'ailleurs pas faite
sans heurts tant sur le plan de leur validité constitutionnelle [29] que sur
celui des rapports d'aménagement possible entre leurs diverses dispositions [30].

454 — *Nature* — L'action paulienne ou révocatoire est
*intentée contre l'ayant cause du débiteur par un créancier, afin de faire
déclarer sans effet à son égard les actes frauduleux et préjudiciables qui
diminuent le patrimoine du débiteur.* Le paiement de la créance non
privilégiée ou garantie risque d'être illusoire si le débiteur diminue son
patrimoine au profit d'un tiers, soit en en modifiant la composition [31], soit
en aliénant ses biens à titre gratuit ou à vil prix [32], soit en favorisant une
autre personne au détriment du créancier [33], soit enfin en essayant de
soustraire certains de ses biens de manière à éviter leur saisie éventuelle [34].
Le recours paulien intenté par le créancier en son nom propre (à la
différence du recours subrogatoire), est une mesure conservatoire, pro-
fitant à ce seul créancier et donnant ouverture à la saisie. Seuls les
créanciers chirographaires peuvent en bénéficier ; la jurisprudence a toutefois admis le créancier privilégié à s'en prévaloir si l'acte posé a pour
effet de le dépouiller de sa garantie [35]. L'action révocatoire a un caractère

---

28. *Loi sur la faillite*, S. R.C., 1952, ch. 14 ; 14-15 Elis. II, ch. 32 ; *Loi sur les
    liquidations*, S. R. C., 1952, ch. 296.
29. Voir *Royal Bank of Canada* v. *Larue*, (1928) A. C. 187 ; *in re* : *Modern Hat
    Manufacturing Co.* v. *Ettenberg*, (1937-1938) 18 Ca. By. R. 101 ; *Lefaivre* v.
    Demers, (1948) R. P. 131 ; *Lefaivre et Auger* v. *Demers*, (1948) B. R. 745 ;
    Masse v. *Senmont Construction Ltd.*, (1957) R. L. n. s. 508 ; *Masse* v. *Bissonnette*,
    (1958) C. S. 331 ; *Traders Finance Co. Ltd.* v. *Lévesque*, (1960) B. R. 264 ;
    (1961) R. C. S. 83 ; *Bissonnette* v. *Bank of Nova Scotia*, (1964) B. R. 918.
30. Voir note précédente et paragr. 462.
31. Voir par exemple *Lebeau* v. *Grobstein*, (1960) B. R. 1030 où, dans un partage
    de communauté, le débiteur prend pour part des actions à un prix fictif bien
    supérieur au prix du marché.
32. *Banque nationale* v. *Kennedy*, (1916) 49 C. S. 463 ; *Roy* v. *Marcheterre*, (1965)
    B. R. 158.
33. *Bernier* v. *Smith*, (1937) 75 C. S. 144 ; *Inns* v. *Dominion Structural Steel Co.
    Ltd.*, (1959) B. R. 14.
34. *Clément* v. *Auclair*, (1954) R. L. n. s. 491 ; *Culos-Lefebvre* v. *Cartierville
    Lumber Co.*, (1955) B. R. 474.
35. *Boisvert* v. *Allard*, (1956) C. S. 63 ; *contra* : TRUDEL, *Traité de droit civil du
    Québec*, t. 7, p. 503.

personnel ou au moins mixte et non réel, même dans l'hypothèse où elle s'attaque au transfert d'un bien immobilier [36].

II — CONDITIONS

455 — *Généralités* — La loi, ne pouvant permettre une intervention à la légère du créancier dans les affaires du débiteur, a imposé des conditions strictes à l'exercice du recours paulien. Ces conditions s'expliquent par le désir du législateur de ne pas porter une atteinte trop sérieuse au principe de la liberté contractuelle d'une part, de protéger d'autre part l'ayant cause de bonne foi et enfin de préserver une certaine sécurité des transactions. Ces conditions tiennent tantôt au créancier ou au débiteur, tantôt à l'acte même que le créancier cherche à faire déclarer sans effet à son égard.

A. CONDITIONS RELATIVES AU CRÉANCIER

456 — *Intérêt* — Pour avoir le droit d'intenter l'action paulienne, comme d'ailleurs toute action en justice, le créancier doit faire preuve d'un intérêt. La mesure de cet intérêt est la possibilité de réalisation de sa créance mise en péril par l'insolvabilité du débiteur et l'impossibilité dans laquelle il se trouverait de saisir le bien aliéné [37].

1. QUALITÉS DE LA CRÉANCE

457 — *Antériorité* — Le créancier doit justifier en premier lieu de l'antériorité de sa créance par rapport à l'acte dont il attaque la validité [38]. La raison de cette exigence est évidente. Lorsque

---

36. ACHER, J., « Essai sur la nature de l'action paulienne », (1906) 5 R. T. D. C. 85, p. 106 et s. ; MAZEAUD, *Leçons de droit civil*, t. 2, n° 1001, p. 835 ; TRUDEL, G., *l'Action paulienne*, thèse, Montréal, 1939, p. 127 et s. ; *Lamothe* v. *Daveluy*, (1909) 41 R. C. S. 80 ; *Diakonuk* v. *Vigneault*, (1920) 29 B. R. 105 ; *Pépin* v. *Breton*, (1929) 32 R. P. 331 ; *Rudysz* v. *Werbicki*, (1958) C. S. 96 ; *contra* : *Beaulieu* v. *Lévesque*, (1892) 2 C. S. 193 ; *Leclaire* v. *Côté*, (1893) 3 C. S. 331 ; *Labelle* v. *Meunier*, (1893) 3 C. S. 256.

37. *Raymond* v. *Rioux*, (1917) 23 R. J. 519 ; *Boucher* v. *Lanoie*, (1939) 67 B. R. 83 ; paragr. 464.

38. Art. 1039 C. C. ; *Houle* v. *Houle*, (1934) 40 R. J. 308 ; *Taillon* v. *Désormeau*, (1936) 42 R. J. 291 ; *Gagnon* v. *Lortie*, (1941) 79 C. S. 219 ; *Fortier* v. *Brault*, (1942) B. R. 175 ; *Clément* v. *Auclair*, (1954) R. L. n. s. 491 ; *Lamarre* v. *St-Amour*, (1956) B. R. 286 ; *Inns* v. *Dominion Structural Steel Ltd.*, (1959) B. R. 14 ; *Marcotte* v. *Sénécal*, (1963) B. R. 172 ; *Tremblay* v. *Gauthier*, (1964) R. P. 241.

le créancier accepte de s'engager avec le débiteur, le patrimoine de ce dernier au moment de la conclusion de l'acte représente son « gage ». Il ne saurait donc se plaindre que des actes frauduleux postérieurs à la constitution de la créance, les actes antérieurs n'ayant pu par hypothèse lui causer préjudice. De plus, l'action paulienne est essentiellement basée sur la fraude et il est impossible de concevoir qu'un créancier subséquent à l'acte puisse se prévaloir du recours paulien puisque aucune fraude ne pouvait être exercée à son endroit. Il est fait cependant exception à cette règle lorsque l'acte frauduleux et la constitution de la créance sont contemporains et lorsque l'acte attaqué, bien qu'antérieur, a été fait par le débiteur dans la perspective de la constitution de créances nouvelles et dans l'intention arrêtée de frauder ses créanciers subséquents [39].

458 — *Certitude, liquidité et exigibilité* — De plus, comme pour l'action oblique, le créancier poursuivant doit avoir une créance certaine, liquide et exigible. Les règles suivies en la matière sont les mêmes que celles examinées à propos du recours subrogatoire [40]. S'il est nécessaire pour assurer la qualité de la créance que le créancier obtienne un jugement du tribunal, la créance ne porte pas la date du jugement qui ne fait que la constater et, par voie de conséquence, l'acte frauduleux du débiteur en cours d'instance est susceptible d'être révoqué [41].

2. EXERCICE DILIGENT

459 — *Nature du délai* — L'action paulienne peut être exercée soit à titre individuel par un créancier, soit à titre collectif par le syndic en tant que représentant de la masse de tous les créanciers du failli. La loi pose des conditions très sévères relativement aux délais dans lesquels la poursuite doit être prise. D'après le texte même de l'article 1040 C. C., la poursuite individuelle doit être commencée dans l'année à compter de la connaissance acquise par le créancier du contrat ou du paiement dont il se plaint, et la poursuite collective, dans l'année de la date de nomination du syndic. Un problème important qui s'est posé à ce propos a été de déterminer la nature juridique exacte de ce délai d'un an. S'agit-il d'un délai de prescription ordinaire ou d'un délai de déchéance

---

39. MIGNAULT, *Droit civil canadien*, t. 5, p. 294 ; TRUDEL, *Traité de droit civil du Québec*, t. 7, p. 498-499 ; voir COMTOIS, R., « Faillite et donation par contrat de mariage », (1949) 52 R. du N. 178 ; *Lambert* v. *Gauthier*, (1925) 63 C. S. 125 ; *Coupal* v. *Piché*, (1939) 45 R. L. n. s. 453 ; *Bisson* v. *Labrie*, (1946) C. S. 462.
40. Paragr. 442 ; *Roy* v. *Marcheterre*, (1965) B. R. 158.
41. *Fortier* v. *Brault*, (1942) B. R. 175 ; *Clément* v. *Auclair*, (1954) R. L. n. s. 491 ; *Lamarre* v. *St-Amour*, (1956) B. R. 286.

ou préfix ? La question a des conséquences considérables sur le plan pratique puisque le délai de prescription, à la différence du délai préfix peut être suspendu ou interrompu [42]. Les auteurs et la jurisprudence [43], étant donné le caractère exceptionnel du recours paulien et la menace qu'il fait peser sur la sécurité des transactions, optent en général pour la seconde solution.

a) ACTION INDIVIDUELLE

460 — *Point de départ du délai* — Le créancier poursuivant à titre individuel doit commencer la poursuite, c'est-à-dire faire émettre le bref d'assignation [44] dans l'année de la connaissance de l'acte. On s'est demandé à cet égard si le délai d'un an commençait à courir à partir du simple fait de cette connaissance ou encore à partir du jour où, outre l'existence de l'acte, le créancier a découvert la fraude. La jurisprudence ne semble pas définitivement fixée. Certains arrêts optent pour la première solution mais leur valeur est diminuée parce que dans l'immense majorité d'entre eux, la découverte de la fraude et la connaissance de l'acte étaient concomitantes [45]. La seconde solution apparaît plus logique. En effet, le créancier peut connaître l'existence de l'acte mais ne découvrir que beaucoup plus tard son caractère frauduleux. Puisqu'il ne peut exercer ce recours tant qu'il n'a pas la certitude de l'existence de la fraude, condition *sine qua non* à la recevabilité de la demande, il semble irrationnel et injuste de le priver du droit d'exercer l'action lorsque plus d'un an s'est écoulé à partir de la connaissance de l'acte, sans tenir compte de la connaissance acquise de la fraude. À cet égard, la jurisprudence a toujours maintenu la règle selon laquelle l'enregistrement de l'acte attaqué ne fait pas présumer la connaissance acquise par le créancier [46].

---

42. Art. 2222 et s. C. C.

43. TRUDEL, *Traité de droit civil du Québec*, t. 7, p. 509 et s. ; *contra* : MIGNAULT, *Droit civil canadien*, t. 5, p. 297 ; *Gagnon* v. *Dunbar*, (1901) 20 C. S. 515 ; *Deslandes* v. *St-Jacques*, (1910) 19 B. R. 289 ; *Gauthier* v. *Gagné*, (1925) 38 B. R. 370 ; *Lemoine* v. *Bachand*, (1926) 64 C. S. 569 ; *Brien* v. *Brunet*, (1952) C. S. 365 ; *Grobstein* v. *Banque canadienne nationale*, (1963) B. R. 215.

44. *Gauthier* v. *Gagné*, (1925) 38 B. R. 370 ; *Bouchard* v. *Tremblay*, (1928) 45 B. R. 567.

45. *Gagnon* v. *Dunbar*, (1901) 20 C. S. 515 ; *Lussier* v. *Cyr*, (1925) 31 R. L. n. s. 210 ; *Lavoie* v. *Bernard*, (1941) 79 C. S. 45 ; *Côté* v. *Toupin*, (1945) R. P. 131 ; *Robineau* v. *Charbonneau*, (1964) C. S. 165 ; *Roy* v. *Gosselin*, (1965) C. S. 286.

46. *Lavoie* v. *Bernard*, (1941) 79 C. S. 45 ; *Robineau* v. *Charbonneau*, (1964) C. S. 165 ; *Roy* v. *Gosselin*, (1965) C. S. 286. Voir aussi *Fortier* v. *Brault*, (1942) B. R. 175.

b) ACTION COLLECTIVE

461 — *Point de départ du délai* — Lorsque l'action est prise par le syndic à la faillite, le délai d'une année commence à courir à partir du jour de sa nomination. Cette règle rigoureuse en apparence, puisqu'elle ne fait pas entrer en ligne de compte la connaissance de l'acte par le syndic, s'explique par le fait que ce dernier (à la différence d'un simple créancier) prend possession dès le jour de sa nomination de tous les documents, comptes et livres du failli [47]. Il est donc à même, dans un délai très court, de connaître parfaitement la situation du failli, de découvrir après enquête les actes frauduleux et d'intenter les recours pauliens qui s'imposent. Malgré l'opinion de certains auteurs [48], la jurisprudence a appliqué cette règle d'une manière stricte en refusant la prolongation du délai dans les cas où le syndic n'avait eu connaissance de la fraude qu'après l'expiration d'un an après sa nomination [49].

462 — *Rapports entre l'action collective et l'action individuelle* — La faillite a pour effet de mettre fin aux droits des créanciers d'intenter individuellement le recours révocatoire. Cependant, lorsque le syndic refuse d'agir, l'un d'entre eux peut, avec la permission du tribunal, en vertu de l'article 16 de la loi, être autorisé à le faire [50]. On admet dans ce cas que le créancier exerce un droit qui lui est propre et non celui du syndic, qu'il agit personnellement et non comme cessionnaire du syndic. Il est donc soumis au délai ordinaire de l'action individuelle qui peut être intentée plus d'un an après la nomination du syndic, à la condition de justifier que la poursuite a été commencée dans l'année suivant la découverte de la fraude [51].

463 — *Rapports entre l'action collective et les recours de faillite* — L'action collective vient compléter la série des recours prévus par la Loi sur la faillite. Il est en effet des cas où le syndic, ne se trouvant pas dans les conditions lui permettant d'exercer les actions prévues par cette loi, peut malgré tout obtenir un effet semblable ou

---

47. *Loi sur la faillite*, S. R. C., 1952, ch. 14, art. 8 ; *in re* : *Matthews Freed* v. *Kenilworth Co.*, (1969) C. S. 252.
48. MIGNAULT, *Droit civil canadien*, t. 5, p. 298.
49. *Grobstein* v. *Banque canadienne nationale*, (1963) B. R. 215 ; *Bissonnette* v. *Bank of Nova Scotia*, (1964) B. R. 918.
50. *Industrial Factors Co. Ltd.* v. *Dominion Corset Co. Ltd.*, (1955) B. R. 202 ; *Bank of Montreal* v. *Elliott*, (1967) B. R. 11.
51. *Traders Finance Co. Ltd.* v. *Lévesque*, (1960) B. R. 264 ; (1961) R. C. S. 83 ; voir aussi *Culos-Lefebvre* v. *Cartierville Lumber Co.*, (1955) B. R. 474 ; *Trahan* v. *Lamarre*, (1956-1957) 36 Ca. By. R. 47.

similaire grâce à l'action paulienne[52]. Une jurisprudence constante a d'ailleurs renforcé l'interdépendance entre le Code civil et la Loi sur la faillite en appliquant le délai de l'article 1040 C. C. à certains recours prévus par ce dernier texte, lorsque le législateur fédéral n'avait pas imposé de période de prescription particulière[53].

B. CONDITIONS RELATIVES À L'ACTE ATTAQUÉ

464 — *Généralités* — Le créancier qui s'attaque à la validité de l'acte de son débiteur doit justifier de l'existence du préjudice que lui cause cet acte, préjudice qui, d'une façon générale, consiste en un appauvrissement du patrimoine. L'appauvrissement cependant ne crée un préjudice réel que s'il entraîne l'insolvabilité ou aggrave celle-ci, puisque alors le créancier ordinaire risque de ne pas être payé ou de ne pas recevoir le plein montant de sa créance. De plus la loi impose une condition supplémentaire, soit le caractère frauduleux de l'acte résultant de l'intention du débiteur de porter atteinte aux droits légitimes du créancier poursuivant et dans certains cas de la participation du tiers au plan de fraude.

1. ACTE ENTRAÎNANT L'INSOLVABILITÉ

465 — *Notion d'insolvabilité* — L'existence de l'insolvabilité est une question de fait laissée à l'appréciation souveraine des tribunaux. Ceux-ci ont toujours refusé de se laisser enfermer dans une définition trop stricte et d'adopter telles quelles les définitions techniques

---

52. *Culos-Lefebvre* v. *Cartierville Lumber Co.*, (1955) B. R. 474 ; *Trahan* v. *Lamarre*, (1956) B. R. 1 ; *Masse* v. *Senmont Construction Ltd.*, (1957) R. L. n. s. 508 ; *Trottier* v. *Codère*, (1963) B. R. 469 ; *Marmette* v. *Villeneuve*, (1963-1964) Ca. By. R. 180 ; *Callway Sash and Door Inc.* v. *Gilbert*, (1963) B. R. 919 ; *Marcotte* v. *Banque canadienne nationale*, (1964) B. R. 81 ; *Banque de Montréal* v. *Elliott*, (1967) 9 Ca. By. R. n. s. 253.

53. *Loi sur la faillite*, S. R. C., 1952, ch. 14, art. 60, 64, 65 ; *Lamarche* v. *Cité de Montréal*, (1906) 22 R. L. 357 ; *in re : Modern Hat Manufacturing Co.* v. *Ettenberg*, (1937-1938) 18 Ca. By. R. 101 ; *Lefaivre et Auger* v. *Demers*, (1948) B. R. 745 ; *Culos-Lefebvre* v. *Cartierville Lumber Co.*, (1955) B. R. 474 ; *Masse* v. *Senmont Construction Ltd.*, (1957) R. L. n. s. 508 ; *Trahan* v. *Lamarre*, (1956-1957) 36 Ca. By. R. 47 ; *Masse* v. *Bissonnette*, (1958) C. S. 331 ; *Traders Finance Co. Ltd.* v. *Lévesque*, (1960) B. R. 264 ; (1961) R. C. S. 83 ; *Plotnick* v. *Grobstein*, (1963) B. R. 858 ; *Grobstein* v. *Banque canadienne nationale*, (1963) B. R. 215 ; *Bissonnette* v. *Bank of Nova Scotia*, (1964) B. R. 918 ; *Jolicœur* v. *Banque royale du Canada*, (1967) C. S. 715 ; *Rainville* v. *Plouffe*, (1968) B. R. 756.

de cet état, données par la Loi sur la faillite [54] ou la Loi sur la liquidation des compagnies [55]. Pour certains auteurs [56], l'insolvabilité est tout simplement l'état d'une personne dont le passif patrimonial excède l'actif. La jurisprudence en règle générale se rallie à une conception large et reconnaît comme insolvable celui qui a cessé de faire honneur à ses obligations au fur et à mesure de leur échéance, celui qui est incapable de satisfaire à ses engagements ou de payer ce qu'il doit [57]. Étant « un fait comptable [58] », l'insolvabilité peut être prouvée par tout moyen de preuve, même la preuve testimoniale [59]. La saisie des biens du débiteur accompagnée d'un procès-verbal de carence, la production d'un bilan financier déficitaire sont autant de faits qui permettent de l'établir. Cet état ne nécessite pas d'être officiellement constaté par jugement, mais dans le cas d'une action collective par le syndic, la production de l'ordonnance de séquestre ou du jugement sur la pétition de faillite est suffisante. La discussion préalable des biens du débiteur n'est pas considérée comme un prérequis à l'exercice de l'action paulienne, même si elle peut constituer un moyen favorisant la démonstration de son insolvabilité [60].

2. ACTE D'APPAUVRISSEMENT

466 — *Nature de l'appauvrissement* — L'acte attaqué doit avoir eu pour effet d'appauvrir le débiteur en diminuant son patrimoine, c'est-à-dire en faisant sortir un actif qui aurait pu être saisi par le créancier. Cet appauvrissement doit cependant être de nature positive et le simple défaut de s'enrichir ne donne pas ouverture à l'action révocatoire, même si dans certains cas il justifie le recours oblique [61]. L'acte d'appauvrissement peut provenir d'un contrat à titre gratuit, d'un contrat

---

54. *Loi sur la faillite*, S. R.C., 1952, ch. 14, art. 2 (j).

55. *Loi sur les liquidations*, S. R.C., 1952, ch. 296, art. 3.

56. MIGNAULT, *Droit civil canadien*, t. 5, p. 460 ; BAUDOUIN, *le Droit civil de la province de Québec*, p. 522 ; TRUDEL, *Traité de droit civil du Québec*, t. 7, p. 478 et s.

57. *Diakonuk* v. *Vigneault*, (1920) 29 B. R. 105 ; *Morin* v. *Gagnon*, (1924) 62 C. S. 94 ; *Simard* v. *Simard*, (1933) 54 B. R. 326 ; *Houle* v. *Houle*, (1934) 40 R. J. 308 ; *Gagné* v. *Boivin*, (1936) 42 R. L. n. s. 146 ; *Inns* v. *Dominion Structural Steel Co. Ltd.*, (1959) B. R. 14.

58. TRUDEL, *Traité de droit civil du Québec*, t. 7, p. 480.

59. TRUDEL, *Traité de droit civil du Québec*, t. 7, p. 481 ; *Beausoleil* v. *Normand*, (1885) 9 R. C. S. 711 ; *Philippon* v. *Gilbert*, (1927) 33 R. L. n. s. 486 ; *contra* : MIGNAULT, *Droit civil canadien*, t. 5, p. 288.

60. *Buteau* v. *Tanguay*, (1924) 37 B. R. 280 ; *Gorrie* v. *Blondeau*, (1949) R. P. 56 ; *Fenderson's Ltd.* v. *Côté*, (1957) C. S. 139.

61. Paragr. 439 et s.

à titre onéreux ou même d'un paiement. Le droit québécois en effet [62], à la différence du droit français [63], considère que le paiement préférentiel « frauduleux » (d'ailleurs annulable sous certaines conditions en vertu des dispositions de la Loi sur la faillite) [64], peut être déclaré inopposable au créancier invoquant le paulien. Le tiers défendeur est alors tenu de restituer le montant d'argent, la chose reçue en paiement ou sa valeur. La fraude est un élément déterminant et ainsi le paiement effectué de bonne foi est valable, sauf les dispositions spéciales concernant la faillite [65].

466a — *Droits à caractère personnel* — Comme dans le cas de l'action oblique, on doit soustraire au champ d'exercice du recours paulien les actes du débiteur portant sur des droits extra-patrimoniaux, alors même que ceux-ci auraient pour effet de diminuer son patrimoine. Un créancier par exemple ne pourrait se plaindre de la reconnaissance d'un enfant faite par le débiteur ou de l'obtention d'un divorce ou d'une séparation de corps [66]. Par contre, la loi autorise parfois l'intervention du créancier dans certaines affaires qui gardent malgré tout un caractère familial ou personnel [67]. Certaines de ces interventions participent à la fois du recours paulien et subrogatoire, puisqu'elles permettent de rendre sans effet l'acte attaqué et ensuite d'exercer le droit du débiteur ; certaines autres accordent un droit direct. Un auteur [68], soulignant la différence entre le droit québécois et le droit français, est d'avis que le recours paulien domine également les contrats de mariage et les actes de partage.

---

62. Art. 1036 C. C. Voir *Perreault* v. *Société de prêts et de placements de Québec*, (1935) 73 C. S. 70 ; *Fortier* v. *Brault*, (1942) B. R. 175 ; *Butler* v. *Castonguay*, (1949) C. S. 52 ; *Morier* v. *Beaudry*, (1938) 76 C. S. 320 ; *Inns* v. *Dominion Structural Steel Co. Ltd.*, (1959) B. R. 14. La dation en paiement suivant qu'elle est à titre gratuit ou à titre onéreux est soumise aux règles des articles 1034 ou 1035 et 1036. Voir *Culos-Lefebvre* v. *Cartierville Lumber Co.*, (1955) B. R. 474 ; *Phénix Finance Inc.* v. *Gaucher*, (1961) C. S. 239.

63. COLOMBET, C., « De la règle que l'action paulienne n'est pas reçue contre les paiements », (1965) 63 R. T. D. C. 5.

64. L'article 64 de la loi énonce que les paiements préférentiels faits dans les 3 mois précédant la faillite sont présumés frauduleux. Cette période suspecte est de 12 mois lorsque le paiement a été fait à une personne « liée » au débiteur (art. 64a ajouté par *Loi modifiant la Loi sur la faillite*, 14-15 Elis. II, ch. 32).

65. Voir notes 62 et 64.

66. Pour la séparation de biens, les créanciers, en vertu des articles 1315 et 1316 C. C., peuvent exercer un certain droit de contrôle.

67. Art. 205, 655, 745, 1315, 1316, 1351 C.C. ; *Lafontaine* v. *Guindon*, (1915) 48 C. S. 332 ; *Thomassin* v. *Bélanger*, (1955) B.R. 281 ; *Raymond* v. *Peterman*, (1960) C. S. 621.

68. TRUDEL, *Traité de droit civil du Québec*, t. 7, p. 448 et s. ; *Lebeau* v. *Grobstein*, (1960) B. R. 1030 ; *Tremblay* v. *Gauthier*, (1964) R. P. 241.

3. ACTE FRAUDULEUX

467 — *Notion de fraude paulienne* — La notion de fraude paulienne est tout à fait particulière et fort difficile à définir avec précision, comme en témoigne d'ailleurs une certaine incertitude tant doctrinale que jurisprudentielle à laquelle elle a donné naissance. Deux conceptions voisines peuvent en effet être prises en considération. On pourrait exiger en premier lieu l'intention de frauder de la part du débiteur, c'est-à-dire la volonté arrêtée de nuire à ses créanciers. La preuve d'une telle intention totalement subjective serait dans bien des cas pratiquement impossible à faire. La majorité de la doctrine [69] et de la jurisprudence [70] requiert simplement que le créancier démontre la conscience ou la connaissance chez le débiteur au moment de la passation de l'acte, des répercussions qu'il peut avoir sur son patrimoine et du préjudice qu'il peut donc causer au créancier. Il est en effet difficile de concevoir qu'un débiteur insolvable, au courant de sa situation précaire, connaissant ou pouvant connaître les effets désastreux de son acte sur son patrimoine, puisse par la suite venir opposer sa bonne foi et la pureté de ses intentions au créancier poursuivant. La preuve de la fraude paulienne peut être faite par tous les moyens et les présomptions de fait, résultant par exemple de l'époque et de la nature de la transaction, du lien de parenté entre les parties à l'acte [71], servent à l'établir. L'intention de nuire cède ici le pas à la connaissance ou conscience des conséquences de l'acte posé, permettant ainsi au créancier d'échapper aux aléas d'une preuve d'intention.

468 — *Acte à titre gratuit* — La loi aménage différemment la réglementation de la preuve requise pour démontrer le caractère frauduleux de l'acte selon le type de ce dernier. Lorsque l'acte est à titre gratuit, les articles 803 et 1034 C. C. n'imposent qu'une seule condition. La preuve par le créancier que le débiteur était insolvable suffit à faire présumer irréfragablement sa fraude [72]. On se trouve ici devant une conception purement objective, fort mal traduite du reste par le recours

---

69. MIGNAULT, *Droit civil canadien*, t. 5, p. 289 ; TRUDEL, *Traité de droit civil du Québec*, t. 7, p. 448 et s. ; BAUDOUIN, *le Droit civil de la province de Québec*, p. 525.

70. *Houle* v. *Houle*, (1934) 40 R. J. 308 ; *Coupal* v. *Piché*, (1939) 45 R. L. n. s. 453.

71. *Banque nationale* v. *Kennedy*, (1916) 49 C. S. 463 ; *Béland* v. *Garneau*, (1934) 57 B. R. 253 ; *Boisvert* v. *Allard*, (1956) C. S. 63 ; *Lebeau* v. *Grobstein*, (1960) B. R. 1030 ; *Roy* v. *Marcheterre*, (1965) B. R. 158.

72. *Bernier* v. *Smith*, (1937) 75 C. S. 144 ; *Coupal* v. *Piché*, (1939) 45 R. L. n. s. 453 ; *Culos-Lefebvre* v. *Cartierville Lumber Co.*, (1955) B. R. 474 ; *Tremblay* v. *Gauthier*, (1964) R. P. 241 ; commentaire BRIÈRE, G., (1965) *Thémis* 225.

que fait la loi au régime d'une présomption juridique. Le poursuivant, après avoir établi les conditions d'accès au recours, est simplement obligé de démontrer la connaissance par le débiteur de son insolvabilité. Deux explications peuvent être données à cette règle. D'une part, l'insolvable, qui cède à titre gratuit, presque à coup sûr a l'intention de frauder ses créanciers. D'autre part, et c'est là à notre avis la véritable raison, indépendamment de toute intention de fraude, la loi doit s'appliquer à sauvegarder les intérêts du créancier qui subirait une perte patrimoniale certaine de préférence à ceux du donataire auquel on ne fait que retirer le bénéfice supplémentaire et gratuit d'un gain. Les dispositions de la loi englobent tout acte ou partie d'acte [73] revêtant le caractère de gratuité, et le paiement effectué en vertu d'un tel acte est d'ailleurs soumis à la règle de l'article 1034 C. C. et non à celle de l'article 1036 C. C.

469 — *Acte à titre onéreux* — La situation à l'égard de l'acte à titre onéreux est plus complexe. Non seulement la loi exige la fraude du débiteur mais encore une participation effective du tiers à cette fraude [74]. La complicité du tiers est présumée lorsqu'il connaît, au moment de la passation de l'acte, l'insolvabilité de celui avec lequel il traite [75], cette présomption restant toutefois réfragable. Le créancier doit donc prouver la collusion entre le débiteur et le tiers. L'intention de frauder de la part du tiers est déduite de la connaissance de l'insolvabilité du débiteur, mais cette preuve peut être repoussée par une preuve contraire démontrant la bonne foi. Cette bonne foi consiste donc soit d'une part en l'ignorance complète de l'insolvabilité, soit d'autre part dans le désir qu'avait le tiers, même s'il connaissait l'insolvabilité, de sauvegarder ses droits et intérêts légitimes au moyen d'un marché régulier [76]. Dans les deux cas, l'acte reste valable alors même que le débiteur était de mauvaise foi, le législateur préférant le tiers qui a donné valeur de façon à protéger la stabilité des transactions [77]. La connaissance de l'insolvabilité sert donc à faire présumer la complicité du tiers défendeur et à faire tomber la présomption générale de bonne foi établie par l'article

---

73. *Bernier* v. *Smith*, (1937) 75 C. S. 144.
74. Art. 1033 C. C. ; *contra* : TRUDEL, *Traité de droit civil du Québec*, t. 7, p. 485 et s.
75. *Banque nationale* v. *Kennedy*, (1916) 49 C. S. 463 ; *Bouchard* v. *Couture*, (1933) 71 C. S. 536 ; *Béland* v. *Garneau*, (1934) 57 B. R. 253 ; *Clément* v. *Auclair*, (1954) R. L. n. s. 491 ; *Boisvert* v. *Allard*, (1956) C. S. 63 ; *Roy* v. *Marcheterre*, (1965) B. R. 158.
76. *Saulnier* v. *Evans*, (1925) 31 R. L. n. s. 383 ; *Houle* v. *Houle*, (1934) 40 R. J. 308 ; *Perreault* v. *Société de prêts et de placements de Québec*, (1935) 73 C. S. 70 ; *Butler* v. *Castonguay*, (1949) C. S. 52 ; *Perras* v. *Banque provinciale du Canada*, (1963) B. R. 919.
77. Art. 1035 C. C.

2202 C. C. Certains ont prétendu cependant que l'article 1038 C. C. constituait une exception à la règle de la bonne foi présumée et qu'il appartenait au tiers de prouver lui-même qu'il n'est pas de mauvaise foi[78]. Il importe évidemment de ne pas confondre mauvaise foi et connaissance de l'insolvabilité puisqu'il est concevable en effet que, tout en ignorant l'insolvabilité, le tiers ait passé contrat avec le débiteur dans l'intention arrêtée de causer préjudice aux autres créanciers.

470 — *Paiements* — Les paiements enfin, sauf lorsqu'ils résultent d'actes gratuits, sont soumis aux même règles que les contrats à titre onéreux[79]. Cette règle évite que le débiteur insolvable ne puisse faire échec à la règle de la répartition égale du produit de la masse de son patrimoine entre ses créanciers, en accordant un paiement préférentiel à l'un d'entre eux au préjudice des autres. Les articles 64 et 64a de la Loi sur la faillite[80] complètent le droit civil à ce sujet en créant une période suspecte et ont posé le problème, encore fort controversé en jurisprudence, de savoir s'il est nécessaire pour annuler le paiement que le tiers ait eu l'intention de s'avantager aux dépens des créanciers[81].

III — EFFETS

A. ENTRE LE CRÉANCIER ET LE TIERS

471 — *Inopposabilité* — L'effet principal de l'action paulienne est de rendre inopposable au créancier poursuivant l'acte intervenu entre le débiteur et le tiers. Telle est du moins la conception classique[82] à laquelle se sont opposés certains auteurs[83] et certaines décisions jurisprudentielles optant pour la nullité ou l'inopposabilité à

---

78. FORTIN, D. et CARON, Y., « L'action paulienne et la complicité du tiers acquéreur », (1961) 37 *Thémis* 39, p. 45 et 46.

79. Art. 1036 C. C.

80. Voir note 64.

81. Voir SAVOIE, R., « Commentaires sur l'article 64 de la Loi sur la faillite », (1963) 23 R. du B. 239 et jurisprudence citée.

82. MIGNAULT, *Droit civil canadien*, t. 5, p. 295 ; MAZEAUD, *Leçons de droit civil*, t. 2, n⁰ 1005, p. 836 ; MARTY et RAYNAUD, *Droit civil*, t. 2, n⁰ 718, p. 738 ; *Gagnon* v. *Lortie*, (1961) 79 C. S. 219 ; *Fortier* v. *Poulin*, (1955) R. C. S. 181.

83. TRUDEL, *Traité de droit civil du Québec*, t. 7, p. 464 et s., 473 et s. ; BAUDOUIN, *le Droit civil de la province de Québec*, p. 532. Ces auteurs se basent surtout sur le fait que dans tous les articles, le Code ne parle que de « nullité ». Le dernier de ces auteurs semble toutefois avoir subséquemment changé d'avis : BAUDOUIN, L., *Aspects généraux du droit privé dans la province de Québec*, Paris, Dalloz, 1965, p. 746.

tous les créanciers [84]. Le créancier qui, dans le recours révocatoire, agit à titre personnel, bénéficie seul (à la différence de l'action oblique) du résultat de l'action. Le bien ne rentre pas dans le patrimoine du débiteur où il pourrait être saisi par tous les créanciers, mais au contraire ne sert que les intérêts exclusifs du demandeur. Lui seul peut procéder à la saisie entre les mains du tiers, à la vente, et être payé par préférence aux autres créanciers du débiteur sur le produit. S'il s'agit non pas d'un bien matériel mais d'une somme d'argent, le créancier poursuivant peut dans certains cas être obligé de souffrir un concours avec les créanciers du tiers.

472 — *Situation juridique du tiers* — Lorsque la créance est égale ou supérieure à la valeur du bien ou de la somme saisis, le tiers se trouve frustré de la totalité du bénéfice de l'acte conclu avec le débiteur. Lorsqu'elle est inférieure par contre, la différence ne retombe pas dans le patrimoine du débiteur mais reste dans celui du tiers. Dans l'hypothèse où ce dernier a aliéné le bien à un sous-acquéreur de bonne foi, celui-ci ne saurait être inquiété. Le tiers est tenu de restituer la valeur du bien [85], ce qui n'a cependant pas pour effet d'empêcher naturellement la poursuite par voie révocatoire du sous-acquéreur de mauvaise foi. En pratique pour éviter des difficultés et prévenir l'aliénation de la part du tiers pendant l'instance, le poursuivant accompagne sa demande d'une saisie-arrêt avant jugement qui a pour effet d'empêcher la transmission du bien [86].

473 — *Préparation de la saisie* — L'action paulienne en second lieu n'est que préparatoire à la saisie et après l'obtention d'un jugement en sa faveur, le créancier doit donc, en conformité avec les règles du droit judiciaire privé, faire procéder à la saisie et à la vente. Si la valeur du bien dépasse le montant de la créance, le tiers peut avoir intérêt alors à désintéresser le créancier saisissant en lui payant le montant dû, de façon à conserver le bien intact dans son patrimoine.

B. ENTRE LE DÉBITEUR ET LE TIERS

474 — *Recours du tiers* — Le principe de la simple inopposabilité de l'acte à l'égard du créancier poursuivant entraîne une

---

84. *Leclaire* v. *Côté*, (1893) 3 C. S. 331 ; *Walker* v. *Lamoureux*, (1902) 21 C. S. 492 ; *Lefaivre* v. *Vermette*, (1918) 53 C. S. 27 ; *Co. Légaré* v. *Durand*, (1932) 70 C. S. 525 ; *Taillon* v. *Désormeau*, (1936) 42 R. J. 291 ; *Millette* v. *Lizotte*, (1941) 79 C. S. 218.

85. *Inns* v. *Dominion Structural Steel Co. Ltd.*, (1959) B. R. 14.

86. *Millette* v. *Lizotte*, (1941) 79 C. S. 218.

conséquence importante dans les relations entre le débiteur et le tiers. L'acte intervenu entre eux reste en effet parfaitement valable à leur égard et le tiers frustré du bénéfice d'un contrat régulièrement conclu, garde son droit de recours contre son cocontractant, le débiteur, même si ce recours en pratique risque dans bien des cas d'être illusoire, étant donné l'état d'insolvabilité de ce dernier. À cet égard, si la chose n'a pas déjà été faite par le créancier poursuivant, le tiers a un intérêt évident à mettre le débiteur en cause dans l'action, de façon à pouvoir le lier par le jugement et lui imposer l'autorité de la chose jugée. Il faut mentionner enfin que les autres créanciers du débiteur peuvent en tout temps intervenir afin de préserver leurs droits et de bénéficier aussi de l'inopposabilité de l'acte.

475 — *Conclusion* — Les conditions strictes imposées à l'action paulienne rendent l'exercice de ce recours peu fréquent dans la pratique, surtout à la demande individuelle d'un créancier. Il serait peut-être préférable, dans les conditions actuelles de l'économie et du développement du crédit, de supprimer d'une part l'élément frauduleux en permettant le recours paulien chaque fois que le débiteur se rend insolvable et d'ouvrir le recours d'autre part à tous les créanciers de celui-ci quelle que soit la nature de leurs créances respectives.

BIBLIOGRAPHIE

ACHER, J., « Essai sur la nature de l'action paulienne », (1906) 5 R. T. D. C. 85.

COLOMBET, C., « De la règle que l'action paulienne n'est pas reçue contre les paiements », (1965) 63 R. T. D. C. 5.

FORTIN, D. et CARON, Y., « L'action paulienne et la complicité du tiers acquéreur », (1961) 37 *Thémis* 39.

TRUDEL, G., *l'Action paulienne*, thèse, Université de Montréal, 1939.

TRUDEL, G., « La fraude et le préjudice paulien », (1938) 17 R. du D. 150.

SINAY, H., « Action paulienne et responsabilité délictuelle à la lumière de la jurisprudence récente », (1948) 46 R. T. D. C. 183.

Titre II
LE DROIT À L'EXÉCUTION
DE L'OBLIGATION

476 — *Généralités* — Le créancier de toute obligation a le droit fondamental d'exiger de son débiteur l'exécution de l'engagement volontairement assumé ou imposé par la loi à son égard. Dans les conditions normales, le débiteur s'exécute de bonne grâce en payant ce qu'il doit. Ce paiement peut à son tour être pur et simple ou affecté de certaines modalités. Il arrive cependant parfois que le débiteur refuse ou se montre incapable de fournir au créancier la prestation convenue. Le créancier peut alors recourir aux tribunaux pour mettre à son service l'appui de la force judiciaire et obliger le débiteur à exécuter précisément sa promesse même (exécution en nature), ou obtenir au moins un dédommagement (exécution par équivalent) qui compensera le défaut d'exécution.

Sous-titre premier
L'EXÉCUTION VOLONTAIRE

Chapitre premier
LE PAIEMENT PUR ET SIMPLE

477 — *Définition* — Payer, dans le langage populaire, signifie avant tout donner une somme d'argent. Dans la langue juridique, payer c'est exécuter une obligation quelle que soit sa nature, qu'elle consiste à faire ou à ne pas faire quelque chose ou à donner un objet

ou une somme [87]. Le paiement, qui est avant tout un acte d'exécution de l'obligation assumée par le débiteur, a pour effet d'éteindre celle-ci et de rompre le lien juridique entre lui et son créancier. La nature juridique du paiement a donné lieu à une controverse doctrinale et jurisprudentielle [88] ; certains y voient un simple fait juridique donc susceptible d'être prouvé par tous les moyens, d'autres un acte juridique soumis quant à sa preuve aux règles strictes des articles 1233 et s. C. C. [89]. Quoi qu'il en soit, tout paiement comporte généralement à la fois un élément matériel (la remise de l'objet dû) et un élément intentionnel (le désir d'éteindre l'obligation).

I — CONDITIONS DE VALIDITÉ

478 — *Généralités* — Le paiement pour être juridiquement valable doit se conformer à un certain nombre d'exigences prévues par la loi (art. 1139 et s. C. C.). Celui qui paye (*solvens*), comme celui qui reçoit le paiement (*accipiens*) doivent justifier de leur qualité à donner et à recevoir le paiement. En outre la loi impose deux règles principales relatives à l'objet du paiement : celle de l'identité entre l'objet offert et celui qui était dû, et celle de l'indivisibilité qui force le *solvens* à s'acquitter en une seule et même fois.

A. CONDITIONS RELATIVES AU SOLVENS

479 — *Acte du débiteur — acte d'un tiers* — Pour payer valablement, il n'est point nécessaire que celui qui exécute l'obligation soit le débiteur lui-même [90]. Le paiement peut en effet être effectué par le représentant du débiteur, par son mandataire, son gérant d'affaires ou même par un tiers. Dans les cas de représentation, l'acte juridique volontaire émane du débiteur lui-même qui ne se charge pas cependant de l'accomplissement de l'acte matériel. D'autres personnes qui sont des tiers par rapport au créancier et au débiteur peuvent avoir intérêt à exécuter

---

87. Art. 1139 C. C. ; *Lespérance* v. *Gagnon*, (1954) C. S. 71 ; *Martin Motor Sales Ltd.* v. *Lessard*, (1957) B. R. 776 ; *Krakowska* v. *Fabian*, (1960) C. S. 660.

88. CATALA, N., *la Nature juridique du paiement,* Paris, Librairie générale de droit et de jurisprudence, 1961.

89. Paragr. 510 et s.

90. *Savoie* v. *Paquet*, (1963) B. R. 799 ; *Côté* v. *Sterblied*, (1956) B. R. 111 ; (1958) R. C. S. 121 ; *Nadeau* v. *Rozon*, (1960) C. S. 579 ; « Par qui le paiement peut-il être fait ? », (1906) 9 R. du N. 283.

l'obligation en lieu et place de ce dernier. Ainsi en est-il par exemple d'une caution [91], d'un autre créancier ou de l'acquéreur d'un immeuble hypothéqué qui chercherait ainsi à libérer l'immeuble de la charge réelle. Dans tous ces cas l'acte juridique et l'acte matériel sont posés par le tiers et la loi n'exige pas que le débiteur y consente ou même en ait connaissance. Une double restriction est cependant imposée au champ d'application de ce principe. La première est dictée par l'intérêt même du débiteur lequel peut s'opposer au paiement qui aurait uniquement pour objet d'opérer un changement de créancier en substituant le *solvens* au créancier d'origine [92]. La seconde résulte de la nature de l'obligation assumée par le débiteur. Lorsque celle-ci consiste en effet à faire quelque chose, le créancier peut s'opposer à ce qu'un autre agisse à la place de son débiteur s'il démontre l'intérêt qu'il a à ce que le débiteur s'exécute lui-même. Ce genre d'obligations comporte en effet en règle générale un élément d'*intuitu personae,* les qualités individuelles ou la personnalité du débiteur étant déterminantes de la volonté d'engagement du créancier. Ainsi en est-il d'un contrat de louage de services où l'habileté, l'industrie ou le savoir-faire du locateur peuvent être une considération principale de la conclusion du contrat [93]. Le créancier a droit à ce que le débiteur s'exécute lui-même, c'est-à-dire à obtenir l'exécution précise de l'engagement et non une exécution par équivalence de l'acte d'un tiers.

480 — *Effets du paiement par un tiers* — Le tiers qui paye à la place du débiteur devient, sauf s'il avait l'intention de l'avantager à titre gratuit, le créancier du débiteur. Il peut, dans certains cas expressément prévus par la loi, obtenir par le simple fait du paiement, d'être subrogé aux droits du créancier [94]. Ces hypothèses sont cependant restreintes et dans les autres situations il lui est nécessaire d'obtenir la subrogation conventionnelle consentie par le créancier pour se voir transférer les garanties et sécurités tenant à la dette originale.

481 — *Droit sur l'objet du paiement* — L'article 1143 C. C., qui traite du paiement des obligations de donner, exprime fort malhabilement l'idée que le débiteur doit avoir un « droit » dans la chose, objet du paiement. C'est, semble-t-il, en raison des critiques dirigées contre le texte correspondant du Code Napoléon, que les codificateurs québécois ont cru préférable d'utiliser une expression plus générale et de ne pas se limiter à l'exigence d'un droit de propriété. Pour pouvoir donner en paiement, le débiteur doit avoir un droit sur la chose, car on ne saurait

---

91. Voir par exemple *Garage central d'Amos Ltée* v. *Bouchard,* (1962) C. S. 371.
92. Art. 1141 C. C.
93. Art. 1692 C. C.
94. Art. 1154 C. C. et s. ; voir paragr. 516 et s.

s'acquitter d'une dette en livrant un objet sur lequel on n'a aucun contrôle juridique. Dans la plupart des cas, ce droit réfère à un droit de propriété puisque l'obligation de donner est une des caractéristiques principales des contrats translatifs de propriété, mais il peut être aussi un simple droit de possession, d'usage ou de jouissance sur la chose. Tel est le cas du locataire qui transfère la jouissance des lieux à son sous-locataire. Lorsque l'obligation consiste à transmettre le droit de propriété, le paiement à l'aide d'une chose dont le *solvens* n'est pas propriétaire est nul. Cette nullité peut être invoquée par le créancier qui peut craindre l'éviction, par le propriétaire de l'objet et par le *solvens* lui-même afin de ne pas s'exposer aux recours que le véritable propriétaire pourrait avoir contre lui. Une exception est cependant prévue dans le cas des sommes d'argent et des choses qui se consomment par usage en faveur du créancier de bonne foi contre lequel ces sommes ou ces choses ne peuvent être répétées [95].

482 — *Capacité* — Enfin, en raison du dernier paragraphe de l'article 1143 C. C., le *solvens* doit avoir la capacité juridique d'aliéner. Le mineur, l'interdit et les autres personnes déclarées incapables par la loi ne peuvent effectuer un paiement juridiquement valable. Lorsqu'il s'agit d'une incapacité de protection, seul l'incapable peut cependant l'invoquer et non l'*accipiens*. La nullité prononcée fera revivre la dette et ce dernier devra remettre l'objet ou les sommes reçues sous réserve de l'exception précédemment examinée [96].

B. CONDITIONS RELATIVES À L'ACCIPIENS

483 — *Paiement au créancier* — Le paiement doit être fait au créancier personnellement ou à celui désigné pour le recevoir à sa place soit par une convention (mandataire) [97], par la loi (tuteur), ou par la justice (syndic à la faillite). Lorsque le débiteur paye à un représentant conventionnel du créancier, il doit prendre garde de vérifier son autorité, car le paiement à un tiers non autorisé ne lie pas le créancier [98] et oblige le débiteur à payer de nouveau sauf dans l'hypothèse où le créancier a ratifié l'acte ou a profité du paiement [99].

---

95. Art. 1143 C. C.
96. Paragr. 174 et s.
97. Art. 1730 C. C. ; *Trans-Island Motors Ltd.* v. *Benk*, (1961) C. S. 138 ; *Allen* v. *Richard*, (1966) B. R. 268 ; *Canadian Acceptance Co. Ltd.* v. *Chasle*, (1964) C. S. 273.
98. *Lamontagne* v. *Lafontaine*, (1918) 53 C. S. 326 ; *Co. d'assurance canadienne Mercantile* v. *Lafrance*, (1961) C. S. 683 ; *Veinish* v. *Flamenbaum*, (1959) C. S. 104.
99. *Bérubé* v. *Francœur*, (1959) C. S. 76.

484 — *Paiement au possesseur de la créance* — D'autre part, le paiement par le *solvens* de bonne foi au possesseur de la créance est valable à son égard, même si celui-ci n'est pas le véritable créancier [100]. Celui qui possède le titre est en effet le créancier apparent et l'erreur du *solvens* est dans ce cas justifiée et excusable. Tel est le cas de celui qui acquitte une obligation en faveur de celui qu'il croit être l'héritier de son débiteur.

485 — *Capacité* — Tout comme le *solvens,* le créancier doit avoir la capacité juridique d'aliéner pour recevoir valablement un paiement. Le paiement est en effet dans le sens large du terme un acte de disposition puisqu'il a pour effet d'éteindre le droit de créance. Cette capacité n'est toutefois requise que de la part du créancier lui-même et non de son représentant qui, en théorie, bien qu'incapable, peut recevoir paiement pour lui. Si l'incapacité est une incapacité de protection, seul le créancier peut l'invoquer, sujet cependant à la règle établie par l'article 1146 C. C. selon laquelle il ne saurait se plaindre lorsque son débiteur démontre que le paiement a tourné à son profit. Il s'agit là en fait d'éviter un enrichissement sans cause du créancier aux dépens du débiteur.

C. CONDITIONS RELATIVES À L'OBJET

486 — *Obligation de faire et de ne pas faire* — Le débiteur doit donner en paiement la chose exacte à laquelle il s'est obligé (règle de l'identité du paiement). Dans le cas d'une obligation de faire ou de ne pas faire, il s'en acquitte en agissant ou au contraire en s'abstenant d'agir. Lorsque l'obligation consiste à donner ou à livrer, le paiement suit des règles quelque peu différentes, suivant que son objet est une somme d'argent ou un bien.

1. SOMME D'ARGENT

487 — *Conditions relatives à la qualité* — Sur le plan de la qualité, le *solvens* éteint l'obligation en remettant au créancier la somme due en monnaie courante, c'est-à-dire en pièces et en billets émis par la Banque du Canada [101]. Pour des raisons pratiques cependant, le paiement en pièces d'argent, de nickel ou de cuivre n'est autorisé que jusqu'à concurrence de certains montants déterminés par la loi [102]. Le

---

100. Art. 1145 C. C. ; *Champagne* v. *Milloy,* (1958) C. S. 627 ; *City of Montreal* v. *Pincourt Sand and Gravel Inc.,* (1966) B. R. 363.
101. *Loi sur la Banque du Canada,* S. R. C., 1952, ch. 13, art. 21 ; *Loi sur la monnaie,* S. R. C., 1952, ch. 315, art. 7 et 12.
102. *Loi sur la monnaie,* S. R. C., 1952, ch. 315, art. 7(2).

créancier n'est jamais tenu d'accepter un chèque à la place d'un paiement en espèces et la simple remise de cet effet de commerce ne constitue pas un paiement puisqu'il faut attendre pour compléter l'opération que la banque du débiteur en ait effectivement acquitté le montant [103]. Rien ne semble s'opposer cependant à ce que créancier et débiteur s'accordent pour payer en monnaie d'un autre pays.

488 — *Conditions relatives à la quantité* — Par contre, sur le plan de la quantité, le débiteur, sauf stipulation conventionnelle contraire, est toujours libéré par un paiement effectué en monnaie du Canada d'un nombre d'unités monétaires égal à celui de la convention [104]. Ainsi, la dépréciation monétaire ne peut avoir aucune influence sur la dette et le risque de cette dépréciation pèse dans tous les cas sur le créancier et jamais sur le débiteur. Si la vente de l'or est libre au Canada, la loi interdit cependant les « clauses-or [105] » et il n'est pas loisible aux parties à un contrat de s'entendre pour que le paiement soit ainsi fait. La « clause-or » est jugée contraire à l'ordre et à l'intérêt publics en ce qu'elle tend à saper la confiance générale dans la stabilité de la monnaie nationale et à encourager dans certains cas la spéculation.

2. BIEN MATÉRIEL

489 — *Paiement d'un objet matériel* — Si l'objet du paiement est une chose matérielle, le débiteur doit pour se libérer livrer l'objet précis et le créancier n'est jamais tenu d'accepter un autre objet équivalent ou même de valeur supérieure [106]. Le débiteur d'une chose de genre doit donc livrer une qualité marchande, c'est-à-dire qui n'est ni la meilleure ni la pire [107]. Il s'agit là en fait d'une règle basée sur l'intention présumée des parties et qui s'apprécie en général suivant les usages commerciaux. Le débiteur d'un corps certain, qui n'est jamais libéré par la perte d'une somme d'argent, est libéré s'il s'agit d'un objet matériel par la

---

103. *Lavimodière* v. *Gariépy,* (1917) 51 C. S. 471 ; *Matte* v. *Roger,* (1923) 35 B. R. 198 ; voir aussi *Ouellette* v. *Lépine,* (1953) C. S. 244.

104. Art. 1779 (2) C. C.

105. *Loi relative aux conventions de paiement en or,* S. R. Q., 1941, ch. 335 (loi non reproduite aux S. R. Q. de 1964) ; *Loi sur les clauses-or,* S. R. C., 1952, ch. 130, art. 7 ; « La monnaie et les contrats », (1926) 29 R. du N. 231.

106. Art. 1148 C. C. ; *Co. de sable Union* v. *Warren,* (1935) 24 B. R. 111 ; *Steinberg* v. *Bourgault,* (1923) 35 B. R. 83 ; *Lortie Ltd.* v. *Vohl,* (1926) 41 B. R. 561 ; *Beetz* v. *Sauvage,* (1927) 43 B. R. 15 ; *Fortier* v. *Patry,* (1958) R. L. n. s. 54.

107. Art. 1151 C. C. ; *Bolduc* v. *Poulin,* (1934) 57 B. R. 98.

remise qu'il en fait dans l'état où il se trouve au moment de la livraison, en assumant toutefois la perte ou les détériorations résultant de sa faute. C'est là une application particulière de la théorie des risques [108].

490 — *Indivisibilité du paiement* — *règle générale* — Quel que soit l'objet du paiement, le créancier a intérêt à ce que le débiteur exécute son obligation en une seule et même fois et ne fractionne pas son paiement, de façon à ne pas courir le risque de substitution de dettes multiples à une dette unique. Toute obligation doit donc être exécutée, quelle que soit sa nature, comme si elle était indivisible [109], ce qui permet donc au créancier de refuser de recevoir des paiements partiels.

491 — *Exceptions* — Cette règle souffre cependant une série d'exceptions soit conventionnelles soit légales. Le créancier peut en premier lieu soit dans l'entente elle-même, soit au moment de l'exécution de l'obligation consentir au fractionnement du paiement. La loi, en second lieu, déroge à la règle dans le cas où le taux d'intérêt est jugé usuraire par le tribunal qui peut alors accorder un terme de grâce [110], et également à l'égard des héritiers ou représentants légaux du débiteur pour certaines catégories de dettes divisibles de nature [111], et à l'égard des cautions garantissant une même dette lorsque l'une d'elles est poursuivie par le créancier [112].

II — MODALITÉS DU PAIEMENT

A. LE TEMPS ET LE LIEU DU PAIEMENT

492 — *Exigibilité du paiement* — Le temps du paiement dépend habituellement de la convention intervenue entre les parties. En principe toute obligation est censée être immédiatement exigible sauf si le créancier a consenti par l'octroi d'un terme par exemple à en retarder l'échéance. Le débiteur, hormis l'hypothèse précédemment examinée, n'a droit à aucun délai de grâce. Avant d'exiger paiement, le créancier doit cependant se soumettre aux impératifs de la loi, et plus particulièrement à la nécessité de la mise en demeure lorsque celle-ci est requise. Le

---

108. Art. 1150 C. C. ; voir paragr. 354 et s.
109. Art. 1122, 1149 C. C.
110. Art. 1149 C. C.
111. Art. 1122, 1123 C. C.
112. Art. 1946 C. C.

débiteur d'autre part peut, selon les circonstances et la nature de la dette, se libérer en payant par anticipation sauf dans l'hypothèse où le terme de paiement est stipulé en faveur du créancier. On peut se demander s'il est loisible à l'emprunteur de rembourser par anticipation, de manière à éviter le paiement d'intérêts trop élevés. Dans la pratique courante, il est usuel, pour le prêteur désireux de préserver son droit aux intérêts, de prévoir une clause empêchant le remboursement par anticipation. Le terme, dans un tel cas, semble être stipulé en faveur du créancier ou tout au moins en faveur du débiteur et du créancier et non pas en faveur du débiteur exclusivement [113].

493 — *Conditions de lieu* — *règle générale* — Les parties sont libres d'autre part de désigner le lieu où le paiement doit être effectué. En l'absence de stipulations contraires [114], le paiement est quérable et non portable, c'est-à-dire qu'il doit être effectué au domicile du débiteur. Pour des raisons pratiques cependant, la loi déroge à cette règle lorsque l'objet du paiement est un corps certain. L'exécution de l'obligation de donner ou de livrer est faite alors à l'endroit où se trouvait l'objet au moment où l'obligation a été contractée [115], parce que l'on présume que le créancier entend l'utiliser à l'endroit où il se trouvait.

494 — *Exceptions* — De nombreuses exceptions sont cependant apportées à cette règle, exceptions dictées par la pratique et le sens commun. Ainsi, le paiement du prix dans un contrat de vente doit en principe être fait au lieu de la livraison [116]. Dans le cas du dépôt, la restitution de l'objet s'effectue, sauf stipulation contraire, au lieu où se trouve l'objet lorsque l'obligation de remise prend effet [117]. L'emprunteur mis en demeure de rendre la chose prêtée, doit s'exécuter au lieu même où il a été mis en demeure par le prêteur [118]. Enfin, le paiement de la dîme est portable et non quérable [119].

---

113. SIROIS, L.P., « Dans le prêt à intérêt, en l'absence de convention contraire, le terme est présumé stipulé en faveur du créancier comme du débiteur », (1896) 2 R. L. n. s. 506 ; *Ouimet* v. *Ménard*, (1887) 3 M. L. R. C. S. 42 ; *Société permanente de construction des artisans* v. *Ouimet*, (1881) 14 Q. L. R. 81 ; ROCH et PARÉ, *Traité de droit civil du Québec*, t. 13, p. 219.
114. *Fortier* v. *Roy*, (1957) B. R. 664 ; art. 1152 C. C. ; voir aussi « Où le paiement doit-il se faire ? », (1909) 12 R. du N. 304.
115. Art. 1152 C. C.
116. Art. 1533 C. C.
117. Art. 1809 C. C.
118. Art. 1784 C. C.
119. Art. 2219 C. C.

495 — *Matières commerciales* — En matières commerciales, les parties, surtout dans les contrats de vente, ont l'habitude de fixer dans l'entente ou par le choix même du modèle de convention les lieux et temps du paiement (ventes C. A. F., F. A. B., etc.). Les frais de paiement sont en principe assumés par le débiteur, de manière que le créancier puisse recevoir le montant net et exact de sa créance [120].

B. L'IMPUTATION DE PAIEMENT

496 — *Généralités* — Lorsque le débiteur est tenu envers le même créancier de plusieurs dettes de même nature (par exemple des obligations pécuniaires) et qu'il fait un paiement insuffisant pour éteindre toutes les dettes, il est important alors de déterminer, s'il n'a pas indiqué celles qu'il entendait ainsi acquitter, laquelle ou lesquelles de celles-ci ont effectivement été payées. Cette imputation du versement contre les dettes est en principe laissée au débiteur qui a le droit de désigner en payant quelle dette il entend éteindre. En l'absence de désignation de sa part, le créancier est autorisé à le faire. Lorsque l'imputation n'est faite ni par le créancier ni par le débiteur, la loi elle-même désigne l'ordre respectif suivant lequel elle doit être faite. Les règles de l'imputation des paiements ne s'appliquent toutefois pas lorsqu'il existe un système de compte courant entre le débiteur et le créancier [121].

1. IMPUTATION PAR LE DÉBITEUR

497 — *Limites à la liberté d'imputation* — Le principe de la liberté d'imputation [122] par le débiteur est soumis à certaines limites qui tendent à préserver les intérêts du créancier. Il ne lui est pas loisible ainsi d'imputer paiement sur une dette à terme non échue lorsque le terme a été stipulé en faveur du créancier puisque, ce faisant, il retirerait à ce dernier le bénéfice du terme. D'autre part, ne pouvant contraindre le créancier à la divisibilité du paiement, le débiteur ne doit pas imputer le paiement sur une dette si le montant dépasse la somme versée [123]. Enfin, il n'est pas libre d'imputer paiement sur le capital de préférence aux arrérages ou intérêts [124].

---

120. Art. 1153, 1495, 1809 C. C.
121. *Taillon* v. *Désormeau,* (1936) 42 R. J. 291 ; *Cayouette Ltd.* v. *Billet,* (1962) B. R. 431.
122. Art. 1158 C. C.
123. Art. 1149 C. C.
124. Art. 1159 C. C.

2. IMPUTATION PAR LE CRÉANCIER

498 — *Liberté de choix du créancier* — Si le débiteur néglige ou fait défaut au moment du paiement de désigner d'une manière précise la ou les dettes qu'il entend éteindre, le créancier est libre de le faire lui-même dans la quittance [125]. Le débiteur ne peut alors se plaindre de cette imputation sauf s'il existe une cause de nullité ordinaire telle la fraude, l'erreur ou la crainte. Il conserve cependant le droit de faire changer une imputation déjà faite par le créancier, jusqu'au moment de la réception de la quittance.

3. IMPUTATION PAR L'EFFET DE LA LOI

499 — *Règle générale* — Enfin, lorsque ni le débiteur ni le créancier n'ont fait l'imputation, celle-ci résulte de l'opération seule de la loi qui tient compte des trois facteurs principaux : l'importance, l'exigibilité et l'ancienneté de la dette [126].

500 — *Importance* — Si toutes les dettes sont également échues et exigibles, l'imputation se fait par préférence sur celle que le débiteur avait le plus d'intérêt à acquitter. Il s'agit là d'une question de fait qui varie avec les circonstances. Il est évident par exemple que l'on imputera paiement sur une dette qui produit des intérêts plutôt que sur celle qui n'en produit pas, sur une dette hypothécaire plutôt que sur une dette non garantie.

501 — *Exigibilité* — En second lieu, s'il existe des dettes échues et d'autres non échues, le paiement est imputé sur les premières alors même que les secondes seraient de leur nature plus onéreuses. On ne peut présumer en effet que le débiteur a l'intention de devancer ses paiements tout en demeurant en compte pour des paiements qui devraient normalement déjà avoir été faits.

502 — *Ancienneté* — En troisième lieu, dans le cas de dettes de même nature toutes échues ou toutes non échues et également onéreuses, l'imputation se fait en tenant compte du critère de l'ancienneté. Les auteurs sont partagés sur la signification exacte de l'ancienneté de la dette. S'agit-il de la date de création de la dette ou de sa date d'échéance ? La majorité semble se rallier à la date de la création du droit de créance [127].

---

125. Art. 1160 C. C. ; *Biron* v. *Blais*, (1936) 42 R. L. n. s. 158 ; *Lejour* v. *Destunis*, (1939) 77 C. S. 411 ; *Lemieux* v. *Robert*, (1941) 79 C. S. 136.
126. Art. 1161 C. C. ; voir par exemple *Berthierville Automobile Ltée* v. *Paille*, (1938) 76 C. S. 401 ; *Waxman* v. *Home Frocks Ltd.*, (1958) C. S. 472, p. 478.
127. MIGNAULT, *Droit civil canadien*, t. 5, p. 577-578 ; FARIBAULT, *Traité de droit civil du Québec*, t. 8 *bis*, p. 463-464.

Enfin, lorsque les dettes sont toutes échues ou non échues, toutes également onéreuses et portent toutes la même date, l'imputation s'effectue proportionnellement sur chacune d'entre elles. Cette dernière règle apporte une exception au principe de l'indivisibilité du paiement puisqu'elle oblige en fait le créancier à la réception de paiements partiels. Si ni le débiteur ni le créancier ne se sont prévalus de leur droit de faire l'imputation, il faut présumer que l'imputation légale leur convient.

C. LES OFFRES ET CONSIGNATION

503 — *Nature* — Le débiteur a un intérêt certain à pouvoir acquitter sa dette et à l'éteindre puisque le paiement libère les cautions, éteint les droits de sûretés et les garanties données et, dans le cas d'une somme d'argent, arrête les intérêts courants sur la somme due. On peut imaginer des cas où le créancier peut refuser le paiement offert par le débiteur, par exemple lorsqu'il estime le paiement inférieur à ce qui lui est dû, ou lorsqu'il croit que l'objet offert n'est pas celui que le débiteur s'était engagé à livrer. La loi donne alors au débiteur la possibilité de mettre en pratique la force libératoire du paiement et de se décharger en mettant le créancier en demeure de recevoir paiement et, au cas de refus prolongé de sa part, en consignant l'objet du paiement entre les mains d'un tiers. Le procédé des offres et consignation est prévu par le Code civil aux articles 1162 à 1168 et organisé par la loi[128] et le Code de procédure civile aux articles 187 à 191. Il ne peut logiquement s'appliquer qu'aux obligations de donner ou de livrer.

504 — *Conditions de fond et conditions de forme* — La loi impose des conditions de fond à la validité des offres réelles, conditions qui sont d'ailleurs toutes nécessaires à la validité générale de tout paiement volontaire (capacité du créancier et du débiteur, indivisibilité du paiement, identité de l'objet, exigibilité et échéance de la dette et respect des conditions de temps et de lieu)[129].

Quant à la forme que peuvent prendre les offres réelles, la plus entière discrétion est laissée au débiteur[130]. Des offres verbales, écrites sous seing privé ou sous forme notariée, sont toutes valables sauf évidemment à en

---

128. *Loi du ministère des Finances*, S. R. Q., 1964, ch. 64, art. 49 et s.
129. Art. 1163 C. C. ; *Z. C. D. Co.* v. *Keithan*, (1950) C. S. 136 ; *St-Gelais* v. *Gagnon*, (1953) C. S. 247 ; *I. C. R. Construction Ltée* v. *Villeneuve Co. Ltée*, (1956) B. R. 889 ; *Michaud* v. *Douglas Bremner Construction Ltd.*, (1959) R. P. 258 ; *Boucher* v. *Benoît*, (1961) B. R. 183.
130. Art. 187 C. P. C.

rapporter la preuve. La description de l'objet doit être précise de façon à éviter toute possibilité de confusion, et si l'objet du paiement offert est une somme d'argent, l'énumération et la « qualité » sont requises [131]. Lorsqu'elles sont faites par acte authentique, le notaire doit en dresser procès-verbal et y mentionner la réponse du créancier. Les offres peuvent également être faites dans des pièces de procédure [132]. Tel est le cas d'une personne poursuivie en dommages et qui, tout en ne contestant pas l'action au fond, estime ne pas devoir la totalité de la somme réclamée par le demandeur. Pendant l'instance la partie peut faire des offres réelles par simple déclaration et en demander acte [133].

1. MÉCANISME

505 — *Offres d'une somme d'argent* — Le mécanisme des offres et de la consignation diffère selon que l'objet du paiement est une somme d'argent ou un corps certain.

Dans la première hypothèse, le débiteur commence par mettre le créancier en demeure d'accepter le paiement et par lui offrir la somme due. En cas d'absence du créancier du lieu où la dette est payable ou de refus persistant de recevoir la somme, le débiteur, après constatation de cet état de choses, consigne le montant total en capital, intérêts, arriérés, frais liquidés, ainsi qu'une somme pour les frais non liquidés, au Bureau des dépôts établi par la loi à cette fin [134]. Toutefois si la dette est payable au domicile du débiteur, un simple avis écrit, adressé au créancier, qu'il tient le paiement à sa disposition, est suffisant si par la suite le débiteur peut démontrer qu'il avait la somme due en disponibilité aux temps et lieux où elle était payable [135]. Cette dernière règle n'est pas spécifique au paiement d'une somme d'argent mais s'applique également lorsque l'objet de la dette est un corps certain.

506 — *Offres d'un corps certain* — Dans la seconde hypothèse, la différence de procédure tient essentiellement aux contraintes pratiques qu'impose la livraison d'un objet matériel. Il serait en effet impossible d'exiger du débiteur la consignation d'un objet encombrant ou qui ne peut être facilement déplacé. Si l'objet qui doit être donné en paiement est livrable au lieu même où il se trouve à l'échéance, il suffit au débiteur d'offrir au créancier de venir l'y prendre. Si, par contre, à

131. Art. 187 C. P. C.
132. Art. 189 C. P. C.
133. Art. 189 C. P. C.
134. *Loi du ministère des Finances*, S. R. Q., 1964, ch. 64, art. 49.
135. Art. 1164 C. C.

la suite de la convention ou de la loi, l'objet se trouve dans un autre lieu et est difficilement transportable, le débiteur doit sommer le créancier d'en prendre livraison à cet endroit en lui indiquant un jour et une heure fixes [136]. Si le créancier refuse les offres, le débiteur peut, s'il le désire, mettre la chose en sûreté aux risques et périls de celui-là [137]. Ceci ne décharge pas cependant le débiteur de l'obligation d'apporter à l'objet la surveillance et les soins d'un bon père de famille. Il devient à l'égard du créancier un dépositaire et est donc soumis à la même responsabilité que ce dernier [138].

507 — *Offres d'une chose de genre* — La loi n'indique aucune procédure spécifique à suivre lorsque l'objet du paiement est une chose de genre. Il semble que les règles prévues pour les corps certains soient les plus pratiques et les plus efficaces dans une telle situation [139].

2. EFFETS

508 — *Validité ou non-validité des offres* — L'effet général des offres et de la consignation s'apprécie par rapport au contenu de la décision qui vient mettre fin à la controverse opposant le débiteur et le créancier relativement au paiement. Si les offres sont déclarées valables, elles produisent, quelle que soit l'époque où le créancier les a acceptées, le même effet qu'un paiement à l'amiable régulier à la date où elles ont été faites. Elles ont pour effet aussi de mettre la chose aux risques du créancier, d'interrompre les intérêts sur les sommes d'argent et de libérer les cautions ou codébiteurs [140]. Si par contre elles sont déclarées non valables ou insuffisantes, le créancier garde tous ses droits contre le débiteur comme si elles n'avaient jamais été faites. Les frais occasionnés par les offres sont toujours à la charge du débiteur, mais ceux de la consignation, lorsque les offres ont été déclarées valables, doivent être assumés par le créancier [141].

509 — *Offres « pour la paix » et paiement final* — Le débiteur qui a fait des offres non acceptées, peut les retirer pour raison

136. Art. 1165 C.C.; *Allumettes de Drummondville Ltée* v. *Boivin*, (1919) 28 B.R. 486; (1920) 60 R.C.S. 553.

137. Art. 1165 C.C.

138. Art. 1802 C.C.

139. MIGNAULT, *Droit civil canadien*, t. 5, p. 589 et s.; FARIBAULT, *Traité de droit civil du Québec*, t. 8 bis, n° 662, p. 493; *Peterborough Cereal Ltd.* v. *Segall*, (1931) 69 C.S. 229.

140. Art. 1162 C.C.; *Loi du ministère des Finances*, S.R.Q., 1964, ch. 64, art. 66.

141. Art. 191 C.P.C.

suffisante avec la permission du tribunal tant qu'elles n'ont pas été déclarées valables [142]. Les offres faites pendant l'instance peuvent être immédiatement encaissées par le créancier, sans préjudice à son droit de poursuite pour le reste, à moins qu'elles ne soient conditionnelles. Il en est ainsi notamment dans le cas des offres faites « pour la paix », c'est-à-dire lorsque le débiteur offre et consigne un montant dans le seul but de mettre fin à la contestation et de trouver un terrain d'entente avec le créancier sur le montant dû. Ces offres en effet sont soumises à la condition que le créancier, s'il les accepte, donne quittance au débiteur de la totalité de la dette [143].

Il faut également signaler la pratique de l'envoi au créancier d'un chèque dont le montant est inférieur à celui qui est dû et portant la mention « en règlement ou en paiement final ». L'encaissement par le créancier d'un tel chèque permet-il de conclure qu'il a accepté de ne réclamer aucun montant supplémentaire ? En d'autres termes y a-t-il en l'espèce un paiement complet éteignant l'obligation ou seulement un paiement partiel, laissant au créancier la possibilité d'exiger le solde dû ? La jurisprudence sur ce point fait preuve d'une grande souplesse. Elle refuse de poser une règle générale et s'attache avant tout à l'examen des circonstances qui, parfois, peuvent être révélatrices du consentement ou de l'acceptation par le créancier de la proposition du débiteur, et dans d'autres situations laisser voir une volonté contraire [144].

III — LA PREUVE DU PAIEMENT

510 — *Fardeau de la preuve* — Le paiement pose des problèmes relatifs à l'utilisation des moyens de preuve destinés à démon-

---

142. Art. 1166 C.C. ; *St-Cyr* v. *Giroux*, (1949) R.P. 16 ; *Commissaires d'écoles pour la municipalité de la ville de Val St-Michel* v. *Boivin*, (1962) C.S. 204.

143. *Michaud* v. *Douglas Bremner Construction Ltd.*, (1959) R.P. 258.

144. PELLETIER, Y., « Chèque et mentions sur chèque », (1943) 3 R. du B. 285 ; *Co. Paquette* v. *Paquin*, (1911) 39 C.S. 58 ; *Royal Trust* v. *White*, (1916) 50 C.S. 277 ; *Auger* v. *Simard*, (1924) 62 C.S. 389 ; *Brilliant Silk Manufacturing Co. Inc.* v. *Kaufman*, (1925) R.C.S. 249 ; commentaire WATT, A., (1948) 26 C.B.R. 721 ; *Truchon* v. *Gulf Pulp and Paper Co.*, (1926) 32 R.L. n.s. 60 ; *Allan's Beverages Ltd.* v. *Kopernick*, (1934) 72 C.S. 29 ; *Gagnon* v. *Martel*, (1947) C.S. 475 ; *Deguise* v. *Goudreau*, (1948) C.S. 50 ; *Dion* v. *Carbonneau*, (1952) B.R. 289 ; *Montreal Kitchen Supply Ltd.* v. *Suburban Enterprises Ltd.*, (1956) C.S. 1 ; *Apex Venitian Blinds Co. Ltd.* v. *Charlebois*, (1956) B.R. 534 ; *Banque canadienne nationale* v. *Dubé*, (1956) B.R. 259 ; *Tanguay* v. *Dupont Ltée*, (1957) C.S. 66 ; *Mendel* v. *Rosenberg*, (1956) C.S. 361 ; *P.* v. *D.*, (1959) B.R. 803 ; *Martel* v. *Hôtel Plaza Ltée*, (1967) R.L. n.s. 7.

trer son existence. En principe, la charge de prouver le paiement repose sur les épaules du débiteur [145], après que le créancier a établi l'existence du lien d'obligation. Il n'est pas loisible cependant au débiteur de faire la preuve du paiement par n'importe quel moyen. Il doit se conformer aux règles établies par le Code civil au chapitre de la preuve.

511 — *Preuve littérale* — Étant considéré par la majorité de la doctrine et de la jurisprudence comme un acte juridique, le paiement doit, en principe en matières civiles lorsque la somme excède $50, être prouvé par un écrit [146]. Cet écrit est en général le reçu ou la quittance délivrés par le créancier lors de la réception du paiement. Il peut toutefois consister également en des papiers domestiques ou registres du créancier sur lesquels a été inscrite la note du paiement reçu [147]. Lorsqu'il est inférieur à $50 ou lorsqu'il s'agit de matières commerciales, la preuve testimoniale est ouverte, à condition de respecter évidemment la règle de la meilleure preuve. Il en est de même lorsque le débiteur n'a pu se procurer de preuve écrite ou lorsqu'il démontre la perte ou la destruction de l'écrit par cas imprévu [148].

BIBLIOGRAPHIE

BAXTER, I., « Foreign Currency Obligations », (1957) 35 C. B. R. 696.
BERGERON, T.L., « Les offres réelles », (1949) 9 R. du B. 213.
CATALA, N., *la Nature juridique du paiement,* Paris, Librairie de Droit et de jurisprudence, 1961.
LESAGE, L., « L'indication de paiement dans la vente », (1928-1929) 31 R. du N. 328.

---

145. Art. 1203 C. C. ; *Société coopérative agricole de St-Pierre Baptiste* v. *Tardif,* (1944) C. S. 269 ; *Canadian Bank of Commerce* v. *Sœurs de la Charité de Québec,* (1957) B. R. 618 ; *Maranda* v. *Grondin,* (1959) B. R. 82.
146. Art. 1233 C. C.
147. Art. 1227 C. C.
148. Art. 1204, 1233 (6) C. C.

Chapitre II
LE PAIEMENT AVEC SUBROGATION

512 — *Buts de la subrogation* — Le paiement, comme on le sait [149], peut être valablement fait par une personne autre que le débiteur. Le *solvens* qui a ainsi exécuté l'obligation en faveur du créancier et payé à la place du débiteur peut en réclamer le remboursement de ce dernier en vertu du paiement de l'indu, de l'enrichissement sans cause, de la gestion d'affaires ou du mandat selon le cas. Cependant la dette originale se trouvant éteinte par le paiement, tous les droits, sûretés et garanties que possédait le créancier disparaissent avec elle et le *solvens* se trouve placé vis-à-vis du débiteur dans la position d'un créancier chirographaire ordinaire sans pouvoir profiter des garanties additionnelles que donnait l'obligation acquittée. La loi a voulu permettre de remédier à cet état de choses qui défavorise le *solvens* au moyen de la subrogation personnelle [150].

I — NATURE

513 — *Définition* — La subrogation est *l'opération juridique par laquelle le* solvens *se voit légalement ou conventionnellement transmettre par le créancier la créance de ce dernier avec tous ses accessoires.* Le paiement avec subrogation peut s'analyser du côté du créancier comme un paiement pur et simple, puisqu'il a pour effet à son égard d'éteindre la dette. Pour le débiteur il y a substitution de personnes, le *solvens* subrogé prenant la place du créancier d'origine. La subrogation a un avantage pratique considérable puisque le créancier reçoit son dû et que le *solvens* lui, acquiert non seulement la créance mais encore toutes les garanties, sûretés et accessoires qui y sont attachés.

514 — *Différences avec la novation et la cession de créance* — La subrogation personnelle présente des analogies certaines avec d'autres mécanismes juridiques qui produisent des effets quelque peu semblables. Elle diffère toutefois de la novation par changement de créancier [151] en ce que la novation suppose deux opérations : l'extinction

---

149. Paragr. 479.
150. Il ne faut pas confondre la subrogation personnelle avec la subrogation réelle qui substitue une chose à une autre. Voir art. 603, 743, 1278, 1306, 1419, 1555 C. C. ; LAURIOL, M., *la Subrogation réelle*, Paris, Sirey, 1954.
151. Art. 1169 (3) C. C.

d'une dette et la création d'une nouvelle. La subrogation, elle, ne fait que déplacer simplement le rapport créancier-débiteur sans affecter la dette elle-même.

La cession ou vente de créance, à plusieurs égards, présente de fortes ressemblances avec la subrogation personnelle [152]. La cession de créance est toutefois, à la différence de la subrogation, une opération à caractère commercial et spéculatif, puisque l'acheteur ou cédé qui acquiert la créance (en général pour moins que sa valeur), espère pouvoir faire un profit en réclamant la totalité de la dette au débiteur. D'autre part la vente de créance est soumise, elle, à un certain nombre de formalités sans lesquelles elle ne peut produire d'effets juridiques [153]. Ainsi l'acheteur ne saurait avoir de possession utile à l'égard des tiers tant que l'acte de cession n'a pas été signifié au débiteur [154]. Enfin, autre différence importante, la cession d'une créance emporte garantie de l'existence de la dette alors qu'il n'en est rien dans l'opération de subrogation [155].

II — SOURCES

515 — *Généralités* — La subrogation personnelle tire sa source de la loi ou de la convention des parties.

A. SUBROGATION LÉGALE

516 — *Effet automatique* — La subrogation légale s'opère automatiquement, par le seul effet de la loi, sans qu'il soit nécessaire d'obtenir le consentement du créancier. Celui qui prétend avoir été ainsi subrogé aux droits du créancier doit cependant rapporter la preuve du paiement. Le Code civil prévoit, à l'article 1156, cinq cas de subrogation légale, auxquels il faut ajouter ceux qui résultent de lois spéciales.

1. EN FAVEUR DU CRÉANCIER PRIVILÉGIÉ OU HYPOTHÉCAIRE

517 — *But* — Lorsqu'un des créanciers du débiteur ne détient pas de garanties ou de sûretés pour le paiement de sa dette, ou

---

152. Voir par exemple *Payer* v. *De Tomasso,* (1956) B. R. 106 ; *Cantin* v. *Martineau,* (1960) C. S. 154.
153. Art. 1570 C. C. et s.
154. Art. 1571 C. C. ; FARIBAULT, *Traité de droit civil du Québec,* p. 467 et s.
155. Art. 1576 C. C.

lorsque d'autres créanciers ont un rang qui lui est préférable [156], il peut être opportun pour lui de désintéresser ceux-ci de façon à éviter qu'ils ne puissent, par l'exercice de leurs droits, nuire à la réalisation de sa créance. Supposons par exemple qu'un débiteur ait accordé sur un même immeuble valant $120 000 une première hypothèque de $50 000 et une seconde du même montant. Le second créancier hypothécaire, se rendant compte que le premier créancier est sur le point de réaliser sa créance et que l'immeuble à cette époque ne vaut plus que $75 000, aura alors intérêt à désintéresser le premier créancier hypothécaire et à attendre un moment plus favorable du marché immobilier pour réaliser la totalité des deux créances hypothécaires [157].

2. EN FAVEUR DE L'ACQUÉREUR D'UN IMMEUBLE HYPOTHÉQUÉ

518 — *But* — La subrogation dans un tel cas a pratiquement pour effet de rendre inutilisables les hypothèques de dernier rang dont l'immeuble est grevé. Lorsqu'une personne achète un immeuble hypothéqué, elle peut employer le prix de vente pour payer les créanciers hypothécaires selon leur rang, être subrogée dans leurs droits et détenir ainsi une ou des hypothèques sur son propre immeuble. Si donc les autres créanciers hypothécaires de rang inférieur et qui n'ont pas été désintéressés, décident de réaliser leurs créances respectives et de faire vendre l'immeuble, l'acheteur sera sûr de récupérer au moins une partie de ce prix en tant que créancier hypothécaire de premier rang. Il n'est pas nécessaire contrairement au droit français [158] que le paiement se fasse à l'aide des deniers du prix d'acquisition.

3. EN FAVEUR DE CELUI TENU D'UNE DETTE AVEC D'AUTRES OU POUR D'AUTRES

519 — *Débiteur solidaire et caution* — Ce troisième cas de subrogation légale a posé certains problèmes d'interprétation. Il vise à couvrir en fait le cas du débiteur, tel par exemple le débiteur solidaire qui est tenu avec d'autres de payer le créancier, de même que la caution

---

156. Pour qu'il y ait subrogation par la seule opération de la loi, il ne faut évidemment pas que le créancier *solvens* détienne un droit qui le ferait préférer à l'autre créancier qu'il paye : *Sun Life Assurance Co. of Canada* v. *Brown,* (1937) 63 B. R. 546. Pour l'ordre de collocation entre les créanciers privilégiés, voir art. 1986 et 1987 C. C.

157. Voir *Côté* v. *Sterblied,* (1956) B. R. 111 ; (1958) R. C. S. 121.

158. Art. 1251 C. N.

qui doit elle payer à la place du débiteur principal lorsque celui-ci fait défaut [159].

Dans le cas du débiteur solidaire, la subrogation lui transporte tous les droits accessoires que détenait le créancier. Elle n'a cependant pas pour effet exceptionnellement de lui transférer le bénéfice de la solidarité à l'égard de ses codébiteurs [160]. Le débiteur subrogé ne peut réclamer de chacun d'entre eux que sa part virile, ce qui l'oblige en cas de solidarité imparfaite à faire préciser auparavant par le tribunal l'étendue de la part de chacun [161]. Dans le cas de la caution, il convient de rappeler qu'elle se trouve automatiquement déchargée si le créancier pose un acte qui rend impossible la subrogation aux droits, privilèges ou hypothèques qu'il détient contre le débiteur [162]. De plus si plusieurs personnes ont cautionné la même dette et que l'une d'entre elles paye en lieu et place du débiteur, elle ne peut recourir contre les autres que pour leur part et portion respectives [163].

520 — *Lien entre* solvens *et créancier* — D'après le texte même de l'article 1156 C. C., pour qu'il puisse y avoir subrogation légale, il est indispensable que le *solvens* paye une dette à laquelle il était lui-même tenu avec d'autres ou pour d'autres, vis-à-vis du créancier. Il faut donc nécessairement qu'il existe un lien principal ou subsidiaire d'obligation entre le *solvens* et le créancier. Ce lien n'existe pas lorsque le *solvens* acquitte sa propre dette. Ainsi, l'assureur qui s'engage à indemniser contractuellement l'assuré ne peut être légalement subrogé dans ses droits contre le tiers auteur du sinistre [164]. En effet, en payant il acquitte sa propre dette et non pas celle du débiteur lui-même. Rien n'empêche

159. Art. 1950 C. C.
160. Art. 1118 C. C.
161. *Transportation Building Co.* v. *Vipond*, (1937) 41 R. P. 303 ; *Trahan* v. *Polin*, (1944) B. R. 381 ; *Blumberg* v. *Wawanesa Mutual Insurance Co.*, (1960) B. R. 1165 ; (1962) R. C. S. 21 ; commentaire BAUDOUIN, L., (1961) 21 R. du B. 143 ; BRABANT, A., (1963) 45 *Thémis* 5 ; *Poulin* v. *Gagnon*, (1962) C. S. 134 ; *Lévesque* v. *Arbec Construction*, (1964) C. S. 24.
162. Art. 1959 C. C. ; *Co. de la paroisse de l'île Perrot* v. *Daoust*, (1940) 78 C. S. 101 ; *Commission du salaire minimum* v. *Langlois*, (1967) C. S. 518. Pour l'application de cette disposition à la caution solidaire du débiteur principal, voir *Boudreault* v. *Marmen*, (1954) C. S. 452 ; (1955) B. R. 686.
163. Art. 1955 C. C.
164. *Merchant's and Employer's Guarantee and Accident Co.* v. *Blanchard*, (1919) 56 C. S. 278 ; *Toronto General Insurance Co.* v. *Better*, (1933) 71 C. S. 565 ; *Hébert* v. *Rose*, (1935) 58 B. R. 459 ; *Côté* v. *Gagné*, (1938) 76 C. S. 499 ; *Lavoie* v. *Lesage*, (1939) 77 C. S. 150 ; *Blum and Co.* v. *Elder Dempster Lines Ltd.*, (1942) 48 R. L. n. s. 326 ; *Caron* v. *Montreal Tramways Co.*, (1949) C. S. 459 ; contra : *Duplessis* v. *Rémillard*, (1937) 41 R. P. 141 ; *Agricultural Insurance Co.* v. *Cité de Montréal*, (1943) 49 R. L. n. s. 151.

cependant l'assureur d'obtenir soit une cession de créance, soit même dans certains cas une subrogation conventionnelle [165]. La Loi d'indemnisation des victimes d'accidents d'automobile [166] subroge cependant l'assureur qui paye le montant auquel il n'est pas obligé en raison de son contrat avec l'assuré, aux droits des tiers contre son propre assuré.

4. EN FAVEUR DE L'HÉRITIER BÉNÉFICIAIRE

521 — *But* — L'héritier qui a accepté une succession sous bénéfice d'inventaire n'est tenu des dettes de celle-ci que jusqu'à concurrence de l'actif [167]. Il ne s'opère pas de confusion entre son patrimoine propre et le patrimoine du défunt. Pour favoriser cependant la liquidation du passif, l'héritier bénéficiaire qui paye les créanciers à même ses propres deniers, se trouve subrogé dans leurs droits contre la masse successorale. Il faut signaler également que le légataire ou héritier qui acquitte une dette hypothécaire dont il n'est pas personnellement tenu est subrogé dans les droits du créancier contre ses cohéritiers ou colégataires mais seulement pour leur part [168].

5. EN FAVEUR D'UN DES ÉPOUX

522 — *But* — La subrogation est prévue ici pour favoriser le paiement des dettes propres à chacun des conjoints dans le cas d'une communauté de biens. Si la dette particulière à un époux a été acquittée à même les deniers de la communauté, l'autre époux (qui a un droit de principe sur la moitié de la masse communautaire) est subrogé jusqu'à concurrence de sa part de la communauté dans les droits du créancier.

---

165. Art. 2584 C.C.; *Lavoie* v. *Lesage,* (1939) 77 C.S. 150; *Traders General Insurance Co.* v. *Segal,* (1963) B.R. 740; *Wawanesa Mutual Insurance Co.* v. *Queen,* (1953) 3 D.L.R. 501. On s'est également, à ce propos, posé la question de savoir si l'assureur avait un droit direct contre l'auteur du sinistre en vertu de l'article 1053 C.C. La majorité de la jurisprudence se montre défavorable à une telle extension de l'interprétation du terme « autrui » dans l'article 1053 C.C. et fait remarquer de plus que l'assureur en payant l'assuré ne fait qu'exécuter une obligation contractuellement assumée par lui. *Couture* v. *Halifax Fire Insurance Co.,* (1938) 64 B.R. 448; *Phoenix Insurance Co.* v. *Genest,* (1940) 78 C.S. 479; *Morgan Co. Ltd.* v. *North British and Mercantile Insurance Co. Ltd.,* (1938) 76 C.S. 435; (1940) 69 B.R. 511; *Champagne* v. *Milloy,* (1958) C.S. 627. Voir BERTRAND, C., « Effets des subrogations et des transports aux assureurs », (1953) 13 R. du B. 285.

166. S.R.Q., 1964, ch. 232, art. 8.

167. Art. 671 C.C.

168. Art. 740 et 741 C.C.

523 — *Lois spéciales* — Il existe enfin un certain nombre de textes dans le Code civil [169] et dans des lois spéciales [170] qui viennent s'ajouter à l'énumération de l'article 1156 C. C.

B. SUBROGATION CONVENTIONNELLE

524 — *Espèces* — La subrogation conventionnelle est habituellement consentie par le créancier au *solvens* qui paye la dette du débiteur. Cependant, pour des raisons historiques [171], la loi prévoit également qu'elle peut être faite par le débiteur lui-même en faveur du prêteur qui avance à celui-ci l'argent nécessaire pour payer le créancier.

1. SUBROGATION CONSENTIE PAR LE CRÉANCIER

525 — *Nature* — C'est là, sans nul doute, la forme la plus fréquente en pratique de la subrogation conventionnelle. Le *solvens* exécute en faveur du créancier le paiement auquel le débiteur était normalement tenu, et obtient d'être subrogé dans tous les droits tenant à la créance. Pour éviter les fraudes, la loi subordonne cependant cette forme de subrogation à deux conditions essentielles nécessaires à sa validité.

526 — *Aspect conventionnel* — La subrogation doit d'abord être expresse, c'est-à-dire que le créancier doit avoir ouvertement manifesté son intention de subroger le *solvens* dans ses droits. Elle ne peut donc être implicite ou résulter simplement des circonstances et en pratique doit être faite dans un document qui permet de constater la volonté expresse du créancier. Il n'est pas nécessaire pour les parties d'utiliser expressément le mot « subrogation » dans l'acte, du moment que le langage qu'elles ont employé manifeste leur intention véritable de

---

169. Voir par exemple art. 2070 C. C.
170. Notamment *Code du travail*, S. R. Q., 1964, ch. 141, art. 49 ; *Loi de l'assurance-hospitalisation*, S. R. Q., 1964, ch. 163, art. 9 ; *Loi des cités et villes*, S. R. Q., 1964, ch. 193, art. 534, 624, 625 ; *Loi d'indemnisation des victimes d'accidents d'automobile*, S. R. Q., 1964, ch. 232, art. 8 ; *Loi des accidents du travail*, S. R. Q., 1964, ch. 159, art. 7 (3) ; *Mingarelli* v. *Montreal Transport Commission*, (1956) B. R. 620 ; (1959) R. C. S. 43 ; *Commission des accidents du travail* v. *Collet Frères*, (1958) B. R. 331 ; *United Provinces Insurance Co.* v. *Boulton*, (1958) C. S. 433 ; *Cité de Sherbrooke* v. *Roy Ltd.*, (1966) B. R. 239 ; *Active Cartage Ltd.* v. *Commission des accidents du travail*, (1967) B. R. 399.
171. Voir MAZEAUD, *Leçons de droit civil*, t. 2, n° 851, p. 741 ; MARTY et RAYNAUD, *Droit civil*, t. 2, n° 615, p. 645-646.

la créer [172]. Inversement l'emploi du terme « subrogation » dans ce même cas, ne veut pas dire que celle-ci a eu lieu véritablement si les parties ne se sont pas conformées aux exigences de la loi ou ont voulu faire une cession de créance. En règle générale, la subrogation est faite dans la quittance donnée par le créancier au *solvens*. La subrogation nécessite donc une convention, une entente, un acte de volonté de la part du créancier et du *solvens*.

527 — *Concomitance du paiement* — En second lieu, la subrogation consentie par le créancier doit être faite en même temps que le paiement. Ce que la loi exige ici est la concomitance du paiement et de la subrogation [173]. En effet si la subrogation précédait le paiement, elle prendrait beaucoup plus l'allure d'une cession de créance et on voit difficilement, de plus, comment la subrogation qui est la condition même du paiement pourrait le précéder dans le temps. Si elle est postérieure au paiement, elle se heurte alors à une impossibilité d'ordre juridique. En effet, le paiement pur et simple éteignant la dette, le créancier ne saurait la faire revivre et transmettre au *solvens* des droits qu'il ne possède plus.

En fait donc la subrogation doit être constatée dans la quittance. La loi exige même, pour la protection du droit des tiers étrangers au paiement subrogatoire, qu'elle soit enregistrée [174] et signifiée au débiteur pour éviter qu'ignorant le changement de créancier, il ne paye le créancier subrogeant.

2. SUBROGATION CONSENTIE PAR LE DÉBITEUR

528 — *Nature* — La subrogation consentie par le débiteur s'opère sans le consentement du créancier et présente un certain anachronisme du point de vue juridique, le principal intéressé qu'est le créancier n'y étant pas partie [175] et le débiteur se trouvant ainsi à transférer au subrogé des droits qui appartiennent à son créancier. Elle a lieu lorsque le débiteur, en vue d'exécuter son obligation, contracte un

---

172. Art. 1155 (1) C. C. ; *Boiler Inspection Insurance* v. *Sherwin-Williams*, (1951) I. L. R. 45 ; (1951) A. C. 319 ; *Co. de Transport provincial* v. *Moore*, (1945) C. S. 479 ; *Cloutier* v. *Cité de St-Jean*, (1949) C. S. 601 ; *Payer* v. *De Tomasso*, (1956) B. R. 106 ; *Baril* v. *Breton*, (1962) R. P. 385.

173. Art. 1155 (1) C. C. ; *Merchant's and Employer's Guarantee and Accident Co.* v. *Blanchard*, (1919) 56 C. S. 278 ; *General Security Insurance Co. of Canada* v. *Engineering Institute of Canada*, (1945) C. S. 234 ; *Co. de Transport provincial* v. *Moore*, (1945) C. S. 479 ; *Payer* v. *De Tomasso*, (1956) B. R. 106 ; *Cantin* v. *Martineau*, (1960) C. S. 154.

174. Art. 2127 C. C.

175. Art. 1155 (2) C. C.

emprunt. Payant le créancier avec les deniers ainsi obtenus, il peut subroger le prêteur dans les droits du créancier originaire. L'opération permet donc au débiteur de se soulager d'une créance dont les charges ou les conditions lui paraissent trop onéreuses en contractant une nouvelle dette à des termes plus avantageux. La loi exige cependant le respect de conditions très strictes sur le plan du fond et de la forme.

529 — *Conditions* — Tout d'abord, l'acte d'emprunt et la quittance doivent être faits en forme authentique ou au moins en présence de deux témoins qui signent. En second lieu, l'acte d'emprunt doit constater que la somme empruntée est destinée à acquitter l'obligation du créancier et enfin, la quittance donnée par le créancier doit faire mention que le paiement a été fait en utilisant les deniers ainsi empruntés. Il s'agit donc d'un acte solennel constatant l'origine et la destination de la somme empruntée par le débiteur. La loi entoure cet acte juridique de toutes ces précautions pour éviter les fraudes. L'acte doit de plus être enregistré selon les formalités prescrites par la loi.

III — EFFETS

530 — *Généralités* — L'analyse du rapport tripartite créancier subrogeant, *solvens* subrogé et débiteur, permet de faire ressortir les effets juridiques du paiement avec subrogation.

A. EFFETS ENTRE LE DÉBITEUR ET LE CRÉANCIER SUBROGEANT

531 — *Extinction de l'obligation* — Le paiement avec subrogation, comme d'ailleurs le paiement pur et simple, a pour effet principal d'éteindre le lien d'obligation qui existait entre le débiteur et le créancier. Si le créancier n'a été payé qu'en partie, il garde cependant ses droits pour l'autre partie de sa créance contre le débiteur originaire. Cependant, dans un tel cas, pour protéger le créancier contre la concurrence possible du *solvens* subrogé pour partie, la loi le préfère à ce dernier. En d'autres termes, le créancier doit avoir préséance sur le *solvens* et non pas venir en concours avec lui pour ce qui lui reste dû [176].

---

176. Art. 1157 C. C. Voir *London and Lancashire Guarantee and Accident Co.* v. *Ste-Marie*, (1936) 40 R. P. 203 ; *Grimm Manufacturing Co. Ltd.* v. *Hollander and Son*, (1942) 46 R. P. 214.

B. EFFETS ENTRE LE SOLVENS SUBROGÉ ET LE DÉBITEUR

532 — *Transfert du lien d'obligation* — La subrogation, qu'elle soit légale ou conventionnelle, rend le *solvens* subrogé, créancier du débiteur au même titre et avec les mêmes garanties, droits et privilèges que ceux que détenaient le créancier subrogeant [177]. Il y a donc un simple déplacement du lien d'obligation, le droit de créance passant du subrogeant au subrogé. Le *solvens* subrogé a donc contre le débiteur les mêmes droits que le subrogeant. Il possède exactement les mêmes recours, peut exercer les mêmes garanties, détient les mêmes sûretés. Il est important de souligner l'identité parfaite entre le lien d'obligation qui existait entre le créancier subrogeant et le débiteur, et celui qui s'est formé entre le *solvens* subrogé et le débiteur. Par voie de conséquence, la créance du subrogé ne vaut que ce que valait la créance du subrogeant. Le subrogé n'a pas plus de droit que le subrogeant [178] et ne peut recouvrer du débiteur, contrairement à ce qui se passe dans le cas d'une cession de créance, une somme supérieure à celle qu'il a effectivement payée au créancier [179]. De plus, le débiteur peut donc opposer au subrogé les mêmes défenses et les mêmes exceptions que celles qu'il aurait pu opposer au créancier subrogeant [180], y compris la nullité de l'opération créant la dette. À l'action ordinaire en recouvrement, se joignent les actions en gestion d'affaires et en mandat lorsque le *solvens* a agi comme gérant d'affaires ou comme mandataire du débiteur. Dans ce dernier cas, le débiteur doit en plus au *solvens* l'intérêt sur les deniers ainsi avancés [181].

Il convient de rappeler l'exception qui existe à la subrogation parfaite du *solvens* dans les droits du créancier dans le cas du codébiteur d'une obligation solidaire en raison des dispositions de l'article 1118 C. C.[182]

---

177. *Thériault* v. *Gaudreault*, (1924) 36 B. R. 91 ; *Yorkshire Insurance Co. Ltd.* v. *Gabriel*, (1964) C. S. 347.
178. *Wawanesa Mutual Insurance Co.* v. *Poulin*, (1956) R. P. 121 ; *Couture* v. *Halifax Fire Insurance Co.*, (1938) 64 B. R. 448 ; *North British and Mercantile Insurance Co. Ltd.* v. *Morgan Co. Ltd.*, (1938) 76 C. S. 435 ; (1940) 69 B. R. 511 ; *Phoenix Insurance Co.* v. *City of Montreal*, (1943) C. S. 101 ; *Halifax* v. *Racine*, (1945) C. S. 50 ; *Union Insurance Society of Canton Ltd.* v. *Gervais*, (1955) C. S. 176 ; *Canadian Home Assurance Co.* v. *Matane Planning Mills Ltd.*, (1956) R. P. 13 ; *Commission des accidents du travail* v. *Commission des tramways de Montréal*, (1956) B. R. 438.
179. *Cité de Montréal* v. *Constantineau*, (1946) 52 R. L. n. s. 306.
180. *Couture* v. *Halifax Fire Insurance Co.*, (1938) 64 B. R. 448 ; *New Hampshire Fire Insurance Co.* v. *Pépin*, (1954) C. S. 292 ; *Federation Insurance Co. of Canada* v. *Lavallée*, (1963) C. S. 119 ; *Guardian Insurance Co. of Canada* v. *Jakusovic*, (1964) R. L. n. s. 357.
181. Art. 1724 C. C.
182. Paragr. 519 ; voir aussi art. 740, 741, 1955 C. C.

C. EFFETS ENTRE LE SOLVENS SUBROGÉ ET LE CRÉANCIER SUBROGEANT

533 — *Absence de garantie* — La subrogation transfère au *solvens* le droit de créance et toutes les garanties et sûretés qui y sont afférentes. Ce transfert ne donne par contre aucune garantie au subrogé de l'existence de la dette. Si l'exercice du droit du subrogé est rendu inefficace par suite de la nullité ou même de l'inexistence de créance transmise, il est évident qu'il aura un recours contre le subrogeant pour répétition de l'indu.

534 — *Conclusion* — En résumé donc, la subrogation a pour effet de placer le *solvens* en lieu et place du créancier originaire et d'éteindre quant à ce créancier le lien d'obligation qui l'unissait au débiteur.

BIBLIOGRAPHIE

BERTRAND, C., « Effets des subrogations et transports aux assureurs », (1953) 13 R. du B. 285.
LACHAPELLE, L. et POITRAS, L., « Conflits de droit entre la caution et les tiers acquéreurs », (1954-1955) 6 *Thémis* 213.

Sous-titre II

L'EXÉCUTION NON VOLONTAIRE

Chapitre premier

LA MISE EN DEMEURE

535 — *Généralités* — Lorsque le débiteur refuse ou néglige de payer volontairement, le créancier peut alors recourir à la justice pour obtenir l'exécution de l'obligation. Cependant, avant de ce faire, il lui est nécessaire, comme condition préalable, de mettre son débiteur en demeure, c'est-à-dire de l'avertir solennellement qu'il entend réclamer son dû.

I — NATURE

536 — *Buts* — La mise en demeure (ce dernier mot venant du latin *mora* qui signifie retard) est l'acte par lequel le créancier, lors de l'échéance de l'obligation, constate officiellement le retard de son débiteur à exécuter sa promesse. Elle sert donc à clarifier les positions respectives des parties et remplit plusieurs fonctions. D'une part, elle est une mise en garde de la part du créancier qu'il se prépare à exiger devant la justice, si besoin est, l'exécution de l'obligation. D'autre part, elle constitue un avis que le créancier ne songe pas à prolonger tacitement le délai accordé au débiteur pour s'exécuter. On présume en effet, surtout lorsque le temps n'est pas de l'essence de la convention, que le créancier qui ne manifeste pas dès l'échéance son intention d'être payé tout de suite consent tacitement à la prolongation du délai d'exécution et accorde par là une sorte de terme de grâce [183], sauf évidemment lorsque l'exécution ne pouvait être faite que dans un temps précis. Enfin, pour le débiteur, la mise en demeure est un rappel parfois utile que le temps est venu pour lui de s'exécuter.

537 — *Principe général et exceptions* — La règle générale posée par la loi veut que le créancier quelle que soit la nature de l'obligation, procède à la mise en demeure du débiteur avant de demander l'exécution forcée [184]. Il est indifférent à cet égard que le paiement soit quérable ou portable [185]. Cette règle générale connaît cependant de très nombreuses exceptions d'origine législative et jurisprudentielle.

Tout d'abord, les parties elles-mêmes sont parfaitement libres de déroger expressément ou tacitement aux règles supplétives du Code civil en modifiant ou en supprimant complètement les directives données par celui-ci [186]. Il n'est pas rare en pratique de rencontrer dans certains contrats une clause de mise en demeure conventionnelle en vertu de laquelle la seule arrivée de l'échéance de l'obligation a pour effet de constituer le débiteur en demeure.

En second lieu, dans un très grand nombre de cas, le législateur a prévu que la mise en demeure se ferait par le seul effet de la loi. Ce principe est posé en termes généraux à l'article 1067 C. C. et illustré par une série de dispositions particulières disséminées à travers le Code [187].

---

183. *Reinhardt* v. *Turcotte*, (1956) B. R. 241 ; *Mindlin* v. *Cohen*, (1960) C. S. 114.
184. Art. 1067 C. C.
185. *Reinhardt* v. *Turcotte*, (1956) B. R. 241.
186. *Girard* v. *Girard*, (1952) B. R. 479 ; voir aussi *Lachance* v. *Drolet*, (1956) C. S. 248 ; *Reinhardt* v. *Turcotte*, (1956) B. R. 241 ; *Levy* v. *Sperdakos*, (1959) C. S. 89.
187. Entre autres art. 296, 313, 722, 1049, 1088, 1200, 1713, 1360, 1504, 1544, 1840 C. C. ; voir aussi pour l'impôt *Loi du ministère du Revenu*, S. R. Q., 1964, ch. 66, art. 53.

En troisième lieu, la simple inexécution de l'obligation a parfois pour effet de mettre le débiteur en demeure sans autres formalités. Il en est ainsi lorsque le débiteur avait assumé conventionnellement ou était tenu légalement à une obligation de ne pas faire, puisqu'il se trouve alors responsable du seul fait de sa contravention [188] ou lorsqu'il s'était engagé à faire ou à donner une chose qui ne pouvait être faite ou donnée que pendant un certain temps qu'il a laissé s'écouler [189]. La jurisprudence d'autre part admet que le créancier d'une obligation délictuelle n'est pas tenu à la mise en demeure de l'auteur du dommage [190]. Cette même jurisprudence dispense également le créancier de la mise en demeure préalable à l'institution d'une action en résolution lorsque par son comportement même, le débiteur a clairement manifesté son intention de répudier son obligation ou a déclaré ne pas vouloir y donner suite [191]. Enfin, il semble admis que le créancier d'une obligation successive ou continue n'est pas obligé de mettre son débiteur en demeure après chaque échéance [192]. Ce serait en effet, le soumettre à des formalités coûteuses et répétées et l'obliger parfois à renouveler constamment cette mise en demeure.

En quatrième lieu, le simple écoulement du temps suffit à mettre le débiteur en demeure dans les contrats commerciaux, lorsqu'une époque a été fixée pour l'exécution de l'obligation [193]. Les transactions commerciales exigent en effet une grande rapidité.

II — FORMES DE LA MISE EN DEMEURE

538 — *Avis et interpellation judiciaire* — La loi indique deux formes principales de mise en demeure : l'avis verbal ou écrit qui est de loin en pratique la forme la plus utilisée et l'interpellation judi-

---

188. Art. 1070 C. C. ; *Masson* v. *Andrews*, (1945) R. L. n. s. 40, p. 55 et s.
189. Art. 1068 C. C. ; *Co. d'aqueduc de la Jeune Lorette* v. *Turner*, (1922) 33 B. R. 1.
190. *Brazeau* v. *Mourier*, (1934) 72 C. S. 503 ; *Belbin* v. *Tarte*, (1961) C. S. 234 ; *Beauregard* v. *St-Amand*, (1962) C. S. 436 ; comparer avec *Bertalan* v. *Huels*, (1968) B. R. 715.
191. *Lambert* v. *Comeau*, (1921) 59 C. S. 425 ; *Lécuyer* v. *Limoges*, (1932) 52 B. R. 400 ; *Zaccardelli* v. *Hébert*, (1955) C. S. 478 ; *Deauville Estate Ltd.* v. *Tabah*, (1964) B. R. 53. La jurisprudence admet également ce principe en matière de bail lorsque les lieux sont rendus inhabitables : *Nadeau* v. *Gratton*, (1929) 67 C. S. 63. Voir aussi *Boudreau* v. *Marcotte*, (1926) 32 R. J. 398 ; *Shorter* v. *Beauport Realties Inc.*, (1969) C. S. 363.
192. *Prairie* v. *Prairie*, (1961) B. R. 23 ; *Carpentier* v. *Carpentier*, (1964) C. S. 311.
193. Art. 1069 C. C. ; *Silverman* v. *Massé*, (1927) 65 C.S. 200 ; *Asselin* v. *Ste-Marie*, (1938) 65 B. R. 39.

ciaire [194]. La loi exige que cet avis soit écrit lorsque le contrat à propos duquel la mise en demeure est faite est lui-même écrit. S'agit-il dans l'espèce d'une condition de validité même de la mise en demeure, ou d'une simple formalité de preuve à laquelle on pourrait suppléer par exemple par l'aveu ? La majorité des auteurs [195] penche pour la première solution en se basant sur le caractère apparemment péremptoire de la phraséologie de l'article 1067 C. C. Une partie de la jurisprudence appuie cette position [196], alors que certains arrêts au contraire considèrent la forme écrite comme se rapportant uniquement à la preuve de la mise en demeure [197]. Cette dernière opinion nous paraît préférable. En effet, la mise en demeure étant une simple indication de la volonté du créancier, il semble difficilement compréhensible que la loi ait voulu en faire un acte à caractère solennel. Ce qui importe, c'est qu'elle soit sérieuse et puisse être prouvée.

L'interpellation en justice d'autre part consiste en l'assignation du débiteur par le créancier pour réclamer l'exécution de l'obligation, la résolution de l'engagement ou une compensation pécuniaire [198]. Cette assignation établit en effet clairement la volonté du créancier d'exiger le paiement. La nullité des procédures entreprises pour défaut de forme n'affecte pas la validité de la mise en demeure [199]. Lorsque l'assignation n'est pas précédée d'une mise en demeure extrajudiciaire, le créancier court le risque, si le débiteur s'exécute ou confesse jugement, de payer tous les frais de l'action entreprise. Par ailleurs certaines lois spéciales prévoient des formes particulières de mise en demeure [200].

III — EFFETS

539 — *Ouverture des droits du créancier* — La mise en demeure produit trois effets principaux. D'une part elle permet au

---

194. Art. 1067 C. C.
195. MIGNAULT, *Droit civil canadien*, t. 5, p. 411, note a ; FARIBAULT, *Traité de droit civil du Québec*, t. 7 bis, p. 346 ; *contra* : BAUDOUIN, *le Droit civil de la province de Québec*, p. 564.
196. *Pateno* v. *Abdellah*, (1919) 26 R. L. n. s. 179 ; *Verret* v. *DeBédard*, (1929) 35 R. L. n. s. 426 ; *Dufresne* v. *Antonacci*, (1918) 53 C. S. 36.
197. *Bagg* v. *Baxter*, (1897) 11 C. S. 71 ; *Roy* v. *Breton*, (1960) C. S. 279.
198. *Asbestos Co.* v. *Dumas*, (1924) 36 B. R. 277 ; *Côté* v. *Sterblied*, (1956) B. R. 111 ; (1958) S. C. R. 121.
199. *Gagnon* v. *Séguin*, (1952) B. R. 528.
200. Voir *Loi des compagnies de gaz, d'eau et d'électricité*, S. R. Q., 1964, ch. 285, art. 53 ; *Loi des compagnies de flottage*, S. R. Q., 1964, ch. 96, art. 37 ; *Loi du crédit agricole*, S. R. Q., 1964, ch. 108, art 25 et 26 ; *Loi de la presse*, S. R. Q., 1964, ch. 48, art. 3, 9 et 12.

créancier de procéder sans plus tarder dans sa demande en exécution ou en résolution selon le cas. Elle constitue donc une condition préalable au recours en responsabilité. Elle ne crée pas le droit à l'exécution mais a simplement pour effet de le rendre exigible en justice. La mise en demeure n'est donc pas nécessaire lorsque le créancier poursuit le débiteur en nullité de l'engagement [201] ou pour exécution défectueuse [202]. Dans ce dernier cas en effet le créancier cherche simplement à obtenir réparation sous forme de dommages compensatoires d'un fait déjà accompli. D'autre part, dans l'hypothèse où le débiteur s'est engagé à donner ou à livrer un corps certain autre qu'une somme d'argent, elle a pour effet de transférer les risques de perte ou de destruction de la chose sur le débiteur chargé de la livraison [203]. Celui-ci devient responsable de la perte même si le droit de propriété est déjà passé au créancier.

Enfin, et c'est son effet le plus important, la mise en demeure donne au créancier le droit d'exiger des dommages moratoires, destinés à le compenser pour le préjudice subi en raison du retard apporté à l'exécution. Ces dommages moratoires sont constitués, dans le cas d'une somme d'argent, par le taux d'intérêt légal sur la somme due [204]. Pour les obligations de faire ou de livrer un corps certain, ils sont calculés de la même façon que les dommages compensatoires en tenant compte à la fois de la perte subie et du gain manqué en raison du retard.

540 — *Réciprocité d'exécution* — La jurisprudence québécoise exige en outre que le créancier d'un contrat synallagmatique, lorsqu'il met son débiteur en demeure, se montre prêt lui-même à s'exécuter en offrant la prestation promise [205]. Il s'agit là tout simplement d'une application particulière du principe de réciprocité des obligations dans l'engagement synallagmatique.

---

201. *Grégoire* v. *Beaulieu,* (1945) B. R. 584 ; *Kirkman* v. *Metro Universal Development Co.,* (1965) C. S. 510.

202. *Vermette* v. *Parent,* (1911) 20 B. R. 156 ; *Baron* v. *St-Louis,* (1959) B. R. 437 ; *Kuelz* v. *Kajandi,* (1960) C. S. 89 ; *Acme Restaurant Equipment Co.* v. *Coziol,* (1962) B. R. 1 ; *Georges V Auto Body Enrg.* v. *Pagé,* (1966) R. P. 127.

203. Art. 1200, 1202 C. C.

204. Art. 1077 C. C.

205. *Trudel* v. *Marquette,* (1915) 24 B. R. 279 ; *Lécuyer* v. *Limoges,* (1932) 52 B. R. 400 ; *Grenier* v. *Morrow,* (1936) 42 R. L. n. s. 6 ; *Truchon* v. *Tremblay,* (1950) C. S. 194 ; *Trottier* v. *Cormier,* (1951) C. S. 461 ; *Girard* v. *Girard,* (1952) B. R. 479.

BIBLIOGRAPHIE

DAVID, R., « De la mise en demeure », (1939) *Revue critique de législation et de jurisprudence* 95.

MEURISSE, R., « Dommages et intérêts compensatoires et intérêts moratoires et mise en demeure », (1947) J. C. P. 1 667.

SARPY, L., « The Putting in Default as a Prerequisite to Suit in Louisiana », (1942) Loy. L. Rev. 127.

Chapitre II
L'EXÉCUTION EN NATURE

541 — *Principes généraux* — La force juridique du lien d'obligation veut que le créancier soit en droit d'exiger du débiteur l'exécution même de l'obligation. En droit français, l'exécution en nature sous autorité de justice semble passer théoriquement pour être la règle [206]. Les tribunaux peuvent, grâce à la procédure de l'astreinte, vaincre la résistance du débiteur récalcitrant et le forcer à s'exécuter [207]. En droit anglo-américain au contraire l'exécution forcée en nature *(specific performance)* est l'exception et reste limitée à des cas précis dégagés peu à peu par la tradition jurisprudentielle, et la règle générale reste la compensation sous forme de dommages-intérêts [208]. Le droit québécois occupe, lui, une position curieuse. Les articles 1065 et 1066 C. C. ont été rédigés en des termes différents des articles 1142, 1143 et 1144 du Code Napoléon. Ils reconnaissent le droit à l'exécution en nature, le plaçant apparemment sur le même pied que le recours en dommages mais limitent son exercice aux « cas qui le permettent »... Une étude de la jurisprudence révèle une réticence certaine des tribunaux à accorder

---

206. RIPERT et BOULANGER, *Traité de droit civil*, t. 2, n° 1601 et s., p. 584 et s. ; MAZEAUD, *Leçons de droit civil*, t. 2, n° 931 et s. ; MARTY et RAYNAUD, *Droit civil*, t. 2, n° 658 et s. et n° 680 et s.

207. RIPERT et BOULANGER, *Traité de droit civil*, t. 2, n° 1615 et s., p. 589 et s. ; MAZEAUD, *Leçons de droit civil*, t. 2, n° 940 et s., n° 799 et s. ; MARTY et RAYNAUD, *Droit civil*, t. 2, n° 667 et s. et n° 687 et s. ; FREJAVILLE, J., « La valeur pratique de l'astreinte », (1951) J. C. P. 1 910.

208. Voir pour le droit américain, 81, *Corpus Juris Secundum*, verbo *Specific Performance*, p. 408 et s., et pour le droit anglais, FRY, E., *Treatise on the Specific Performance of Contracts*, 5ᵉ éd., Toronto, Canada Law Book, 1911.

l'exécution forcée en nature, même s'il existe quelques exemples de son octroi [209]. Certaines décisions [210], peut-être à cause de l'influence du régime anglais de l'injonction, laissent même clairement entendre que le recours en exécution spécifique est exceptionnel et que normalement le manquement à une obligation ne peut donner droit qu'à des dommages, position semblable à celle du *Common Law*. De plus, en pratique, il est fréquent de voir le créancier préférer lui-même la demande en dommages-intérêts.

542 — *Intérêt du créancier* — Certaines obligations n'ont d'intérêt pour le créancier que si elles sont exécutées par le débiteur lui-même. Ainsi en est-il lorsque la qualité des services du débiteur a été la considération principale de l'engagement. Le seul recours vraiment avantageux en théorie pour le créancier serait l'exécution en nature par le débiteur lui-même. Au contraire dans d'autres cas, seul le résultat matériel compte pour le créancier, que celui-ci soit obtenu par l'acte du débiteur ou par celui d'un tiers. Lorsque l'obligation consiste à faire quelque chose, mais que la personnalité de l'exécutant n'est pas une caractéristique essentielle de l'exécution, l'exécution de l'obligation par un tiers fournit le même résultat au créancier (exécution en nature par équivalent). Ainsi en est-il, pour reprendre deux exemples classiques, du peintre qui s'est engagé à peindre un portrait et de l'ouvrier qui a promis de bâtir un mur. Dans les deux cas cependant les problèmes posés par l'exécution dépendent de la nature du devoir assumé par le débiteur. S'est-il engagé à faire un acte déterminé, à donner ou livrer un objet ou à s'abstenir de poser un acte précis ?

I — EXÉCUTION EN NATURE PAR LE DÉBITEUR

A. OBLIGATION DE FAIRE

543 — *Refus d'admettre l'exécution en nature par le débiteur* — L'exécution en nature d'une obligation de faire par le débiteur lui-même pose clairement le conflit entre deux principes juridiques fondamentaux : le respect de la parole donnée, selon lequel la loi devrait tout

---

209. Par exemple, *Co. du chemin de fer Québec central* v. *Létourneau*, (1886) 14 R. L. 324 ; *Morgan* v. *Dubois*, (1889) 32 L. C. J. 204 ; *Chartier* v. *Chouinard*, (1945) C. S. 232 ; *Guillerier* v. *Pelland*, (1947) C. S. 381.

210. *Co. de la ville de Grand'Mère* v. *L'Hydraulique de Grand'Mère*, (1908) 17 B. R. 83 ; *Dupré Quarries Ltd.* v. *Dupré*, (1934) R. C. S. 528 ; *Guaranteed Pure Milk Co.* v. *Patry*, (1959) B. R. 54 ; commentaire SEDEROFF, S., (1957) 4 McGill L. J. 81 ; *Lavoie* v. *Hamelin*, (1961) C. S. 30 ; *contra* : *Beaudry* v. *Randall*, (1962) B. R. 577, *vide* BADEAUX, J., p. 601 et s. ; (1963) R. C. S. 418.

faire pour obliger le débiteur à l'exécution, et le respect de la liberté individuelle, selon lequel la loi ne doit pas, dans des circonstances ordinaires, aller jusqu'à priver de sa liberté celui qui ne respecte pas un engagement. Le tribunal peut en effet par jugement ordonner à quiconque de faire quelque chose (injonction mandatoire)[211]. Le débiteur qui refuse de s'y soumettre se rend alors coupable d'outrage au tribunal et peut être condamné à une amende et même emprisonné [212]. En théorie donc la justice peut toujours utiliser cette technique pour espérer vaincre la résistance du débiteur. En pratique, cependant, les tribunaux québécois répugnent par tradition à l'utilisation de ces moyens de contrainte pour deux raisons. Tout d'abord, même la menace d'emprisonnement peut ne pas être suffisante pour obliger le débiteur têtu et récalcitrant à accomplir un acte positif. C'est en ce sens que les tribunaux disent qu'un tel jugement n'est pas susceptible d'exécution [213]. Ensuite, aller jusqu'à emprisonner le débiteur en cas de refus de sa part reviendrait indirectement à rétablir la prison pour dette, abolie au Québec. La jurisprudence en règle générale reste donc fidèle à l'ancienne maxime *nemo praecise potest cogi ad factum* et refuse d'utiliser la force pour obliger le débiteur à satisfaire à la parole donnée dans le cas des obligations de faire. C'est ainsi que ce recours a été déclaré non recevable contre un acteur [214] et un joueur de hockey [215] pour forcer le premier à jouer dans la troupe qui l'avait engagé et le second pour le club dont il faisait partie.

B. OBLIGATION DE DONNER

544 — *Caractères de l'exécution en nature par le débiteur* — En règle générale et sauf rares exceptions, l'obligation de donner ou de livrer est toujours susceptible d'exécution en nature, du moins par équivalent. Pour ce genre d'obligation en effet, l'exécution par le débiteur lui-même importe peu au créancier. Lorsque l'objet est une somme d'argent et que le débiteur refuse le paiement volontaire, le créancier peut toujours,

---

211. Art. 751 et s. C. P. C.
212. Art. 761 C. P. C.
213. *Société anonyme des théâtres* v. *Lombard*, (1905) 27 C. S. 476 ; (1906) 15 B. R. 267 ; *Pitre* v. *Association athlétique d'amateurs nationale*, (1911) 20 B. R. 41 ; *Lombard* v. *Varennes*, (1922) 32 B. R. 164 ; *Quebec County Railway Co.* v. *Montcalm Land Co.*, (1929) 46 B. R. 26 ; *Lajoie* v. *Canup*, (1954) C. S. 341.
214. *Société anonyme des théâtres* v. *Lombard*, (1905) 27 C. S. 476 ; (1906) 15 B. R. 267 ; *Lombard* v. *Varennes*, (1922) 32 B. R. 164.
215. *Pitre* v. *Association athlétique d'amateurs nationale*, (1911) 20 B. R. 41. Voir aussi *Connolly* v. *Montreal Park and Island Railway Co.*, (1902) 22 C. S. 322 ; *Martel* v. *Commissaires d'écoles de Wendover*, (1961) C. S. 491.

dès que le jugement est exécutoire, utiliser les procédures prévues pour l'exécution forcée des jugements, faire saisir et vendre les biens de son débiteur et être payé sur le produit de la vente[216]. Lorsque l'objet est un bien matériel autre qu'une somme d'argent, le créancier a également à sa disposition les diverses saisies mobilières et immobilières réglementées par le Code de procédure civile y compris la saisie-revendication qui permet à l'acheteur propriétaire de faire saisir entre les mains du vendeur l'objet vendu[217]. Les seuls cas où l'exécution en nature pose quelques difficultés sont ceux où il s'agit d'un objet unique ou rare dont le débiteur s'est dessaisi. L'exécution en nature des obligations de donner à la différence de celle des obligations de faire n'est rien d'autre que la mise en œuvre d'un mécanisme de procédure qui n'a pas pour effet de contraindre le débiteur directement sur sa personne physique.

C. OBLIGATION DE NE PAS FAIRE

545 — *Solutions jurisprudentielles* — Inexécuter une obligation de ne pas faire, c'est pour le débiteur poser un acte qu'il s'était engagé à ne pas poser. La possibilité d'obtenir l'exécution en nature par le débiteur dépend alors de deux facteurs principaux soit d'une part de la nature de l'obligation et d'autre part de la possibilité matérielle de supprimer les résultats concrets de l'acte posé par le débiteur en contravention de son obligation. Lorsque l'obligation est une obligation successive, échelonnée dans le temps, le créancier a évidemment intérêt à exiger l'exécution en nature même si déjà un acte d'inexécution a été posé, de façon à préserver ses droits pour le futur. Ainsi, si le débiteur a accepté de ne pas faire concurrence au créancier pendant un temps limité, ce dernier peut obtenir une injonction pour l'avenir et des dommages pour les contraventions passées[218]. Lorsque par contre l'obligation est à exécution instantanée, le simple fait de l'inexécution rend le recours en exécution en nature illusoire lorsque l'acte posé n'est pas susceptible d'être détruit. Tel serait

---

216. Art. 525 et s. C. P. C. ; BAUDOUIN, J.-L., « L'exécution spécifique des contrats en droit québécois », (1958) 5 McGill L. J. 108, p. 110 et s. ; *Cité de Trois-Rivières* v. *Syndicat national catholique des employés municipaux,* (1962) B. R. 510.

217. Art. 734 et s. C. P. C. Voir par exemple *Abramovitch* v. *Druckman,* (1944) C. S. 44.

218. *Mount Royal Dairies Ltd.* v. *Russman,* (1934) 72 C. S. 240 ; *Nebesny* v. *Demitroff,* (1944) C. S. 413 ; *Richstone Bakeries Inc.* v. *Margolis,* (1953) R. P. 56 ; *Champlain Oil Products Ltd.* v. *Imbeault,* (1960) R. P. 399 ; *Sternlieb* v. *Cain,* (1962) B. R. 440 ; *Teinturerie Québec Inc.* v. *Lauzon,* (1967) B. R. 41, p. 45 et s. ; voir SHEPPARD, C., « The Enforcement of Restrictive Covenants in Quebec Law », (1963) 23 R. du B. 311.

le cas d'un recours contre un débiteur qui s'était engagé à ne pas prêter ses services à un tiers pour une occasion précise et qui l'a fait quand même. Si par contre les résultats matériels de l'inexécution peuvent être détruits, le créancier peut alors exiger l'exécution en nature, par exemple la démolition d'un ouvrage bâti en contravention de la parole donnée.

La procédure de l'injonction utilisée fréquemment pour ce type d'obligation permet également au créancier d'adopter des mesures préventives lorsqu'il constate l'inexécution et d'éviter ainsi qu'un tort irréparable ne lui soit causé [219]. Les tribunaux considèrent cependant l'injonction comme un remède exceptionnel et la refusent lorsqu'elle peut porter gravement atteinte à la liberté individuelle ou lorsque, dans les circonstances, le recours en dommage leur paraît une compensation adéquate pour le créancier [220].

II — EXÉCUTION EN NATURE PAR ÉQUIVALENT

A. OBLIGATION DE FAIRE

546 — *Principes généraux* — L'exécution par équivalent d'une obligation de faire suppose nécessairement que l'acte requis du débiteur ne tire pas sa valeur intrinsèque du fait personnel de ce dernier et donc qu'aux yeux du créancier, l'on puisse indifféremment remplacer cet acte par un autre équivalent, sans changer la valeur de l'exécution. La pratique québécoise connaît deux formes d'exécution en nature par équivalent fréquemment rencontrées.

547 — *Action en passation de titre et en radiation d'hypothèque* — La première consiste à substituer à l'acte du débiteur un acte de justice qui prend sa place et a le même effet juridique. Telles sont l'action en passation de titre et l'action en radiation d'hypothèque. L'action en passation de titre est généralement intentée par le promettant-acheteur ou le promettant-vendeur contre l'autre partie au contrat qui se refuse à signer un acte de vente en bonne et due forme. Après mise en demeure formelle, présentation de l'acte et, dans le cas où c'est l'acheteur qui réclame, consignation des deniers de la vente (pour satisfaire à l'exigence de la réciprocité de l'exécution), une action est intentée par laquelle le demandeur conclut à ce que le défendeur soit tenu de signer l'acte ou qu'à défaut le jugement équivaille à cette signature [221]. Si le défendeur

---

219. Art. 752 et s. C. P. C. (injonction interlocutoire).
220. *Guaranteed Pure Milk Co. Ltd.* v. *Patry*, (1957) B. R. 54 ; *Laplante* v. *Hamelin*, (1957) B. R. 417 ; *Spiliopoulos* v. *Cadieux*, (1969) C. S. 72.
221. *Charlebois* v. *Baril*, (1927) 43 B. R. 295 ; (1928) R. C. S. 88 ; *Lebel* v. *Commissaires d'écoles pour la municipalité de la ville de Montmorency*, (1954) B. R. 824 ; (1955) R. C. S. 298 ; *Blitt* v. *Miller*, (1957) R. P. 160 ; *Labrador Realties Co.* v. *Legault*, (1960) C. S. 228 ; *Létourneau* v. *Noiseux*, (1963) C. S. 217.

condamné refuse de s'exécuter, le créancier peut alors enregistrer l'acte et le jugement avec le même effet juridique que s'il s'agissait d'un acte conclu dans les circonstances ordinaires. Le jugement du tribunal équivaut donc à l'acte matériel de la signature du débiteur récalcitrant.

Quant à la radiation d'hypothèque, elle a lieu lorsque l'acheteur d'un immeuble franc et quitte s'aperçoit de l'existence d'une hypothèque ou d'un privilège enregistré par un tiers. Il peut alors s'adresser au juge et demander que le vendeur soit tenu d'effectuer la radiation ou à son défaut que le jugement enregistré équivaille à celle-ci [222].

548 — *Exécution aux dépens du débiteur* — La seconde forme d'exécution par équivalent consiste pour le créancier à obtenir du tribunal la permission d'exécuter lui-même ou de faire exécuter par un tiers aux dépens du débiteur l'acte qui lui incombait normalement [223]. Ainsi, le locataire d'ouvrage peut-il obtenir l'autorisation de faire continuer les travaux par un autre lorsque le locateur cesse ceux-ci et refuse de les reprendre. Il est théoriquement nécessaire en tout état de cause, d'après le texte même de l'article 1065 C. C., que le créancier s'adresse d'abord au tribunal et ne se fasse pas justice à lui-même. En pratique cependant il n'est pas rare de voir celui-ci, après une mise en demeure formelle et refus d'exécution, procéder de lui-même et réclamer ensuite par une action en dommages la différence de coût et le préjudice subi [224]. Cette manière d'agir est utilisée surtout dans les cas où une attente prolongée jointe au défaut d'une exécution immédiate risquerait de causer un dommage irréparable ou considérable. Cette pratique, qui semble à première vue contraire au texte même de 1065 C. C., peut être fort dangereuse pour le créancier dans l'hypothèse où le débiteur a une raison valable de différer ou de refuser l'exécution de son obligation.

B. OBLIGATION DE NE PAS FAIRE

549 — *Démolition* — Lorsque la chose est possible, le créancier d'une obligation de ne pas faire, peut demander la destruction par les officiers de justice de ce qui a été fait en contravention de l'obliga-

---

222. Art. 805 C. P. C.

223. *Co. du village de St-Guillaume* v. *Nadeau*, (1922) 28 R. J. 177 ; *Co. d'aqueduc du lac Saint-Jean* v. *Tremblay*, (1923) 34 B. R. 188 ; *Boudreault* v. *Co. hydraulique de St-Félicien*, (1926) 36 B. R. 455 ; *Tremblay* v. *Desbiens*, (1936) 60 B. R. 237 ; *Symons* v. *Deladurantaye*, (1942) 48 R. J. 352 ; *Guillerier* v. *Pelland*, (1947) C. S. 381.

224. Voir par exemple *Pichette* v. *Bouchard*, (1957) C. S. 18 ; *Rothman* v. *Drouin*, (1959) B. R. 626.

tion ou se faire autoriser à le faire lui-même [225]. En pratique la seconde solution est de loin la plus fréquente, les tribunaux hésitant à mobiliser les officiers de justice à cette fin. C'est ainsi qu'un créancier a reçu la permission du tribunal de faire démolir un ouvrage élevé par le débiteur en contravention à une obligation de ne pas bâtir [226]. Il va sans dire que la démolition se fait aux frais et aux dépens du débiteur et sans préjudice aux recours pour les autres dommages que le créancier a pu subir.

550 — *Conclusion* — Comme on peut le constater, le domaine pratique de l'exécution en nature est fort restreint en droit québécois. Celui-ci, sinon en théorie du moins dans les faits, semble avoir consacré le principe anglo-saxon selon lequel le recours en dommages-intérêts est la règle et la demande en exécution spécifique, l'exception.

BIBLIOGRAPHIE

ABBOTT, H., « Louisiana Law of Specific Performance », (1966) 40 Tul. L. Rev. 340.
BAUDOUIN, J.-L., « L'exécution spécifique des contrats en droit québécois », (1958) 5 McGill L. J. 108.
KRASSA, G., « Interaction of Common Law and Latin Law : Enforcement of Specific Performance in Louisiana and Quebec », (1943) 21 C. B. R. 337.
SZLADITS, « The Concept of Specific Performance in Civil Law », (1955) 4 Am. J. of Comp. L. 208.

Chapitre III

L'EXÉCUTION
PAR ÉQUIVALENCE PÉCUNIAIRE
(DOMMAGES-INTÉRÊTS)

551 — *Principes généraux* — Lorsque le créancier ne peut ou ne désire pas obtenir l'exécution en nature de l'obligation, il doit alors, en règle générale, rechercher la compensation par équivalence pécuniaire. Le fondement du recours en dommages-intérêts est la respon-

---

225. Art. 1066 C. C.

226. *Lapierre* v. *Magnan,* (1912) 42 C. S. 59 ; *Lachance* v. *Brissette,* (1930) 49 B. R. 321 ; *Ouellet* v. *Thibault,* (1951) B. R. 550.

sabilité civile délictuelle ou contractuelle qui oblige l'auteur d'une faute à réparer le préjudice subi en raison du manquement à une obligation légale ou conventionnelle. Les principes fondamentaux qui gouvernent la responsabilité civile sont les mêmes, que l'obligation de réparation ait pour source un fait juridique (obligations légales et délictuelles) ou un acte juridique (obligation contractuelle). Il y a unité de la responsabilité civile autour des trois conditions fondamentales suivantes : la faute, le lien de causalité et le préjudice subi.

Pour les fins du présent chapitre, afin de bien souligner la suite logique des divers recours qui s'offrent au créancier contre le débiteur, nous avons cru bon d'examiner rapidement les données et caractéristiques spécifiques à la responsabilité civile contractuelle. Nous renvoyons donc le lecteur pour l'étude des principes généraux de la responsabilité à notre ouvrage sur la responsabilité délictuelle.

I — CONDITIONS DU RECOURS

552 — *Lien de causalité* — La détermination de l'existence d'un lien de causalité entre la faute et le dommage, domaine si controversé de la responsabilité délictuelle, ne pose pas à vrai dire de problèmes particuliers à la jurisprudence lorsque le réclamant est créancier en vertu d'un contrat. Il lui suffit en effet de démontrer que le préjudice subi est la conséquence d'une faute d'inexécution des obligations conventionnellement assumées par le débiteur. La question du lien de causalité peut cependant être longuement débattue au niveau de l'appréciation du caractère direct des dommages réclamés par le créancier [227].

Par contre les notions de faute contractuelle et de dommages nécessitent des explications particulières.

A. LA FAUTE CONTRACTUELLE

1. PRINCIPES GÉNÉRAUX

553 — *Intensité du devoir contractuel* — La distinction classique de l'ancien droit entre la faute lourde, légère et très légère et l'opinion selon laquelle le débiteur contractuel n'est tenu que de sa faute légère, apparaît très artificielle au juriste moderne et n'est guère

---

227. Voir paragr. 564 et s.

plus retenue de nos jours par la jurisprudence [228]. Établir la faute d'un débiteur contractuel, c'est démontrer qu'il ne s'est pas conformé au devoir qu'il avait assumé. Il est donc indispensable logiquement pour parvenir à porter un jugement de valeur sur sa conduite, de connaître à la fois la nature exacte et l'intensité de l'obligation assumée par lui. Le devoir contractuel, tout comme d'ailleurs le devoir délictuel ou légal, peut être plus ou moins exigeant ou intense pour le débiteur. La classification moderne des obligations en obligations de moyens, de résultat et de garantie est d'une aide précieuse à cet égard [229].

554 — *Obligation de moyens* — Le débiteur d'une obligation de moyens promet seulement de prendre les meilleurs moyens pour fournir un résultat au créancier sans toutefois assurer celui-ci de la réussite. Ainsi, le débiteur qui s'engage à conserver une chose exécute fidèlement son obligation en y apportant les soins d'un bon père de famille, d'un débiteur normalement prudent et diligent [230]. De même le médecin, dans sa relation contractuelle avec son patient, ne s'engage ni à le guérir, ni à le soulager, mais seulement à utiliser les meilleurs moyens qu'un homme de science normalement prudent et diligent, placé dans les mêmes circonstances de fait, utiliserait [231]. Le créancier d'une obligation de moyens, pour établir la faute du débiteur doit donc démontrer que l'inexécution du contrat est due au fait que le débiteur n'a précisément pas observé ce standard de conduite.

555 — *Obligation de résultat* — Le débiteur contractuel d'une obligation de résultat accepte au contraire à fournir au créancier un résultat précis, connu d'avance et contractuellement prédéterminé. C'est ainsi que le transporteur s'engageant à livrer l'objet remis par l'expéditeur est en faute du seul fait de la non-livraison, à moins qu'il n'établisse que celle-ci est due à un fait qui ne lui est pas imputable (à une force majeure par exemple). De même celui qui accepte de faire un travail précis, comme construire [232] ou manufacturer un objet [233] selon certaines spécifi-

---

228. *Parent* v. *Garneau*, (1933) 54 B. R. 335, p. 341 et s.
229. Paragr. 26 et s.
230. Art. 1064 C. C. ; voir aussi art. 1095, 1766, 1802, 2427 C. C.
231. Voir CRÉPEAU, P.-A., *la Responsabilité civile du médecin et de l'établissement hospitalier*, Montréal, Wilson et Lafleur, 1956 ; CRÉPEAU, P.-A., « La responsabilité médicale et hospitalière dans la jurisprudence québécoise récente », (1960) 20 R. du B. 433 ; *X* v. *Mellen*, (1957) B. R. 389 ; *Vézina* v. *D.*, (1961) C. S. 245 ; *Lachance* v. *B.*, (1961) C. S. 625 ; *St-Hilaire* v. *S.*, (1966) C. S. 249 ; *Hôtel-Dieu Saint-Vallier* v. *Martel*, (1968) B. R. 389, Cour suprême du Canada, 10 juin 1969.
232. *Chayer* v. *Bélanger*, (1954) R. L. n. s. 509 ; *Frank Ross Construction Ltd.* v. *Verona Construction Ltd.*, (1959) B. R. 674 ; (1961) R. C. S. 195.
233. *Schwardzwald* v. *Bistricier*, (1967) B. R. 459.

cations, est en faute s'il ne fournit pas le résultat escompté. Il ne faut donc pas prendre l'article 1071 C. C. à la lettre et croire que toute obligation contractuelle est nécessairement une obligation de résultat, créant une présomption de faute à l'égard du débiteur du simple fait de l'inexécution.

556 — *Exonération du débiteur* — Les critères de la faute contractuelle sont les critères généraux de toute responsabilité civile. Les tribunaux les utilisent indifféremment en matière légale, délictuelle ou contractuelle. Dans le cas d'un contrat, ils recherchent d'abord la nature et les dimensions exactes du devoir conventionnellement assumé par le débiteur et comparent ensuite sa conduite à celle du débiteur normal, prudent et diligent placé dans les mêmes circonstances de fait [234]. Pour se libérer le débiteur d'une obligation de résultat doit expliquer l'absence de résultat par une cause qui ne lui est pas imputable, alors que s'il n'est tenu qu'à une obligation de moyens, c'est au créancier qu'il appartient de démontrer la faute dans les moyens utilisés pour parvenir au résultat. Il est donc juridiquement inexact de prétendre qu'en matière contractuelle, le simple fait matériel de l'inexécution suffit seul à créer une présomption de faute à l'encontre du débiteur.

2. FORMES DE L'INEXÉCUTION CONTRACTUELLE

557 — *Exécution tardive* — *refus d'exécution* — Au niveau de la réalité concrète, l'inexécution de l'obligation contractuelle peut prendre des formes variées. Les plus fréquentes en pratique sont l'exécution tardive et le refus pur et simple du débiteur de remplir sa promesse, sans un motif valable résultant par exemple, dans un contrat synallagmatique, de la non-exécution de l'obligation réciproque (exception d'inexécution) [235]. L'inexécution peut cependant revêtir deux autres formes principales soit l'exécution partielle et l'exécution défectueuse.

558 — *Exécution partielle* — Elle se présente lorsque le débiteur n'accomplit qu'une partie du devoir qu'il s'était imposé ; ainsi le débiteur ne livrant qu'une partie des marchandises commandées ou ne faisant qu'une partie du travail qu'il s'était engagé à faire. Le problème est alors de déterminer si le créancier peut considérer l'inexécution comme totale et se pourvoir pour le tout, ou bien s'il doit admettre que le contrat a été exécuté en partie et ne conserver un recours que pour la partie non

---

234. Voir CRÉPEAU, P.-A., « Le contenu obligationnel d'un contrat », (1965) 43 C. B. R. 1 et pour une application particulière au contrat de transport : CRÉPEAU, P.-A., « Réflexions sur le fondement juridique de la responsabilité civile du transporteur de personnes », (1960) 7 McGill L. J. 225.

235. Voir paragr. 338 et s.

exécutée. Deux éléments entrent en ligne de compte : la nature de l'objet de l'obligation d'une part et l'intérêt que représente l'exécution pour le créancier d'autre part. Si l'objet de l'obligation est indivisible, l'exécution partielle équivaut en principe à une inexécution totale. Ainsi l'acteur qui, engagé pour jouer une pièce de théâtre, refuse de continuer après le premier acte, a un comportement entraînant une inexécution totale de son contrat. Si au contraire l'objet de l'obligation est divisible, la situation est plus complexe. En principe, le créancier doit dans une telle hypothèse considérer l'obligation comme partiellement exécutée et poursuivre le débiteur pour la seule portion manquante. Toutefois lorsque l'exécution en une seule et même fois est de l'essence du contrat, ou une considération principale de l'engagement, ou encore qu'une exécution partielle n'a aucun intérêt pour lui, le créancier peut traiter l'exécution partielle comme équivalente à une inexécution totale. Il s'agit là d'ailleurs avant tout d'une question de fait abandonnée à l'appréciation souveraine des tribunaux qui tiennent compte des circonstances particulières à chaque espèce.

559 — *Inexécution d'une obligation accessoire* — Le rapport contractuel entre les parties est souvent basé sur plus d'une obligation. Que se passe-t-il alors lorsque le débiteur fait défaut de remplir l'une d'entre elles ? S'il s'agit d'une obligation accessoire, le seul cas véritable où le créancier est en droit de traiter le contrat comme totalement inexécuté est celui où l'exécution de cette obligation est absolument indispensable à l'utilité même de l'obligation principale. Dans les autres cas, le créancier conserve ses droits relativement à l'obligation accessoire sans pouvoir toutefois traiter le contrat comme totalement inexécuté [236].

560 — *Exécution défectueuse* — L'exécution défectueuse se présente lorsque le débiteur fait l'acte ou livre l'objet promis sans que celui-ci soit conforme aux standards ou modèles prévus par la convention. Ces cas relativement fréquents en matière de vente, de louage de service ou de choses, de mandat et de contrat d'entreprise, sont en fait des hypothèses de non-exécution simple puisque le débiteur ne saurait remplir son obligation en livrant ou faisant une chose autre que celle à laquelle il s'est obligé par contrat.

En d'autres termes, il y a inexécution d'une obligation de ne pas faire si le débiteur pose l'acte qu'il s'était contractuellement interdit, et d'une obligation de faire et de donner lorsqu'il n'accomplit pas l'acte ou ne livre pas l'objet promis, lorsqu'il le fait mal ou lorsqu'il ne le fait pas dans le temps prévu par la convention ou jugé raisonnable eu égard aux circonstances.

---

236. Voir *Rouleau* v. *Power,* (1927) 42 B. R. 416 ; *Bonsaint* v. *Sasseville et Industrial Acceptance Co. Ltd.,* (1954) C. S. 300. Voir également *Brault* v. *Poitras,* (1960) B. R. 1126 ; (1962) R. C. S. 282.

B. LE PRÉJUDICE SUBI

561 — *Dommages compensatoires* — *dommages moratoires* — Le préjudice subi par le créancier peut être de deux ordres différents. L'inexécution de l'obligation peut non seulement lui causer une perte mais aussi le frustrer d'un bénéfice qu'il escomptait normalement tirer du contrat. Une compensation pécuniaire adéquate doit comprendre la perte qu'il a subie et le gain qu'il a manqué. Les dommages-intérêts accordés dans un tel cas sont connus sous le nom de « dommages compensatoires » et ont pour but d'effacer le préjudice subi par le créancier. En second lieu, même si le débiteur s'est exécuté, le créancier a pu subir un préjudice du fait que l'exécution a été tardive. Il peut alors obtenir indemnisation pour le préjudice consécutif au simple retard. Ces dommages-intérêts, ou dommages moratoires, suivent des règles quelque peu différentes de celles des dommages compensatoires. Le terme « dommage compensatoire », accepté par la langue juridique, est d'ailleurs fort mal choisi puisque les dommages compensatoires *stricto sensu* et les dommages moratoires ont tous deux pour but de « compenser » le préjudice subi par le créancier.

1. *DOMMAGES-INTÉRÊTS COMPENSATOIRES*

562 — *Origine* — Ces dommages peuvent avoir deux origines différentes. Dans la majorité des cas, ils sont fixés par le tribunal sur demande du créancier au cours d'une contestation judiciaire l'opposant au débiteur (dommages judiciaires). Cependant, en vertu du principe de la liberté contractuelle, les parties peuvent également prédéterminer dans le contrat le montant que devra payer le débiteur en cas d'inexécution par une clause pénale (dommages conventionnels).

a) DOMMAGES-INTÉRÊTS JUDICIAIRES

563 — *Principes généraux* — Le montant accordé par le tribunal doit être tel qu'il permette de replacer le créancier dans la même situation où il se serait trouvé si le débiteur avait fidèlement exécuté l'obligation [237], sans toutefois permettre au créancier de se trouver enrichi aux dépens du débiteur. Les dommages judiciaires comprennent deux

---

237. *Howard* v. *Findlay*, (1917) 51 C. S. ; (1918) 27 B. R. 375 ; (1919) 58 R. C. S. 516 ; *Nicholson* v. *Kersley*, (1921) 59 C. S. 546 ; *Mile End Milling Co.* v. *Peterborough Cereal Co.*, (1924) R. C. S. 120 ; *Raymond* v. *Constant*, (1964) B. R. 906.

éléments distincts : la perte effective subie et le gain manqué[238]. La compensation pour être complète doit en effet tenir compte de la somme réelle perdue par le créancier mais aussi du profit que le créancier aurait réalisé si le débiteur avait exécuté l'obligation. La jurisprudence a eu maintes fois l'occasion de discuter et d'appliquer ces principes. Le calcul de la perte subie est relativement facile à faire. Par contre établir le profit ou le gain manqué est beaucoup plus complexe. Les tribunaux exigent en général à cet égard que le créancier justifie qu'il a réellement manqué les profits réclamés et donc n'accordent pas d'indemnisation pour des profits incertains, éloignés dans le temps ou trop aléatoires[239]. Par contre, il semble raisonnablement bien établi de nos jours que les tribunaux, dans l'appréciation des dommages futurs, doivent prendre en considération les événements intervenus entre la date de l'inexécution et celle où l'action a été prise, de même que les faits nouveaux survenus depuis l'exécution[240]. Il est difficile toutefois de tirer des règles générales de l'expérience juris-prudentielle quant aux critères exacts d'application de ces divers principes. À titre d'exemple, cependant, signalons que si le vendeur fait défaut de livrer l'objet, la mesure des dommages-intérêts de l'acheteur est en règle générale la différence entre le prix de vente et le coût de réapprovisionne-ment pour lui[241]. L'acheteur peut également, dans certains cas, réclamer le profit certain qu'il aurait fait sur la revente[242]. Si l'acheteur refuse de prendre livraison, le vendeur peut exiger la différence entre le prix de

---

238. Art. 1073 C. C. Ce principe donne lieu à certaines applications particulières : art. 1511 et s., 1527, 1528 et 1637 C. C.

239. *Feldman* v. *Island Land Co.*, (1942) 48 R. J. 465 ; *Pruneau Ltd.* v. *Bédard*, (1950) B. R. 246.

240. *Howard* v. *Findlay*, (1917) 51 C. S. 385 ; (1918) 27 B. R. 375 ; (1919) 58 R. C. S. 516 ; *Jobin* v. *City of Thetford Mines*, (1925) R. C. S. 686 ; *Pratt* v. *Beaman*, (1930) R. C. S. 284 ; *Langlois* v. *Drapeau*, (1962) B. R. 277, p. 288.

241. Voir à ce sujet : PARENT, H., « Des dommages-intérêts pour inexécution des contrats de vente », (1928-1929) 7 R. du D. 7 ; *Mile End Milling Co.* v. *Beausoleil*, (1927) 43 B. R. 494 ; *Quebec Fruit and Fish Exchange Ltd.* v. *Bouillon*, (1928) 76 C. S. 142 ; *St. Lawrence Bakery Ltd.* v. *Brault*, (1939) 66 B. R. 507 ; *Cinq-Mars* v. *Boivin*, (1954) R. L. n. s. 449 ; *Potato Distributors Ltd.* v. *Kickham*, (1954) B. R. 813.

242. *Roy* v. *Simard*, (1927) 43 B. R. 538 ; (1928) R. C. S. 328 ; *Cinq-Mars* v. *Boivin*, (1954) R. L. n. s. 449 ; *Brunet* v. *Ville de Rivière-des-Prairies*, (1964) R. L. 217 ; *Remer Spring Manufacturing Co. Ltd.* v. *Robin*, (1965) B. R. 889 ; (1966) R. C. S. 506. Pour la vente d'actions, voir *Siscoe Gold Mines Ltd.* v. *Bijakowski*, (1935) 1 D. L. R. 513 ; *Bussières* v. *Canadian Exploration Ltd.*, (1938) 1 D. L. R. 257 ; *Trust général du Canada* v. *Authier*, (1961) C. S. 507 ; *Beaudry* v. *Randall*, (1962) B. R. 577 ; (1963) R. C. S. 418.

vente et celui du marché à la date où la chose a été livrée [243] et parfois la différence entre ce même prix et le prix de revente si le vendeur, obligé de revendre à perte, a fait diligence dans un délai raisonnable pour obtenir le prix le plus avantageux [244]. Les tribunaux suivent les circonstances de l'espèce en se gardant d'ailleurs le droit d'évaluer les dommages sur une autre base si celle-ci leur semble plus juste [245]. Cependant, la loi impose une double qualification à l'étendue des dommages. Ceux-ci doivent être directs (condition commune avec les dommages délictuels) et prévus ou prévisibles (condition particulière aux dommages contractuels).

564 — *Dommages directs* — Le législateur a voulu éviter que le débiteur ne soit tenu de dommages qui ne sont que des conséquences indirectes de sa faute et éliminer ainsi le « dommage par ricochet ». Seuls les dommages résultant directement de l'inexécution peuvent faire partie de l'indemnisation. La ligne exacte de démarcation entre le dommage direct et indirect est cependant fort difficile à tracer en pratique. On peut éliminer, semble-t-il, le préjudice résultant d'une nouvelle cause indépendante de l'inexécution même et postérieure à l'acte fautif du débiteur. Toutefois l'examen de la jurisprudence laisse le juriste quelque peu perplexe puisqu'elle semble utiliser la règle du caractère direct des dommages avant tout pour modérer ou limiter le champ de la réparation selon les conditions et circonstances propres à chaque espèce [246]. En définitive,

---

243. *Mile End Milling Co.* v. *Peterborough Cereal Co.,* (1924) R. C. S. 120. Il est à noter que si ce critère a été appliqué ici c'est, semble-t-il, surtout parce que le vendeur avait fait défaut de minimiser ses dommages en revendant en temps opportun.

244. *Drouin* v. *Dubois,* (1951) C. S. 301 ; *Di Paolo General Building Contractors Ltd.* v. *Boulanger,* (1962) B. R. 783, p. 792.

245. *Loyal Oil Co. Ltd.* v. *Cousineau,* (1926) 41 B. R. 300 ; *Drouin* v. *Dubois,* (1951) C. S. 301.

246. À titre d'exemple la jurisprudence a retenu comme dommages directs : les frais d'expertise encourus : *Wampole* v. *Simard,* (1908) 39 R. C. S. 160 ; *Laplante* v. *Deslauriers et Fils Ltée,* (1951) C. S. 93 ; *Marcotte* v. *Darveau,* (1956) C.S. 197 ; les frais du notaire encourus à la suite du défaut de signer le contrat : *Doré* v. *Éthier,* (1957) B. R. 163 ; comme dommages indirects : la perte totale d'un troupeau à la suite de sa contamination par un animal malade : *Boutin* v. *Paré,* (1959) B. R. 459 ; la perte d'une récolte à la suite de la non-livraison du bois requis pour bâtir une grange : *Lambert* v. *Comeau,* (1921) 59 C. S. 425 ; les profits attendus d'un commerce dans un lieu loué dont le locataire n'a pas été mis en possession : *Bonner* v. *Cantin,* (1921) 32 B. R. 52 ; *Tessier* v. *Poirier,* (1926) 32 R. L. n. s. 394. Voir également *Makkinge* v. *Robitaille,* (1917) 51 C. S. 17 ; *Leduc* v. *Provincial Building and Engineering Co.,* (1920) 26 R. L.n. s. 103 ; *Quebec Land Co.* v. *Giguère,* (1926) 41 B.R. 551 ; *Isaacs* v. *Canadian Bank of Commerce,* (1931) 37 R. L. n. s. 418 ; *Feldman* v. *Island Land Co.,* (1942) 48 R. J. 465 ; *Dequoy* v. *C. N. R.,* (1954) R. L. n. s. 409 ; *Martin* v. *Charland,* (1946) 52 R. L. n. s. 138 ; *Vocisano* v. *Concrete Column Clamps Ltd.,*

l'appréciation de cette qualité reste plus une question de fait que de droit et est abandonnée à la discrétion des tribunaux.

565 — *Dommages prévisibles* — Le caractère de prévisibilité des dommages a été imposé en matière contractuelle en se basant sur la volonté présumée des parties [247]. Celles-ci, ayant pu lors de la formation du contrat fixer exactement l'étendue de leur engagement, étaient également en mesure de prévoir l'étendue des conséquences d'une inexécution future. D'autre part, il apparaît normal que l'indemnisation ne puisse fluctuer considérablement selon les facteurs extérieurs et selon les événements et les changements de situation postérieurs à la conclusion de l'engagement et dont les parties elles-mêmes ne pouvaient envisager la survenance. Le contraire reviendrait à admettre que l'inexécution la plus minime puisse entraîner par cascades une condamnation à des sommes pécuniaires fort importantes, en enrichissant indûment le créancier aux dépens du débiteur. Le juge doit donc se placer dans l'évaluation des dommages-intérêts au jour de la formation du contrat et ne retenir que ceux effectivement prévus ou que les parties auraient pu prévoir à cette époque. Une exception est cependant apportée à cette règle lorsque l'inexécution est due à la fraude du débiteur [248]. Ce dernier assume alors tous les dommages à caractère direct, même ceux qui sont imprévus ou imprévisibles comme sanction de la mauvaise foi. La jurisprudence utilise la règle de l'article 1075 C. C. pour augmenter parfois substantiellement le montant de la compensation. Dans les faits, il arrive souvent qu'à l'analyse jurisprudentielle les deux critères du caractère direct et prévisible se confondent et que la plupart des dommages non prévisibles soient également indirects. Force est de reconnaître le caractère quelque peu artificiel de la règle de la prévisibilité des dommages-intérêts qui présuppose chez

---

(1959) B. R. 230 ; *Mayburry* v. *Metropolitan Stores Ltd.*, (1961) B. R. 719 ; *Di Paolo General Building Contractors Ltd.* v. *Boulanger*, (1962) B. R. 783.

247. Art. 1074 C. C. Pour une application particulière de cette règle aux voituriers, voir art. 1677 C. C. En jurisprudence voir *Chambly Manufacturing Co.* v. *Willet*, (1904) 34 R. C. S. 502 ; *Damphousse* v. *Leblond*, (1913) 44 C. S. 20 ; *Standard Bedstead Co.* v. *Co. de chemin de fer du Grand Tronc*, (1914) 21 R. L. n. s. 33 ; *Makkinge* v. *Robitaille*, (1917) 51 C. S. 17 ; *Quebec Land Co.* v. *Giguère*, (1926) 41 B. R. 551 ; *Roy* v. *Simard*, (1927) 43 B. R. 538 ; (1928) R. C. S. 328 ; *Duranceau* v. *Handfield*, (1930) 49 B. R. 507 ; *Isaacs* v. *Canadian Bank of Commerce*, (1931) 37 R. L. n. s. 418 ; *St. Lawrence Bakery Ltd.* v. *Brault*, (1939) 66 B. R. 507 ; *Dequoy* v. *C. N. R.*, (1954) R. L. n. s. 409 ; *Martin* v. *Charland*, (1946) 52 R. L. n. s. 138 ; *Ouellette Motor Sales Ltd.* v. *Standard Tobacco Co.*, (1960) B. R. 367 ; *Remer Spring Manufacturing Co. Ltd.* v. *Robin*, (1965) B. R. 889 ; (1966) R. C. S. 506.

248. Art. 1095 C. C. ; *Vocisano* v. *Concrete Column Clamps Ltd.*, (1959) B. R. 230 ; *Coronation Foods Corp.* v. *Lasalle Warehousing and Transfer Ltd.*, (1965) C. S. 633. Voir aussi *Boutin* v. *Paré*, (1959) B. R. 459.

les cocontractants le pouvoir de prévoir à l'avance toutes les conséquences de l'acte d'inexécution.

566 — *Critères d'appréciation jurisprudentielle* — Les juges éprouvent parfois un certain embarras à adopter l'une des nombreuses méthodes de calcul des dommages-intérêts qui leur sont proposées ou encore à parvenir, en suivant les normes fixées par la loi, à une juste indemnisation[249]. Dans certaines situations fort complexes, il est en effet pratiquement impossible d'attacher un chiffre exact à la violation de l'obligation contractuelle. Les tribunaux, qui ne peuvent en principe accorder des dommages-intérêts simplement punitifs ou exemplaires, octroient alors soit des dommages dits nominaux, soit des dommages forfaitaires, qui, à leur avis, couvrent à peu près adéquatement le préjudice subi[250].

567 — *Minimisation des dommages* — La jurisprudence a enfin établi une règle selon laquelle le créancier est tenu, lorsqu'il constate l'inexécution, de tenter de minimiser le préjudice qu'il subit. Les tribunaux n'admettront pas qu'il réclame cette portion des dommages qu'il aurait pu éviter après l'inexécution, par le comportement d'un créancier normalement prudent et diligent qui essaye de réduire le plus possible sa perte. L'individu qui peut éviter certaines conséquences du défaut d'exécution de son débiteur et qui néglige ou refuse de le faire, ne saurait en effet se plaindre des conséquences de sa propre incurie ou de sa mauvaise foi[251].

b) DOMMAGES-INTÉRÊTS CONVENTIONNELS

567a — *Types de clause pénale* — La clause pénale[252] qui fixe d'avance, dans la convention, la somme que le débiteur devra payer au créancier en cas d'inexécution est relativement fréquente de nos jours. Elle a l'avantage en effet d'une part d'éviter les aléas de la contestation judiciaire et d'autre part, en cas de poursuite par le créancier, de le dispenser de rapporter la preuve des dommages effectivement subis[253].

---

249. Voir par exemple *Charbonneau* v. *Latour*, (1914) 20 R. J. 225 ; *Eagle Lumber Co. Ltd.* v. *Noël*, (1943) C. S. 163 ; *Mindlin* v. *Cohen*, (1960) C. S. 116.
250. *Coghlin* v. *Fonderie de Joliette*, (1904) 36 R. C. S. 153 ; *Mougeot* v. *Bank of Nova Scotia*, (1959) C. S. 415 ; *Mayburry* v. *Metropolitan Stores Ltd.*, (1961) B. R. 719 ; *Eddy's Drive-Ur-Self* v. *Malkassoff*, (1962) C. S. 364.
251. *Mile End Milling Co.* v. *Peterborough Cereal Co.*, (1924) R. C. S. 120 ; *Boutin* v. *Paré*, (1959) B. R. 459 ; *Frank and Pascal Construction Co.* v. *Concreters Ready Mix Ltd.*, (1962) R. L. n. s. 531 ; *Holbrook* v. *Gordon*, (1968) C. S. 37.
252. Art. 1076, 1131 à 1137 C. C.
253. *McDonald* v. *Hutchins*, (1903) 12 B. R. 499 ; *Canadian General Electric Co. Ltd.* v. *Canadian Rubber Co. Ltd.*, (1915) 47 C. S. 24 ; (1916) 52 R. C. S. 349 ; *Boretsky* v. *Amherst Bowling Recreation Inc.*, (1965) C. S. 521.

Elle peut se présenter sous des formes variées. La clause pénale classique prévoit soit un forfait en cas d'inexécution, soit une pénalité à tant par jour par exemple pour le retard apporté à l'exécution [254]. Elle peut être utilisée également comme un moyen de limitation de responsabilité par le débiteur qui fixe alors une somme globale relativement basse en général qu'il aura à payer en cas d'inexécution.

568 — *Clause pénale et frais de justice* — Un certain type de clause pénale, importé du *Common Law* se rencontre fréquemment de nos jours au Québec. Il s'agit de la stipulation selon laquelle le débiteur d'une somme d'argent devra payer un supplément (représenté en général par un pourcentage sur la somme due) si, en cas de non-paiement, le créancier est obligé d'intenter des poursuites en justice et de retenir ainsi les services d'un avocat. Ce montant est destiné à couvrir les frais encourus par le créancier pour le recouvrement de la créance. La validité de ce genre de clause est sujette à caution et la jurisprudence est loin d'être unanime. Certains arrêts la considèrent comme une clause pénale valable [255]. D'autres au contraire contestent qu'il s'agisse véritablement d'une clause pénale, l'estiment contraire aux dispositions de l'article 1077 C. C., et contraire à la Loi du Barreau qui veut que seul un avocat ait droit à des honoraires judiciaires ou extrajudiciaires, et donc illégale et nulle [256]. Nous

---

254. Voir par exemple *McDonald* v. *Hutchins,* (1903) 12 B. R. 499 ; *Guertin* v. *Papineau,* (1913) 40 C. S. 97 ; (1913) 22 B. R. 529 ; *Canadian General Electric Co. Ltd.* v. *Canadian Rubber Co. Ltd.,* (1915) 47 C. S. 24 ; (1916) 52 R. C. S. 349 ; *Bois* v. *Bouchard,* (1930) 36 R. J. 222 ; *Pelletier* v. *Duchaîne,* (1933) 71 C. S. 216. Pour une espèce curieuse dans laquelle la clause pénale prévoyait qu'en cas d'inexécution, le débiteur serait tenu de céder ses actions dans une compagnie, voir *Bergeron* v. *Ringuet,* (1958) B. R. 222 ; (1960) R. C. S. 672 ; commentaires BEAULIEU, M. L., (1958) 18 R. du B. 395 ; CHOUINARD, J., (1961) 39 C. B. R. 469.

255. *Canadian Acceptance Co. Ltd.* v. *Pollock,* (1940) 78 C. S. 258 ; *Létourneau* v. *Laliberté,* (1957) C. S. 428 ; *Payeur* v. *Tourigny,* (1957) C. S. 185 ; *Traders Finance Co. Ltd.* v. *Falardeau,* (1958) C. S. 393 ; *Meuble moderne Enrg.* v. *Collin,* (1959) C. S. 102 ; *Garage central d'Amos Ltée* v. *Bouchard,* (1962) C. S. 371 ; *Alphonse Gratton Inc.* v. *Ambassador Manufacturing Co.,* (1962) C. S. 648 ; *Delisle Auto Rouyn Ltée* v. *McNicoll,* (1962) C. S. 75 ; *Caisse populaire de Ste-Bernadette* v. *Vigeant,* (1962) R. L. n. s. 145 ; commentaire MAYRAND, A., (1962) 22 R. du B. 296 ; *Atlas Thrift Plant Co. Ltd.* v. *Di Stefano,* (1964) C. S. 472 ; *Traders Finance Co. Ltd.* v. *Perron,* (1967) C. S. 418.

256. *Modern Refrigeration Co.* v. *Bastien,* (1953) C. S. 347 ; *Commercial Acceptance Co.* v. *Partridge,* (1955) C. S. 80 ; *Industrial Acceptance Co.* v. *Germain,* (1958) R. P. 40 ; *Payeur* v. *Roy,* (1959) R. L. 508 ; *Rompré Frère Drive-Yourself Ltée* v. *Roy,* (1961) C. S. 29 ; *City Buick Ltd.* v. *Andriano,* (1961) C. S. 546.

penchons personnellement pour cette dernière solution car, souvent lésionnaire au sens large du terme, elle équivaut indirectement à un relèvement
du taux d'intérêt. De plus, il lui manque l'une des caractéristiques fondamentales de la clause pénale : la somme stipulée n'est pas due en effet
en raison de l'inexécution elle-même mais en raison du recours à la justice
pour la perception de la créance. Enfin, elle constitue une stipulation pour
autrui en faveur de l'avocat, d'honoraires que le stipulant réclame lui-
même et dont il acquiert le bénéfice contrairement à la Loi du Barreau.

569 — *Règles générales* — La clause pénale représente
des dommages-intérêts conventionnels et tient lieu de dommages-intérêts
judiciaires. À ce titre, elle est donc soumise à la plupart des règles générales
concernant la compensation judiciaire. C'est ainsi qu'avant de l'exiger, le
créancier doit mettre le débiteur en demeure [257]. De même, le droit à la
clause pénale ne s'ouvre que s'il y a inexécution fautive de l'obligation [258]
et, en cas d'exécution partielle, la somme stipulée doit être réduite proportionnellement sauf stipulation contraire [259]. C'est là cependant le seul cas où
la peine peut être réduite ; la volonté des parties étant souveraine, le juge est
tenu de la respecter, même si ses conséquences sont dures pour le débiteur
défaillant, et il ne peut donc en diminuer le montant [260]. Le créancier n'est
cependant jamais obligé de se prévaloir de la clause pénale et peut à son
choix opter pour elle ou pour l'exécution en nature de l'obligation [261].

570 — *Caractère accessoire* — D'autre part, la clause
pénale est une obligation secondaire et accessoire à l'obligation principale
dont elle a pour but d'assurer l'exécution. En conséquence, la nullité de
l'obligation principale entraîne la nullité de la clause pénale mais non
l'inverse [262].

2. DOMMAGES-INTÉRÊTS MORATOIRES

571 — *Principes généraux* — Les dommages-intérêts
moratoires sont dus au créancier en raison du simple retard apporté par
le débiteur à l'exécution de l'obligation. Ils nécessitent une mise en demeure

---

257. Art. 1134 C.C. ; *Curtis and Harvey* v. *Appendale*, (1928) 29 B.R. 404 ;
Pelletier v. *Duchaîne*, (1933) 71 C.S. 216 ; *Jodoin* v. *Lavigne*, (1960) B.R. 174.
258. *Guertin* v. *Papineau*, (1911) 40 C.S. 97 ; (1913) 22 B.R. 529.
259. Art. 1076 et 1135 C.C. ; *Robitaille* v. *National Breweries Co.*, (1912) 41 C.S.
214.
260. Art. 1135 C.C.
261. Art. 1133 C.C. Il ne peut cependant cumuler les deux recours : *Baillargeon* v.
Therrien, (1957) R.P. 339 ; *Boretsky* v. *Amherst Bowling Recreation Inc.*,
(1965) C.S. 521 ; *Troy Laundry Ltd.* v. *Wescott Morris*, (1964) R.P. 123.
262. Art. 1132 C.C.

qui fournit la preuve que le créancier n'a pas entendu accorder un terme de grâce à son débiteur [263], et ne sont dus qu'à partir de cette date, sauf disposition contraire de la loi [264]. Lorsque l'obligation du débiteur est une obligation en nature, les dommages dus pour le retard suivent des règles identiques à celles des dommages compensatoires et se confondent parfois avec eux. Dans cette hypothèse, en effet, l'exécution tardive équivaut le plus souvent à un défaut pur et simple d'exécution et les dommages doivent alors être calculés en fonction de la perte subie et du gain manqué par le créancier.

572 — *Obligations monétaires* — S'il s'agit par contre d'une obligation pécuniaire (payer une somme d'argent), les dommages-intérêts moratoires sont les intérêts sur la somme, au taux fixé par la loi [265] ou convenu entre les parties. Ces intérêts sont dus au créancier d'une manière automatique, ce dernier n'ayant pas à rapporter la preuve que le retard du paiement lui a effectivement causé préjudice. L'argent étant habituellement frugifère de nature, les intérêts compensent donc pour la non-production de ses fruits pendant la période de retard. Il existe cependant certains cas où les dommages-intérêts moratoires comprennent plus que les simples intérêts sur la somme due [266]. Enfin, l'anatocisme ou capitalisation des intérêts n'est légal qu'à l'égard de certaines dettes spécifiquement prévues par la loi ou la convention [267].

II — CAUSES D'EXONÉRATION

573 — *Généralités* — Le simple fait matériel de l'inexécution de l'obligation n'a pas pour effet d'entraîner automatiquement la responsabilité du débiteur et de l'obliger à indemniser le créancier. En effet, la responsabilité étant à base de faute, il appartient en premier lieu de déterminer si l'inexécution peut être reprochée au débiteur, eu égard à l'intensité et à la nature de son obligation. Le débiteur peut s'exonérer

---

263. *Reinhardt* v. *Turcotte*, (1956) B. R. 241 ; voir paragr. 536.

264. Art. 296, 313, 722, 871, 1049, 1360, 1366, 1534, 1714, 1724, 1784, 1807, 1860 C. C.

265. Art. 1077 C. C. ; *Loi sur l'intérêt*, S. R. C., 1952, ch. 156, art. 4 ; *Simard* v. *Lesage*, (1926) 64 C. S. 495 ; *Gagnon* v. *Caisse populaire de Ste-Anne-de-la-Pocatière*, (1956) C. S. 99.

266. Notamment art. 1948, 1840 C. C. ; *Loi des lettres de change*, S. R. C., 1952, ch. 15, art. 134 et 165. De plus en cas de mauvaise foi du débiteur, le créancier peut être indemnisé pour le préjudice qu'il a subi : *Cantin* v. *St-Amant*, (1943) C. S. 255. Voir aussi *Co. of the County of Ottawa* v. *Montreal, Ottawa and Western Railway Co.*, (1888) 14 R. C. S. 193.

267. Art. 1078 C. C.

totalement ou partiellement d'une façon légale en démontrant qu'il n'a pas failli au standard fixé par la loi et, d'une façon conventionnelle, en prouvant soit qu'au moment de la conclusion du contrat il avait, en accord avec un cocontractant, dégagé ou limité sa responsabilité éventuelle, soit qu'il existe un texte législatif mettant en échec le principe de la compensation pleine et entière.

A. CAUSES LÉGALES

574 — *Nature et contenu de l'obligation* — La lecture de l'article 1071 C. C. pourrait donner à penser à première vue que la seule cause d'exonération du débiteur serait l'existence d'un fait extérieur à lui et donc qui ne lui serait pas imputable. Une certaine jurisprudence en avait déduit que la responsabilité du débiteur contractuel était présumée, une fois prouvé le fait matériel de l'inexécution[268]. Cette jurisprudence prenait pour acquis que le débiteur contractuel s'engageait toujours à une obligation de résultat, oubliant ainsi l'existence de nombreux contrats où seule une obligation de moyens est assumée[269]. Les causes légales d'exonération de la responsabilité ne dépendent pas de la nature contractuelle de l'obligation mais bien de son contenu et de son intensité[270].

575 — *Obligation de moyens, obligation de résultat* — Le débiteur d'une obligation de moyens n'a pas en effet à prouver que l'inexécution provient d'une cause étrangère qui ne peut lui être imputée. Il lui suffit d'établir son absence de faute, c'est-à-dire que, dans les circonstances de l'espèce, il a pris tous les moyens qu'aurait utilisés un débiteur prudent et diligent placé dans la même situation de fait. Par opposition, le débiteur d'une obligation de résultat doit aller beaucoup plus loin. Il ne peut se contenter en effet de rapporter la preuve d'un comportement de « bon père de famille », il doit expliquer pourquoi il a été dans l'incapacité de fournir le résultat promis et donc établir que

---

268. *Dechêne* v. *Chemin de fer canadien du Pacifique*, (1951) 47 C. S. 431 ; *Bourget* v. *Aita et A. J. Todd Express Ltd.*, (1947) C. S. 25 ; *Makkinge* v. *Robitaille*, (1917) 51 C. S. 17 ; *Lavigueur* v. *Globe Indemnity Ltd.*, (1929) 47 B. R. 100 ; *Corbeil* v. *$1 Cleaners Ltd.*, (1937) 75 C. S. 193 ; *Daignault* v. *New York Central Railroad Co.*, (1945) B. R. 657 ; *Décary* v. *Taxis jaunes Ltée*, (1948) C. S. 239 ; *Laflamme* v. *Nettoyeur Sillery Cleaners Inc.*, (1958) C. S. 139.

269. Voir à ce sujet CRÉPEAU, P.-A., « Réflexions sur le fondement juridique de la responsabilité civile du transporteur de personnes », (1960) 7 McGill L. J. 225, p. 231 et s.

270. Voir CRÉPEAU, P.-A., « Des régimes contractuel et délictuel de responsabilité civile en droit civil canadien », (1962) 22 R. du B. 501, p. 515 et s. ; CRÉPEAU, P.-A., « Le contenu obligationnel d'un contrat », (1965) 43 C. B. R. 1.

l'inexécution de l'obligation est due à un cas fortuit, à l'acte d'un tiers ou à l'acte du créancier lui-même [271].

1. CAS FORTUIT, FORCE MAJEURE

a) CARACTÈRES

576 — *Définition* — Ces deux termes, que certains auteurs français distinguent [272], sont utilisés indifféremment pour recouvrir la même réalité par le législateur et par les tribunaux québécois. Le cas fortuit ou la force majeure est défini par la doctrine classique comme *un événement extérieur à l'homme, que celui-ci ne pouvait prévoir, auquel il ne pouvait résister et qui a rendu absolument impossible l'exécution de l'obligation.*

577 — *Extériorité* — Le caractère d'extériorité est exigé par la jurisprudence et la doctrine en général pour éliminer les cas où l'inexécution, tout en provenant d'un événement normalement imprévisible, a sa source dans le champ normal d'activité propre du débiteur. En effet, dans de nombreux cas, l'événement d'apparence fortuite qui se manifeste dans les limites de la zone d'activité du débiteur constitue, dans le cas d'une obligation de résultat surtout, un comportement fautif. Ainsi, le voiturier qui ne peut remplir son obligation par suite du bris fortuit de son véhicule, ne peut invoquer la force majeure parce qu'en quelque sorte il assume pleine responsabilité pour le comportement de l'objet dont il est gardien et propriétaire [273]. Il faut souligner les contradictions apparentes de la jurisprudence [274] qui, dans l'ensemble, n'accorde que relativement peu d'importance au critère de l'extériorité, en admettant au rang de cas fortuit certains événements, telle la grève [275], qui s'inscrivent pourtant dans le champ d'action du débiteur.

578 — *Imprévisibilité* — La loi, dans la définition qu'elle donne du cas fortuit, requiert que le débiteur n'ait pas « prévu » l'événe-

---

271. Sur la classification des obligations en obligations de moyens et de résultat, voir paragr. 26 et s.

272. Voir à ce sujet MARTY et RAYNAUD, *Droit civil*, t. 2, n° 483, p. 527 et s. ; WASSERMAN, G., « Impossibility of Performance in the Civil Law of Quebec », (1952) 12 R. du B. 366, p. 373.

273. *Verreault Automobiles Ltée* v. *Marcil*, (1961) C. S. 410 ; (1962) B. R. 340.

274. Comparer le cas précité avec *Garon* v. *Gingras*, (1962) C. S. 248 ; *Guy St-Pierre Automobile Inc.* v. *Lavallée*, (1964) C. S. 353.

275. Voir paragr. 581 ; voir aussi, pour d'autres exemples, *Gascon* v. *Lecompte*, (1942) C. S. 220 ; *Banque Toronto-Dominion* v. *Consolidated Paper Co. Ltd.*, (1962) B. R. 805 ; *Legault* v. *Labelle*, (1963) C. S. 35.

ment [276]. Au contraire, la jurisprudence, reprenant en cela les données de la doctrine classique, demande au débiteur de démontrer non seulement qu'il n'a pas effectivement prévu l'événement mais encore que celui-ci n'était pas normalement « prévisible [277] ». Établir le caractère imprévisible de l'événement consiste donc à comparer la conduite du débiteur au moment de la formation du contrat à celle d'un modèle abstrait du débiteur avisé. Les tribunaux ne poussent cependant pas cette comparaison à la limite, car toute chose étant théoriquement prévisible par un débiteur éclairé, même les événements les plus inattendus, une telle exigence aurait pour effet de détruire le concept même du cas fortuit. Les tribunaux en d'autres termes font appel encore une fois à la notion fort relative du bon père de famille et se posent la question suivante : l'événement était-il normalement prévisible pour un bon père de famille ou pour un débiteur prudent et avisé ? Celui qui a prévu l'arrivée de l'événement ne saurait s'en plaindre s'il a quand même contracté puisqu'il aurait dû alors soit prendre toutes les précautions pour l'éviter, soit refuser de contracter devant le risque.

579 — *Irrésistibilité* — Le caractère irrésistible de l'événement doit être tel qu'il rende toute opposition de la part du débiteur inutile ou futile. Le fait qui rend l'exécution plus difficile, plus périlleuse ou plus onéreuse pour le débiteur ne tombe pas dans cette catégorie [278] car celui-ci a le devoir de tout mettre en œuvre pour fournir l'exécution même si un changement de circonstances a accru pour lui la difficulté du paiement. La théorie de l'imprévision n'est pas en effet reconnue comme telle par le droit québécois [279]. On peut cependant noter une attitude assez libérale de certaines décisions jurisprudentielles qui absolvent le défaut d'exécution causé par un événement qui eût requis du débiteur des sacrifices énormes ou une perte considérable eu égard au contrat passé. Par contre, on ne

---

276. Art. 12 (24) C. C.

277. *Gagné* v. *Co. de St-Rémi de Taillon*, (1920) 57 C. S. 105 ; *Dupuis* v. *Co. du village de Ste-Marie*, (1926) 32 R. J. 53 ; *Girard* v. *Williams*, (1943) C. S. 347 ; *Thivierge* v. *Langevin*, (1945) C. S. 297 ; *Aita et A. J. Todd Express Ltd.* v. *Roussin*, (1950) C. S. 301 ; *Lamer* v. *Commission hydro-électrique de Québec*, (1954) R. L. n. s. 513 ; *Cadieux* v. *Riverview Investment Co.*, (1957) C. S. 148 ; *Val Richelieu Construction Inc.* v. *Dugas*, (1958) C. S. 622 ; *Comellas* v. *Stanley Realty Co.*, (1958) C. S. 716 ; *Terminal Construction Co. Ltd.* v. *Piscitelli*, (1960) B. R. 593 ; *Vézina* v. *D.*, (1961) C. S. 245 ; *Stewart* v. *Bank of Nova Scotia*, (1967) B. R. 699 ; *Irving Realties Inc.* v. *Nadeau*, (1968) B. R. 21.

278. *Biron* v. *Meloche*, (1927) 65 C. S. 535 ; *Rivest* v. *Co. du village de St-Joseph*, (1932) R. C. S. 1 ; *Proulx* v. *Beaudoin*, (1948) C. S. 69 ; *Tremblay* v. *Bouchard*, (1948) B. R. 490 ; (1949) R. C. S. 552 ; *Frank Ross Construction Ltd.* v. *Verona Construction Ltd.*, (1959) B. R. 674 ; (1961) R. C. S. 195.

279. Voir cependant *Madden* v. *Demers*, (1920) 29 B. R. 505.

saurait exonérer la partie qui, lors de la formation du contrat, a mal calculé ses coûts ou a commis une erreur d'évaluation sur les frais et dépenses incidents à l'exécution [280].

580 — *Impossibilité absolue d'exécution* — Enfin, l'événement invoqué comme force majeure doit être tel qu'il empêche l'exécution de l'obligation d'une manière absolue et permanente [281]. Le débiteur n'est pas déchargé si l'exécution partielle d'une obligation divisible est encore possible ou si les effets de l'événement ne sont que temporaires (à moins dans ce dernier cas que le temps ne soit de l'essence même du contrat). L'impossibilité d'exécution ne saurait être personnelle au débiteur, mais doit revêtir un caractère général. En d'autres termes, l'événement doit être tel qu'il rende l'exécution impossible pour tous.

581 — *État de la jurisprudence* — La caractérisation et la qualification du cas fortuit sont laissées à la sagesse des tribunaux et il est difficile de tracer les lignes directrices en la matière. En effet, les critères théoriques précédemment examinés s'interprètent parfois fort différemment suivant les circonstances particulières à chaque espèce. Les faits de la nature (pluie, inondations, neige, débâcle, gelée, vent, etc.) [282], les faits de l'homme (grève, incendie, vol, guerre, fait du prince, embargo, maladie ou accident, etc.) [283], ne sont pas en eux-mêmes des cas fortuits,

280. *Frank Ross Construction Ltd.* v. *Verona Construction Ltd.*, (1959) B.R. 674 ; (1961) R.C.S. 195.

281. *Biron* v. *Meloche*, (1927) 65 C.S. 635 ; *Rivest* v. *Co. du village de St-Joseph*, (1932) R.C.S. 1 ; *Madden and Son Ltd.* v. *Gingras*, (1932) 38 R.J. 366.

282. Inondations : *D'Argencourt* v. *Cité de Montréal*, (1916) 22 R.L. n. s. 272 ; *Malibu Fabrics of Canada Ltd.* v. *Cité de Montréal*, (1961) C.S. 398 ; *Fortier* v. *Isabelle*, (1964) B.R. 435 ; Crue et débâcle : *Canadian Electric Light Co.* v. *Pringle*, (1920) 29 B.R. 26 ; *Dupuis* v. *Co. du village de Ste-Marie*, (1926) 32 R.J. 53 ; *Renaud* v. *Co. de Ste-Cécile de Masham*, (1953) C.S. 85 ; *Lamer* v. *Commission hydro-électrique de Québec*, (1954) R.L. n. s. 513 ; Pluie : *Northwestern National Insurance Co.* v. *Marier*, (1958) C.S. 565 ; *Cité de Sherbrooke* v. *Bureau et Bureau Inc.*, (1969) B.R. 388 ; Gel : *Val Richelieu Construction Inc.* v. *Dugas*, (1958) C.S. 622 ; Vent : *Nordheimer* v. *Alexander*, (1892) 19 R.C.S. 248.

283. Grève : *Galardo* v. *Dépatie*, (1921) 59 C.S. 377 ; *Madden and Son Ltd.* v. *Gingras*, (1932) 38 R.L. 366 ; *Lajeunesse* v. *Finestone*, (1952) B.R. 79 ; *Terminal Construction Co. Ltd.* v. *Piscitelli*, (1960) B.R. 593 ; *L. G. Barbeau Inc.* v. *Star Truck Taxi Association Ltd.*, (1965) C.S. 496 ; *Irving Realties Inc.* v. *Nadeau*, (1968) B.R. 21 ; Incendie : *Traders General Insurance Co.* v. *Leroux*, (1961) C.S. 174 ; *Guardian Insurance Co. of Canada* v. *Jakusovic*, (1964) R.L. n. s. 357 ; Vol : *Trans-Canada Insurance Co.* v. *Locke*, (1934) 56 B.R. 97 ; *Spiegel* v. *Tatem*, (1936) 60 B.R. 275 ; *Roberge* v. *Co. des Frais funéraires des Cantons de l'Est*, (1937) 43 R.L. n. s. 203 ; *Girard* v. *Williams*, (1943) C.S. 347 ; *Picard* v. *Archambault Ltée*, (1945) C.S. 316 ; *Aita et A. J. Todd*

mais peuvent le devenir suivant les circonstances propres de la cause et leur conformité aux conditions d'imprévisibilité, d'irrésistibilité et d'impossibilité absolue d'exécution.

b) EFFETS

582 — *Libération et extinction* — La survenance d'un cas fortuit a un double effet juridique. D'une part, elle exonère le débiteur de toute responsabilité dans l'inexécution de l'obligation, et d'autre part décharge le débiteur de cette exécution en emportant un effet libératoire et extinctif qui entraîne certaines conséquences sur l'obligation réciproque dans le contrat synallagmatique [284]. Toutefois, le cas fortuit ou la force majeure ne libère pas le débiteur lorsque celui-ci s'en est expressément chargé, lorsqu'il est de mauvaise foi [285], lorsqu'il a lui-même commis une faute [286], et dans certains cas spéciaux prévus par la loi [287].

c) PREUVE

583 — *Fardeau de la preuve* — La jurisprudence, dans l'ensemble, se montre assez exigeante dans la preuve des éléments constitutifs du cas fortuit. C'est au débiteur qui l'invoque de rapporter cette preuve en prouvant le fait même qui a empêché l'exécution d'une part, et d'autre part, que ce fait extérieur ne lui est pas imputable et possède les caractères qui en font un cas fortuit. Le débiteur en principe est tenu responsable même s'il démontre son absence de faute sans toutefois

---

Express Ltd. v. *Roussin*, (1950) C. S. 301 ; *Franco-Canadian Dyers Ltd.* v. *Hill Express Depot Ltd.*, (1951) C. S. 177 ; *Comellas* v. *Stanley Realty Co.*, (1958) C. S. 716 ; *Beauchamp* v. *Dupuis*, (1965) R. L. 277 ; *Baillie* v. *Mount Royal Club*, (1966) C. S. 536 ; *Stewart* v. *Bank of Nova Scotia*, (1967) B. R. 699 ; *Guilbert* v. *Gendron*, (1968) C. S. 51 ; Guerre : *Copeman* v. *Kinnear*, (1924) 62 C. S. 71 ; *Legault* v. *British American Oil Co. Ltd.*, (1961) 79 C. S. 43 ; *Diamant* v. *Pagé*, (1943) C. S. 205 ; *Thivierge* v. *Langevin*, (1945) C. S. 297 ; Fait du prince : *Demontigny* v. *Vincent*, (1915) 16 R. P. 409 ; *Silvio* v. *Labrecque*, (1929) 35 R. J. 184 ; *Stanford* v. *Nicolas*, (1943) 49 R. L. n. s. 154 ; *Cité d'Outremont* v. *Co. de transport de Montréal*, (1955) B. R. 753 ; *Stan-Jar Holdings Co. Ltd.* v. *Lot 82 Inc.*, (1966) C. S. 174 ; Maladie, accident : *Marineau* v. *Cousineau*, (1921) 59 C. S. 373 ; Embargo : *Bisaillon* v. *Union Grain and Hay Co.*, (1922) 38 R. L. n. s. 387.

284. Paragr. 354 et s.
285. Art. 1050 C. C.
286. Art. 1513, 1767 C. C. ; *Nordheimer* v. *Alexander*, (1892) 19 R. C. S. 248 ; *Guilbert* v. *Gendron*, (1968) C. S. 51.
287. Art. 1595, 1804, 1815 C. C. ; *Seigmann* v. *Choquette*, (1960) B. R. 335 ; *Loyer* v. *Plante*, (1960) B. R. 443.

pouvoir précisément établir la cause exacte de l'inexécution [288]. En d'autres termes, c'est donc le débiteur qui assume le risque de l'absence de preuve du fait ayant entraîné l'inexécution. Certains auteurs se sont d'ailleurs élevés contre cette façon de concevoir les choses [289]. Prenant appui sur les textes du Code civil [290] et sur certains arrêts de jurisprudence [291], ils avancent l'idée d'un certain relativisme dans l'appréciation du cas fortuit. À leur avis, il y aurait lieu d'attribuer à l'absence totale de faute la même valeur probante et le même effet libératoire qu'à la cause étrangère et ainsi de faire supporter au créancier et non au débiteur l'incertitude du défaut de preuve de la cause exacte de l'inexécution.

2. ACTE D'UN TIERS ET ACTE DU CRÉANCIER

584 — *Assimilation au cas fortuit* — La jurisprudence assimile pratiquement au cas fortuit l'acte d'un tiers qui empêche l'exécution à condition bien entendu qu'il possède les mêmes caractères [292]. Cet acte peut dans certains cas entraîner une responsabilité délictuelle du tiers vis-à-vis du créancier. Enfin le créancier qui, par son acte, rend l'exécution impossible, doit en supporter les conséquences et ne saurait se plaindre de la défaillance du débiteur [293].

---

288. *Lavigueur* v. *Globe Indemnity Ltd.*, (1929) 47 B. R. 100 ; *Carmiel* v. *Plotnick*, (1935) 73 C. S. 517 ; *Beaudoin Ltée* v. *Holland*, (1940) 78 C. S. 359 ; *Davies* v. *Bissonnette*, (1949) C. S. 112 ; *Astor Sweets Inc.* v. *Korman*, (1949) B. R. 425 ; *Allaire* v. *Poirier*, (1951) C. S. 470 ; *St. Lawrence Quick Service Garage Ltd.* v. *Davis*, (1956) B. R. 884 ; *Thornhill Ltd.* v. *Amor Ltd.*, (1959) C. S. 116 ; *Comeau* v. *Desrochers*, (1960) R. L. n. s. 176 ; *Lavallée* v. *Beauchesne*, (1962) C. S. 517 ; *Guardian Insurance Co. of Canada* v. *Jakusovic*, (1964) R. L. n. s. 357 ; *Co. d'assurance du Canada contre l'incendie* v. *Industries Dubé Ltée*, (1965) C. S. 352.

289. BAUDOUIN, *le Droit civil de la province de Québec*, p. 549 et s. ; JACOBY, D., *la Théorie des risques dans les contrats synallagmatiques parfaits et imparfaits*, mémoire de D. E. S., Université de Montréal, 1967, p. 36 et s.

290. JACOBY, D., *la Théorie des risques dans les contrats synallagmatiques parfaits et imparfaits*, mémoire de D. E. S., Université de Montréal, 1967, p. 40 et s.

291. *Gascon* v. *Lecompte*, (1942) C. S. 220 ; *Traders General Insurance Co.* v. *Jobin*, (1956) B. R. 788 ; *Wawanesa Mutual Insurance Co.* v. *Leduc*, (1959) C. S. 346 ; *Burchmore* v. *Harold Cummings Ltd.*, (1961) C. S. 220 ; *Garon* v. *Gingras*, (1962) C. S. 248 ; *Bergevin* v. *Auclair*, (1963) C. S. 37 ; *Guardian Insurance Co. of Canada* v. *Four Hundred Club Ltd.*, (1964) R. L. n. s. 125.

292. *Banque Toronto-Dominion* v. *Consolidated Paper Co. Ltd.*, (1962) B. R. 805.

293. Art. 1684 C. C.

B. CAUSES CONVENTIONNELLES

585 — *Généralités* — La possibilité d'une inexécution de l'obligation fait peser sur le débiteur le risque d'avoir à indemniser d'une façon complète le créancier pour le préjudice subi. Il existe cependant certains moyens de réduire ou d'éviter ce risque. Avant le contrat, l'assurance permettra au débiteur de pallier les conséquences économiquement fâcheuses que pourrait avoir pour lui le versement d'une compensation pécuniaire au créancier. Après l'inexécution, le débiteur reste libre de conclure avec le créancier lésé une transaction [294] mettant fin au litige, fruit d'un compromis qui peut se révéler plus avantageux pour lui qu'un débat judiciaire. Enfin, au moment même du contrat et à l'intérieur de celui-ci, le débiteur peut, au moyen de certaines clauses, soit limiter soit exclure sa responsabilité résultant du défaut d'exécution.

586 — *Clauses de non-responsabilité* — Les clauses dites de non-responsabilité ou de limitation de responsabilité sont extrêmement courantes de nos jours et ont connu depuis un siècle un essor considérable surtout en matière d'obligations légales. L'exclusion ou la limitation de la responsabilité contractuelle reste cependant fréquente, elle aussi. Les conditions de validité de ces clauses, de même que les limites qui y ont été apportées, sont sensiblement identiques en matière délictuelle et contractuelle.

1. VALIDITÉ

587 — *Évolution jurisprudentielle* — La validité de ces clauses a été mise en doute, parce qu'elles se situent dans une zone de conflit entre deux principes fondamentaux du droit civil. D'une part, la liberté contractuelle exige que les parties soient libres de faire les conventions qu'elles désirent sous la limite des restrictions résultant des bonnes mœurs et de l'ordre public. D'autre part, le principe de la responsabilité civile veut que celui qui ne se conforme pas à l'obligation imposée par la loi, ou librement assumée par contrat, assure la compensation pleine et entière du préjudice subi par le créancier. Ce conflit a donc conduit auteurs et jurisprudence à se demander si limiter ou exclure totalement sa responsabilité n'était pas contraire à l'ordre public. Après quelques hésitations, la jurisprudence a admis le principe général de la validité de ces clauses mais a du même coup imposé des limites très strictes à leur utilisation. Elle entend, par ces limites, protéger le contractant économiquement faible et donc désavantagé dans la négociation, de même que le créancier d'un contrat d'adhésion, contre le *diktat* d'un débiteur plus

---

294. Art. 1918 et s. C. C.

puissant qui pourrait pratiquement ainsi exclure tous les risques consécutifs à l'exécution de l'obligation. Jusqu'à la toute fin du siècle dernier, la jurisprudence, suivant en cela l'exemple français, avait refusé de reconnaître leur validité. Un arrêt de la Cour suprême de 1897 [295] opéra un revirement et c'est à la jurisprudence subséquente que revint la tâche de préciser les limites de cette validité de principe, afin d'en éviter les abus. Il est donc désormais possible, sujet à certaines réserves, de limiter sa responsabilité contractuelle et délictuelle, de son chef ou du chef de ses agents, préposés ou employés, sauf dans certains contrats où la loi ou l'ordre public s'y opposent [296].

2. LIMITES

588 — *Généralités* — Les cadres imposés aux clauses de non-responsabilité ou de limitation de responsabilité, œuvres de la jurisprudence, forment autant de conditions objectives de leur validité sur le plan juridique.

589 — *Définition des limites* — La jurisprudence a imposé trois limites successives à la validité de ces clauses. D'une part elles n'ont pas d'effet en cas de dol, de fraude ou de faute grossière, d'autre part elles doivent avoir été librement consenties par le contractant auquel on les oppose, et enfin elles sont d'interprétation restrictive.

590 — *Faute lourde et dol* — Quelque généraux que puissent être les termes mêmes de ces clauses, elles ne peuvent jamais avoir pour effet de permettre au débiteur de se soustraire à la responsabilité provenant de son dol ou de sa faute lourde. Par faute lourde, la jurisprudence entend en général la faute particulièrement grossière, inexcusable et qui dénote un complet mépris des intérêts d'autrui [297]. Les tribu-

---

295. *Glengoil Steamship Line Co.* v. *Pilkington,* (1897) 6 B. R. 95 ; (1898) 28 R. C. S. 148. Voir aussi *The Queen* v. *Grenier,* (1900) 30 R. C. S. 42 ; *Furness, Withy and Co. Ltd.* v. *Vipond,* (1916) 25 B. R. 325 ; (1917) 54 R. C. S. 521 ; *Canadian National Railways* v. *Cité de Montréal,* (1927) 43 B. R. 409 ; *Buflovak Co. of Canada Ltd.* v. *Lallemand Refining Co. of Canada Ltd.,* (1939) 66 B. R. 193 ; voir également la critique de RIVES-HALL, A., « Carriers Liability for Negligence », (1900) 6 R. L. n. s. 97.

296. Voir art. 1509 et 1510, 1576, 1676 C. C. En matière médicale : MAYRAND, A., « Permis d'opérer et clause d'exonération », (1953) 31 C. B. R. 150 ; *Loi des hôpitaux,* S. R. Q., 1964, ch. 164, art. 19.

297. *Commissaires du havre de Québec* v. *Swift Canadian Co.,* (1929) 47 B. R. 118 ; *Thetford Celery and Fruit Co. Ltd.* v. *Harbour Commissioners of Montreal,* (1936) 74 C. S. 451 ; *Lavoie* v. *Lesage,* (1939) 77 C. S. 150 ; *Stern* v. *Marcotte,* (1941) 79 C. S. 191 ; *Talbot* v. *Co. de transport du Bas St-Laurent,* (1949) C. S. 25 ; *Gagné* v. *Beaulé,* (1951) C. S. 381 ; *Peate Musical Supplies Ltd.* v. *Lazarus Realty Co.,* (1957) R. L. n. s. 109 ; *Gagnon* v. *Canadian Petrofina Ltée,* (1959)

naux ont eu maintes fois l'occasion d'appliquer ce principe, surtout dans des instances impliquant une responsabilité délictuelle. Admettre en effet la possibilité d'exclure les conséquences d'un acte malicieux, prémédité, ou d'une négligence très grave, serait une incitation sociale à la fraude ou à l'incurie grossière à l'égard d'autrui et irait ainsi directement contre l'ordre public. Il est politiquement concevable que l'on puisse se prémunir contre des erreurs de jugement ou de conduite, mais non contre les conséquences d'un acte volontaire ou d'une négligence grossière, d'autant plus qu'en matière contractuelle, la bonne foi doit présider à l'exécution de l'obligation et aux rapports des parties. Ce serait détruire cette exigence et même réduire à néant l'effet obligatoire du contrat que de permettre à un débiteur de refuser volontairement d'exécuter l'obligation sans qu'il en subisse les conséquences.

591 — *Consentement ou acquiescement du contractant* — La seconde condition pose des problèmes d'appréciation beaucoup plus délicats. On exige en effet que celui contre qui la clause est invoquée l'ait librement acceptée. Lorsque la clause est expressément insérée dans le contrat lui-même et que le contrat a été l'œuvre d'un consentement libre et éclairé au sens de la loi, ou que l'attention du créancier a été attirée sur l'existence de cette clause [298], la preuve de cette acceptation est facile. Cependant de telles hypothèses demeurent rares en pratique de nos jours. La plupart du temps, ces clauses sont portées à l'attention du créancier de l'obligation postérieurement à la conclusion de l'engagement. Ainsi, l'automobiliste qui contracte pour stationner sa voiture, l'usager d'un transport en commun, le spectateur, le client d'un restaurant, parce que le type de contrat qu'ils concluent est verbal en général, ne prennent souvent connaissance de cette condition qu'en examinant le reçu ou le ticket qui leur est remis ou en découvrant une affiche installée sur les lieux [299]. En théorie, le contrat est alors déjà formé, et il faudrait conclure que ces clauses, ne faisant pas normalement partie intégrante de l'engagement, ne peuvent être imposées unilatéralement après coup par le débiteur

---

C. S. 666 ; *Coronation Foods Corp.* v. *Lasalle Warehousing and Transfer Ltd.*, (1965) C. S. 633.

298. *Omer Barré Verdun Ltée* v. *Wawanesa Mutual Insurance Co.*, (1968) B. R. 727. Comparer avec *Burchmore* v. *Harold Cummings Ltd.*, (1961) C. S. 220.

299. *Commissaires du havre de Québec* v. *Swift Canadian Co.*, (1929) 47 B. R. 118 ; *Gervais* v. *Canadian Arena Co.*, (1936) 74 C. S. 389 ; commentaire DEMOGUE, R., (1937) 36 R. T. D. C. 508 ; *Israël* v. *Champlain Coach Lines Ltd.*, (1939) 77 C. S. 145 ; *Wexler* v. *Paul Service Stores*, (1955) C. S. 363 ; *Comellas* v. *Stanley Realty Co.*, (1958) C. S. 716 ; *Traders General Insurance Co.* v. *Leroux*, (1961) C. S. 174 ; *Garage Touchette Ltée* v. *Metropole Parking Inc.*, (1963) C. S. 231 ; *Lion Fastener Co. Ltd.* v. *Gross*, (1964) B. R. 475.

de l'obligation, et ne sont donc pas valables [300]. Cependant, à l'opposé, on peut prétendre que si le créancier de l'obligation en prend effectivement connaissance ou pouvait le faire sans difficulté, sa conduite subséquente, s'il ne dénonce pas cette clause, constitue en quelque sorte un acquiescement tacite de sa part et en confirme l'application [301]. La preuve de cette connaissance n'est pas présumée et doit être rapportée par celui qui entend se prévaloir de la clause [302]. Ce raisonnement nous apparaît quelque peu spécieux car il suppose de la part du créancier le droit de résilier unilatéralement un contrat déjà formé. La jurisprudence a fait preuve en la matière d'une grande souplesse en refusant d'établir des principes généraux trop stricts, de manière à se ménager une marge d'appréciation plus grande et à y introduire une certaine dose d'équité. Lorsqu'elle ne peut avoir la preuve formelle du consentement préalable du créancier de l'obligation, elle le déduit parfois de certaines présomptions de fait, telle l'existence d'une affiche ou d'un panneau lisible et dont le débiteur pouvait facilement prendre connaissance, ou de la conduite même du débiteur [303].

592 — *Interprétation restrictive* — Enfin, étant donné que la plupart des contrats contenant de telles clauses sont de véritables contrats d'adhésion et non de libre discussion, la jurisprudence a toujours été portée à leur donner une interprétation restrictive de deux façons [304]. En premier lieu, les tribunaux interprètent toujours ces clauses dans le sens le plus favorable au créancier de l'obligation. C'est ainsi qu'une clause d'exonération de responsabilité conçue en termes spécifiques ne sera pas considérée par les tribunaux comme susceptible d'avoir un effet général [305].

---

300. Voir *Bourret* v. *Lacoste*, (1956) C. S. 445.
301. *Commissaires du havre de Québec* v. *Swift Canadian Co.*, (1929) 47 B. R. 118 ; *Lavoie* v. *Lesage*, (1939) 77 C. S. 150 ; *Comellas* v. *Stanley Realty Co.*, (1958) C. S. 716 ; *Traders General Insurance Co.* v. *Leroux*, (1961) C. S. 174 ; *Garage Touchette Ltée* v. *Metropole Parking Inc.*, (1963) C. S. 231.
302. *Jolicœur* v. *Dominion Express Co.*, (1919) 55 C. S. 455 ; *Conway* v. *Canadian Transfer Co.*, (1911) 40 C. S. 89 ; *Israël* v. *Champlain Coach Lines Ltd.*, (1939) 77 C. S. 145.
303. *Commissaires du havre de Québec* v. *Swift Canadian Co.*, (1929) 47 B.R. 118 ; *Thetford Celery and Fruit Co. Ltd.* v. *Harbour Commissioners of Montreal*, (1936) 74 C. S. 451 ; *Traders General Insurance Co.* v. *Leroux*, (1961) C. S. 174 ; *Garage Touchette Ltée* v. *Metropole Parking Inc.*, (1963) C. S. 231 ; *Lion Fastener Co. Ltd.* v. *Gross*, (1964) B. R. 475.
304. Le principe général de l'interprétation restrictive a été affirmé plusieurs fois par la jurisprudence : *Glengoil Steamship Line Co.* v. *Pilkington*, (1897) 6 B. R. 95 ; (1898) 28 R. C. S. 148 ; *Dechêne* v. *Chemin de fer canadien du Pacifique*, (1915) 47 C. S. 431 ; *Canadian National Railways* v. *Cité de Montréal*, (1927) 43 B. R. 409 ; *Verreault Automobiles Ltée* v. *Marcil*, (1961) C. S. 410 ; (1962) B. R. 340.
305. *Peate Musical Supplies Ltd.* v. *Lazarus Realty Co.*, (1957) R. L. n. s. 109 ;

En second lieu, en cas de doute, si la non-responsabilité n'est pas clairement stipulée, la clause sera interprétée contre le stipulant et en faveur de celui à qui elle est opposée [306].

C. CAUSES LÉGISLATIVES

593 — *Limitations forfaitaires* — Dans certains cas précis, le législateur a volontairement mis en échec le principe de la compensation pleine et entière et de l'indemnisation complète du créancier au moyen d'un texte législatif qui, la plupart du temps, a pour but d'imposer un maximum au chiffre que celui-ci peut réclamer du débiteur en cas d'inexécution. Il en est ainsi par exemple des hôteliers dont la responsabilité pour les objets des voyageurs qui logent chez eux est en principe limitée à $40 [307]. De même, en matière de transport, des textes d'inspiration nationale ou internationale établissent souvent le plafond maximum d'indemnisation due par le transporteur en cas d'inexécution de son contrat et soumettent les clauses d'exonération à des règles spéciales [308].

BIBLIOGRAPHIE

AZARD, P., « La force majeure délictuelle et contractuelle dans le droit civil québécois », (1965) 25 R. du B. 357.
BOHEMIER, A. et FOX, F., « De l'effet des changements de circonstances sur les contrats en droit civil québécois », (1962) 12 *Thémis* 77.
CREPEAU, P.-A., « Le contenu obligationnel d'un contrat », (1965) 43 C. B. R. 1.
DEMOGUE, R., « De la force majeure », (1937) R. du D. 69.
DESSAULLES, P., « Clauses of Non Liability », (1947) 7 R. du B. 142.
DUCHARME, L., « La limitation contractuelle de la responsabilité civile : ses principes et son champ d'application », (1957) 3 Cah. de Dr. 39.
DURNFORD, J., « Landlord Obligation to Repair and the Recourses of the Tenant », (1966) 44 C. B. R. 477.
ESMEIN, P., « Le fondement de la responsabilité contractuelle rapprochée de la responsabilité délictuelle », (1933) 32 R. T. D. C. 627.

Mount Royal Furniture and T.V. Inc. v. *Industrial Glass Co. Ltd.,* (1964) C. S. 269 ; *Canadian Acceptance Co. Ltd.* v. *Chasle,* (1964) C. S. 273 ; *Ducros* v. *Feinstein,* (1964) R. L. n. s. 424 ; *Albion Insurance Co.* v. *Commission hydro-électrique de Québec,* (1967) C. S. 421.

306. *Marchand* v. *Islemere Golf and Country Club Inc.,* (1949) C. S. 109 ; *Canada Steamship Lines Ltd.* v. *The King,* (1926) Ex. C. R. 13 ; (1927) R. C. S. 68 ; *Héroux* v. *Co. du village de Shawinigan-Sud,* (1958) C. S. 337 ; *Dumoulin* v. *Lachapelle,* (1960) C. S. 688.

307. Art. 1815 C. C.

308. Voir notamment *Loi sur le transport aérien,* S. R. C., 1952, ch. 45, art. 2 (4), 22, 23 amendée par 1963, 12-13 Elis. II, ch. 32 ; *Loi sur la marine marchande,* S. R. C., 1952, ch. 29, art. 657 et s., 666 ; *Loi sur les chemins de fer,* S. R. C., ch. 234, art. 353, 370, 392 amendée par la *Loi sur les transports,* 1966-1967, 15-16 Elis. II, ch. 69, art. 68.

ESMEIN, P., « Obligation et responsabilité contractuelle », dans *le Droit privé au milieu du XXᵉ siècle. Mélanges Ripert,* Paris, Librairie générale de droit et de jurisprudence, 1950, t. 2, p. 101.

JACOBY, D., *la Théorie des risques dans les contrats synallagmatiques parfaits et imparfaits,* mémoire de D. E. S., Université de Montréal, 1967.

JOHNSON, W., « Penalty Clauses, Liquidated Damages and the Plea of Compensation », (1950) 10 R. du B. 303.

JORON, V., « Clause pénale et condition résolutoire », (1938-1939) 41 R. du N. 305.

METTARLIN, D., « Contractual and Delictual Responsibility in Quebec : The Rediscovery of Contract », (1961) 8 McGill L. J. 38.

PERRAULT, J., *Des stipulations de non-responsabilité,* Montréal, Imprimerie Modèle, 1939.

ROBINO, P., « Les conventions d'irresponsabilité dans la jurisprudence contemporaine », (1951) 49 R. T. D. C. 1.

SEGUR, L., *la Notion de faute contractuelle en droit civil français,* thèse, Bordeaux, 1954.

TUNC, A., « Force majeure et absence de faute en matière contractuelle », (1945) 43 R. T. D. C. 235.

VEAUX, D., « Les clauses pénales dans les contrats de droit privé et leur respect par les tribunaux », *Etudes de droit contemporain,* Paris, Sirey, 1959, t. 2, p. 25.

VIGNY, P., « Responsabilité contractuelle et force majeure », (1935) 34 R. T. D. C. 19.

WASSERMAN, G., « Impossibility of Performance in the Civil Law of Quebec », (1952) 12 R. du B. 366.

Deuxième partie

EFFETS SPÉCIAUX
À CERTAINES OBLIGATIONS

594 — *Généralités* — Toutes les obligations produisent
en principe les mêmes effets juridiques généraux. Il en est certaines
toutefois qui font exception aux règles ordinaires concernant l'exécution
ou le paiement. Ainsi en est-il des obligations à terme et conditionnelles,
généralement désignées sous le vocable d'« obligations à modalité simple »,
des obligations alternatives, conjonctives, facultatives, conjointes, solidaires
et indivisibles, qui par opposition, en raison de la pluralité de leurs objets
ou de leurs sujets, constituent les « obligations à modalité complexe ».

Titre premier

LES OBLIGATIONS
À MODALITÉ SIMPLE

Chapitre premier
LE TERME

I — NOTION

595 — *Terme suspensif — terme extinctif* — Le terme
est d'usage fréquent surtout en matière d'obligations pécuniaires puisqu'il
constitue alors la formule juridique classique du crédit. Le terme de droit,
(à la différence du terme de grâce qui est un délai d'exécution accordé au
débiteur d'une obligation dans certaines circonstances exceptionnelles [309]),
est *un événement futur et certain dont dépend l'exigibilité ou l'extinction
d'une obligation.* La plupart des auteurs distinguent en effet le terme
suspensif et le terme extinctif [310]. Le terme suspensif retarde le moment
où le créancier peut exiger le paiement de la part du débiteur. Ainsi le
locataire, qui doit payer le loyer au locateur chaque mois, est débiteur
d'une obligation à terme exigible aux jours fixés par la convention. Le
terme extinctif par contre est celui qui met fin à l'obligation sans effet
rétroactif. Le louage de chose pour une période déterminée (par exemple
jusqu'au premier mai) comprend un terme extinctif qui, lorsqu'il arrive,
met fin aux obligations réciproques du locateur et du locataire. Il faut
remarquer cependant, comme l'ont signalé certains auteurs [311], que le
terme extinctif est beaucoup plus une cause d'extinction de l'obligation

---

309. Art. 1149 C.C. ; *Loi des assurances,* S.R.Q., 1964, ch. 295, art. 216. Voir
paragr. 491.
310. MAZEAUD, *Leçons de droit civil,* t. 2, nº 1016, p. 845 ; CARBONNIER, *Droit
civil,* nº 144, p. 476.
311. MARTY et RAYNAUD, *Droit civil,* t. 2, nº 727, p. 746.

qu'une véritable modalité de celle-ci. De plus, la distinction doctrinale entre ces deux espèces de terme n'est pas sans engendrer une certaine confusion puisque parfois, dans les contrats synallagmatiques, le même terme est suspensif pour l'une des partie et extinctif pour l'autre.

596 — *Différence avec la condition* — Tout comme la condition, le terme est un événement futur mais, à la différence de celle-ci, c'est un événement qui et de réalisation certaine. Le terme peut être fixe ou non selon que, dès le moment de la conclusion de l'obligation, la date de l'échéance est connue et déterminée. Payer dans un an est donc un terme fixe, alors que payer au décès d'une personne ne l'est pas puisque, même s'il est sûr que cette personne décède, la date exacte de la mort est impossible à déterminer. La jurisprudence sur ce point a d'ailleurs éprouvé dans certains cas des difficultés à distinguer le terme de la condition, le premier étant parfois stipulé à la façon d'une condition [312].

597 — *Bénéfice du terme* — En principe, selon la règle générale exprimée par le Code civil [313], le terme est toujours présumé stipulé en faveur du débiteur puisqu'il permet à ce dernier de retarder l'exécution d'une obligation normalement immédiatement exigible. Il arrive parfois cependant qu'il soit stipulé en faveur des deux parties ou exclusivement en faveur du créancier. Ainsi en est-il d'ordinaire dans le contrat de prêt à intérêt [314], où le créancier bénéficie du terme en ce sens que le délai lui permet de faire fructifier le capital prêté en recevant les intérêts sur la somme. De même, le terme est stipulé en faveur du propriétaire d'un objet déposé à terme, créancier de l'obligation de restitution. Celui-ci peut donc exiger la remise de l'objet avant le délai fixé par la convention [315]. Si le terme est exclusivement en faveur du débiteur, celui-ci peut librement renoncer aux avantages qui en découlent et exécuter l'obligation par anticipation. Lorsqu'il est mixte ou en faveur du créancier, le consentement de ce dernier est au contraire indispensable.

II — EFFETS

598 — *Généralités* — Le terme produit deux séries distinctes d'effets juridiques selon que l'on considère la période s'écoulant

---

312. *Serré* v. *Bourgon*, (1916) 50 C. S. 187 ; *Binette* v. *Globensky*, (1933) 71 C. S. 111 ; *Gagnier* v. *Lecavalier*, (1941) 79 C. S. 408 ; *St-Gelais* v. *Gagnon*, (1953) C. S. 247 ; *Lowby's Ltd.* v. *Brown*, (1959) C. S. 268.
313. Art. 1091 C. C. ; *Excel Enterprises Ltd.* v. *Deschatelets*, (1960) B. R. 781.
314. Paragr. 492.
315. Art. 1810 C. C.

entre la naissance de l'obligation et son échéance d'une part, et celle de l'échéance même d'autre part.

A. PENDANT LA DURÉE DU DÉLAI

599 — *Création et exigibilité de l'obligation* — Le terme n'affecte en rien la création juridique de l'obligation, il ne fait seulement qu'en différer l'exigibilité [316]. Contrairement à l'obligation sous condition suspensive, et tout comme l'obligation sous condition résolutoire, l'obligation à terme prend naissance immédiatement de la même façon que l'obligation pure et simple et a donc une vie juridique parfaite pendant toute la période allant de sa création à l'échéance. Un lien d'obligation se forme entre un créancier et un débiteur véritables. Par voie de conséquence, le débiteur qui paye volontairement avant l'échéance du terme, exécute valablement et ne peut répéter ce qu'il a ainsi payé, à moins de prouver une erreur de sa part ou une fraude émanant de son créancier [317]. Le créancier par contre ne peut forcer le débiteur à s'exécuter avant l'échéance puisque à son égard l'obligation n'est pas encore exigible [318]. Dans certains cas, cependant (insolvabilité, faillite et diminution des sûretés), la loi [319] lui permet d'exiger une exécution anticipée lorsque, par son acte ou par sa faute, le débiteur change les conditions économiques du paiement à terme et met en péril la possibilité de l'acquittement de l'obligation à l'échéance.

600 — *Déchéance du terme pour insolvabilité* — Lorsque le débiteur tombe en faillite ou devient insolvable, il est en effet à craindre que le créancier ne soit jamais payé s'il est obligé d'attendre l'arrivée du terme pour réclamer le paiement. L'une des considérations principales de la part du créancier à l'octroi d'un terme est en effet la solvabilité du débiteur à l'échéance. La faillite, qui est un état de droit, entraîne apparemment la déchéance automatique du terme, au contraire de l'insolvabilité simple qui, état de fait, oblige le créancier à se pourvoir en justice pour demander au tribunal de prononcer la déchéance du terme contre le débiteur [320].

---

316. Art. 1089 C.C.; *Ville de Montréal* v. *Kosowoj Construction Co.*, (1965) R.L. n. s. 489.
317. Art. 1090 C.C.
318. L'absence d'exigibilité de l'obligation empêche également le créancier d'utiliser le recours paulien et le recours oblique. Voir paragr. 442 et 458.
319. Art. 1092, 2054 et 2055 C.C.
320. Voir à ce sujet généralement *Lefebvre* v. *Bélanger*, (1932) 52 B.R. 138; *Arpin* v. *Tremblay*, (1960) C.S. 577; *in re : Allied Weaving (Canada) Ltd.* v. *Affiliated Factors Co.*, (1966) C.S. 348.

601 — *Déchéance du terme pour diminution des sûretés*
— La diminution des sûretés données au créancier par le débiteur est une autre cause de déchéance du terme. En diminuant les garanties données, le débiteur change indirectement les conditions du contrat originaire, trompe la confiance du créancier qui l'avait poussé à retarder l'exigibilité de l'obligation et met en péril l'efficacité du droit à l'exécution. La jurisprudence a cependant posé des conditions strictes à l'exercice du recours en déchéance par le créancier. Il faut en premier lieu que cette diminution affecte des sûretés particulières données au créancier et non les sûretés générales constituées par le patrimoine du débiteur, gage commun de tous les créanciers [321]. Ces sûretés en second lieu doivent être conventionnelles et non légales, c'est-à-dire avoir été spécialement accordées par contrat au créancier. La loi donne effet ici à l'intention présumée des parties. Elle présume que l'octroi du terme est fonction des garanties conventionnelles spéciales plaçant le créancier dans une position privilégiée et donc qu'en cas de disparition ou de diminution de celles-ci, le bénéfice du terme doit également disparaître. Enfin, il est indispensable que la diminution résulte de l'acte du débiteur lui-même, c'est-à-dire qu'elle soit causée par sa faute, soit par sa mauvaise foi, soit par son imprudence ou son incurie [322]. On ne saurait reprocher au débiteur une situation résultant de faits extérieurs qui ne lui sont pas imputables. Certains arrêts de jurisprudence ont étendu les dispositions de l'article 1092 C. C. au débiteur qui refuse de donner les sûretés ou garanties promises par le contrat [323]. Dans tous les cas cependant, la déchéance n'est pas automatique mais doit être prononcée par le tribunal.

B. À L'ÉCHÉANCE

602 — *Inexigibilité de l'obligation* — L'arrivée de la date ou de l'événement prévu a pour effet de mettre fin à l'inexigibilité de l'obligation et donc de transformer celle-ci en obligation pure et simple. Le créancier peut, dès cet instant, prendre toutes les mesures nécessaires pour obtenir paiement et forcer le débiteur à s'exécuter à condition de

---

321. *Jacques* v. *Bellehumeur*, (1916) 50 C. S. 319.
322. Voir par exemple : *Demers* v. *Strachan*, (1916) 50 C. S. 74 ; *Moreau* v. *Lavoie*, (1920) 26 R. L. n. s. 42 ; *Filiatrault* v. *Gauthier*, (1929) 67 C. S. 512 ; *Meehan* v. *Dumas*, (1941) 79 C. S. 223 ; *Robert* v. *Robert*, (1951) C. S. 41 ; *Piché* v. *Guénette*, (1960) R. P. 155 ; *Péloquin* v. *Dionne*, (1960) B. R. 1106 ; (1962) R. C. S. 285. Voir aussi en ce qui concerne le créancier hypothécaire : art. 2054, 2055 C. C. ; LUTFY, A., « Creditor's Recourse for Deterioration of Immoveable Security », (1966) 12 McGill L. J. 327.
323. *Deragon* v. *Dupuis*, (1955) B. R. 193 ; *contra* : *Gagnon* v. *Coopérative fédérée de Québec*, (1927) 43 B. R. 57.

suivre à cet égard les règles ordinaires établies par la loi, notamment celles concernant la mise en demeure. De plus la prescription suspendue pendant toute la durée du terme commence à courir [324].

Chapitre II
LA CONDITION

I — NOTION

603 — *Condition suspensive — condition résolutoire —* À la différence du terme, la condition est *un événement futur mais incertain dont dépend la naissance ou l'extinction d'une obligation.* La vie juridique de l'obligation est donc liée à la survenance d'un événement dont non seulement on ne saurait fixer la date, mais dont en plus la réalisation est incertaine. Cet événement doit être futur et s'il s'est déjà produit au moment de la conclusion de l'engagement, hors de la connaissance des parties, l'obligation ainsi assumée a un plein effet immédiat (condition suspensive) ou disparaît automatiquement (condition résolutoire) [325].

La loi distingue deux genres de conditions selon les effets juridiques qu'elles produisent [326]. La condition suspensive fait dépendre la naissance même de l'obligation de l'arrivée de l'événement et retarde donc la création immédiate du lien obligatoire entre les parties. Le vendeur qui stipule que le titre de propriété ne passera que si le prix est payé au complet assume une obligation sous condition suspensive [327]. Son obligation de transférer la propriété est suspendue jusqu'au moment où l'acheteur aura versé le solde. Il en est de même de la vente à l'essai, présumée faite sous condition suspensive [328].

---

324. Art. 2236 C. C.
325. Art. 1079 C. C. ; *St-Pierre* v. *Deslauriers*, (1960) C. S. 639.
326. Art. 1079 C. C.
327. *Doody* v. *Huot*, (1922) 60 C. S. 197 ; *Goyette* v. *Sherbrooke Trust Co.*, (1943) B. R. 467. Voir aussi : *Décarie* v. *Décarie*, (1922) 60 C. S. 143 ; *Goldsmith* v. *Montreal Motor Transport Co. Ltd.*, (1934) 72 C. S. 277 ; *Caisse populaire de Scott* v. *Guillemette*, (1962) B. R. 293.
328. Art. 1475 C. C. ; *Charlebois* v. *Laboratoire Pasteur Ltée*, (1943) C. S. 316 ; *Duval* v. *Larocque*, (1951) C. S. 474.

La condition résolutoire a un effet diamétralement opposé. Elle anéantit rétroactivement un lien d'obligation déjà existant en l'éteignant comme si celui-ci n'avait jamais existé. Le vendeur à réméré peut ainsi, en remboursant le prix de vente, les frais de la vente et les améliorations, reprendre de l'acheteur la chose vendue [329]. La stipulation de retour de l'objet faute de paiement du prix est un autre exemple d'obligation conditionnelle résolutoire [330]. Le contrat ainsi passé disparaît rétroactivement et, en principe, les parties sont replacées dans la même situation juridique qu'elles occupaient avant la conclusion de l'engagement. Devant les abus résultant de l'exercice de clauses de retour du droit de propriété, le législateur a cru bon d'entourer celles-ci de certaines exigences destinées à protéger le débiteur et de soumettre l'effet rétroactif de la résolution à des exceptions basées sur l'équité [331].

II — CARACTÈRES GÉNÉRAUX

604 — *Généralités* — Toute condition, qu'elle soit suspensive ou résolutoire, doit, pour être valable, se conformer aux exigences de la loi. Elle ne doit pas être purement potestative ni impossible ou pécher contre les bonnes mœurs et l'ordre public.

A. LA CONDITION POTESTATIVE

605 — *Condition purement potestative* — La condition casuelle, dont la réalisation dépend d'un événement extérieur, s'oppose à la condition potestative dont la réalisation dépend à un degré quelconque de la volonté des parties. Il y a, à première vue, antinomie complète entre l'élément imprévu de la condition et l'élément volontaire de l'acte d'une des parties. On ne saurait admettre comme valable la condition qui dépend, pour sa réalisation, du seul acte de volonté du débiteur. La personne qui accepte d'exécuter une obligation « si elle le veut » ne s'engage pas véritablement et sérieusement puisqu'elle seule a le pouvoir d'acquitter l'obligation selon son bon vouloir ou son caprice. Cette condition est connue classiquement sous le nom de condition purement potesta-

---

329. Art. 1546 C. C.

330. *Lauzon* v. *Dandurand,* (1932) 70 C. S. 87 ; *Vachon* v. *Deschênes,* (1935) 59 B. R. 193 ; *Krukowsky* v. *Paré,* (1937) 63 B. R. 126 ; *Perras* v. *Godin,* (1956) B. R. 871 ; *Larin* v. *Brière,* (1965) B. R. 800.

331. Art. 1040a et s. C. C.

tive et entraîne en principe la nullité de l'obligation qui en dépend [332]. Il est cependant certaines exceptions à cette règle. La condition purement potestative est apparemment valable dans les donations faites par contrat de mariage [333]. Elle l'est également selon certains auteurs [334] lorsque la condition stipulée est une condition résolutoire comme par exemple dans la vente à réméré.

606 — *Condition simplement potestative* — À la condition purement potestative on oppose généralement la condition simplement potestative qui est tenue, elle, pour valable. C'est celle qui dépend non pas exclusivement de la volonté d'une des parties mais aussi de certains éléments extérieurs [335]. Tel serait, pour reprendre un exemple classique, le cas de l'engagement de vendre un immeuble si on quitte la ville. S'il est vrai que le départ dépend dans une grande mesure de la volonté du débiteur, il suppose cependant, pour sa réalisation, l'existence d'un certain nombre de circonstances qui lui sont extérieures, qui peuvent survenir ou ne pas survenir et avoir ainsi un effet déterminant sur sa décision (temps, argent, offre d'emploi, situation de famille, etc.).

B. LA CONDITION IMPOSSIBLE, ILLICITE ET IMMORALE

607 — *Effet* — La condition impossible, illicite ou immorale rend nulle l'obligation qui en dépend, sauf lorsqu'elle est stipulée dans un testament où elle est alors réputée non écrite et n'affecte pas la validité de l'acte tout entier [336]. Le caractère illicite ou immoral de la condition est apprécié par les tribunaux en tenant compte des règles très souples relatives aux bonnes mœurs et à l'ordre public [337]. Une jurisprudence fort abondante en matière de dispositions testamentaires a diversement accueilli certaines conditions restrictives de la liberté religieuse et du

---

332. Art. 1081 C. C. ; voir *Camerlain* v. *Pagé et Fils Ltée*, (1958) C. S. 430 ; *Adams* v. *Traders Finance Co.*, (1960) C. S. 639 ; *Gravel* v. *Cité de Chomedey*, (1969) C. S. 23.

333. Art. 783 et 824 C. C. ; voir BILLETTE, *Traité théorique et pratique de droit civil canadien*, t. 1, n° 813 et s., p. 706 et s. ; *contra* : COMTOIS, R., *Essai sur les donations par contrat de mariage*, Montréal, Recueil de droit et de jurisprudence, 1968, p. 142 et s.

334. MAZEAUD, *Leçons de droit civil*, t. 2, n° 1041, p. 855 ; MARTY et RAYNAUD, *Droit civil*, t. 2, n° 751, p. 762 ; *contra* : FARIBAULT, *Traité de droit civil du Québec*, t. 8 *bis*, n° 47, p. 35 et s.

335. *Dalrymple* v. *Simms*, (1920) 58 C. S. 194 ; *Charlebois* v. *Laboratoire Pasteur Ltée*, (1943) C. S. 316 ; *Bernard* v. *Paquin*, (1954) B. R. 273.

336. Art. 760 et 1080 C. C.

337. Voir paragr. 64 et s.

droit au mariage [338]. La condition impossible est celle dont la réalisation se limite à un obstacle physique ou juridique insurmontable [339]. Cette impossibilité, qui doit être absolue, détruit en effet le fondement même de la condition puisqu'il est certain dès la conclusion de l'obligation ou de l'engagement que l'événement ne pourra se produire.

III — EFFETS

608 — *Généralités* — La condition suspensive et la condition résolutoire produisent des effets juridiques fort différents. Il convient cependant dans les deux cas de se placer d'abord avant l'arrivée de la condition et ensuite à l'accomplissement de celle-ci.

A. CONDITION SUSPENSIVE

1. AVANT L'ARRIVÉE DE L'ÉVÉNEMENT

609 — *Inexistence de l'obligation* — *droits du créancier éventuel* — Avant l'arrivée de la condition, l'obligation n'existe que potentiellement mais non encore réellement. Sa création demeure une simple éventualité et aucun lien effectif ne lie encore le futur créancier et le futur débiteur. Le créancier conditionnel n'a donc en principe aucun droit contre son débiteur conditionnel. Il ne possède aucun intérêt juridique né et actuel qui lui permettrait de requérir par exemple l'exécution de l'obligation. La dette n'étant pas juridiquement née, le débiteur de son côté n'est pas tenu de payer et peut donc répéter l'objet d'un paiement indu. La prescription extinctive ne court naturellement pas contre le créancier conditionnel durant cette période [340]. Il existe cependant indu-

---

338. *Renaud v. Lamothe*, (1903) 32 R. C. S. 357 ; *H. v. T.*, (1949) C. S. 281 ; *Klein v. Klein*, (1967) C. S. 300 ; *Reford v. National Trust Co.*, (1968) B. R. 689. Voir à ce sujet SIROIS, J., « Des conditions impossibles, illicites et contraires aux bonnes mœurs dans les libéralités », (1910-1911) 13 R. du N. 145, 264 ; WASSERMAN, G., « Wills — Freedom of Willing in Quebec — Public Order and Good Morals — Stare Decisis », commentaires sur l'affaire *H. v. T.*, (1952) 30 C. B. R. 189 ; MOREL, A., *les Limites de la liberté testamentaire dans le droit civil de la province de Québec*, Paris, Librairie générale de droit et de jurisprudence, 1960 ; MAYRAND, A., « Conflit de deux libertés : liberté de religion et liberté de tester », (1962-1963) 65 R. du N. 383 ; voir aussi BILLETTE, *Traité théorique et pratique de droit civil canadien*, t. 1, n° 79 et s., p. 47 et s.

339. BEAUDOIN, G., « De la condition impossible en matière de legs », (1952) 3 *Thémis* 34.

340. Art. 2236 C. C.

bitablement un droit « conditionnel » ou « éventuel » du créancier à l'exécution de la promesse, droit qu'il transmet d'ailleurs à ses héritiers lorsqu'il décède avant la réalisation de la condition [341]. Ce droit, qui deviendra actuel à l'arrivée de l'événement, est le reflet d'un certain rapport juridique entre le futur créancier et son futur débiteur. Pour permettre au créancier de préserver et de surveiller ses intérêts, la loi l'autorise à exercer les actes conservatoires de ses droits durant cette période [342]. Il peut ainsi interrompre la prescription que son débiteur éventuel laisse courir ou encore faire enregistrer un acte si son débiteur éventuel refuse ou néglige de le faire.

610 — *Obligations du débiteur éventuel* — De son côté, le débiteur est tenu de respecter les termes de l'engagement conditionnel et donc de ne poser aucun acte qui puisse frustrer le créancier conditionnel du bénéfice éventuel de l'obligation. Le débiteur, qui empêche par son fait la réalisation de la condition, agit contrairement à la bonne foi qui doit présider aux rapports contractuels. La condition est alors réputée accomplie et il est tenu donc de s'exécuter comme si l'événement était arrivé dans le cours ordinaire des choses [343].

2. À LA RÉALISATION DE L'ÉVÉNEMENT

611 — *Création rétroactive de l'obligation* — La condition peut se réaliser de deux façons. Lorsqu'elle consistait en la survenance d'un événement, celle-ci opère réalisation de la condition et rend l'obligation pure et simple. Lorsqu'elle consistait au contraire en la non-survenance d'un événement, elle est réputée réalisée lorsqu'il est certain que le fait ne se produira pas, ou lorsque le temps imparti pour sa survenance s'est complètement écoulé [344]. Dès cet instant, l'obligation conditionnelle devient pure et simple, donne au créancier tous les droits d'un créancier ordinaire et astreint le débiteur à l'exécution de ses devoirs contractuels.

Cette transformation de l'obligation s'opère rétroactivement et ainsi créancier et débiteur sont censés avoir été unis par le lien d'obligation au jour de la conclusion de l'engagement et non au jour de la réalisation de la

---

341. Art. 1085 C.C.
342. Art. 1086 C.C.
343. Art. 1084 C.C. ; *Serré* v. *Bourgon,* (1916) 50 C.S. 187 ; *Gagnon* v. *Maryland Casualty Co.,* (1959) B.R. 347 ; *Koslov & Co.* v. *Styval Realty Co.,* (1962) C.S. 251 ; *Segal* v. *Ross,* (1962) R.L.n.s. 385 ; *Sherburn Investment Co.* v. *L.T.D. Realties Inc.,* (1966) B.R. 100.
344. Art. 1082, 1083 C.C. ; voir aussi art. 901 et 902 C.C.

condition. L'effet rétroactif de la condition emporte des conséquences juridiques très importantes. Dans les contrats translatifs de propriété, le droit
de propriété étant censé être passé au créancier au jour de la conclusion
du contrat, tous les actes faits par le débiteur sur l'objet avant la réalisation
de la condition sont anéantis. Ainsi, l'aliénation de la chose matérielle,
objet du contrat, les actes d'hypothèques ou autres sûretés, les servitudes
accordées par le débiteur n'auront aucun effet à l'égard du créancier [345].
Au contraire, tous les actes faits par le créancier durant la même période
seront validés rétroactivement. Ce principe semble à première vue injuste
à l'endroit des bénéficiaires des droits consentis par le débiteur. En réalité,
quant à la plupart des droits réels, les formalités de l'enregistrement leur
permettent de prendre connaissance de l'imperfection du droit du débiteur
et donc de mesurer les risques qu'ils prennent en contractant avec lui.
Une autre conséquence de l'effet rétroactif de la condition est la validité du
paiement fait par le débiteur avant la réalisation de la condition, paiement
qu'il ne pourra plus répéter.

612 — *Tempéraments à l'effet rétroactif* — La loi admet
cependant certains tempéraments du principe de l'effet rétroactif. C'est
ainsi que celui-ci n'affecte pas la charge des risques qui demeurent, dans
le cas d'une obligation de livrer, à la charge du vendeur sous condition
suspensive et non de l'acheteur [346]. De même les auteurs en général sont
d'accord pour affirmer que le débiteur peut malgré tout conserver les
fruits produits par la chose avant la réalisation de la condition et n'est
pas tenu de les rendre au créancier [347].

B. CONDITION RÉSOLUTOIRE

1. AVANT L'ARRIVÉE DE L'ÉVÉNEMENT

613 — *Droits du créancier et du débiteur* — Lorsque
l'obligation est contractée sous condition résolutoire, elle est immédiatement en existence. Le créancier a donc, comme le créancier d'une obligation pure et simple, le droit de requérir du débiteur l'exécution immédiate
de l'obligation. Il peut aliéner l'objet, l'hypothéquer et l'utiliser générale-

---

345. *Décarie* v. *Décarie*, (1922) 60 C. S. 143 ; *Goldsmith* v. *Montreal Motor Transport Co. Ltd.*, (1934) 72 C. S. 277 ; *Brown Inc.* v. *Allan*, (1953) C. S. 349 ;
Dumberry v. *Moquin*, (1959) C. S. 184 ; *Caisse populaire de Scott* v. *Guillemette*, (1962) B. R. 293 ; *Larin* v. *Brière*, (1965) B. R. 800.

346. Art. 1087 C. C. ; *Létourneau* v. *Laliberté*, (1957) C. S. 428.

347. MAZEAUD, *Leçons de droit civil*, t. 2, nº 1035, p. 852 et s. ; MARTY et
RAYNAUD, *Droit civil*, nº 758, p. 767 et s. ; FARIBAULT, *Traité de droit
civil du Québec*, t. 8 bis, nº 78, p. 57 et s.

ment comme bon lui semble, étant dans une position juridique identique à celle d'un créancier ordinaire, avec la réserve toutefois que son droit peut être anéanti par la réalisation de la condition. Le débiteur, lui, est dans la même position que le créancier sous condition suspensive non encore réalisée. Il jouit donc des mêmes droits conditionnels et éventuels que ce dernier et peut ainsi prendre les mesures conservatoires de ses intérêts.

2. À LA RÉALISATION DE L'ÉVÉNEMENT

614 — *Extinction rétroactive de l'obligation* — La condition résolutoire se réalise d'une façon identique à la condition suspensive. Elle entraîne l'extinction de l'obligation, mettant ainsi fin aux rapports juridiques entre les parties. Le contrat disparaît rétroactivement, est censé n'avoir jamais existé et les parties se trouvent replacées dans la même position que si elles n'avaient jamais contracté [348]. En conséquence, le créancier est obligé de remettre au débiteur la prestation qu'il en avait reçue. Dans le cas d'un contrat translatif de propriété, il est réputé n'avoir jamais été propriétaire et donc tous les droits consentis sur l'objet par lui à des tiers tombent rétroactivement. Dans certains cas cependant le législateur fait échec au principe que la condition résolutoire opère de plein droit en exigeant l'accomplissement de certains actes ayant pour but de protéger le créancier et les tiers [349]. Il en est ainsi notamment dans le cas des clauses de dation en paiement. La condition résolutoire présente donc un grand risque pour les tiers de bonne foi. Ceux-ci sont cependant protégés dans une certaine mesure par les lois de l'enregistrement dans le cas des transactions immobilières et par le principe de la possession utile dans les cas de biens meubles [350].

BIBLIOGRAPHIE

BARTIN, E., *Théorie des conditions impossibles, illicites ou contraires aux mœurs*, Paris, Rousseau, 1887.
BEAUDOIN, G., « La condition impossible en matière de legs », (1952-1953) 3 *Thémis* 33.
DANSEREAU, D., « La rétroactivité de la condition », (1936-1937) 15 R. du D. 179.

---

348. *Grange* v. *McLennan*, (1885) 9 R. C. S. 385 ; *Vachon* v. *Deschênes*, (1935) 59 B. R. 193 ; *Krukowsky* v. *Paré*, (1937) 63 B. R. 126 ; *Deschênes* v. *Boucher*, (1961) B. R. 771 ; *Bissonnette* v. *Co. de Finance Laval Ltée*, (1963) B. R. 391 ; *Beaver Hall Investment Ltd.* v. *Ravary Builders Supply Co. Ltd.*, (1963) C. S. 388 ; *Larin* v. *Brière*, (1965) B. R. 800 ; *Bédard Inc.* v. *Assistance Loan and Finance Co.*, (1966) B. R. 113.
349. Art. 1040a et s. C. C.
350. Art. 1027 et 2268 C. C.

DORAIS, J., « De la condition résolutoire — vente de mitoyenneté », (1941) 1 R. du B. 71.

FARIBAULT, M., « Réméré et clause résolutoire », (1941) 1 R. du B. 117.

JAMBU-MERLIN, L., « Essai sur la rétroactivité dans les actes juridiques », (1948) 46 R. T. D. C. 271.

LELOUTRE, A., « Étude sur la rétroactivité de la condition », (1907) 6 R. T. D. C. 753.

Titre II

LES OBLIGATIONS
À MODALITÉ COMPLEXE

615 — *Généralités* — Les obligations à modalité complexe sont celles qui ont soit plusieurs objets, soit plusieurs sujets. Il y a pluralité d'objets dans les obligations alternatives, conjonctives et facultatives, et pluralité de sujets dans les obligations conjointes, solidaires et indivisibles.

Chapitre premier

LES OBLIGATIONS
À PLUSIEURS OBJETS

I — OBLIGATIONS ALTERNATIVES

616 — *Nature* — L'obligation alternative est *celle où le débiteur, pour satisfaire à son engagement, a le choix de donner ou de faire l'une des deux choses formant l'objet de l'engagement.* C'est donc une obligation qui porte sur deux prestations distinctes, et que le débiteur acquitte valablement en exécutant l'une ou l'autre [351]. Les deux prestations sont sur le même plan en ce sens que l'une n'est pas accessoire à l'autre. Ainsi en est-il de l'obligation de ne pas faire concurrence ou de payer une certaine somme d'argent [352]. En principe l'alternative est toujours stipulée

351. Art. 1093 C. C.
352. *Teinturerie Québec Inc.* v. *Lauzon,* (1967) B. R. 41. Cette décision est d'ailleurs

en faveur du débiteur, en ce sens que le choix de la prestation lui appartient[353]. Il s'agit là en fait d'une application particulière de la règle d'interprétation des contrats de l'article 1019 C. C. Rien ne s'oppose cependant à ce que ce choix revienne au créancier[354].

617 — *Exécution de l'obligation* — Dans certains cas, une obligation stipulée sous la forme alternative se trouve en fait réduite à une obligation pure et simple. Le commencement d'exécution d'une des prestations par le débiteur rend l'obligation pure et simple, puisqu'il ne peut plus dès cet instant exécuter chacune en partie. Il en est de même lorsque l'une des deux choses promises ne pouvait être l'objet d'une obligation[355], ou lorsque l'une des deux choses a péri même par la faute du débiteur[356]. Pour ce qui est des effets de la perte de la chose, c'est la théorie générale des risques qui s'applique[357].

II — OBLIGATIONS CONJONCTIVES

618 — *Nature* — L'obligation conjonctive est *celle où le débiteur est tenu à plusieurs prestations*. Pour se libérer, il doit donc accomplir plusieurs actes qui tous ensemble forment le contenu obligationnel de son engagement. Il peut s'agir soit d'une série d'obligations distinctes et séparées, soit d'une seule obligation ayant plusieurs objets. L'inexécution d'une seule des prestations promises est en principe équivalente à l'inexécution totale de l'engagement.

III — OBLIGATIONS FACULTATIVES

619 — *Nature* — L'obligation facultative est *celle où le débiteur, tenu à une prestation déterminée, a la faculté de se libérer en en exécutant une autre à sa place*. Il existe donc, à la différence de l'obligation

---

sujette à critique car il semble qu'il s'agissait plus en l'occurrence d'une obligation pure et simple assortie d'une clause pénale que d'une véritable obligation alternative. Pour d'autres exemples voir : *Gagné* v. *Berthiaume*, (1951) C. S. 366 ; *Continental Discount Co.* v. *Perreault*, (1967) C. S. 396.

353. Art. 1094 C. C.
354. *Hudon* v. *Vaillancourt*, (1954) B. R. 732 ; *Bédard Inc.* v. *Assistance Loan and Finance Co.*, (1966) B. R. 113.
355. Art. 1095 C. C.
356. Art. 1096 C. C.
357. Art. 1096, 1097, 1098 C. C.

alternative, une prestation due à titre principal et une prestation due à titre simplement accessoire. Dès lors, si l'objet de l'obligation principale périt, le débiteur est libéré sans avoir à exécuter l'obligation accessoire, solution opposée à celle qui gouverne l'obligation alternative.

BIBLIOGRAPHIE

GEBLER, M., « Les obligations alternatives », (1969) 67 R. T. D. C. 1.

Chapitre II

LES OBLIGATIONS
À PLUSIEURS SUJETS

620 — *Généralités* — La pluralité de sujets existe lorsqu'une même obligation a plusieurs créanciers ou plusieurs débiteurs, à titre principal. Il en est ainsi par exemple lorsque plusieurs débiteurs d'une même dette sont obligés vis-à-vis d'un créancier commun ou lorsque plusieurs personnes ont une même créance contre un débiteur commun.

I — OBLIGATIONS CONJOINTES

621 — *Nature* — L'obligation conjointe [358] est rare en pratique. Il s'agit d'une *obligation comportant plusieurs créanciers ou plusieurs débiteurs, les premiers ne pouvant réclamer que leur portion respective de la dette totale, les seconds n'étant obligés d'acquitter que leur part respective de celle-ci.* Il y a donc, contrairement aux obligations solidaires et indivisibles, un fractionnement de la dette ou de la créance en autant de parts qu'il y a de débiteurs ou de créanciers. L'exemple le plus courant d'obligations conjointes est fourni par la transmission active

---

358. Le terme « obligation conjointe » porte d'ailleurs à critique puisque au **sens** littéral du terme l'obligation solidaire et l'obligation indivisible sont **également** conjointes ; MARTY et RAYNAUD, *Droit civil*, t. 2, nº 767, p. 773 ; MAZEAUD, *Leçons de droit civil*, t. 2, nº 1051, p. 862.

ou passive d'une obligation aux héritiers par le décès du créancier ou du débiteur. En l'absence de dispositions contraires, la créance ou la dette se divise en autant de parts qu'il y a d'héritiers.

II — OBLIGATIONS SOLIDAIRES

622 — *Généralités* — La solidarité a pour but d'éviter le fractionnement ou la division des dettes ou des créances. Elle peut être soit active (entre les créanciers), soit passive (entre les débiteurs).

A. SOLIDARITÉ ACTIVE

623 — *Nature* — L'obligation solidaire vis-à-vis des créanciers est *celle qui permet à l'un d'entre eux d'exiger du débiteur commun le paiement total de la créance* [359]. Elle est rare en pratique, ne peut être que conventionnelle [360] et repose sur l'idée d'une représentation ou d'un mandat mutuel que se donnent réciproquement les créanciers entre eux. Le créancier réclamant le paiement agit comme mandataire des autres et les actes qu'il pose ont en principe un effet à l'égard de tous. Ainsi la mise en demeure qu'il adresse au débiteur vaut une mise en demeure de la part de tous ses cocréanciers. S'il interrompt la prescription, cette interruption vaut également pour tous [361]. Il existe toutefois une exception à cette règle, et la remise de dette qu'il fait au débiteur ne libère celui-ci que pour la portion de la dette due à ce créancier [362]. Tant qu'aucune poursuite n'a été intentée contre lui, le débiteur reste libre de payer le créancier de son choix [363] ; en cas de poursuite par contre, il est tenu de payer la totalité de la somme au seul poursuivant. Celui qui a reçu paiement est naturellement obligé de rendre à ses cocréanciers leur part respective, mais en cas d'impossibilité de le faire, pour raison d'insolvabilité par exemple, ces derniers ne peuvent s'adresser à nouveau au débiteur libéré par le paiement fait au créancier poursuivant.

---

359. Art. 1100 C. C.
360. *Szuskowski* v. *Polish Alliance Press Ltd.*, (1968) R. P. 404.
361. Art. 1102 et 2230 C. C.
362. Art. 1101 C. C.
363. Art. 1101 C. C.

B. SOLIDARITÉ PASSIVE

1. NOTION

624 — *Définition* — La solidarité passive, très fréquente en pratique, présente un avantage incontestable pour le créancier, en lui permettant de diminuer le risque d'insolvabilité de l'un ou de plusieurs de ses débiteurs et de le faire assumer par les débiteurs solvables eux-mêmes. L'obligation solidaire vis-à-vis des débiteurs est *celle qui permet au créancier d'exiger d'un seul d'entre eux le paiement total de la dette ou l'exécution complète de l'obligation* [364]. Ainsi donc, au lieu d'être obligé de diviser son recours contre chacun des débiteurs, le créancier peut réclamer la totalité de ce qui lui est dû d'un seul d'entre eux. Étant une charge supplémentaire et une aggravation de la situation du débiteur, la solidarité ne se présume jamais en principe et ne peut donc provenir que d'une disposition de la loi ou de la volonté claire et arrêtée des parties [365].

2. SOURCES

a) CONVENTIONNELLES

625 — *Généralités* — Les parties à un contrat sont libres de stipuler la solidarité. Celle-ci ne se présumant pas cependant, il est nécessaire que leur intention ne soit ni équivoque ni douteuse, même s'il n'est pas indispensable que le terme même de « solidarité » soit utilisé par les parties [366]. Il est fréquent de rencontrer une stipulation de solidarité passive dans les contrats étant donné l'avantage incontestable qu'elle représente pour le créancier.

---

364. Art. 1103 C. C.

365. Art. 1105 C. C. ; *Versaille* v. *Harel*, (1915) 47 C. S. 468 ; *Brulotte* v. *Côté*, (1935) 38 R. P. 408 ; *Généreux* v. *Latour*, (1963) C. S. 465.

366. *McDermott* v. *Leblanc*, (1937) 75 C. S. 12 ; *Leblanc* v. *Proulx*, (1969) B. R. 461. La présomption de non-solidarité s'étend aux obligations légales. Pour réclamer le bénéfice de la solidarité, il faut donc pouvoir invoquer un texte qui l'accorde précisément. C'est ainsi par exemple que la jurisprudence a décidé que les obligations suivantes n'étaient pas solidaires : l'obligation alimentaire : *Gratton* v. *Houle*, (1946) 50 R. P. 256 ; *Niro* v. *Niro*, (1950) C. S. 151 ; *Lachance* v. *Lachance*, (1962) C. S. 159 ; *Lachance* v. *Lachance*, (1962) C. S. 614 ; l'obligation des locataires envers le locateur : *McDermott* v. *Leblanc*, (1937) 75 C. S. 12 ; *contra* : *Cousineau* v. *Vaillancourt*, (1936) 74 C. S. 105 ; l'obligation de payer les dépenses dans une action en justice prononçant une condamnation solidaire : *Boxenbaum* v. *Wise*, (1942) 48 R. J. 68 ; l'obligation résultant d'un quasi-contrat : *Fontaine* v. *Gascon*, (1956) C. S. 138.

b) LÉGALES

626 — *Matières commerciales* — La solidarité passive
est prévue dans de très nombreux textes législatifs, soit par le Code
civil lui-même [367], soit par des lois particulières [368]. Les deux cas les plus
discutés par la jurisprudence ont été celui des dettes commerciales et
celui des obligations délictuelles et quasi délictuelles.

Le législateur, en matières commerciales, a inversé la règle normale de
la présomption de non-solidarité [369]. Il n'est donc pas nécessaire de la
stipuler expressément et, au contraire, les parties qui désirent l'exclure
doivent prévoir une disposition à cet effet dans la convention. En matière
de lettres de change et de billets à ordre, les souscripteurs sont obligés
soit conjointement, soit solidairement, selon la formule utilisée dans l'effet
de commerce [370]. L'obligation de payer ne semble pas cependant être
considérée comme commerciale en elle-même, malgré une certaine jurisprudence à l'effet contraire, mais sa nature dépend de la qualité des
personnes et de la nature, commerciale ou non, de la transaction qu'elle
constate [371].

---

367. Par exemple art. 913, 981m, 1126, 1331, 1688, 1712, 1726, 1772, 1836, 1854,
    1873, 1945, 1951 C. C.
368. *Loi du salaire minimum*, S. R. Q., 1964, ch. 114, art. 26 ; *Loi des accidents du
    travail*, S. R. Q., 1964, ch. 159, art. 10 ; *Loi des établissements industriels et
    commerciaux*, S. R. Q., 1964, ch. 150, art. 20 ; *Loi du notariat*, S. R. Q., 1964,
    ch. 248, art. 59 ; *Loi de l'impôt sur le revenu*, S. R. Q., 1964, ch. 69, art. 65 ;
    Loi sur les compagnies, S. R. C., 1952, ch. 53, art. 30 et 36 ; *Loi des
    compagnies d'assurances canadiennes et britanniques*, S. R. C., 1952, ch. 31,
    art. 17 ; *Loi sur les compagnies fiduciaires*, S. R. C., 1952, ch. 272, art. 36 ;
    Loi sur les banques, S. R. C., 1952, ch. 87, art. 48 ; *Loi de l'impôt sur le
    revenu*, S. R. C., 1952, ch. 148, art. 114; *Loi sur les douanes*, S. R.C., 1952,
    ch. 58, art. 104 ; S. C., 1955, ch. 32, art. 6, etc. ; *Loi des compagnies*, S. R. Q.,
    1964, ch. 271, art. 68, 93, 159, 185 ; *Loi des décrets des conventions collectives*,
    S. R. Q., 1964, ch. 143, art. 14 ; *Loi des lettres de change*, S. R. Q., 1952, ch.
    15, art. 179 ; *Loi d'indemnisation des victimes d'accidents d'automobile*, S. R. Q.,
    1964, ch. 232, art. 4. La jurisprudence récente par contre estime que la pré-
    somption créée par l'article 3 de la même loi n'a pas pour effet d'établir une
    responsabilité solidaire entre le propriétaire et le chauffeur du véhicule :
    Michaud v. *Brabant*, (1966) C. S. 47 ; *Boudreau* v. *Longpré*, (1967) C. S.
    387 ; *Berlinguet* v. *Guillemette*, (1968) C. S. 340 ; *contra* : *Noël* v. *Tremblay*,
    (1967) R. L. n. s. 328.
369. Art. 1105 C. C. ; *Pépin* v. *Plamondon*, (1937) 43 R. L. n. s. 1 ; *Tremblay* v.
    Ménard, (1943) 47 R. P. 245 ; *Levasseur* v. *Pineau*, (1951) C. S. 448 ; *Glen-
    cross* v. *Charrest*, (1958) C. S. 600.
370. *Loi des lettres de change*, S. R. C., 1952, ch. 15, art. 179 ; *Congrégation de la
    Fraternité sacerdotale* v. *Sasseville*, (1961) R. P. 210.
371. *Banque canadienne nationale* v. *Labonté*, (1946) 52 R. L. n. s. 362 ; (1947)
    B. R. 415 ; *Banque canadienne nationale* v. *Turcotte*, (1942) B. R. 383 ; com-
    mentaire PERRAULT, A., (1942) 2 R. du B. 421 ; *Loubier* v. *Jacques*, (1960)

627 — *Solidarité parfaite — solidarité imparfaite* — La loi impose d'autre part la solidarité aux auteurs d'un même délit ou quasi-délit à l'égard de la victime qui peut ainsi réclamer à un seul d'entre eux la totalité des dommages subis. L'auteur qui a payé la victime peut ensuite se retourner contre les autres et exiger le remboursement de leurs parts respectives qui ne sont pas forcément égales. Pour éviter toutefois la multiplication des actions récursoires, le Code de procédure civile oblige maintenant le tribunal, si la preuve présentée le permet, à déterminer la part de chacun dans la condamnation [372].

L'article 1106 C. C. n'a pas de correspondant dans le Code Napoléon. Les codificateurs québécois ont cru bon, semble-t-il, de codifier un principe, alors généralement admis, et d'étendre l'ensemble des règles gouvernant la solidarité à ce type d'obligations. Cependant, en France, jurisprudence et doctrine [373] admettent que, entre les auteurs d'un délit ou quasi-délit, il n'existe pas une solidarité parfaite mais seulement une solidarité imparfaite (obligation *in solidum*). Le fondement des effets secondaires de la solidarité parfaite est l'idée d'une représentation mutuelle des codébiteurs, résultant d'une sorte de mandat tacite. Chaque débiteur en effet agit non seulement pour lui mais aussi pour les autres et en conséquence les lie. Or l'existence de cette idée de représentation mutuelle est douteuse lorsqu'il s'agit de deux coauteurs d'un délit qui parfois ne se connaissent pas et ne sont même pas au courant de la faute de l'autre. Ainsi en est-il par exemple de deux marchands qui ont séparément vendu des boîtes de cartouches à des enfants, lorsque la victime a été blessée par une balle sans que l'on puisse déterminer de quelle boîte elle provenait [374]. Le droit français a donc élaboré en la matière la théorie de la solidarité imparfaite. L'obligation *in solidum* produit les mêmes effets principaux que l'obligation solidaire. Chaque débiteur est tenu pour le tout à l'égard du créancier et après avoir acquitté l'obligation peut récupérer de son coobligé la part que ce dernier devait. Cependant l'obligation *in solidum* n'a pas les effets dits « secondaires » de l'obligation solidaire parfaite. Ainsi la mise en demeure ou l'interruption de prescription contre l'un des débiteurs ne vaut pas à l'égard des autres, l'élément de représentation mutuelle étant absent [375].

C. S. 121. Voir PERRAULT, *Traité de droit commercial*, t. 3, n° 398 et s., p. 540 et s. ; n° 647 et s., p. 850 et s. ; DE LA DURANTAYE, C.J., « Le billet à ordre et la solidarité », (1946) 6 R. du B. 217.

372. Art. 469 C. P. C. ; *Bean* v. *Langlois*, (1968) B. R. 135.

373. MAZEAUD, *Leçons de droit civil*, t. 2, n°s 1070-1072, p. 872-874 ; RIPERT et BOULANGER, *Traité de droit civil*, t. 2, n°s 1837-1839, p. 662-664 ; MARTY et RAYNAUD, *Droit civil*, t. 2, n°s 795-800, p. 799-805.

374. *Saint-Pierre* v. *McCarthy*, (1957) B. R. 421 ; commentaire BRIERLY, J., (1957) 4 McGill L. J. 298.

375. Voir paragr. 635 et s.

628 — *Critique* — Le texte formel de l'article 1106 C. C. donne à penser qu'il n'y a pas lieu en droit québécois de faire une telle distinction et que la solidarité entre les coauteurs d'un délit est parfaite [376]. Cependant, un arrêt de jurisprudence récent est venu, à notre avis fort malencontreusement, importer la distinction française et attacher une solidarité imparfaite à l'obligation des coauteurs d'un délit [377]. Il est vrai que Mignault lui-même prônait cette distinction [378] mais il est peut-être utile de rappeler qu'il ne faisait alors que simplement reproduire le texte même de Mourlon qui avait été un des premiers exposants et défenseurs de cette distinction [379]. À l'heure présente, la jurisprudence est donc loin d'être fixée sur ce problème mais il faut bien avouer que l'on comprend mal cette importance brutale, non justifiée par les textes, d'une théorie étrangère au droit québécois.

629 — *Fautes simultanées — fautes successives* — Une série de problèmes tout aussi importants se sont posés en jurisprudence lorsqu'il s'est agi de déterminer précisément ce que l'on entendait par « coauteurs » d'un délit ou d'un quasi-délit. La solidarité est manifeste lorsque deux personnes commettant une faute unique ont causé un seul dommage. Il en est de même lorsque celles-ci ont commis des fautes contributoires, c'est-à-dire deux actes indépendants mais qui ont tous deux contribué à divers degrés à causer un même préjudice [380]. Inversement, on

---

376. NADEAU, *Traité de droit civil du Québec*, t. 8, n° 609 et s., p. 524 et s. ; FARIBAULT, *Traité de droit civil du Québec*, t. 8 *bis*, n° 255, p. 192 ; BAU-DOUIN, L., *Traité pratique de la responsabilité-automobile*, Toronto, Carswell, 1955, p. 329 ; voir aussi *Cité de Montréal* v. *Beauvais*, (1944) B. R. 215.

377. *Blumberg et Consolidated Moulton Trimmings Ltd.* v. *Wawanesa Mutual Insurance Co.,* (1960) B. R. 1165 ; (1962) R. C. S. 21 ; commentaires BAU-DOUIN, (1961) R. du B. 143 ; BRABANT, A., « La responsabilité collective », (1963) 13 *Thémis* 5. Il faut noter cependant que dans cette espèce, les cours ont établi la distinction entre la solidarité parfaite et imparfaite seulement eu égard à la possibilité pour chaque codébiteur de faire établir le pourcentage de sa part virile en relation avec sa propre faute.

378. MIGNAULT, *Droit civil canadien*, t. 5, p. 489-490.

379. MOURLON, *Répétitions écrites sur le Code civil*, Paris, Maresq, 1866, t. 2, n°s 1247, 1257 et s.

380. *McDonald* v. *Grand Trunk Railway Co.,* (1918) 53 C. S. 460 ; (1919) 57 R. C. S. 268 ; *Napierville Junction Railway Co.* v. *Dubois*, (1924) 31 R. L. n. s. 119 ; *Trépanier* v. *Canadian Pacific Railway*, (1925) 31 R. L. n. s. 119 ; *The King* v. *Canada Steamship Lines Ltd.,* (1926) Ex. C. R. 13 ; (1927) R. C. S. 68 ; *Shawinigan Water and Power Co.* v. *Laprise*, (1942) B. R. 210 ; *Thériault* v. *Huctwith*, (1948) R. C. S. 86 ; *Gingras* v. *Payette*, (1955) R. L. n. s. 385 ; *Nobert* v. *Morais*, (1956) B. R. 740 ; *Abud* v. *Pothier*, (1958) C. S. 452 ; *Bisson* v. *Bisson*, (1963) C. S. 345 ; *Deguire Avenue Ltd.* v. *Adler*, (1963)

ne saurait tenir solidairement responsables les auteurs de deux fautes successives et distinctes ayant entraîné chacune un préjudice séparé, différent et identifiable [381]. Dans un tel cas, il y a au fond deux délits distincts et la victime doit donc s'adresser à chacun des auteurs et lui réclamer séparément la portion précise du dommage causé par sa faute. Qu'arrive-t-il cependant dans le cas de fautes successives lorsqu'il est impossible de déterminer soit laquelle d'entre elles a causé la totalité du dommage, soit la quotité exacte du préjudice attribuable à chacune des fautes ? Ainsi en est-il de la première hypothèse dans le cas de collisions d'automobiles multiples et en chaîne. Un accident a lieu, et avant qu'il soit possible d'identifier précisément le préjudice, survient une deuxième, voire même une troisième collision qui l'aggravent [382]. Telle est, dans la seconde hypothèse, la situation créée par deux chasseurs qui, tirant successivement avec un fusil de même calibre, blessent d'une seule balle la victime sans que l'on puisse savoir de quel fusil la balle provenait [383]. Le problème est évidemment extrêmement complexe puisqu'il relève avant tout de la détermination du lien de causalité. Admettre la solidarité revient à faire payer, surtout dans la seconde hypothèse, à une partie partiellement ou complètement innocente, une proportion ou la totalité du dommage qu'elle n'a pas en fait causé. Par contre, refuser le recours solidaire est inique pour la victime. Celle-ci, en effet, se heurte à la difficulté quasi insurmontable de prouver les éléments de la responsabilité ; elle risque, faute de pouvoir rapporter cette preuve, de perdre son recours et contre l'un et contre l'autre des auteurs du délit et donc de ne recevoir aucune indemnisation. La jurisprudence québécoise a fait preuve à cet égard de beaucoup de souplesse. Par souci d'équité, elle admet dans certains cas, lorsque deux fautes distinctes et indépendantes se produisent dans un intervalle de temps restreint, que le tribunal, tout en ne retenant pas la solidarité, puisse fixer à sa discrétion la proportion des dommages dont chacun des coauteurs

---

B. R. 101 ; *Lévesque* v. *Arbec Construction*, (1964) C. S. 24 ; *contra : Jeannotte* v. *Couillard*, (1894) 3 B. R. 461. La jurisprudence tient également et solidairement responsable l'auteur du dommage et celui qui répond de son fait (par exemple le commettant) : *Fortin* v. *La Reine*, (1965) C. S. 168 ; *Myer* v. *Viau*, (1966) R. P. 217.

381. *Dugas* v. *Cité de Montréal*, (1921) 59 C. S. 209 ; *Co. des Religieuses du Très-Saint-Sacrement* v. *Belmont Construction Co.*, (1935) 39 R. P. 368 ; *Matte* v. *Matte*, (1958) R. P. 322 ; *Lever Bros. Ltd.* v. *Fisher*, (1962) C. S. 617.

382. Voir par exemple *Loranger* v. *Gingras*, (1935) 41 R. L. n. s. 354 ; *Daoust* v. *Gélinas*, (1954) C. S. 78 ; *Pappadia* v. *St-Cyr*, (1959) B. R. 639 ; *Deveault* v. *Guertin*, (1965) C. S. 238 ; *Wiseberg* v. *Goupil*, (1967) B. R. 214.

383. *Labelle* v. *Charette*, (1960) B. R. 770. Comparer avec *Gauthier* v. *Bérubé*, (1960) C. S. 23.

doit répondre [384]. D'autre part, elle retient la solidarité dans certains autres cas, en présence de fautes véritablement simultanées lorsque le préjudice est un et indivisible [385]. Pour justifier cette seconde solution, la jurisprudence a recours soit à un renversement en fait du fardeau de la preuve (le débiteur ayant la charge de démontrer la part des dommages qu'il doit assumer) [386], soit à une sorte de « collectivisation de la faute causale [387] ». Il apparaît évident que l'extension à ces cas de la solidarité est motivée avant tout par des considérations d'équité à l'endroit de la victime.

3. EFFETS

630 — *Généralités* — Le Code règle avec beaucoup de précision les effets de la solidarité tant dans les rapports entre le créancier et les codébiteurs qu'entre ceux qui existent entre les codébiteurs eux-mêmes.

a) RAPPORTS ENTRE LE CRÉANCIER ET LES CODÉBITEURS

631 — *Composantes de la solidarité* — La doctrine classique explique les rapports entre le créancier et les codébiteurs solidaires en se basant sur trois idées fondamentales qui constituent les composantes du mécanisme de la solidarité. L'unité d'objet, tout d'abord, fait que tous les débiteurs sont engagés à la même chose, et donc que leur obligation respective porte sur un objet unique et commun. La pluralité des liens en second lieu, justifie l'existence d'autant de liens d'obligation vis-à-vis du créancier qu'il y a de débiteurs solidaires. La représentation mutuelle enfin qui, du moins dans les obligations solidaires parfaites, fait de chaque débiteur dans ses relations avec le créancier, le représentant de tous les autres.

i) Unité d'objet

632 — *Conséquences juridiques* — Chaque débiteur est redevable au créancier de la totalité de la dette ou de la prestation. Il n'est donc pas seulement tenu pour sa propre part mais également pour celles de tous ses codébiteurs. Ce principe emporte donc les conséquences sui-

---

384. *Antosz* v. *Forget*, (1966) C. S. 376 ; *contra : Pappadia* v. *St-Cyr*, (1959) B. R. 639.
385. *St-Pierre* v. *McCarthy*, (1957) B. R. 421 ; *Gauthier* v. *Bérubé*, (1960) C. S. 23.
386. *Gauthier* v. *Bérubé*, (1960) C. S. 23 ; *St-Père* v. *Morin*, (1960) B. R. 744.
387. Voir MAYRAND, A., « L'énigme des fautes simultanées », (1958) 18 R. du B. 1, p. 14 et s.

vantes. Tout d'abord, le créancier peut, à son choix, poursuivre n'importe lequel des codébiteurs dont l'obligation est échue, sans que celui-ci ne puisse lui opposer le bénéfice de division, c'est-à-dire l'obligation de fractionner sa réclamation en autant de demandes qu'il existe de codébiteurs [388]. En général le créancier choisit évidemment celui contre qui ses chances de recevoir paiement sont les meilleures. Il peut cependant en tout temps exercer la même demande (ou les mêmes poursuites) contre un autre ou contre les autres et même abandonner celle intentée pour se pourvoir à nouveau contre un autre défendeur [389]. Le paiement volontaire ou forcé obtenu d'un des codébiteurs de la totalité de la dette éteint celle-ci et libère ainsi tous les débiteurs vis-à-vis du créancier. En second lieu, l'objet de l'obligation étant unique, le débiteur poursuivi peut opposer en défense au créancier sur une demande de paiement, les exceptions réelles ou communes à toute la masse des codébiteurs [390]. C'est ainsi qu'il peut invoquer la nullité de l'engagement pour vice de formation, la libération due à la force majeure ou au cas fortuit, la prescription extinctive de la dette, etc.

ii) Pluralité des liens

633 — *Conséquences à l'égard des créanciers* — Le fait qu'il y a autant de liens d'obligation qu'il existe de débiteurs entraîne une multiplicité des effets de l'obligation solidaire dans le cadre de l'analyse de chacun de ces liens obligatifs. À l'égard du créancier en premier lieu, la solidarité étant stipulée en sa faveur, il est libre d'y renoncer à l'égard de tous ses débiteurs et de transformer ainsi l'obligation solidaire en obligation conjointe. Cependant la renonciation à la solidarité à l'égard de l'un ou de plusieurs des débiteurs n'équivaut pas à une renonciation globale à l'égard de tous [391]. Comme une telle renonciation n'est pas dans l'intérêt du créancier, la loi a pris soin de définir précisément les circonstances desquelles on peut déduire une volonté tacite de l'effectuer [392].

634 — *Conséquences à l'égard des débiteurs* — La pluralité des liens d'obligation a pour conséquence également que l'obligation peut être solidaire alors même que les modalités du lien de chaque débiteur sont différentes. C'est ainsi qu'un débiteur peut être obligé à terme ou sous condition alors que les autres ont une obligation pure et

388. Art. 1107 C. C.
389. Art. 1108 C. C.
390. Art. 1112 C. C.
391. Art. 1114 C. C.
392. Art. 1115. 1116 C. C.

simple [393]. Le créancier, dans cette hypothèse, est tenu au respect de ces modalités et ne peut réclamer l'exécution contre ce débiteur avant l'échéance du terme ou la réalisation de la condition. D'autre part le débiteur poursuivi en exécution peut opposer au créancier les défenses ou exceptions qui lui sont personnelles [394]. Il pourra par exemple se défendre à l'action en invoquant un vice de son consentement, la lésion ou encore sa propre incapacité. Par contre il lui est impossible d'invoquer les exceptions purement personnelles à ses autres codébiteurs. Enfin, s'il y a confusion (dans l'hypothèse par exemple où le créancier décède en laissant l'un des codébiteurs comme héritier ou légataire), l'extinction de la créance ne se fait que pour la part seulement de ce débiteur [395].

iii) Représentation mutuelle

635 — *Conséquences à l'égard des débiteurs* — Dans la solidarité parfaite, telle celle résultant de la convention, il existe entre chaque débiteur et ses coobligés un lien de représentation puisque, par exemple, le débiteur qui paye le créancier éteint la dette à l'égard de tous. Ce débiteur est ainsi dans la position d'un mandataire ou d'un gérant d'affaires. On attache à cette idée de représentation un certain nombre d'effets dits secondaires qui en principe ne se retrouvent pas dans la solidarité imparfaite. La mise en demeure adressée à l'un des débiteurs vaut à l'égard de tous et, si l'objet périt par la suite, les codébiteurs restent obligés d'en payer la valeur, même si seulement celui qui a commis la faute ou était en demeure est tenu des dommages résultant de cette perte [396]. De plus, la demande d'intérêts, c'est-à-dire de dommages moratoires, adressée à l'un des créanciers fait courir les intérêts sur la somme due à l'égard de tous [397]. Enfin, un acte interrompant ou suspendant la prescription contre l'un des débiteurs solidaires a pour effet de l'interrompre ou de la suspendre à l'égard de tous [398].

393. Art. 1104 C. C.
394. Art. 1112 C. C.; *Payette* v. *Singer*, (1955) B. R. 771 ; *Lapointe* v. *Beaupré*, (1959) R. P. 251.
395. Art. 1113 C. C.
396. Art. 1109 C. C.
397. Art. 1111 C. C.
398. Art. 1110, 2231, 2239 C. C. ; *Coutu* v. *Auclair*, (1926) 40 B. R. 299 ; *Beaubien* v. *Laframboise*, (1926) 40 B. R. 194 ; *Mantha* v. *Lampron*, (1944) C. S. 270 ; *Banque canadienne nationale* v. *Labonté*, (1946) R. L. n. s. 362 ; (1947) B. R. 415 ; *Bisson* v. *Bisson*, (1963) C. S. 345 ; *Myer* v. *Viau*, (1966) R. P. 217 ; *Gélinas-Deschênes* v. *Damphousse*, (1967) C. S. 709. Voir aussi *Beaulieu* v. *Beaulieu*, (1966) B. R. 849.

636 — *Conséquences sur l'action en justice* — Cette notion de représentation soulève en jurisprudence certains problèmes délicats. Ainsi, le jugement condamnant l'un des débiteurs solidaires peut-il avoir force de chose jugée à l'égard des autres non présents à la contestation ? Il nous semble que la réponse doit être négative car il est difficile d'admettre que la condamnation de l'un d'entre eux puisse avoir un effet sur les autres qui auraient pu avoir, eux, des motifs juridiques sérieux à faire valoir à l'encontre de l'action. De plus, un jugement condamnant solidairement deux personnes n'est pas chose jugée entre elles sur leur part respective de responsabilité, sauf si cette question a été tranchée par le tribunal en vertu de l'article 469 du Code de procédure civile [399]. Toutefois, une certaine jurisprudence admet, lorsque le règlement est avantageux pour tous, qu'une transaction intervenue entre le créancier et l'un des débiteurs s'impose aux autres, reconnaissant ainsi à ce règlement l'effet de la chose jugée [400]. Par contre, cette même jurisprudence admet que la renonciation à la prescription par l'un des codébiteurs ne peut nuire aux autres [401]. En pratique donc, pour éviter toute difficulté, le créancier a intérêt à poursuivre dans une même instance tous les débiteurs, surtout lorsque le principe même de la solidarité est susceptible d'être contesté. De même, le débiteur poursuivi seul agit prudemment en mettant en cause ses codébiteurs ou en les forçant à intervenir [402].

b) RAPPORTS DES CODÉBITEURS ENTRE EUX

637 — *Divisibilité de la dette* — Celui des débiteurs qui a acquitté l'obligation ou payé la dette pour tous, a droit de réclamer à ses coobligés leur portion respective de la dette totale. La solidarité ne prolonge cependant pas ses effets dans le recours récursoire et ce débiteur ne peut à son tour exiger de l'un la part totale due par lui et tous les

---

399. Voir à ce sujet *Noël* v. *Tremblay*, (1967) R. L. n. s. 328 et aussi *Blumberg et Consolidated Moulton Trimmings Ltd.* v. *Wawanesa Mutual Insurance Co.*, (1960) B. R. 1165 ; (1962) R. C. S. 21 ; *Massicotte* v. *Marchessault*, (1960) B. R. 821 ; *Standard Structural Steel Ltd.* v. *H. S. Construction Co.*, (1961) C. S. 72 ; *Hughman* v. *Canento Ltd.*, (1963) B. R. 555. Voir également sur l'utilisation de la preuve contre les codébiteurs solidaires : *Jetté* v. *Trudel-Dupuis*, (1956) B. R. 815 ; (1959) R. C. S. 428.

400. Voir aussi *City of Montreal* v. *King*, (1949) R. C. S. 670 ; *Poulin* v. *Gagnon*, (1962) C. S. 134.

401. *Commission du salaire minimum* v. *Langlois*, (1967) C. S. 518.

402. Art. 208 et s., 216 et s. C. P. C. ; *Harbec* v. *Co. de la paroisse de St-Antoine de Richelieu*, (1926) 64 C. S. 567.

autres [403]. Cette règle vaut même si, au moment du paiement, le débiteur a obtenu subrogation de la part du créancier [404]. La loi désire éviter ainsi une multiplication inutile des recours entre les codébiteurs. Cette absence de prolongation des effets de la solidarité fait courir au débiteur qui a payé le risque de l'insolvabilité d'un ou de plusieurs de ses codébiteurs. Dans un tel cas, la perte est alors répartie par contribution entre tous les codébiteurs, y compris le *solvens,* sauf toutefois lorsque le créancier a renoncé à la solidarité en faveur d'un des débiteurs ; celui-ci n'est alors pas tenu à cette contribution [405]. La subrogation dans les droits du créancier, même si elle n'a pas pour effet de transmettre la solidarité, est malgré tout d'un précieux recours pour le *solvens* puisqu'il peut alors bénéficier pour recouvrer les contributions de chacun de ses codébiteurs, des sûretés (gages, hypothèques) et garanties accordées par eux au créancier. La prescription de l'action récursoire commence à courir de la date du paiement effectué au créancier [406]. Certaines décisions cependant la font courir, dans le cas des coauteurs d'un délit, de la date du jugement définitif de condamnation, en arguant que c'est à cette date précise que les dommages sont liquidés et donc que la somme due au créancier est précisément déterminée [407]. Ces deux règles d'apparence opposée sont pourtant conciliables. Si le débiteur paye avant que jugement n'intervienne

---

403. Art. 1117 C. C. ; *The King* v. *Canada Steamship Lines Ltd.,* (1926) Ex. C. R. 13 ; (1927) R. C. S. 68 ; *Cormier* v. *Delisle,* (1942) C. S. 480 ; *Jongers* v. *Huctwith,* (1946) B. R. 564 ; (1948) R. C. S. 86 ; voir aussi *Blumberg et Consolidated Moulton Trimmings Ltd.* v. *Wawanesa Mutual Insurance Co.,* (1960) B. R. 1165 ; (1962) R. C. S. 21 ; *Federation Insurance Co. of Canada* v. *Cité de Granby,* (1969) B. R. 116.

404. Art. 1118 C. C. ; *Benning* v. *Thibaudeau,* (1892) 20 R. C. S. 110 ; *Ontario Bank* v. *Chaplin,* (1892) 20 R. C. S. 152 ; *Trahan* v. *Poulin,* (1944) B. R. 381.

405. Art. 1118 et 1119 C. C.

406. *Robillard* v. *Jodoin,* (1939) 43 R. P. 1 ; *Giguère* v. *Héritiers de Rolland Gagné,* (1959) C. S. 188 ; *U.S. Fire Insurance Co.* v. *McLellan,* (1968) R. P. 428 ; il faut noter aussi que dans l'affaire *Thériault* v. *Huctwith,* (1948) R. C. S. 86, la Cour suprême a posé la règle selon laquelle deux codébiteurs, portant appel d'un jugement les condamnant solidairement avec un troisième débiteur, doivent mettre ce dernier en cause, de façon à ne pas le priver de son recours récursoire sans l'entendre.

407. *Cormier* v. *Delisle,* (1942) C. S. 480 ; *Montreal Co.* v. *Eversfield,* (1948) B. R. 545 ; *Doyon* v. *Quilliam,* (1951) C. S. 253 ; *Robin Jones and Whitman Ltd.* v. *Francœur,* (1945) R. P. 89 ; *United 5¢ to $1 Stores of Canada Ltd.* v. *Annan,* (1956) B. R. 12 ; *Lévesque* v. *Arbec Construction,* (1946) C. S. 24. Voir aussi *City of Montreal* v. *King,* (1949) R. C. S. 670, p. 671 et 675. Cependant, l'action récursoire sera rejetée, si au moment où l'action par le créancier a été prise contre le débiteur, le recours de ce créancier contre le codébiteur était déjà prescrit : *Lapierre* v. *Cité de Montréal,* (1959) B. R. 125 ; (1959) R. C. S. 434.

contre lui, la prescription court à compter de la date du paiement. Si jugement est rendu contre le débiteur, avant paiement, c'est à compter de la date du jugement que la prescription commence à courir.

III — OBLIGATIONS INDIVISIBLES

638 — Généralités — L'indivisibilité de l'obligation est une matière fort complexe, réglée avec un certain luxe de détails par le Code civil qui manque de clarté sur ce sujet [408]. De plus, l'absence quasi totale de jurisprudence sur cette question, rend son étude particulièrement difficile.

A. CARACTÈRES GÉNÉRAUX

639 — Définition et nature — L'obligation indivisible est *celle qui n'est pas susceptible d'être exécutée par parties mais que le débiteur doit exécuter en une seule fois.* Elle peut, comme la solidarité, être active ou passive, selon qu'elle existe à l'égard des cocréanciers ou des codébiteurs. La première ne présente en fait aucun intérêt pratique véritable et au contraire peut, dans certains cas, mettre en péril les droits individuels des créanciers. La seconde au contraire présente un avantage considérable, car elle prolonge les effets de la solidarité passive sur la tête des héritiers du débiteur en cas de décès de celui-ci [409]. En effet, lorsque le débiteur meurt, l'exécution de l'obligation se divise en principe entre ses héritiers ou représentants légaux, alors même qu'elle était solidaire. L'indivisibilité passive évite la division de l'obligation et permet ainsi au créancier d'exiger la totalité de l'exécution d'un seul des ayants cause du débiteur.

640 — Indivisibilité naturelle — Le caractère divisible ou indivisible de l'obligation peut provenir soit de sa nature même, soit de la convention des parties. D'une façon générale, l'obligation est de nature indivisible lorsque le fait ou la chose qui en est l'objet ne peut être exécuté ou délivrée par parties soit intellectuellement, soit matériellement [410]. Cette indivisibilité naturelle se rencontre par exemple lorsque plusieurs personnes se sont engagées à livrer un corps certain [411]. Celui-ci n'étant pas susceptible de livraison par parties, l'acte d'un seul des débiteurs assure l'exécution de l'obligation. L'obligation de payer une

---

408. Art. 1121 à 1130 C. C.
409. Art. 1126 et 1127 C. C.
410. Art. 1121, 1123, 1124 C. C.
411. Art. 1123 C. C.

somme d'argent est en principe divisible de nature. Cependant, la loi impose au débiteur unique la règle de l'indivisibilité du paiement, règle à laquelle il est possible de déroger et au bénéfice de laquelle le créancier peut volontairement renoncer [412].

641 — *Indivisibilité conventionnelle* — L'indivisibilité conventionnelle résulte de la volonté des parties qui peuvent ainsi imposer ce caractère à une obligation qui, par nature, serait divisible. À la différence de la solidarité, cette indivisibilité peut être expresse ou tacite. À la lumière de l'intention présumée des parties au contrat, le tribunal, peut en effet déclarer indivisible une obligation bien que cette indivisibilité n'ait pas été expressément stipulée [413]. L'indivisibilité conventionnelle passive est fréquente à la différence de l'indivisibilité conventionnelle active.

B. EFFETS

1. INDIVISIBILITÉ ACTIVE

642 — *Exigibilité de l'obligation* — L'indivisibilité entre les cocréanciers permet à l'un d'eux d'exiger du débiteur l'exécution totale de l'obligation. Le paiement ainsi effectué libère le débiteur à l'égard de tous comme s'il s'agissait d'ailleurs d'une obligation solidaire active. L'indivisibilité active n'est pas cependant sans danger. Le créancier payé est en effet tenu de remettre à chacun de ses cocréanciers la quote-part du paiement qui leur revient, et ceux-ci courent donc le risque inhérent à cette réclamation. Rien n'empêche cependant l'un des cocréanciers de ne réclamer au débiteur que sa part de la dette. Il peut également faire remise au débiteur mais celle-là ne préjudicie pas aux droits des autres et est censée n'être faite que pour sa part à lui.

2. INDIVISIBILITÉ PASSIVE

643 — *Exécution unique* — L'indivisibilité entre les débiteurs a pour effet principal d'obliger chacun d'entre eux à exécuter la totalité de l'obligation en faveur du créancier, de la même façon que la solidarité passive [414]. Ce dernier peut donc s'adresser indifféremment et à son choix à l'un quelconque des codébiteurs pour obtenir le paiement complet. Elle présente toutefois l'avantage sur la solidarité de maintenir

---

412. Art. 1122 C. C. Voir paragr. 490 ; *Langlois* v. *Charpentier*, (1915) 47 C. S. 97.
413. Art. 1124 C. C. ; *Hudon* v. *Voisine*, (1925) 38 B. R. 378 ; *McDermott* v. *Leblanc*, (1937) 75 C. S. 12 ; *Banque canadienne nationale* v. *Turcotte*, (1942) B. R. 383 ; commentaire PERRAULT, A., (1942) 2 R. du B. 421 ; *Canadian Pacific Railway Co.* v. *Lefebvre*, (1951) C. S. 338.
414. Art. 1126 et 1127 C. C.

cette possibilité après le décès du débiteur, à l'égard de ses héritiers et représentants légaux. Ainsi, s'il y a indivisibilité, en cas de décès du débiteur, le créancier peut poursuivre l'un des héritiers pour la totalité de la dette. Cette règle particulièrement favorable au créancier est toutefois soumise à certains tempéraments. En premier lieu, en cas d'inexécution fautive, l'obligation de réparation (c'est-à-dire d'indemniser le créancier au moyen de dommages-intérêts) devient ou plutôt demeure divisible lorsque cette inexécution est causée par la faute personnelle d'un des héritiers [415]. Seul celui-ci est alors tenu pour le tout. D'autre part, l'héritier poursuivi a la faculté, par exception ou moyen dilatoire, de demander un délai lui permettant de mettre en cause ses cohéritiers, hormis le cas où il est le seul à pouvoir effectivement fournir l'exécution (par exemple s'il est en possession de l'objet à livrer) [416]. Après paiement cet héritier conserve naturellement son recours récursoire contre ses cohéritiers pour le paiement de leurs parts respectives. Un autre effet analogue à la solidarité est celui de l'interruption de prescription. L'interruption de prescription à l'égard de l'un des héritiers d'une obligation indivisible vaut à l'égard de tous [417].

644 — *Conclusion* — Même si la solidarité et l'indivisibilité présentent des effets juridiques souvent identiques, il importe de ne pas les confondre. L'indivisibilité vient compléter la solidarité mais la simple stipulation de solidarité n'entraîne pas nécessairement l'indivisibilité.

BIBLIOGRAPHIE

BRABANT, A., « La responsabilité collective », (1963) 13 *Thémis* 5.

CHABAS, F., « Remarques sur l'obligation in solidum », (1967) 65 R. T. D. C. 310.

DE LA DURANTAYE, L. J., « Le billet à ordre et la solidarité », (1946) 6 R. du B. 217.

DEMERS, G., « L'appel ou l'action en garantie dans les délits », (1948) 8 R. du B. 489.

DRAKIDIS, P., *Du principe que la solidarité ne se présume pas*, Paris. Sirey, 1939.

FERLAND, P., « La garantie et l'exception dilatoire de garantie », (1957) 17 R. du B. 306.

GAGNON, A., « La dette alimentaire est-elle d'ordre public, solidaire, indivisible ? », (1900-1901) 3 R. du N. 230.

JOHNSON, W., *The Joint and Several Responsibility of Architects, Engineers and Builders*, Montréal, Wilson et Lafleur, 1955.

MAYRAND, A., « L'énigme des fautes simultanées », (1958) 15 R. du B. 1.

TANCELIN, M., « L'obligation solidaire et l'obligation in solidum », *Travaux de l'Office de révision du Code civil*, 1969.

VINCENT, J., « L'extension en jurisprudence de la notion de solidarité passive », (1939) 38 R. T. D. C. 601.

---

415. Art. 1128 C. C.

416. Art. 1130 C. C. ; art. 168 C. P. C.

417. Art. 2231 C. C.

Livre III
EXTINCTION ET TRANSMISSION
DES OBLIGATIONS

645 — *Généralités* — Le Code civil à l'article 1138 C. C. donne une liste des causes d'extinction de l'obligation d'une manière plus complète que l'article 1234 du Code Napoléon. Un certain nombre de ces causes ont déjà été examinées. Ainsi le paiement qui reste avant tout un mode d'exécution de l'obligation [1] ; l'impossibilité d'exécuter, traitée à propos de la théorie des risques [2] ; l'annulation ou la rescision [3] ; l'arrivée du terme ou de la condition [4]. D'autres au contraire n'ont pas un caractère général, mais particulier à certains types d'obligations. Ainsi le décès du créancier ou du débiteur dans un contrat de louage de service [5] ou de mandat [6], d'un des associés dans un contrat de société [7], ou encore la résiliation ou révocation par la volonté d'un des contractants dans certains cas [8]. Enfin, on retrouve parmi cette énumération certaines causes à caractère général qu'il importe de traiter ici : la novation, la délégation, la compensation, la remise et la confusion. La cession de créance ou de contrat représentant, vu son importance, une opération particulière, même si elle met fin à un lien d'obligation, se rattache beaucoup plus à l'étude des contrats spéciaux. De même, la prescription extinctive doit faire partie d'une étude de l'ensemble des règles relatives à la prescription.

---

1. Paragr. 477 et s.
2. Paragr. 354 et s.
3. Paragr. 243 et s.
4. Paragr. 595 et s. ; 603 et s.
5. Art. 1692 C. C.
6. Art. 1755 C. C.
7. Art. 1892 C. C.
8. Art. 1756, 1892 (7) C. C.

Chapitre premier
LA NOVATION

646 — *Généralités* — La novation permet à la fois d'éteindre une obligation et d'en créer une nouvelle dans une seule et même opération. Elle a perdu dans le droit moderne l'importance pratique qu'elle avait, surtout dans l'ancien droit romain où elle permettait, avant que la cession de créance ne soit admise, d'obtenir des résultats juridiques à peu près semblables à celle-ci[9]. Telle que réglementée par le Code[10], et sans aménagements conventionnels entre les parties, elle n'est pas toujours avantageuse pour le nouveau créancier qui perd la protection des sûretés et accessoires de l'ancienne obligation, non plus que pour le débiteur en raison du principe de l'inopposabilité des exceptions au nouveau créancier[11]. La cession de créance et la cession de dette offrent au contraire un mécanisme plus souple et parfois plus bénéfique aux parties en cause.

I — NATURE JURIDIQUE

647 — *Définition* — La novation est *l'opération juridique qui consiste à remplacer une obligation existante par une obligation nouvelle qui diffère de l'ancienne soit par les personnes qui y sont parties (novation par changement de créancier ou de débiteur), soit par son objet, sa cause, ou ses modalités (novation par changement de dette).* La novation inclut donc deux opérations juridiques distinctes, l'une qui amène l'extinction de la dette originaire et l'autre qui crée une nouvelle dette substituée à l'ancienne.

648 — *Novation par changement de créancier* — La novation par changement de personnes peut se faire par la substitution d'un nouveau créancier ou d'un nouveau débiteur à l'ancien. Dans le premier cas, le débiteur se voit déchargé envers son ancien créancier et assume une nouvelle obligation envers le créancier substitué[12]. Cette novation présente des analogies certaines avec la cession de créance, mais d'un certain côté est plus pratique et plus avantageuse que cette dernière. Il

---

9. OURLIAC et DE MALAFOSSE, *Droit romain et ancien droit français*, nº 203 et s., p. 211 et s.
10. Art. 1169 à 1180 C.C.
11. Voir paragr. 656 et 657.
12. Art. 1169 (3) C.C. ; *Daoust* v. *Lavigne*, (1941) 71 B.R. 22.

n'est pas nécessaire en effet pour l'effectuer de suivre toutes les formalités imposées par le Code civil pour rendre valable la cession de créance [13]. De plus, la cession de créance n'ayant qu'un effet translatif et non extinctif, les accessoires et sûretés de l'obligation sont transmis au nouveau créancier alors qu'ils disparaissent dans le cas d'une novation.

649 — *Novation par changement de débiteur* — La novation par changement de débiteur est plus fréquente en pratique [14]. Elle a lieu lorsque le créancier consent à voir un autre débiteur s'obliger envers lui et à décharger le débiteur originel. Pour être valable, le créancier doit consentir à l'opération car celle-ci pourrait lui porter préjudice dans l'hypothèse où, par exemple, le nouveau débiteur donnerait de moins bonnes garanties de solvabilité. Par contre, le concours du premier débiteur à l'opération n'est pas requis, puisque celle-ci ne peut lui causer aucun préjudice [15]. Le créancier doit cependant avoir clairement manifesté son intention de libérer le premier débiteur en éteignant l'obligation. Si cette intention n'est pas évidente, il ne peut y avoir novation mais seulement délégation de paiement entraînant l'addition (et non la substitution) d'un nouveau débiteur à l'ancien [16].

650 — *Novation par changement de dette* — La novation par changement de dette a lieu lorsque, entre les mêmes personnes, une nouvelle dette comportant un élément neuf est substituée à l'ancienne [17]. Le débiteur s'engage vis-à-vis du même créancier, mais assume une nouvelle obligation (et non simplement une obligation modifiée) qui se substitue à l'ancienne. La novation par changement de dette peut résulter d'un changement de l'objet, de la cause ou des modalités de l'obligation. Ainsi en est-il du premier cas lorsque le débiteur qui s'est engagé à payer une somme d'argent nove en y substituant la remise matérielle d'un corps certain. Il ne faut pas cependant confondre novation et dation en paiement,

---

13. Art. 1570 et s. C.C.
14. Art. 1169 (2) C.C. ; *Brassard* v. *Abandonato*, (1957) C.S. 45.
15. Art. 1172 C.C.
16. Art. 1173, 1174 C.C. ; *Banque d'Hochelaga* v. *Beauchamp*, (1905) 36 R.C.S. 18 ; *Chaussé* v. *Leduc*, (1922) 33 B.R. 530 ; *Dansereau* v. *Lafrenière*, (1926) R.C.S. 138 ; *Banque canadienne nationale* v. *Matte*, (1935) 58 B.R. 79 ; *Newman* v. *Brochu*, (1939) 77 C.S. 121 ; *Walker* v. *Barclay's Bank (Canada)*, (1941) R.C.S. 491 ; *Bertrand* v. *Paquin*, (1953) B.R. 46 ; *Mandeville* v. *Mercure*, (1956) C.S. 28 ; *Jean* v. *St-Jacques*, (1957) C.S. 164 ; *Prévoyants du Canada* v. *Viceri*, (1960) R.P. 52 ; *Glenco Investment Co.* v. *Merchant Calculators Ltd.*, (1961) B.R. 631 ; *Terreau* v. *Trudel et Fils Inc.*, (1963) C.S. 271 ; *Les Petits Profits Inc.* v. *Rhéaume*, (1968) C.S. 1 ; *Dominion Sound Equipment Ltd.* v. *Clarke Ltd.*, (1968) B.R. 353.
17. Art. 1169 (1) C.C.

qui n'est, elle, qu'un mode de paiement de l'obligation originale [18]. Il y a novation par changement de cause lorsque les parties s'entendent pour transformer la raison juridique de l'obligation du débiteur [19]. Ainsi le locataire qui acquiert la maison et dont le locateur-vendeur impute les loyers déjà payés sur le prix de vente. Enfin la novation par changement de modalités a lieu lorsque les parties ajoutent ou retranchent une modalité quelconque à l'une des deux obligations. Cependant, le simple changement d'une modalité d'exécution de l'obligation consentie par le créancier telle la prolongation du terme [20], n'a naturellement pas pour effet de nover l'obligation. De même, il est généralement admis par la jurisprudence que la remise par le débiteur d'un effet de commerce (billet, chèque) au créancier n'a pas pour effet de nover l'obligation de payer et par conséquent que le créancier peut toujours réclamer le paiement du débiteur en vertu de la créance d'origine, alors même que le recours en vertu de l'effet de commerce serait déjà prescrit [21]. La nouvelle créance doit en effet comporter un élément *nouveau* par rapport à l'ancienne et pas seulement un élément supplémentaire rattaché à l'ancienne dette ou une simple modification de forme [22], ou de modalité de paiement. Cette règle se justifie d'autant mieux si l'on se rappelle qu'en fait la création de la nouvelle obligation est causée par le désir de mettre fin à l'ancienne ce qui implique donc l'idée d'abandon et d'extinction de cette dernière.

---

18. Voir *contra* : PINARD, M., « Nature de la dation en paiement », (1959-1960) 62 R. du N. 87.

19. *Rossy Inc.* v. *Payette,* (1963) R. L. n. s. 206.

20. Voir à ce sujet : JORON, V., « De la novation et de la délégation », (1934) 37 R. du N. 337 ; LESAGE, L., *Études sur la novation, la délégation et la stipulation pour autrui,* thèse, Québec, Université Laval, 1941, n° 54, p. 33 et s.

21. BRASSARD, T., « La prestation des billets ou chèques donnés pour tenir lieu du prix de vente d'un immeuble opère-t-elle novation ? », (1924-1925) 27 R. du N. 321 ; *Paul Capra Inc.* v. *Laurentide Construction Ltd.,* (1935) 73 C. S. 239 ; *Duclos* v. *Desève,* (1937) 43 R.L. n. s. 54 ; *Bertrand* v. *Paquin,* (1953) B. R. 46 ; *Lucerne Finance Co.* v. *Duperron,* (1956) R. P. 229 ; *Turgeon* v. *René,* (1958) R. P. 262. Il en est de même d'après la 'urisprudence pour le renouvellement d'un billet : *Bank of British North America* v. *Hart,* (1912) 2 D. L. R. 810 ; *De St-Aubin* v. *Binet,* (1913) 22 B. R. 564 ; (1914) 18 D. L. R. 739 ; *Bricault* v. *Curé et Marguilliers de l'œuvre et fabrique de la paroisse de St-Étienne,* (1935) 58 B. R. 100. Voir aussi WATT, A., « Commentaire d'arrêt », (1948) 26 C. B. R. 721 ; LESAGE, L., *Études sur la novation, la délégation et la stipulation pour autrui,* thèse, Québec, Université Laval, 1941, n° 43 et s., p. 29 et s. Par contre, l'acceptation d'un effet de commerce d'un tiers peut dans certaines circonstances emporter novation. Voir *Bolduc* v. *Cloutier,* (1924) 62 C. S. 277 et *Newman* v. *Brochu,* (1939) 77 C. S. 121.

22. BAUDOUIN, P., « L'acte notarié, quand opère-t-il novation ? », (1902-1903) 5 R. du N. 68.

II — CONDITIONS

651 — *Généralités* — La novation est une opération juridique assez complexe et qui entraîne des conséquences fort importantes. Pour être valable aux yeux de la loi, elle doit se soumettre à certaines conditions spécifiques tenant soit aux parties elles-mêmes soit au lien d'obligation.

A. RELATIVES AUX PARTIES

652 — *Capacité* — Deux conditions principales sont requises de la part des parties qui effectuent la novation. Il faut que celles-ci soient juridiquement capables [23], et qu'il y ait manifestation de leur part de leur intention de nover. La novation emportant pour le créancier une renonciation expresse à un droit de créance qu'il possédait, il lui est nécessaire d'avoir la capacité d'aliéner. Le débiteur, lui, doit avoir la capacité de contracter, puisque la novation lui fait assumer une nouvelle obligation.

653 — *Intention de nover* — Le Code civil à l'article 1171 exige que l'intention d'effectuer la novation soit évidente et ajoute que la novation ne se présume pas. On ne saurait en effet supposer, à moins d'une manifestation expresse de volonté, que les parties désirent nover et donc éteindre une obligation existante, d'autant plus qu'en posant des gestes presque identiques, les parties peuvent avoir voulu accomplir une opération juridique tout à fait différente. Selon l'interprétation qu'on peut lui donner, un même acte peut révéler le désir d'éteindre la dette purement et simplement, de faire une délégation ou indication de paiement, ou encore de confirmer par un second acte une obligation déjà existante tout en y ajoutant certains compléments. L'intention de nover qui est donc la volonté d'éteindre une obligation et d'en créer une nouvelle, peut résulter d'une stipulation expresse qui l'indique clairement, mais également des circonstances, lorsque le tribunal peut déduire de celles-ci, eu égard à l'analyse de la conduite des parties, une intention évidente de faire l'opération [24]. Point n'est besoin cependant que les parties à l'acte emploient d'expression sacramentelle [25], même si les tribunaux se montrent très sévères dans les critères d'interprétation de l'intention des parties [26].

---

23. Art. 1170 C. C.
24. *Bolduc* v. *Cloutier,* (1924) 62 C. S. 277 ; *Petit* v. *Giroux,* (1936) 56 B. R. 28. Comparer avec *Reeves* v. *Piché,* (1914) 46 C. S. 315 ; (1914) 46 C. S. 189 ; *Rossy Inc.* v. *Payette,* (1963) R. L. n. s. 206.
25. *Neville* v. *Wilson,* (1932) 60 C. S. 395.
26. Voir jurisprudence précitée et *Marcotte* v. *Limoges,* (1908) 33 C. S. 510 ; *De*

B. RELATIVES AU LIEN D'OBLIGATION

654 — *Validité* — La novation a un effet extinctif et un effet créateur qui sont rattachés l'un à l'autre par un lien de cause à effet. C'est la création d'une nouvelle obligation qui détermine les parties à mettre fin à l'ancienne, et donc, la nouvelle obligation dépend quant à sa validité de la validité de l'ancienne. Si cette dernière est nulle, la nouvelle obligation sera nulle elle aussi [27]. On peut admettre cependant une exception à cette règle lorsque l'obligation primitive n'était frappée que de nullité relative et que les parties avaient connaissance de la cause de nullité. Dans un tel cas, la novation emporte confirmation implicite et couverture de la cause de nullité primitive.

655 — *Élément nouveau* — D'autre part, puisqu'il y a création d'une nouvelle obligation, celle-ci doit pouvoir être distinguée de l'ancienne par au moins un élément nouveau (changement de créancier, de débiteur ou de dette) [28].

III — EFFETS

A. EFFET EXTINCTIF

656 — *Conséquences* — La novation éteint complètement la dette primitive et entraîne donc également la disparition de tous les accessoires de la dette tout comme s'il y avait paiement [29]. Les sûretés données en garantie du paiement tombent, les cautions sont déchargées, les codébiteurs solidaires libérés. C'est en cela que la novation peut constituer une opération dangereuse pour le créancier lorsque les garanties et accessoires de la dette primitive ne sont pas remplacés dans la nouvelle dette par des garanties ou accessoires supérieurs ou égaux. La novation intervenue entre le créancier et l'un des codébiteurs solidaires, libère les autres et les cautions. Le créancier peut cependant, par une

---

St-Aubin v. Binet, (1913) 22 B. R. 564 ; (1914) 18 D. L. R. 739 ; Berman v. Cutler, (1914) 20 R. J. 143 ; Reeves v. Piché, (1914) 46 C. S. 315 ; (1914) 46 C. S. 189 ; Hobbs Glass Ltd. v. Gagnon, (1947) C. S. 257 ; A. Dubord Co. Ltée v. Legendre, (1951) C. S. 150 ; Croteau et Frères Ltée v. Tardif, (1953) R. L. n. s. 356 ; Lachapelle v. Proulx, (1956) B. R. 67 ; Rochette v. Jalbert, (1961) C. S. 288 ; Perreault v. Bank of Nova Scotia, (1965) B. R. 298 ; Les Petits Profits Inc. v. Rhéaume, (1968) C. S. 1.

27. Blanchard v. Richard, (1931) 37 R. J. 6.

28. Paragr. 648 et s.

29. Art. 1176, 1177, 1178, 1179 C. C.

réserve expresse [30], faire passer sur la nouvelle dette les hypothèques et privilèges de l'ancienne et dans le cas de la libération d'un débiteur solidaire ou du débiteur principal, les codébiteurs ou les cautions qui refusent d'accéder à la nouvelle obligation, restent liés par l'ancienne [31] si le créancier n'a pas manifesté l'intention de les libérer.

B. EFFET CRÉATEUR

657 — *Conséquences* — Le second effet de la novation est de créer une nouvelle obligation. En conséquence, s'il y a novation par changement de créancier, le débiteur ne peut plus désormais opposer au nouveau créancier les exceptions qu'il aurait pu faire valoir à l'encontre du créancier primitif [32]. L'inopposabilité des exceptions est donc désavantageuse pour le débiteur qui peut cependant invoquer la nullité de la nouvelle obligation pour des causes qui sont propres à celle-ci ou pour la raison que l'ancienne obligation, qui sert de cause à la nouvelle, était elle-même nulle.

BIBLIOGRAPHIE

BRASSARD, T., « La prestation des billets ou chèques donnés pour tenir lieu du prix de vente d'un immeuble opère-t-elle novation ? », (1924-1925) 27 R. du N. 321.

JORON, V., « De la novation et de la délégation », (1934-1935) 37 R. du N. 337.

LESAGE, L., *Études sur la novation, la délégation et la stipulation pour autrui*, thèse, Québec, Université Laval, 1941.

NICHOLLS, J., « The Bill of Exchange Act and Novation in the Province of Quebec », (1938) 16 C. B. R. 602 et 706.

---

30. Art. 1176 C. C.
31. Art. 1179 C. C.
32. *Traders Finance Co.* v. *Massé,* (1956) R. P. 379 ; *Brassard* v. *Abandonato,* (1957) C. S. 45.

Chapitre II
LA DÉLÉGATION

658 — *Généralités* — Les codificateurs ont traité de la délégation à l'intérieur des cadres de la novation aux articles 1173 C. C. et suivants. Il est vrai que dans certains cas, la délégation emporte novation mais elle reste malgré tout une opération autonome qui produit des effets juridiques distincts.

I — NATURE JURIDIQUE

659 — *Définition* — *délégation parfaite* — *délégation imparfaite* — La délégation est l'*opération juridique par laquelle une personne (délégant) ordonne à une autre (délégué) de s'engager envers une troisième (délégataire).* La délégation est un mécanisme fort important en pratique commerciale, puisqu'il peut en effet expliquer le fonctionnement de la lettre de crédit et jusqu'à un certain point celui du chèque et de la lettre de change. La délégation peut être parfaite ou imparfaite. La première entraîne novation de l'obligation parce que le délégataire accepte le délégué comme débiteur d'une part et décharge d'autre part le délégant[33]. Il y a donc pour le délégataire, novation par changement de débiteur et pour le délégué, novation par changement de créancier. La délégation parfaite suppose donc l'entente et le consentement exprès ou implicite des trois parties à l'opération et également l'intention clairement exprimée de nover[34].

La délégation imparfaite au contraire n'emporte pas novation[35]. En d'autres termes, le délégataire, s'il accepte le délégué comme débiteur, ne consent pas pour autant à libérer le délégant. La dette ou l'obligation primitive subsiste malgré la création d'une nouvelle dette ou obligation. Il s'agit là d'une opération plus avantageuse pour le délégataire puisqu'elle ne rompt pas le lien qui l'unit au délégant et également plus avantageuse pour le délégant lui-même. Elle lui permet en effet, en fournissant au

---

33. *Reeves* v. *Piché*, (1914) 46 C. S. 315 ; (1914) 46 C. S. 189 ; *Chaussé* v. *Leduc*, (1922) 33 B. R. 530 ; *Petit* v. *Giroux*, (1936) 56 B. R. 28.
34. *Canadian General Electric Co.* v. *Shipton Electric Light and Power Co.*, (1902) 21 C. S. 83 ; *Bellavance* v. *Desruisseaux*, (1936) 40 R. P. 84 ; *Banque canadienne nationale* v. *Dubé*, (1956) B. R. 259 ; *Les Petits Profits Inc.* v. *Rhéaume*, (1968) C. S. 1.
35. Art. 1173 C. C. Voir jurisprudence précitée et également notes 16 (paragr. 649) et 26 (paragr. 653).

délégataire une double sécurité de paiement, soit d'obtenir crédit, soit de relever son crédit défaillant. C'est pourquoi, la délégation imparfaite est plus fréquemment rencontrée dans les affaires que la délégation parfaite.

660 — *Comparaison avec la novation* — La délégation présente des analogies certaines avec plusieurs autres mécanismes tripartites tels : la novation pure et simple, la cession de créance et la stipulation pour autrui. La ligne de démarcation exacte entre ces diverses institutions est parfois fort difficile à tracer avec précision.

La délégation, lorsqu'elle est parfaite, emporte novation mais ne doit pas être confondue avec elle. Dans la délégation en effet, il n'est pas nécessaire qu'il y ait un lien juridique préexistant entre le délégant et le délégué même si c'est en fait le cas le plus fréquent. Le premier peut en effet demander l'engagement du second et celui-ci, soit s'obliger à ce moment comme prêteur, soit vouloir réaliser une libéralité pure et simple. De plus, pour que la novation existe, il est indispensable que la dette antérieure soit juridiquement valable (puisqu'elle sert de cause à la nouvelle) alors que, dans la délégation, le délégué est tenu envers le délégataire même si l'obligation primitive entre le délégant et le délégué est nulle.

661 — *Comparaison avec la cession de créance* — La délégation diffère de la cession de créance en ce qu'il n'est besoin d'aucune formalité particulière pour l'effectuer [36]. De plus, la délégation crée une nouvelle obligation indépendante de l'ancienne et donc emporte comme la novation et à la différence de la cession de créance, l'extinction de toutes les sûretés et accessoires de la première obligation [37].

662 — *Comparaison avec la stipulation pour autrui* — Enfin, la délégation doit être distinguée de la stipulation pour autrui. Alors que, dans cette dernière, les droits du tiers bénéficiaire prennent naissance dès le moment de la création de la stipulation, indépendamment de son acceptation [38], la délégation, elle, ne produit aucun effet à l'égard du délégué tant qu'il ne l'a pas acceptée. De plus, lorsque la délégation est parfaite, le délégué ne peut opposer au délégataire les exceptions qu'il aurait pu faire valoir à l'encontre du délégant [39], alors que le promettant lui, peut opposer au tiers bénéficiaire toutes les exceptions qu'il aurait pu opposer au stipulant.

663 — *Comparaison avec l'indication de paiement* — Il faut également se garder de confondre la délégation et l'indication de

36. Art. 1570 C. C. et s.
37. Art. 1176 C. C.
38. Paragr. 329 et s.
39. Art. 1180 C. C. Voir paragr. 665 et 666.

paiement [40]. Dans la délégation véritable le délégué s'engage à l'exécution d'une obligation mais n'effectue pas un paiement immédiat avec la conséquence importante suivante : alors que le créancier est tenu de recevoir paiement de la personne du tiers, il ne peut jamais être contraint d'accepter une délégation parfaite ou imparfaite.

II — EFFETS

A. DÉLÉGATION PARFAITE

664 — *Extinction de la dette* — Dans la délégation parfaite, l'obligation qui existait entre le délégant et le délégataire s'éteint et entraîne donc la disparition de l'obligation et de tous les accessoires de celle-ci (garanties, sûretés), à moins d'une stipulation expresse au contraire qui a alors pour effet de rendre le délégant en quelque sorte caution du délégué envers le délégataire [41]. L'extinction de la dette a pour conséquence de voir le délégant libéré à l'égard du délégataire, celui-ci ne gardant aucun recours contre lui, même en cas d'insolvabilité du délégué.

665 — *Inopposabilité des exceptions* — La délégation parfaite puisqu'elle emporte novation, crée entre le délégué et le délégataire un lien de droit nouveau en vertu duquel le délégataire devient créancier du délégué. Ce dernier est tenu dans tous les cas de payer la somme prévue ou d'exécuter l'obligation, sans pouvoir invoquer la nullité de l'obligation qui existait entre le délégant et lui-même. En effet, dans la délégation (à la différence de la novation simple), la nouvelle obligation n'est pas censée avoir la disparition de l'ancienne pour cause. Le nouveau lien obligatif étant indépendant de l'ancien, le délégué ne peut opposer au délégataire les exceptions qu'il aurait pu faire valoir contre le délégant [42].

---

40. Voir LESAGE, L., « L'indication de paiement dans la vente », (1928-1929) 31 R. du N. 328 ; IRVING, C., « Article 1029 C. C. - Stipulation for a Third Party. Notes on the Jurisprudence of Quebec », (1963) 9 McGill L. J. 336, p. 348 ; *Venner* v. *Sun Life Assurance Co.*, (1890) 17 R. C. S. 394 ; *Lafrenière* v. *Richelieu Transportation Co. Ltd.*, (1924) 62 C. S. 142 ; (1925) 38 B. R. 389 ; (1926) 1 D. L. R. 517 ; *Rocheleau* v. *Béliveau*, (1936) 60 B. R. 60.

41. Art. 1176, 1177 C.C. ; *Chaussé* v. *Leduc*, (1922) 33 B. R. 530 ; *Bastien* v. *Dessureault Inc.*, (1962) R. C. S. 97.

42. Art. 1180 C. C. ; *Hood* v. *Banque d'Ottawa*, (1908) 33 C. S. 506 ; (1910) 42 R. C. S. 231 ; *Continental Guaranty Co. of Canada Ltd.* v. *Papineau*, (1930) 49 B. R. 366 ; *Tremblay* v. *Simard*, (1932) 36 R. P. 32 ; *Garneau* v. *Théberge*, (1955) R. L. n. s. 432 ; *Traders Finance Co.* v. *Massé*, (1956) R. P. 379 ; *Terreau et Racine Ltée* v. *Napoléon Trudel et Fils Inc.*, (1963) C. S. 271 ; *Les Petits Profits Inc.* v. *Rhéaume*, (1968) C. S. 1.

En d'autres termes, le délégué ne peut refuser d'exécuter l'obligation ou de faire le paiement en invoquant soit qu'il ne devait rien au délégant, soit qu'il avait un moyen juridique valable à lui opposer. Il y a donc en matière de délégation inopposabilité complète et totale des exceptions.

B. DÉLÉGATION IMPARFAITE

666 — *Subsistance du lien d'obligation* — À la différence de la délégation parfaite, la délégation imparfaite n'entraînant pas novation, laisse subsister le lien d'obligation entre le délégant et le délégataire avec tous ses accessoires. Le délégant n'est cependant pas véritablement caution du délégué puisqu'il reste tenu comme débiteur principal. Le délégataire se trouve donc dans la position juridique d'un créancier d'une obligation *in solidum* où il possède deux débiteurs tenus chacun à une obligation intégrale, avec la différence importante toutefois que l'obligation du délégant et celle du délégué peuvent être différentes mais que le paiement de l'une d'entre elles entraîne ordinairement l'extinction de l'autre [43].

D'autre part, le délégué se trouve lié par un lien d'obligation à l'égard du délégataire. La jurisprudence dominante, par interprétation de l'article 1180 C. C., texte qui n'a pas d'équivalent dans le Code civil français, a toutefois dans son ensemble refusé d'appliquer à la délégation imparfaite le principe de l'inopposabilité des exceptions [44].

BIBLIOGRAPHIE

LESAGE, L., *Études sur la novation, la délégation et la stipulation pour autrui*, thèse, Québec, Université Laval, 1941.

43. *Jolicœur* v. *Beaudoin*, (1950) C. S. 472 ; *Garneau* v. *Théberge*, (1955) R. L. n. s. 432.

44. *Venner* v. *Sun Life Assurance Co.*, (1890) 17 R. C. S. 394 ; *Traders Finance Co.* v. *Massé*, (1956) R. P. 379. Voir aussi *Windsor Hotel Co.* v. *Cross*, (1886) 12 R. C. S. 626 ; *contra* : LESAGE, L., *Études sur la novation, la délégation et la stipulation pour autrui*, thèse, Québec, Université Laval, 1941, n° 233, p. 125.

Chapitre III
LA REMISE

I — NATURE JURIDIQUE

667 — *Définition* — La remise de dette est l'*acte juridique conventionnel par lequel le créancier décharge le débiteur de l'exécution de la totalité ou d'une partie de son obligation.* La remise est une convention et à ce titre est sujette aux règles ordinaires gouvernant le domaine contractuel. Le consentement libre et éclairé des deux parties est essentiel [45]. Il ne suffit donc pas que le créancier dispense le débiteur de l'exécution, il faut en plus que le débiteur accepte d'être libéré [46].

668 — *Remise expresse — remise totale* — La remise peut être expresse (verbale ou écrite) ou tacite [47]. La forme la plus fréquente d'une remise expresse est la quittance donnée au débiteur par le créancier. La remise est tacite lorsque le créancier manifeste d'une façon non équivoque son intention de libérer le débiteur de l'obligation. Ainsi en est-il notamment lorsqu'il rend volontairement au débiteur le titre original de l'obligation [48]. Le législateur présume en effet que le créancier, en se privant de son titre et donc de la possibilité d'en faire la preuve en justice, a l'intention d'éteindre l'obligation. Il ne s'agit là cependant que d'une présomption simple qui a pour effet d'obliger le créancier à démontrer que la remise matérielle du titre a été faite dans un autre but que de dispenser le débiteur du paiement ou de l'exécution [49]. De même, l'encaissement par le créancier d'un chèque remis par le débiteur et portant la mention « en paiement final de tout compte » ne vaut remise partielle (lorsque son montant est inférieur au montant dû), que si l'on peut déduire de l'attitude du créancier la volonté de réserver son recours pour le solde dû [50]. Par contre la possession ou détention du titre par le débiteur, en elle-même ne crée pas de présomption de remise. En matière de gage

---

45. *Mantha* v. *Whissell*, (1960) B. R. 685.
46. *Demers* v. *Demers*, (1931) 37 R. J. 161.
47. Art. 1181 C. C.
48. Art. 1181 C. C. ; *Groulx* v. *Dufour*, (1922) 60 C. S. 557.
49. *Lewis Bros. Ltd.* v. *Moore*, (1908) 34 C. S. 109.
50. *Dion* v. *Carbonneau*, (1952) C. S. 99 ; (1952) B. R. 289. Voir note 144, paragr. 509. La remise étant un acte volontaire, la proposition de faillite, qui émane du tribunal, acceptée par le créancier, n'est pas considérée comme une remise : *Dorval* v. *La Prévoyance*, (1937) 75 C. S. 40 ; *Normandeau* v. *Prima Sport Ltée*, (1963) C. S. 380.

mobilier, le fait de rendre l'objet nanti ne fait pas non plus présumer remise de la dette pour laquelle le gage a été créé [51].

669 — *Remise à titre onéreux — remise à titre gratuit —* D'autre part, la remise de dette est en principe un acte à titre gratuit et constitue donc une véritable donation. Si l'abandon de l'obligation par le créancier comporte une contrepartie (par exemple la création d'une nouvelle obligation) ou fait partie d'une opération de transaction plus large, elle est alors soumise aux règles de la novation par changement d'objet et la capacité des parties est réglementée par les dispositions générales concernant les actes à titre onéreux. La remise à titre gratuit doit de même remplir toutes les conditions de fond de la donation. Le créancier doit ainsi avoir la capacité juridique d'aliéner et le débiteur celle de recevoir à titre gratuit [52]. Par contre, elle n'est pas sujette aux conditions de forme de la donation, notamment à l'authenticité de l'acte qui la constate, parce qu'elle n'est en fait qu'une donation indirecte [53].

II — EFFETS

670 — *Extinction de la dette —* L'effet principal de la remise de dette est d'éteindre complètement ou partiellement l'obligation qui existait entre le débiteur et le créancier. Elle emporte donc disparition corrélative des accessoires, garanties et sûretés de la dette lorsqu'elle est totale. En l'absence de texte précis, il semble logique de conclure que cette disparition des accessoires n'a pas lieu lorsqu'elle n'est que partielle, ceux-ci subsistant en totalité pour garantir le paiement du solde.

Lorsqu'elle est accordée à un débiteur solidaire, par remise du titre original, elle profite à tous les codébiteurs [54], alors que si elle est expresse, elle ne libère que le débiteur à qui elle est faite [55]. Enfin, si la remise expresse libère les cautions [56], la remise accordée à l'une des cautions ne libère en principe ni le débiteur principal ni les autres cautions [57].

---

51. Art. 1182 C. C.
52. *Laliberté* v. *Gadoua*, (1895) 8 C. S. 308 ; *Demers* v. *Demers*, (1931) 37 R. J. 161.
53. *Groulx* v. *Dufour*, (1922) 60 C. S. 557 ; *Bernard* v. *Farrier*, (1952) C. S. 131.
54. Art. 1183 C. C.
55. Art. 1184 C. C. ; *Lespérance* v. *Côté*, (1963) R. L. n. s. 184. Cette règle diffère de celle du droit français : art. 1285 C. N.
56. Art. 1185 C. C.
57. Art. 1185 C. C.

671 — *Effets particuliers à la remise à titre gratuit* — La remise à titre gratuit produit également certains effets particuliers propres au caractère gratuit de l'acte. C'est ainsi qu'elle est rapportable à la succession lorsque le débiteur devient héritier du créancier [58] et que, comme toute donation, elle est susceptible d'être révoquée pour cause d'ingratitude [59].

672 — *Preuve de la remise* — Quant à la preuve de la remise de dette, la jurisprudence suit les règles générales posées aux articles 1233 et suivants du Code civil. C'est ainsi qu'elle admet en règle générale la preuve testimoniale de la remise expresse d'une dette commerciale [60], mais exige un écrit ou un commencement de preuve par écrit s'il s'agit d'une dette civile supérieure à $50 [61]. Par contre, la preuve par présomption de fait est évidemment admise au cas de remise tacite [62].

BIBLIOGRAPHIE

RAYNAUD, P., « La renonciation à un droit », (1936) 35 R. T. D. C. 763.

Chapitre IV
LA COMPENSATION

673 — *Notion* — La compensation est un mode très important d'extinction des obligations, qui permet de faciliter certaines opérations commerciales notamment en matière d'opérations bancaires (chambres de compensation) [63]. La compensation s'analyse en premier

---

58. Art. 700 C. C.

59. Art. 811 C. C.

60. *Lewis Bros. Ltd.* v. *Moore*, (1908) 34 C. S. 109 ; *Pelletier* v. *Ackerman*, (1911) 41 C. S. 224 ; *Larochelle* v. *Bluteau*, (1928) 34 R. L. 328 ; *Bernard* v. *Farrier*, (1952) C. S. 131.

61. *Fleury* v. *Boily*, (1939) 77 C. S. 569 ; *Mendel* v. *Torontour*, (1953) C. S. 409 : *Marson* v. *Forster*, (1958) R. L. n. s. 304.

62. *Groulx* v. *Dufour*, (1922) 60 C. S. 557.

63. Les banques en effet compensent à époques fixes les chèques tirés sur elles et les chèques payés sur le compte d'autres banques de façon à éviter des déplacements importants de fonds.

lieu comme un double paiement. L'individu, qui est créancier d'un autre et en même temps son débiteur, voit sa créance s'éteindre ou être réduite en proportion de ce qu'il doit. La compensation évite donc un double déplacement de fonds. En second lieu, le mécanisme de la compensation sert également de garantie en ce qu'il permet d'éviter les risques d'insolvabilité du débiteur. En effet si la compensation n'était pas possible, le débiteur serait obligé de payer et, si son créancier qui lui doit également est insolvable, risquerait de ne pas percevoir sa propre créance.

674 — *Formes* — La compensation peut prendre trois formes principales. Elle est légale lorsqu'elle résulte de l'opération seule de la loi, judiciaire si elle est prononcée par le juge et enfin conventionnelle lorsqu'elle prend sa source dans l'entente réciproque des parties. Cette dernière forme est peu courante et laissée, quant au fond, à la libre volonté des parties.

I — COMPENSATION LÉGALE

675 — *Nature juridique* — La compensation légale en droit québécois comme en droit français s'opère seule, de plein droit par le simple effet de la loi, sans qu'il soit nécessaire qu'un tribunal la décide ou même que les parties y consentent [64]. L'automatisme de la compensation « de plein droit » est d'ailleurs le fruit d'une erreur historique d'interprétation des textes du droit romain [65]. Elle est réglementée par la loi qui impose certaines conditions précises à sa réalisation.

A. CONDITIONS

676 — *Existence de deux dettes* — La compensation légale a lieu lorsque deux personnes se trouvent mutuellement créancières et débitrices l'une de l'autre. Les dettes sont alors réciproquement éteintes soit totalement lorsqu'elles sont égales, soit partiellement jusqu'à concurrence de la plus faible des deux. Il est donc indispensable pour la réalisation de la compensation qu'il existe une dualité de liens entre les mêmes personnes, prises dans les mêmes qualités [66]. Ainsi par exemple,

---

64. Art. 1188 C. C.

65. Voir paragr. 688.

66. *Gale* v. *Crépeau*, (1905) 28 C. S. 423 ; *Resther* v. *Décary*, (1917) 23 R. L. n. s. 115. Voir aussi *Bury* v. *Murray*, (1894) 17 L. N. 340 ; (1895) 24 R. C. S. 77 ; *Standard Holding Co. Ltd.* v. *Bank of Montreal*, (1926) 64 C. S. 145 ; *Fabien Ltée* v. *Giroux*, (1931) 37 R. J. 351.

il ne pourrait y avoir compensation entre une créance personnelle et une dette due par le mari en tant que chef de la communauté légale.

1. *IDENTITÉ D'OBJET*

677 — *Sommes d'argent et choses mobilières* — Les deux dettes, pour pouvoir être compensées, doivent avoir un objet identique soit une somme d'argent, soit une quantité de choses indéterminées mais de même nature et de même qualité [67]. La compensation de sommes d'argent ne pose pas de problème sérieux, sauf peut-être celui de savoir si l'opération est possible à l'égard d'une dette payable en monnaie étrangère. On ne voit pas en fait la raison majeure qui permettrait de s'opposer à une telle compensation, du moment où le cours de la monnaie étrangère peut être déterminé avec précision. Par contre, la compensation entre des obligations dont les objets sont des choses mobilières est plus complexe, puisqu'il faut nécessairement que les choses dues puissent indifféremment être remplacées l'une par l'autre sans qu'aucune des parties n'en souffre préjudice.

2. *LIQUIDATION DES DETTES*

678 — *Moyens d'invoquer la compensation* — La compensation est un double paiement. Or l'une des conditions nécessaires à l'exigibilité d'un paiement est précisément la liquidité de la dette. Par conséquent, il ne saurait y avoir de compensation possible si l'une des dettes n'est pas liquide. En principe, la liquidité des dettes emporte deux conditions. Tout d'abord, l'existence juridique des deux dettes, c'est-à-dire que leur existence ne soit pas contestée ou contestable [68]. Ensuite, il faut également que le montant de chaque dette soit fixé avec précision ou puisse l'être aisément [69]. Lorsque le montant de la dette opposée en

---

67. Art. 1188 C. C.
68. *Ottawa Northern and Western Railway Co.* v. *Dominion Bridge Co.*, (1905) 36 R. C. S. 347 ; *Lavoie* v. *Commissaires d'écoles des cantons Massé et Ouimet*, (1926) 64 C. S. 265 ; *Weber* v. *Donat Paquin Ltd.*, (1939) 46 R. P. 23 ; *Rinfret* v. *Gravel*, (1944) 47 R. P. 144 ; *Lewis* v. *Cid*, (1945) 49 R. P. 140 ; *Independent Order of Foresters* v. *Jensen*, (1952) C. S. 232 ; *Marquis* v. *Martin*, (1953) B. R. 237 ; *Mayer* v. *Vincent Ltée*, (1957) B. R. 670 ; *Hutkin* v. *Roy*, (1959) C. S. 529 ; *Klem* v. *Glenglea Golf Club Ltd.*, (1963) R. L. 441 ; *Bank of Nova Scotia* v. *Ravich*, (1968) C. S. 42.
69. Une certaine jurisprudence admet en effet que le défendeur à l'action peut invoquer compensation même si la dette n'est pas liquidée, du moment où sa liquidation par le tribunal saisi est facile et ne porte pas à une contestation sérieuse : *Auger and Son Ltd.* v. *Landry*, (1920) 49 B. R. 295 ; *Auger* v. *St-Jean*,

compensation sur poursuite d'une des parties rencontre ces critères, il suffit alors au débiteur poursuivi d'invoquer la compensation légale en produisant sa défense pour faire constater la compensation par le jugement. Il peut arriver cependant que le débiteur poursuivi, tout en étant créancier du demandeur, n'ait pas encore obtenu la liquidation de sa créance. Ainsi en est-il du défendeur poursuivi en vertu d'une dette contractuelle et qui voudrait opposer en compensation les dommages quasi délictuels non encore liquidés qui lui sont dus par le demandeur. De même, un cas fréquemment rencontré en jurisprudence, est celui où le maître, poursuivi par l'entrepreneur pour le prix des travaux, cherche à lui opposer en compensation les dommages et pertes non encore liquidés résultant de l'inexécution partielle du contrat ou des malfaçons [70]. À cet égard, la jurisprudence québécoise avait posé le principe fondamental suivant : lorsque la dette n'était pas liquidée, le défendeur qui voulait opposer compensation devait se pourvoir par demande reconventionnelle [71], de façon qu'il y ait instance et débat sur le fond, et ne pouvait donc la faire valoir par une simple défense. La compensation dans ce cas était judiciaire et non légale. Cependant depuis la promulgation du nouveau Code de procédure civile les difficultés suscitées sur le plan strict de la procédure semblent aplanies, puisque désormais il est possible pour le défendeur de faire valoir dans sa défense (donc dans une seule et même procédure), à la fois les moyens d'opposition à la demande et les moyens de demande reconventionnelle à

(1939) 42 R. P. 360 ; *Habel* v. *Deblois*, (1950) R. L. 257 ; *Garage Auguste Lachaîne Ltée* v. *Legris*, (1955) B. R. 833 ; *Durand* v. *Crédit St-Laurent Inc.*, (1966) C. S. 282. On peut se demander cependant s'il ne s'agit pas là d'une compensation judiciaire plutôt que d'une véritable compensation légale.

70. *Morissette* v. *Beaudet*, (1928) 45 B. R. 73 ; *Duranceau* v. *Handfield*, (1930) 68 C. S. 557 ; (1930) 49 B. R. 507; *Carrière* v. *Riendeau*, (1945) C. S. 373 ; *Laurier* v. *Fontaine*, (1948) B. R. 587 ; *Mack* v. *Thériault*, (1955) B. R. 603 ; *Ferro Metal Ltd.* v. *St-Germain*, (1956) B. R. 395 ; commentaire LALANDE, L., (1956) 16 R. du B. 386 ; *Laplante* v. *Hamelin*, (1957) B. R. 417 ; *Pichette* v. *Bouchard*, (1957) C. S. 18 ; *Bertheau* v. *Gagnon*, (1959) B. R. 473 ; commentaire LALANDE, L., (1960) 20 R. du B. 37 ; *Duelz* v. *Koyandi*, (1960) C. S. 89 ; *Sani Co. Ltd.* v. *Beaver Asphalt Paving Co. Ltd.*, (1965) B. R. 724 ; *Stein* v. *Beaulac*, (1965) B. R. 1011 ; *Mousseau* v. *Paquin*, (1966) B. R. 909.

71. Voir jurisprudence précitée et également JOHNSON, W., « Cross Demand or Counterclaim and Extra-Quebec Judgments », (1958) 18 R. du B. 149 ; *Asphalt and Supply Co. Ltd.* v. *Elder Ebano Asphalt Co. Ltd.*, (1920) 29 B. R. 532 ; *Auger & Son Ltd.* v. *Landry*, (1920) 49 B. R. 295 ; *Brazeau* v. *Bérard*, (1946) R. P. 250 ; *Boivin* v. *Bélanger*, (1948) B. R. 334 ; *Lachance* v. *Nadeau*, (1953) R. P. 129 ; *Marquis* v. *Martin*, (1953) B. R. 237 ; *Thematic Heating Ltd.* v. *Zambon Co. Ltd.*, (1959) R. P. 81 ; *Postforme Co. Ltd.* v. *Johl's Contract Co.*, (1964) B. R. 246. Dans beaucoup de ces instances, invoquer la compensation équivaut en fait à invoquer un droit de rétention du prix ou à se prévaloir de l'exception d'inexécution.

la condition qu'ils résultent de la même source ou d'une source « connexe » à la demande principale [72]. On peut donc supposer que si le lien de connexité entre les deux créances n'est pas jugé suffisant par le tribunal, le défendeur devra alors se pourvoir par une action directe.

3. EXIGIBILITÉ DES DETTES

679 — *Terme — condition — obligation naturelle —* Pour pouvoir réclamer paiement, la dette doit être exigible [73]. Il ne peut donc y avoir compensation légale entre une dette exigible et une autre qui ne l'est pas parce qu'affectée par exemple d'un terme ou d'une condition. Il en est de même entre une obligation civile et une obligation naturelle, cette dernière ne pouvant être exigée en justice. Cependant le terme de grâce, délai supplémentaire accordé au débiteur, n'empêche pas la compensation [74].

B. LES CRÉANCES NON SUSCEPTIBLES DE COMPENSATION

680 — *Généralités* — Dans certains cas, la loi prohibe la compensation légale, bien que les deux créances aient le même objet, soient certaines, liquides et exigibles.

1. DÉPOUILLEMENT INJUSTE

681 — *Généralités* — Le propriétaire injustement privé d'un objet ou d'une somme d'argent ne peut être contraint à la compensation [75]. Dans ce cas, en effet, la privation de l'effet de la compensation est une sanction de la mauvaise foi ou de la conduite répréhensible. De plus, pour demander compensation, le débiteur devrait alors invoquer ou du moins tabler sur sa propre turpitude, ce que la loi lui défend de faire.

2. RESTITUTION D'UN DÉPÔT

682 — *Généralités* — La loi n'admet pas non plus que

---

72. Art. 172 C. P. C.
73. *Charron-Picard* v. *Tardif*, (1958) B. R. 857 ; (1961) R. C. S. 269 ; *Paramount Fabrics Ltd.* v. *Imperial Bank*, (1961) B. R. 602 ; *Bank of Nova Scotia* v. *Ravick*, (1968) C. S. 42.
74. Art. 1189 C. C.
75. Art. 1190 (1) C. C. ; *Pelletier* v. *Banque nationale*, (1919) 55 C. S. 141 ; *Commercial Acceptance Co.* v. *Tournay*, (1964) B. R. 896.

le dépositaire puisse conserver l'objet du dépôt et invoquer pour ne pas être tenu de le restituer, le droit de créance qu'il aurait contre le déposant [76].

3. INSAISISSABILITÉ DE LA DETTE

683 — *Généralités* — Bien que l'article 1190 (3) ne mentionne que les dettes alimentaires, la jurisprudence a étendu les dispositions de cet article à toute dette insaisissable de nature [77]. Les choses ou dettes insaisissables sont en effet celles qui, en général, sont indispensables à la vie. La compensation dans un tel cas ne fournirait pas les mêmes avantages que le paiement au créancier, pour lequel l'extinction d'une partie de ses dettes ne serait qu'un avantage purement illusoire, puisqu'il dépend pour vivre de la somme qui doit être versée.

4. FAILLITE

684 — *Généralités* — Lorsque l'une des parties tombe en faillite, le failli ne peut plus de lui-même effectuer un paiement valable à l'un de ses créanciers. C'est le syndic qui, à même la masse de la faillite, doit procéder à la distribution des deniers. Le paiement étant impossible, la compensation l'est aussi. La compensation antérieure à la faillite est cependant valable [78], à moins qu'elle ne constitue une préférence injustifiée et frauduleuse à l'égard d'un des créanciers [79].

---

76. Art. 1190 (2) C. C. ; *Palermo* v. *Gagnon*, (1919) 55 C. S. 150. Il faut noter cependant que le « dépôt » bancaire n'est pas considéré comme un véritable contrat de dépôt et ne tombe donc pas sous le coup de cette disposition : *Klock* v. *Molsons Bank*, (1911) 39 C. S. 435 ; (1912) 41 C. S. 370 ; *Banque royale du Canada* v. *Tremblay*, (1968) B. R. 729. Voir NICHOLLS, G., « The Legal Nature of Bank Deposits in the Province of Quebec », (1935) 13 C. B. R. 635, p. 720.

77. C'est ainsi que l'article 1190 (3) est appliqué à la partie insaisissable du salaire : *Muir* v. *Muir*, (1871) 15 L. C. J. 309 ; (1874) 18 L. C. J. 96 ; *Pacaud* v. *Dumoulin*, (1895) 7 C. S. 296 ; *Trottier* v. *Banque du peuple*, (1898) 13 C. S. 460 ; *Bacon* v. *Laurentides Paper Co.*, (1907) 16 B. R. 97 ; *Labelle* v. *Sarrazin*, (1923) 61 C. S. 192.

78. *Hôtel-motel des Cascades Inc.* v. *Gareau*, (1963) B. R. 683.

79. *Banque Ville-Marie* v. *Vannier*, (1901) 20 C. S. 545 ; *Chagnon Co. Ltd.* v. *Hutchison*, (1921) 31 B. R. 545. Voir *Loi sur la faillite*, S. R. C., 1952, ch. 14, art. 64 ; DUNCAN, L. et HONSBERGER, J. D., *Bankruptcy in Canada*, 3e éd., Toronto, Canadian Legal Authors Ltd., 1961, p. 508 et s. Voir également *Brind'amour et Fils Inc.* v. *Boyer*, (1957) B.R. 304 ; *Royal Bank of Canada* v. *Wallace Investments Ltd.*, (1962) 3 Ca. By. R. n. s. 34 ; DORION, C., « Des effets de la faillite sur la compensation », (1897) 3 R. L. n. s. 21 ; LETARTE, P., « Des effets de la compensation en matière de faillite », (1937) 39 R. du N. 309.

5. CRÉANCES DE L'ÉTAT

685 — *Généralités* — Enfin, la compensation ne peut, en règle générale, être invoquée contre la Couronne notamment en matière de paiement de taxes et d'impôt [80]. Cependant, la Couronne, elle, peut invoquer compensation à son avantage contre le contribuable [81].

C. EFFETS

686 — *Double caractère de la compensation* — La compensation a un double caractère auquel correspond un certain nombre d'effets juridiques précis. D'une part, elle s'analyse comme un double paiement et provoque ainsi l'extinction de deux obligations mutuelles. D'autre part, elle reste un paiement imposé en ce sens qu'elle ne requiert pas un acte volontaire de la part des parties. Elle a effet de plein droit ou automatiquement dès qu'il y a coexistence de deux dettes qui remplissent chacune des conditions imposées par la loi.

1. DOUBLE PAIEMENT

687 — *Effet extinctif* — La compensation entraîne l'extinction des deux obligations, avec les mêmes effets secondaires qu'un paiement ordinaire. Les cautions se trouvent donc libérées et les sûretés et accessoires attachés à chacune des dettes disparaissent également [82]. Une règle spéciale est prévue pour le cas des débiteurs solidaires [83]. Lorsque la compensation s'effectue entre plusieurs dettes, on doit suivre, pour savoir laquelle ou lesquelles sont véritablement éteintes, les règles ordinaires relatives à l'imputation des paiements [84].

Certains tempéraments sont cependant apportés par la loi à l'effet extinctif de la compensation. En premier lieu, en cas de faillite ou de saisie-arrêt, la créance devient indisponible et le débiteur ou tiers saisi ne pouvant plus alors payer ne peut donc compenser [85]. En second lieu, la compensation ne peut causer préjudice aux tiers relativement aux droits acquis par eux et, ainsi, celui qui a effectué la saisie-arrêt ne peut se voir opposer la

---

80. Voir *Morley* v. *Minister of National Revenue,* (1949) Dom. Tax Cases 29.

81. *Loi de l'impôt sur le revenu,* S. R. C., 1952, ch. 148, art. 57 ; *Loi sur la taxe d'accise,* S. R. C., 1952, ch. 100, art. 50.

82. Art. 1191 C. C.

83. Art. 1191 C. C.

84. Art. 1195 C. C. et art. 1158 à 1161 C. C. Voir paragr. 496 et s.

85. Cette règle doit être respectée, même si la faillite met fin au bénéfice du terme et rend en principe la dette immédiatement exigible ; art. 1147 C. C.

compensation survenue depuis [86]. De même, le débiteur qui a accepté une cession de créance ne peut par la suite invoquer la compensation qu'il pouvait faire valoir contre le cédant à l'endroit du cessionnaire [87]. En cas de cession non acceptée mais signifiée au débiteur, la compensation des dettes peut être faite seulement pour celles antérieures à cette signification [88].

2. PAIEMENT IMPOSÉ

688 — *Effet de plein droit* — La compensation légale a lieu de plein droit c'est-à-dire sans nécessité du consentement des parties à l'opération. L'automatisme de la compensation légale admis de nos jours par la loi, est le résultat d'une erreur d'interprétation des textes romains [89]. Cependant, le mécanisme de la compensation, même s'il résulte du seul effet de la loi, n'est pas pour autant d'ordre public, et les parties sont donc libres de ne pas s'en prévaloir en y renonçant. Cette renonciation peut être expresse ou tacite [90]. Lorsque le débiteur paye la dette en sachant qu'elle est éteinte par compensation, il est censé alors avoir renoncé à s'en prévaloir. Il peut avoir intérêt à le faire dans un but de spéculation ou de placement, lorsque sa créance à lui est garantie par une hypothèque ou par une autre sûreté avantageuse. Cependant, dans un tel cas, on ne peut lui permettre de porter préjudice aux droits des tiers lorsque cette renonciation est postérieure à l'acquisition par les tiers de leurs droits [91]. Lorsque au contraire le débiteur ignorait, en payant sa dette, qu'il pouvait invoquer compensation et avait juste cause de l'ignorer, il ne peut y avoir alors compensation ni quant aux parties, ni même quant aux tiers [92]. La cession de créance constitue un autre exemple de renonciation tacite à la compensation. En acceptant cette cession, le débiteur renonce en effet à invoquer contre son créancier d'origine, le cédant, la compensation qu'il pourrait ou pourra dans l'avenir lui opposer [93].

---

86. *Southern Canada Power Co. Ltd.* v. *Geoffroy*, (1956) B. R. 816.
87. Art. 1192 C. C.
88. Art. 1192 et 1571 C. C. ; *Angers* v. *Co. Champoux*, (1924) 30 R. L. n. s. 421 ; *Gélinas* v. *Commercial Alcohols Ltd.*, (1953) R. P. 182.
89. Voir à ce sujet MAZEAUD, *Leçons de droit civil*, t. 2, n° 1156, p. 924 ; MARTY et RAYNAUD, *Droit civil*, t. 2, n° 644, p. 670 et s. ; RIPERT et BOULANGER, *Traité de droit civil*, t. 2, n° 1969 et s., p. 700 et s.
90. *Heney Carriage and Harness Co.* v. *Bernier*, (1919) 55 C. S. 507 ; *Dulude* v. *Toupin*, (1934) 72 C. S. 294 ; *Paramount Fabrics Ltd.* v. *Imperial Bank of Canada*, (1961) B. R. 602.
91. Art. 1196 et 1197 C. C.
92. Art. 1197 C. C.
93. Art. 1192 C. C. Voir paragr. 689 ; voir aussi *Carrier* v. *Galienne*, (1963) C. S. 692.

II — COMPENSATION JUDICIAIRE

689 — *Généralités* — La compensation judiciaire est celle qui est décrétée par le tribunal lui-même. Celui-ci n'est pas alors tenu de respecter les conditions fixées par la loi relativement à la compensation légale [94]. Elle est fréquente dans les actions en dommages-intérêts lorsque les deux parties portent chacune l'une contre l'autre une réclamation résultant de l'accident. La Cour prononce alors compensation entre les deux indemnités jusqu'à concurrence de la moins forte d'entre elles. La compensation judiciaire ne produit d'effets cependant qu'à partir du jugement qui la prononce et le juge conserve le pouvoir discrétionnaire de la décréter même si elle n'a pas été demandée par les parties [95].

BIBLIOGRAPHIE

BEAUCHAMP, J., « De la compensation légale », (1895) 1 R. L. n. s. 485.
DRAKIDIS, P., « Des effets à l'égard des tiers de la renonciation à la compensation acquise », (1955) 5 R. T. D. C. 238.
LETARTE, P., « Faillite et compensation », (1936-1937) 39 R. du N. 309.

Chapitre V
LA CONFUSION

I — NATURE JURIDIQUE

690 — *Généralités* — Lorsqu'il y a réunion dans la même personne des qualités de créancier et de débiteur, l'obligation s'éteint par confusion, cette personne étant à la fois son propre créancier et son

---

94. *Barrette* v. *Bayer*, (1905) 11 R. J. 483 ; *Dessert* v. *Girard*, (1917) 23 R. J. 298 ; *Charlebois* v. *Duranceau*, (1930) 36 R. L. n. s. 159 ; *Chalifoux* v. *Precision Tool and Supply Ltd.*, (1949) B. R. 467 ; *Hutkin* v. *Roy*, (1959) C. S. 529 ; *Grenier* v. *Hébert*, (1963) B. R. 75 ; voir aussi *Bissonnette* v. *Cloutier*, (1963) B. R. 190.

95. *Pelletier* v. *Banque nationale*, (1919) 55 C. S. 141 ; *Peacock* v. *Mile End Milling Co. Ltd.*, (1924) 37 B. R. 221 ; *Gélinas* v. *Commercial Alcohols Ltd.*, (1953) R. P. 182.

propre débiteur [96]. La situation de fait la plus fréquente qui donne lieu à ce mode d'extinction de l'obligation est celle qui résulte de la transmission par décès de l'obligation. Ainsi en est-il lorsque le créancier laisse à son décès la créance au débiteur, soit par testament, soit par transmission successorale légale, ou lorsque la succession du débiteur se trouve transmise au créancier qui accepte. Dans ces deux cas, pour qu'il y ait confusion, il est nécessaire que la succession soit acceptée purement et simplement. L'acceptation sous bénéfice d'inventaire qui n'emporte pas la confusion des deux patrimoines ne saurait opérer extinction de l'obligation [97].

II — EFFETS

691 — *Effet extinctif* — En règle générale, la confusion a pour effet d'éteindre l'obligation de la même façon qu'un paiement. Les accessoires de la dette disparaissent donc également [98], les cautions sont déchargées [99]. Cependant la confusion entre la qualité de caution et de créancier ou de caution et de débiteur n'éteint que l'obligation accessoire de la caution mais non l'obligation principale. Il peut survenir cependant que la confusion n'ait qu'un effet extinctif partiel. Ainsi, si le débiteur était un débiteur solidaire, la confusion n'opère extinction de l'obligation que pour la part à laquelle il était tenu [100]. De même si la cause qui a créé la confusion disparaît, l'obligation revit totalement ou partiellement alors avec ses accessoires [101].

---

96. Art. 1198 et 1811 C. C. ; *McLean* v. *Stewart*, (1896) 25 R. C. S. 225 ; *Rosaire* v. *Co. de chemin de fer du Grand Tronc*, (1912) 42 C. S. 517 ; *Gingras* v. *Payette*, (1955) R. L. n. s. 385.
97. Art. 671 C. C.
98. *Demers* v. *Foucher*, (1926) 64 C. S. 3.
99. Art. 1199 et 1957 C. C.
100. Art. 1113 C. C.
101. Art. 1198 et 966 C. C. ; *Lebrun* v. *Sévigny*, (1912) 41 C. S. 140 ; voir aussi *Prahalis* v. *Panopalis*, (1962) B. R. 79, p. 80.

INDEX ANALYTIQUE

Autonomie de la volonté : **42 à 57**

Avant-contrat : 83

Aveu : 260

Ayants cause : **255, 256, 300, 308, 454, 455**
    à titre particulier : 316
    à titre universel : 313, 314, 315
    universels : 313, 315

Bail à ferme : 358

BAUDOUIN, Louis : 233

Bénéfice d'inventaire : 315, 521, 690

Biens hors commerce : 220

Biens immeubles : 364

Biens meubles : 363, 614

Billet à ordre : *voir* Effets de commerce

BILLETTE. Emile : 233

Bon dol : 130

Bonne foi : 125, 173, 195, 337, 364, 402, 404, 408, 467, 469, 473, 481, 590, 610, 614

Bonnes mœurs : 3, 4, **64 et 65,** 76, 216, 219, 228, 233, 237, 238, 239, 240, 264, 269, 290, 587, 604, 607, *voir* Ordre public

Bref d'assignation : 460, 538

Bureau des Dépôts : 505

Canonistes : 15, 45, 60, 228

Capacité : 35, 70, 158, **178 à 214,** 221, 247, 264, 266, 268, 295, 312, 329, 381, 482, 485, 503, 652, 669

CAPITANT, Henri : **232, 233**

Cas fortuit, force majeure : 25, 34, 165, 237, 354, 355, 356, 358, 359, 360, 361, 366, 367a, 370, 371, 403, 407, 511, 555, **575 à 584,** 633

Causa causans : 430

Causa proxima : 430

Causa sine qua non : 430

Causalité (lien de) : 165, 551, 552, 629

Cause : 23, 24, 70, 79, 219, **224 à 239,** 240, 270, 336, 358, 360, 650, 657, 660, 665

Cause de l'obligation : *voir* Cause

Cause du contrat : *voir* Cause

Caution : 23, 320, 478, 491, 503, 508, 519, 656, 664, 665, 670, 687, 691

Cautionnement : 205, 209, 268, 320

Cession de créance : 514, 526, 532, 645, 646, 648, 660, 661, 687, 688

Cession de dette : 646

CHALLIES, Georges : 422, 423

Chèque : 236, 487, 509, *voir* Effets de commerce

Chose de genre : 223, 367a, 507

Chose jugée : 445, 474, 635

Clause de non-responsabilité : *voir* Limitation de responsabilité

Clause-or : 488

Clause pénale : 263, **567a à 570**

Code de procédure civile : 544, 636, 678

Code Napoléon : 5, 32, 35, 145, 155, 215, 229, 275, 276, 300, 302, 306, 344, 372, 380, 381, 393, 466, 480, 518, 541, 627, 628, 645, 666, 675

Common Law : 541, 568

Communauté légale ou conventionnelle : 204, 209

Compensation : 645, **673 à 689**

Compte courant : 499

Compte en banque : 164

COMTOIS, Roger : 202

Condictio indebiti : 227

Condition : 67, 237, 594, 596, **603 à 614,** 634, 645, 679
    potestative : 604, 605, 606
    résolutoire : 369, 399, 443, 599, 603, 604, 605, 608, **613, 614**
    résolutoire tacite : 245, 344
    suspensive : 368, 443, 603, 604, 608, **609 à 612**

Confirmation du contrat : 50, 120, 121, 135, 148, 169, 186, 195, 254, 257, **259 à 261,** 319, 483, 654

Confusion : 645, **690, 691**

Conseil de famille : 159

Conseil judiciaire : 200

Consensualisme : 59, 60, 78, 228, 242, 273

Consentement : 70, **71 à 117,** 192, 215, 216, 237, 591
    absence de consentement : 180, 192, 199, 201, 202, 231, 266, 298
    existence du consentement : 71 à 98
    intégrité du consentement : **98 à 117**

Considération : *voir* Cause

Consignation : *voir* Offres et consignation

Contrat : *pour les contrats nommés voir sous leur nom respectif* : louage, vente, etc.
    classification : **32 à 41**
        à titre gratuit, à titre onéreux : **35,** 37, 41, 432, 466
        commutatif, aléatoire : **37, 41**
        consensuel : **36,** 41, 44
        désintéressé : **35**
        d'exécution instantanée, d'exécution successive : **38,** 41, 246, 359, 537, 545

Les chiffres renvoient aux paragraphes.

Les chiffres renvoient aux paragraphes.

Les chiffres renvoient aux paragraphes.

Les chiffres renvoient aux paragraphes.

Les chiffres renvoient aux paragraphes.

Les chiffres renvoient aux paragraphes.

TABLE DE JURISPRUDENCE *

Les chiffres renvoient aux numéros des paragraphes et non aux pages.

---

* *Dans cet index, chaque arrêt de jurisprudence est classé deux fois : par le nom du demandeur et par le nom du défendeur.*

Les chiffres renvoient aux paragraphes.

Les chiffres renvoient aux paragraphes.

Les chiffres renvoient aux paragraphes.

Bilodeau v. Sun Life
Assurance Co. : 330

Bilodeau v. Conseil des métiers
de la construction des syndicats
nationaux catholiques de
Québec Inc. : 329, 335

Binet v. De St-Aubin : 650, 653

Binette v. Globensky : 596

Biron v. Blais : 498

Biron v. Meloche : 579, 580

Bisaillon v. Union Grain
and Hay Co. : 581

Bishop v. City of Westmount : 271

Bisson v. Bisson : 629, 635

Bisson v. Labrie : 457

Bissonnet v. Merchant's
Advertising Co. : 260

Bissonnette v. Bank of Nova
Scotia : 453, 461, 463

Bissonnette v. Cloutier : 689

Bissonnette v. Co. de finance
Laval Ltée : 614

Bissonnette v. Co. de St-Joseph
de Soulanges : 399

Bissonnette v. Davies : 583

Bissonnette v. Masse : 453, 463

Bistricier v. Schwardzwald : 555

Black v. Amyot : 271

Black Lake Lumber Manufacturing
Co. v. Bellavance : 367

Blais v. Biron : 501

Blanchard v. Richard : 654

Blanchard v. Merchant's and
Employer's Guarantee and
Accident Co. : 520, 527

Blanchet v. Grenier : 448

Blasenstein v. Weinstock : 108

Bleau v. Caron : 368

Blenditsky v. X : 108

Blitt v. Miller : 547

Bliziotis v. Salemandras : 205

Blondeau v. Gorrie : 465

Blouin v. Gosselin : 167

Blouin v. Lecours : 238

Blum and Co. v. Elder Dempster
Lines Ltd. : 520

Blumberg and Consolidated Moulton
Trimmings Ltd. v. Wawanesa Mutual
Insurance Co. : 519, 628, 636, 637

Bluteau v. Larochelle : 238, 251, 672

Bohémier v. Patenaude : 202

Boiler Inspection Insurance
v. Sherwin-Williams : 526

Boily v. Fleury : 672

Bois v. Bouchard : 567a

Boisseau-Picher v. Turgeon : 208

Boisvert v. Allard : 454, 467, 469

Boisvert v. Bélanger : 432

Boisvert v. Paquette : 132, 133

Boivin v. Allaire : 319, 322

Boivin v. Allumettes de
Drummondville Ltée : 506

Boivin v. Bélanger : 678

Boivin v. Cinq-Mars : 563

Boivin v. Commissaires d'écoles
pour la municipalité de la ville
de Val Michel : 509

Boivin v. Gagnon et Co. : 209

Boivin v. Larue : 208

Boivin v. Roch Shoe
Manufacturing Co. : 389

Boivin v. Rosemont Realty Co. : 153

Bolduc v. Cloutier : 653

Bolduc v. Poulin : 223, 489

Bolduc v. Pérusse : 446

Bolduc v. Raymond : 208

Bonin v. Campbell Auto
Finance Co. : 300

Bonner v. Cantin : 564

Bonnier v. Cohen : 367

Bonsaint v. Sasseville et Industrial
Acceptance Co. Ltd. : 559

Booth Ltée v. McLean : 304

Boretsky v. Amherst Bowling
Recreation Inc. : 567a, 569

Borgfield v. Banque d'Hochelaga : 91

Borris v. Sun Life Assurance Co.
of Canada : 330

Bouchard v. Bois : 567a

Bouchard v. Couture : 469

Bouchard v. Garage central
d'Amos Ltée : 479, 568

Bouchard v. Lajoie : 446

Bouchard v. Lortie :
71, 128, 129, 130, 135, 260

Bouchard v. Pichette : 548, 678

Bouchard v. Tremblay : 460, 579

Boucher v. Benoît : 504

Boulanger v. Caisse populaire
de St-Sylvère : 300, 301

Boucher v. Deschênes : 614

Boucher v. Devault : 287

Boucher v. Drouin : 334, 335

Boucher v. Globensky : 209

Boucher v. Lanoie : 456

Boucher v. Larivière : 208

Boudreau v. Longpré : 626

Les chiffres renvoient aux paragraphes.

Les chiffres renvoient aux paragraphes.

Les chiffres renvoient aux paragraphes.

Carpentier v. Carpentier : 537
Carrier v. Galienne : 688
Carrière v. Riendeau : 678
Carter v. McCaffrey : 207
Cartier Manufacturing
  v. Normandin : 84
Cartierville Lumber Co. v. Culos-
  Lefebvre : 205, 454, 463, 466, 468
Casavant v. Ashby : 147
Castonguay v. Butler : 466, 469
Castonguay v. Savoie : 211
Castonguay v. Villemaire : 238
Cayouette Ltd. v. Billet : 496
Chabot v. Beaurivage : 121, 264
Chabot v. Canadian International
  Paper Co. : 156
Chagnon Co. Ltd. v. Hutchison : 684
Chaikin v. Epiceries Modernes : 432
Chalifoux v. Precision Tool and
  Supply Ltd. : 689
Chalifoux Inc. v. Dion : 93
Challancin v. Guilbault : 433
Chamberlin v. Klock : 209
Chambly Manufacturing Co.
  v. Willet : 565
Champagne v. Milloy : 484, 520
Champlain Coach Lines Ltd.
  v. Israël : 591
Champlain Oil Products Ltd.
  v. Imbeault : 545
Channell v. Johnston : 431, 434
Chantilly v. Quirion : 107, 116
Chaplin v. Ontario Bank : 637
Chaput v. Bédard : 23
Charbonneau v. Charbonneau : 399
Charbonneau v. Dumontet : 112
Charbonneau v. Latour : 566
Charbonneau v. Robineau : 460
Charbonneau Auto Ltée
  v. Therrien : 173
Charette v. Labelle : 629
Charland v. Martin : 564, 565
Charlebois v. Apex Venitian
  Blinds Co. Ltd. : 509
Charlebois v. Baril : 83, 92, 547
Charlebois v. Duranceau : 689
Charlebois v. Emond : 339
Charlebois v. Laboratoire
  Pasteur Ltée : 603, 606
Charlebois v. Tremblay : 202
Charles v. Lauzon : 67
Charpentier v. Langlois : 640
Charron v. Charron : 436

Charron v. Paré : 408
Charron-Picard v. Tardif : 679
Chartier v. Chouinard : 541
Chartrand v. Tremblay : 236
Chartré v. Continental
  Casualty Co. : 330
Chase & Co. v. Bell : 91
Chasle v. Canadian Acceptance
  Co. Ltd. : 483, 592
Chaussé v. Leduc : 649, 659, 664
Chauvin v. Bickerdike : 426
Chayer v. Bélanger : 340, 555
Chemin de fer canadien du
  Pacifique v. Dechêne : 574, 592
Chéné v. Legris et Baulne : 23, 233
Chenel v. Anglehart : 404, 432
Cholette v. Vinet : 339
Choquette v. Pagnuelo Co. :
  106, 121, 136
Choquette v. Seigmann : 582
Chouinard v. Bernier : 153
Chouinard v. Chartier : 541
Chrétien v. Lighthall : 132
Christie v. York Co. : 67
Christin Ltée v. Piette : 352, 353
Church v. Laframboise : 116
Cid v. Lewis : 678
Cinq-Mars v. Boivin : 563
Cinq-Mars v. Laroche : 147
Cité d'Outremont v. Co. de
  transport de Montréal : 581
Cité de Beauharnois v. Beaudry : 434
Cité de Chomedey v. Gravel : 605
Cité de Granby v. Federation
  Insurance Co. of Canada : 637
Cité de Longueuil
  v. Hôpital St-Luc : 424, 426
Cité de Montréal v. Agricultural
  Insurance Co. : 520
Cité de Montréal v. Beauvais : 628
Cité de Montréal v. Canadian
  National Railways : 587, 592
Cité de Montréal v. Constantineau : 532
Cité de Montréal v. D'Argencourt : 581
Cité de Montréal v. Dugas : 629
Cité de Montréal v. Kujan : 430
Cité de Montréal v. Lamarche : 463
Cité de Montréal v. Lapierre : 637
Cité de Montréal v. Malibu Fabrics
  of Canada Ltd. : 581
Cité de Québec v. Delage : 83

Les chiffres renvoient aux paragraphes.

Les chiffres renvoient aux paragraphes.

Communauté des Sœurs de la Charité
v. Kares : 279, 286

Communauté des Sœurs de la Charité
de la Providence v. Nyczka : 431

Concrete Column Clamps Ltd.
v. Vocisano : 564, 565

Concreters Ready Mix Ltd. v. Frank
and Pascal Construction Co. : 567

Congrégation de la Fraternité sacerdotale
v. Sasseville : 626

Congrégation des Petits Frères de Marie
v. Regent Taxi : 419, 424, 426, 435,
436

Connolly v. Consumers
Cordage : 239, 251

Connolly v. Montreal Park and
Island Railway Co. : 543

Conseil des métiers de la construction
des syndicats nationaux catholiques
de Québec Inc.
v. Bilodeau : 329, 335

Consolidated Paper Co. Ltd. v. Banque
Toronto-Dominion : 577, 584

Consolidated Sand Co. Ltd.
v. Oka Sand and Gravel
Co. Ltd. : 378, 380, 381, 382, 389

Constant v. Raymond : 563

Constantineau v. Cité de Montréal : 532

Consumers Acceptance Co.
v. Robitaille : 277

Consumers Cordage
v. Connolly : 239, 251

Consumers Cordage Co. Ltd.
v. St. Gabriel Land and Hydraulic
Land Co. Ltd. : 238

Contant v. Holy : 239

Continental Casualty Co.
v. Chartré : 230

Continental Discount Co.
v. Perrault : 616

Continental Guaranty Co. of Canada
v. Papineau : 665

Conway v. Canadian Transfer Co. : 591

Coopérative fédérée de Québec
v. Gagnon : 601

Coperman v. Kinnear : 581

Corbeil v. Corbeil : 67

Corbeil v. Cleaners Ltd. ($1) : 574

Cormier v. Delisle : 637

Cormier v. McCartney : 128, 133

Cormier v. Tremblay : 67, 238

Cormier v. Trottier : 540

Coronation Foods Corp. v. Lasalle
Warehousing and Transfer
Ltd. : 565, 590

Côté v. Anctil : 340

Côté v. Brulotte : 624

Côté v. Curé et Marguilliers de
l'œuvre et fabrique de la paroisse
de St-Valère : 434

Côté v. Fenderson's Ltd. : 465

Côté v. Gagné : 520

Côté v. Haughey : 212

Côté v. Lapointe : 205

Côté v. Leclaire : 454, 471

Côté v. Lespérance : 670

Côté v. New York Life Insurance : 208

Côté v. Stadacona Ins. Co. : 259, 266

Côté v. Sterblied : 479, 517, 538

Côté v. Toupin : 460

Cotton v. Vachon : 358

Couillard v. Jeannotte : 629

Coupal v. Piché : 457, 467, 468

Courvoisier Chimney Inc.
v. Lussier : 101, 266

Cousineau v. Marineau : 355, 358, 581

Cousineau v. Loyal Oil Co. Ltd. : 563

Cousineau v. Vaillancourt : 625

Courey v. Dufresne : 216, 238

Courteau v. Perras : 303

Courteau v. Viau : 264

Coutu v. Auclair : 635

Coutu v. Gauthier : 259

Coutu v. Tellier : 159

Couture v. Bouchard : 469

Couture v. Halifax Fire
Insurance Co. : 520, 532

Couturier v. Lepage Automobile
Ltée : 153, 173

Cox v. Clendenning : 83

Coziol v. Acme Restaurant
Equipment : 539

Cradock Simpson Co. v. Sperber : 97

Cream v. Kirouac : 367

Crédit St-Laurent Inc.
v. Durand : 84, 678

Crépeau v. Gale : 676

Cross v. Windsor Hotel Co. : 666

Croteau v. Gosselin : 208

Croteau v. Legault : 304

Croteau et Frères Ltée v. Tardif : 653

Crowe v. Schmidt : 91

Crowley v. Dorion : 132

Crown Life Insurance Co. v. Perras : 449

Cuillerier v. Pelland : 541, 548

Culos-Lefebvre v. Cartierville Lumber
Co. : 205, 454, 463, 466, 468

Les chiffres renvoient aux paragraphes.

Curé et Marguilliers de la paroisse de
St-Zotique v. Commission des
écoles catholiques de Montréal : 263

Curé et Marguilliers de l'œuvre et
fabrique de la paroisse de St-Etienne
v. Bricault : 650

Curé et Marguilliers de l'œuvre et
fabrique de la paroisse de St-Valère
v. Côté : 434

Curé et Marguilliers de l'œuvre et
fabrique de la paroisse de St-Zacharie
v. Morin : 23

Curtis and Harvey v. Appendale : 569

Curtis v. Rondeau : 131

Cutler v. Berman : 653

Cyr v. Lussier : 460

Cyr v. Tardif : 317

D. v. J. : 108

D. v. Vézina : 26, 554, 578

Daignault v. New York Central
Railroad Co. : 574

Dallaire v. Hardy : 129

Dalrymple v. Simms : 606

Damar Products of Canada Ltd.
v. Sternfield : 82

Damiens v. Lafleur : 426

Damphousse v. Gélinas-Deschênes : 635

Damphousse v. Leblond : 565

Dandurand v. Lauzon : 603

Danjou v. Caron : 207

Dansereau v. Lafrenière : 649

Dansereau v. St-Louis : 238

Daoust v. Co. de la paroisse de
l'île Perrot : 519

Daoust v. Comber : 349

Daoust v. Gélinas : 629

Daoust v. Kidd : 236

Daoust v. Lavigne : 234, 648

Daoust-Lalonde Ltée v. Bilodeau : 426

Daoust-Lalonde Ltée v. Ferland : 209

D'Argencourt v. Cité de Montréal : 581

Darveau v. Marcotte : 316, 564

Dassylva v. Dassylva : 115, 133

Dattner v. Guardian Insurance Co.
of Canada : 281

Daveluy v. Lamothe : 454

David v. Vaillancourt : 205

Davies v. Bissonnette : 583

Davis v. Kerr : 144, 169, 174, 211

Davis v. St. Lawrence Quick Service
Garage Ltd. : 583

Daze v. Roussin : 340

Deauville Estate Ltd. v. Tabah : 537

De Bédard v. Verret : 538

Deblois v. Habel : 678

Décarie v. Décarie : 603, 611

Décary v. Resther : 676

Décary v. Taxis jaunes Ltée : 574

Dechêne v. Chemin de fer canadien
du Pacifique : 574, 592

Deguire Avenue Ltd. v. Adler : 629

Deguise v. Goudreau : 509

De Henfield v. Demers : 381, 382

Deladurantaye v. Symons : 548

Delage v. Cité de Québec : 83

Delisle v. Cormier : 637

Delisle Auto Rouyn Ltée
v. McNicoll : 278, 568

Dell Realties Ltd.
v. Trushire Investment Co. : 346

Demers v. Co. Meunier Ltée : 153, 173

Demers v. De Henfield : 381, 382

Demers v. Demers : 667, 669

Demers v. Foucher : 691

Demers v. Langelier Ltée : 65, 238

Demers v. Langlois : 23. 147, 233

Demers v. Lefaivre et Auger : 453, 463

Demers v. Lefaivre : 453

Demers v. Madden : 280, 579

Demers v. Strachan : 601

Demeule v. Miller : 174

Demitroff v. Nebesny : 545

Demontigny v. Vincent : 355, 358, 581

Denis v. Kent : 205

Denis v. Miron : 434

De Palma v. Lucciola : 205, 207

Depatie v. Galardo : 581

De Pinel v. Internoscia : 251

Dequoy v. C.N.R. : 564, 565

Deragon v. Dupuis : 601

Déry v. Paradis : 205

De St-Aubin v. Binet : 650, 653

Desaulniers v. Paquette : 278

Desautels v. Montreal Light, Heat
and Power Co. : 316

Desbiens v. Tremblay : 548

Deschamps v. De Therrien : 320

Deschatelets v. Excel Enterprises
Ltd. : 597

Les chiffres renvoient aux paragraphes.

Les chiffres renvoient aux paragraphes.

Les chiffres renvoient aux paragraphes.

Les chiffres renvoient aux paragraphes.

Les chiffres renvoient aux paragraphes.

Les chiffres renvoient aux paragraphes.

Les chiffres renvoient aux paragraphes.

Les chiffres renvoient aux paragraphes.

Les chiffres renvoient aux paragraphes.

Les chiffres renvoient aux paragraphes.

Les chiffres renvoient aux paragraphes.

Marmette v. Vézina : 34

Marmette v. Commercial Investment of Quebec Inc. : 330, 332

Marquette v. Trudel : 540

Marquis v. Laliberté : 448

Marquis v. Martin : 678

Marquis v. Rousseau : 378, 419

Marson v. Forster : 199, 672

Martel v. Commissaires d'écoles de Wendover : 543

Martel v. Gagnon : 509

Martel v. Hôtel-Dieu St-Vallier : 554

Martel v. Hôtel Plaza Ltée : 509

Martel v. Laferté : 91

Martel v. Parnass : 97

Martin v. Charland : 564, 565

Martin v. Hubert : 327

Martin v. Joly : 83

Martin v. Marquis : 678

Martin Motor Sales Ltd. v. Lessard : 477

Martin v. Petit : 147, 260

Martin v. United States Fidelity and Guarantee Co. : 239

Martineau v. Cantin : 514, 527

Marwood v. Canadian Credit Co. Ltd. : 288

Maryland Casualty v. Gagnon : 610

Massawipi Valley Railway Co. v. Minister of National Revenue : 334

Masse v. Bissonnette : 453, 463

Massé v. Gatien : 239

Massé v. Pucholska : 115, 297

Massé v. Rosemont Realty Co. Ltd. : 50, 169

Massé v. Silverman : 349, 537

Massé v. Senmont Construction Ltd. : 463

Massé v. Traders Finance Co. : 657, 665, 666

Massicotte v. Marchessault : 636

Masson v. Andrews : 537

Masson v. Bergevin : 212

Mastracchio v. Banque canadienne nationale : 26

Matane Planning Mills Ltd. v. Canadian Home Assurance Co. : 532

Mathieu v. Drouin : 142, 147

Mathieu v. St-Michel : 202

Matte v. Banque canadienne nationale : 649

Matte v. Gravel : 33

Matte v. Matte : 304, 629

Matte v. Roger : 487

Maucotel v. Tétrault : 297

Mayburry v. Metropolitan Stores Ltd. : 564, 566

Mayer v. Vincent Ltée : 678

McAnnulty Realty Co. v. Aubin : 153

McCaffrey v. Carter : 207

McCarthy v. St-Pierre : 627, 629

McCartney v. Cormier : 128, 133

McCone v. McKibbin : 65

McCullock v. Reeves : 90

McDermott v. Leblanc : 625, 641

McDonald v. Grand Trunk Railway Co. : 629

McDonald v. Hutchins : 567a

McDonald v. Riordan : 238

McDonough v. Barry : 202

McDougall v. Gendron : 297

McEwen v. Jenkins : 202, 256

McFarlane v. Dewey : 142, 147

McFee v. Gendron : 90

McGuire v. Fraser : 316

McKibbin v. McCone : 65

McLaren v. Merchant's Bank of Canada : 208

McLean v. Booth Ltée : 304

McLean v. Stewart : 690

McLellan v. U.S. Fire Insurance Co. : 637

McLennan v. Grange : 614

McNicoll v. Delisle Auto Rouyn Ltée : 278, 568

McRobert v. Pinkus Construction Inc. : 136

McShane v. Cochrane : 448

McVey v. Métayer : 199

Mechanical Equipment Co. of Canada et al. v. Butler : 82, 91

Mechutan Fur Co. v. Carl Druker Furs Inc. : 365

Medicoff v. Jarry Automobile Ltée : 449

Meehan v. Dumas : 601

Meese v. Wright : 238

Melanson v. (La) Reine : 142

Meldrum v. Kyle : 199

Mellen v. X : 26, 554

Meloche v. Biron : 579, 580

Ménard v. Jacobs : 239

Ménard v. Ouimet : 492

Ménard v. Roy : 269

Ménard v. Société d'administration générale : 132

Ménard v. Tremblay : 626

Les chiffres renvoient aux paragraphes.

Mendel v. Rosenberg : 509

Mendel v. Torontour : 672

Mendell v. Uditsky : 208

Mendelsohn *et al.* v. Astier, Favrot et Co. : 84

Merchant Calculators Ltd. v. Glenco Investment Co. : 649

Merchant's Advertising Co. v. Bissonnet : 260

Merchant's and Employer's Guarantee and Accident Co. v. Blanchard : 520, 527

Merchant's Bank of Canada v. McLaren : 208

Mercier v. Saucier : 136

Mercier v. Price : 212

Mercier v. Turcotte : 236

Mercier v. Watson Jack Hoppins Ltd. : 278

Mercure v. Mandeville : 649

Merit Business and Realty Co. v. Golberg : 277

Messier v. Lapointe : 239

Métayer v. McVey : 199

Metro Universal Development Co. v. Kirkman : 539

Metropole Parking Inc. v. Garage Touchette Ltée : 591

Metropolitan Life Assurance Co. v. Hôtel-Dieu St-Michel de Roberval : 330

Metropolitan Life Assurance Co. v. Legault : 127

Metropolitan Stores Ltd. v. Mayburry : 564, 566

Meuble moderne Enrg. v. Collin : 568

Meunier v. Dubois : 205

Meunier v. Labelle : 454

Michaud v. Brabant : 626

Michaud v. Deschênes : 303

Michaud v. Douglas Bremner Construction Ltd. : 504, 509

Michaud v. Gagnon Ltd. : 278

Michaud v. Savard : 202

Mile End Milling Co. v. Beausoleil : 563

Mile End Milling Co. v. Peacock : 689

Mile End Milling Co. v. Peterborough Cereal Co. : 350, 563, 567

Miller v. Blitt : 547

Miller v. Demeule : 174

Miller v. Fortier : 448

Millette v. Lizotte : 471, 472

Milloy v. Champagne : 484, 520

Mindlin v. Cohen : 536, 566

Mingarelli v. Commission des accidents du travail : 523

Minister of National Revenue v. Massawipi Valley Railway Co. : 334

Minister of National Revenue v. Morley : 685

Miron v. Denis : 434

Modern Hat Manufacturing Co. v. Ettenberg : 453, 463

Modern Refrigeration Co. v. Bastien : 568

Moisan v. Hill : 339

Molsons Bank v. Klock : 682

Molsons Bank v. Thompson : 445, 446

Mongeot v. Bank of Nova Scotia : 566

Montcalm Land Co. v. Quebec County Railway Co. : 543

Montefusco v. Vipond : 367

Montpetit v. Beauregard : 281

Montpetit v. Brault : 113

Montreal Co. v. Eversfield : 637

Montreal Exhibition Co. Ltd. v. Gadbois : 259

Montreal Gas Co. v. Markham : 316, 334, 335

Montreal Investment and Realty Co. v. Sarault : 259, 269

Montreal Kitchen Supply Ltd. v. Suburban Enterprises Ltd. : 509

Montreal Light, Heat and Power Co. v. Desautels : 316

Montreal Lingerie Ltd. v. Lieberman : 350

Montreal Motor Transport Co. Ltd. v. Goldsmith : 603, 611

Montreal, Ottawa and Western Railway Co. v. Co. of the County of Ottawa : 572

Montreal Park and Island Railway Co. v. Connolly : 543

Montreal Sight-Seeing Tours Ltd. v. Provincial Transport Co. : 316

Montreal Tramways Co. v. Caron : 520

Montreal Tramways Co. v. Lefebvre : 448

Montreal Water and Power Co. v. Bélanger : 316, 334, 335

Montrose Builders Inc. v. Goodman : 426

Mooney v. Maguire : 108

Moore v. Co. de Transport provincial : 526, 527

Moore v. Eaton Co. Ltd. of Canada : 26

Moore v. Lewis Bros. Ltd. : 668, 672

Les chiffres renvoient aux paragraphes.

Les chiffres renvoient aux paragraphes.

Les chiffres renvoient aux paragraphes.

Les chiffres renvoient aux paragraphes.

Les chiffres renvoient aux paragraphes.

Quintin v. Riendeau : 208
Quirion v. Chantigny : 107, 116
Quirion v. Cliche : 299, 304

R. v. K. : 298
R. et R. Entreprises Ltée v. Hamel : 300
Racine v. Elizabeth Shoe Co.
  Ltd. : 395, 408
Racine v. Halifax : 532
Racine v. Rousseau : 205, 209
Raeycraft v. Little : 300
Rainville v. Barré : 133, 208, 294, 304
Rainville v. Plouffe : 463
Rancourt v. Grace and Trenouth : 381,
  392, 411, 415
Randall v. Beaudry : 83, 541, 563
Ranger v. Francœur : 339
Ratelle v. Vézina : 67
Ravary Builders Supply Co. Ltd. v.
  Beaver Hall Investment Ltd. : 614
Ravick v. Bank of Nova Scotia : 678, 679
Rawleigh Co. v. Dumoulin : 101, 115,
  116, 266
Rawleigh Co. Ltd. v. Latraverse : 101, 266
Raymond v. Bolduc : 208
Raymond v. Constant : 563
Raymond v. Frazer : 67, 238
Raymond v. Peterman : 466a
Raymond v. Rioux : 456
Razar v. Eliasoph : 445
Reed v. Helbronner : 212
Reeves v. McCullock : 90
Reeves v. Piché : 653, 659
Reford v. National Trust Co. : 607
Regal Insurance Co. Ltd. v. St-Cyr : 330
Regent Lumber Co. v. Poulin : 91
Regent Taxi v. Congrégation des Petits
  Frères de Marie : 419, 424, 426, 435,
  436
(La) Reine v. Fortin : 629
(La) Reine v. Grandchamp : 213
(La) Reine v. Grant : 121
(La) Reine v. Melanson : 142
Reinhardt v. Turcotte : 536, 537, 571
Remer Spring Manufacturing Co. Ltd.
  v. Robin : 563, 565
Rémillard v. Duplessis : 520
Renaud v. Co. de Ste-Cécile de
  Masham : 581
Renaud v. Lamothe : 607
René v. Turgeon : 650

Renfrew Flour Mills v.
  Sanschagrin : 83, 87, 92
Renzi v. Azeman : 50, 169
Resther v. Décary : 676
Rhéaume v. Les Petits Profits
  Inc. : 649, 653, 659, 665
Reynolds v. Loew's Montreal Theatre : 67
Rice v. Skinner : 367
Richard v. Allen : 483
Richard v. Blanchard : 654
Richards v. Brossard : 286
Richelieu Transportation Co. Ltd. v.
  Lafrenière : 663
Richstone Bakeries Inc. v. Margolis : 545
Riendeau v. Barnard : 112
Riendeau v. Carrière : 678
Riendeau v. Quintin : 208
Rinfret v. Gravel : 678
Ringuet v. Bergeron : 216, 567a
Riopelle v. Papineau : 255, 269
Riordan v. McDonald : 238
Rioux v. Raymond : 456
Ritchey v. Clark : 90
Rivelis v. Laflamme : 236
Riverview Investment Co. v.
  Cadieux : 578
Rivest v. Co. du village de
  St-Joseph : 579, 580
Roa v. Limoges : 26
Roberge v. Co. des Frais funéraires
  des Cantons de l'Est : 581
Robert v. Allan : 251
Robert v. Lemieux : 498
Robert v. Leroux : 67, 220
Robert v. Robert : 601
Robert v. Sarrault : 339, 349
Robert Automobile v. Ponton : 343
Robertson v. Beaubien Produce and
  Milling Co. : 90
Robidoux v. Robidoux : 378, 389
Robillard v. Jodoin : 637
Robin v. Remer Spring Manufacturing
  Co. Ltd. : 563, 565
Robin Jones and Whitman Ltd. v.
  Francœur : 637
Robineau v. Charbonneau : 460
Robinson Oil Burners Ltée v.
  Bélanger Ltée : 340
Robitaille v. Consumers Acceptance
  Co. : 277
Robitaille v. Grant : 378, 392, 393
Robitaille v. Makkinge : 564, 565, 574
Robitaille v. National Breweries Co. : 569

Les chiffres renvoient aux paragraphes.

Les chiffres renvoient aux paragraphes.

Les chiffres renvoient aux paragraphes.

Les chiffres renvoient aux paragraphes.

Les chiffres renvoient aux paragraphes.

Les chiffres renvoient aux paragraphes.

TABLE DES TEXTES

CODE CIVIL

Articles	Numéros des paragraphes	Articles	Numéros des paragraphes
406	11	989	64, 65, 103, 226
411	402, 405	990	64
417	135	991	¿
433	11	992	3, 98, 101, 105, 107
477	360	993	3, 98, 112, 124
478	360	994	3, 98, 137, 139, 143
499	11	995	3, 98, 137, 139, 140
545	64	996	3, 98, 137
603	512	997	3, 98, 137, 146
651	315	998	3, 98, 137, 145
655	446, 466a	999	3, 98, 137
658	216	1000	3, 119, 137, 226
660	315	1001	3, 98, 150
671	521, 690	1002	3, 98, 150, 159, 164
700	671	1003	3, 98, 150, 164, 173
722	537, 571	1004	3, 98, 150, 164, 165
735	312, 316	1005	3, 98, 150, 164, 166, 167
740	521, 532	1006	3, 98, 150, 164, 166, 168
741	521, 532	1007	3, 98, 150, 164, 170, 173
743	512	1008	3, 98, 150, 164, 166, 169
745	466a	1009	3, 61, 98, 150, 162, 163
746	28	1010	3, 61, 98, 150
760	64, 263, 607	1011	3, 98, 150, 174, 175, 264
763	35, 211	1012	3, 98, 150, 155
767	35, 211	1013	3, 49, 78, 276, 278
776	23, 35, 36, 54, 84, 242, 271	1014	276, 280
778	219	1015	276, 280
780	313, 316	1016	276, 286
783	605	1017	276
787	90	1018	276, 282
803	468	1019	40, 276, 281, 616
811	671	1020	276, 278, 279
824	605	1021	276, 282
844	213	1022	216, 246, 363
871	571	1023	306
872	64	1024	79, 284
873	312, 316	1025	273, 363, 367
887	155	1026	223, 363, 367a
901	611	1027	223, 614
902	611	1028	39, 222, 306
913	626	1029	39, 90, 324, 328, 330
966	691	1030	39, 306
981m	626	1031	39, 255, 439, 447, 852
983	17	1032	3, 248, 452
984	70, 226	1033	248, 452, 469
985	3, 179	1034	35, 248, 452, 466, 468
986	3, 180, 202, 213	1035	35, 248, 452, 466, 469
987	3, 158, 195, 202	1036	248, 452, 466, 468, 470

Articles	Numéros des paragraphes	Articles	Numéros des paragraphes
1425a	66	1667	219
1472	33, 363	1668	246, 315, 355
1474	223, 367	1675	26, 355
1475	368, 603	1676	587
1482	211	1677	565
1483	179, 207, 216, 268	1678	355
1484	53, 97, 210	1684	358, 584
1485	179, 212, 268	1685	358, 360
1486	220	1688	626
1495	495	1692	479, 645
1496	338	1701	33
1501	121, 122	1706	97, 210
1504	121, 122, 537	1707	312
1509	66, 587	1709	387
1510	587	1710	35
1511	563	1711	451
1513	582	1712	626
1526	121, 122	1713	389, 537
1527	563	1714	571
1528	563	1715	384
1533	494	1716	385
1534	571	1724	532, 571
1537	346	1726	626
1544	350, 537	1730	483
1546	369, 603	1735	97
1555	512	1755	645
1561	242	1756	246, 645
1561a	368	1759	246
1561i	242	1762	33, 34
1569a	367	1763	34, 35, 36, 242
1570	514, 648, 661	1764	360
1571	514, 661, 687	1766	26, 33, 554
1576	514, 587	1767	355, 582
1592	242	1768	355
1595	582	1772	626
1596	33	1773	345
1597	338	1775	34, 315
1600	33	1777	235, 242
1609	38, 50, 84	1779	488
1610	84	1784	494, 571
1611	84	1785	35
1626	26	1794	33, 34
1627	355	1795	35
1637	563	1797	36, 235, 242
1639	451	1802	26, 506, 554
1650	358	1804	34, 360, 582
1659	358	1805	355, 360
1660	358, 371	1807	571

CODE DE PROCÉDURE CIVILE

Articles	Numéros des paragraphes	Articles	Numéros des paragraphes
188	503	539	389
189	503	569	451
190	503	625	451
191	503, 508	734	544
208	636	751	543
216	636	752	545
469	627	761	543
525	544	805	547
532	389		

CODE CRIMINEL

Articles	Numéros des paragraphes	Articles	Numéros des paragraphes
303	129	324	129
304	129	328	129

CODE NAPOLÉON

Articles	Numéros des paragraphes	Articles	Numéros des paragraphes
1105	35	1165	306
1110	105	1167	452
1113	145	1182	371
1119	306	1184	344
1120	306	1234	645
1121	330	1251	518
1122	306	1321	300
1134	275	1371	372
1142	541	1372	380
1143	541	1379	407
1144	541	1674	155

LOIS DU QUÉBEC

Titre de la loi	Chapitre	Numéros des paragraphes
1) *STATUTS REFONDUS DU QUÉBEC — 1964*		
Loi électorale	7	67, 238
Loi des agents de recouvrement	43	67
Loi sur les maisons de désordre	46	64
Loi de la presse	48	538
Loi du ministère des Finances	64	503, 506, 508
Loi du ministère du Revenu	66	537
Loi de l'impôt provincial sur le revenu	69	67, 626
Loi du ministère des Richesses naturelles	83	242
Loi de l'exportation de l'énergie électrique	85	67
Loi de l'Hydro-Québec	86	157
Loi de la régie de l'électricité et du gaz	87	157
Loi des terres et forêts	92	210
Loi sur les compagnies de flottage	96	538
Loi du crédit agricole	108	330, 538
Loi du ministère des Travaux publics	137	242
Loi du ministère du Travail	139	242
Code du travail	141	39, 67, 263, 523
Loi sur la discrimination dans l'emploi	142	67
Loi des décrets de convention collective	143	39, 67, 626
Loi du salaire minimum	144	67, 157, 626
Loi des syndicats professionnels	146	164, 246
Loi des établissements industriels et commerciaux	150	626
Loi des accidents du travail	159	4, 67, 523, 626
Loi du ministère de la Santé	160	242
Loi de l'assurance-hospitalisation	163	523
Loi des hôpitaux	164	587
Loi de la commission municipale	170	39
Loi sur la fraude et la corruption dans les affaires municipales	173	238
Loi des cités et villes	193	67, 238, 523
Loi de l'hôtellerie	205	67
Loi du ministère de l'Industrie et du Commerce	206	242
Loi du ministère de la Famille et du Bien-être social	212	242
Loi du ministère des Transports et Communications	227	242
Loi de la régie des transports	228	40, 157
Loi de la régie des services publics	229	40, 157
Loi d'indemnisation des victimes d'accidents d'automobile	232	4, 520, 523, 626
Loi des écoles professionnelles privées	244	67, 157
Loi du notariat	248	626

Titre de la loi	Chapitre	Numéros des paragraphes
Loi des infirmières	252	67
Loi des dentistes	253	67
Loi des ingénieurs	262	67
Loi des ingénieurs forestiers	264	67
Loi des courtiers d'assurance	268	67
Loi des compagnies	271	39, 626
Loi des valeurs mobilières	274	157
Loi des pouvoirs spéciaux des corporations	275	157
Loi sur les compagnies de gaz, d'eau et d'électricité	285	538
Loi des chemins de fer	290	39, 40
Loi des associations coopératives	292	164
Loi des caisses d'épargne et de crédit	293	164
Loi des syndicats coopératifs	294	164
Loi des assurances	295	40, 164, 346, 594
Loi de l'assurance des maris et des parents	296	208, 330
Loi de la curatelle publique	314	213

2) *AUTRES LOIS*

Titre de la loi	Chapitre	Numéros des paragraphes
Acte pour abolir la mort civile, (1906) 6 Ed. VII, ch. 38		213
Loi concernant la succession des militaires, S.R.Q., 1941, ch. 66		164
Loi relative aux conventions de paiement en or, S.R.Q., 1941, ch. 335		488

LOIS DU CANADA

Titre de la loi	Chapitre	Numéros des paragraphes
1) *STATUTS RÉVISÉS DU CANADA — 1952*		
Loi sur l'aéronautique	2	40
Loi sur le travail des aubains	7	67
Loi des banques	12	164
Loi sur la banque du Canada	13	487
Loi sur la faillite	14	453, 461, 463, 465, 684
Loi des lettres de change	15	572, 626
Loi électorale du Canada	23	67
Loi sur la marine marchande du Canada	29	40, 138 *bis*, 593

Titre de la loi	Chapitre	Numéros des paragraphes
Loi sur les compagnies d'assurance canadiennes et britanniques	31	40, 626
Loi sur le transport aérien	45	593
Loi sur les compagnies	53	626
Loi concernant les droits d'auteur	55	13
Loi sur les douanes	56	626
Loi sur la production de la défense	62	58, 246
Loi sur la taxe d'accise	100	678
Loi sur les clauses-or	130	488
Loi de l'impôt sur le revenu	148	616, 673
Loi sur les Indiens	149	28
Loi sur les relations industrielles	152	35
Loi sur l'intérêt	156	572
Loi sur l'indemnisation des marins marchands	178	67
Loi de la défense nationale	184	164
Loi concernant les brevets d'invention	203	13
Loi sur les postes	212	91
Loi des banques d'épargne du Québec	232	164
Loi sur les chemins de fer du Canada	234	40, 593
Loi sur les transports	271	40
Loi sur les compagnies fiduciaires	272	616
Loi sur les liquidations	296	453, 465
Loi sur la monnaie	315	487

2) AUTRES LOIS

Titre de la loi	Numéros des paragraphes
Loi canadienne des justes méthodes d'emploi, (1952-1953) 1-2 Elis. II, ch. 19	67
Loi modifiant la Loi sur la faillite, (1965-1966) 14-15 Elis. II, ch. 32	466
Loi nationale sur les transports, (1966-1967) 15-16 Elis. II, ch. 69	593

TABLE DES MATIÈRES

Achevé d'imprimer à Montréal
le 5 septembre 1974
sur papier Century opaque blanc
par Thérien Frères (1960) Limitée